本书得到2024年度贵州省教育厅高校人文社会科学研究项目
（项目编号：2024RW109）经费支持

黔东南县域经济
高质量发展的路径研究

杨政宁 / 著

西南财经大学出版社
中国·成都

图书在版编目(CIP)数据

黔东南县域经济高质量发展的路径研究/杨政宁著.
成都:西南财经大学出版社,2025.4. --ISBN 978-7-5504-6528-2

Ⅰ.F127.732

中国国家版本馆 CIP 数据核字第 2024MR3254 号

黔东南县域经济高质量发展的路径研究
QIANDONGNAN XIANYU JINGJI GAOZHILIANG FAZHAN DE LUJING YANJIU
杨政宁 著

策划编辑:孙　婧
责任编辑:王　利
责任校对:植　苗
封面设计:墨创文化
责任印制:朱曼丽

出版发行	西南财经大学出版社(四川省成都市光华村街55号)
网　　址	http://cbs.swufe.edu.cn
电子邮件	bookcj@swufe.edu.cn
邮政编码	610074
电　　话	028-87353785
照　　排	四川胜翔数码印务设计有限公司
印　　刷	成都国图广告印务有限公司
成品尺寸	170 mm×240 mm
印　　张	21
字　　数	354 千字
版　　次	2025 年 4 月第 1 版
印　　次	2025 年 4 月第 1 次印刷
书　　号	ISBN 978-7-5504-6528-2
定　　价	88.00 元

前　言

县域经济是以县城为枢纽、小城镇为节点的区域经济，是贵州省实施围绕"四新"主攻"四化"主战略、实现"四区一高地"主定位，推进中国式现代化贵州实践的重要支撑。县域活，全盘活。贵州省约有89%的面积、70%的人口、63%的经济总量在县域。强省之基，在于强县；强县之要，重在产业。做大做强县域主导产业，是推进中国式现代化贵州实践的必然要求，是持续发力新型城镇化的题中应有之义，也是全面推进乡村振兴的有力抓手。大量的研究表明，推动贵州高质量发展，关键在县域，潜力在县域，难点在县域。总的来看，黔东南县域经济发展还存在较多短板，综合经济实力不强，产业发展水平不高，工业基础薄弱；市场主体实力不强，高新技术企业少，创新活力不够，营商环境亟待改善等。在此背景下，探讨黔东南县域经济发展，统筹城乡经济，优化区域经济格局，走出一条城乡统筹、产城融合、各具特色的县域经济发展之路，推动区域经济高质量发展具有现实意义。

黔东南苗族侗族自治州简称"黔东南"或"黔东南州"。本书在系统梳理县域及县域经济发展的相关文献和研究成果的基础上，讨论了以下几个方面的内容：县域经济高质量发展的理论依据、县域经济的发展趋势、我国县域经济高质量发展的主要模式、黔东南县域基本情况、黔东南县域经济发展历程、黔东南县域经济发展现状、黔东南县域经济存在的问题、推进以人为核心的山地特色新型城镇建设、深入推进工业产业集群链条化发展、加快推动黔东南企业挂牌上市、高质量推动旅游产业化提质发展、加快推进现代山地特色高效农业发展、深化三社联建改革以带动农村经济发展。

本书主要观点和结论有：

第一，基于经济增长理论、产业集聚理论、区域经济理论，本书认为县域经济的发展趋势是农业现代化、新型工业化、新型城镇化、旅游产业化。县域经济是城市经济、城市居民消费向乡村渗透的平台，同时也为乡村产业和乡村旅游等提供了向外推介的载体，对于连接城乡经济和城乡消费融合具有重要作用。

第二，本书探讨了黔东南县域基本情况，包括黔东南区域概况、人口概况、交通概况、邮电概况，分析了黔东南县域经济发展历程，总结了改革开放以来黔东南社会主义现代化建设的丰富实践和基本经验。

第三，黔东南州坚持守好发展和生态两条底线，统筹新型城镇化和乡村全面振兴，县域经济发展取得显著成效，县域工业综合实力持续提升，产业结构逐步优化。

第四，本书探讨了我国县域经济高质量发展的主要模式。一是工业主导的江苏昆山模式，将先进制造业作为立市之本，紧扣"高质量发展"和"新动能集聚"两条主线，紧紧跟随全球产业发展潮流，强化对新兴产业技术创新和科技成果产业化的支持力度。二是农业主导的山东寿光模式，以标杆蔬菜产业为基础，发挥政府推动和市场主导的作用，通过农民专业合作社组织资源、以农带工发展多元产业，实现城市和乡村的协调发展。三是旅游主导的浙江安吉模式，树立经营生态价值观，通过经营生态资源，把生态资源转化成生态效益和经济效益，构建了现代农业与二、三产业协调发展的县域经济格局。

第五，推进以人为核心的山地特色新型城镇建设，提高新型城镇规划建设及管理水平，以人为本推进农业转移人口市民化，形成协同联动的山地特色城镇布局，建设多元融合的山地特色新型城镇。

第六，深入推进工业产业集群链条化发展，围绕资源优势和主导产业培育壮大链主企业，围绕链主企业发展上下游产业，打造一批具有较强影响力和竞争力的产业集群，提高工业经济质量效益和核心竞争力。

第七，黔东南州中小企业可选择挂牌扩容后的新三板，从新三板挂牌再到北京证券交易所、创业板、主板上市，用好上市带来的新机遇，在关键技术领域、重点产业方向加大投入力度，通过资本市场资源配置功能，畅通资本与科技、产业的对接渠道，大幅提升企业知名度和市值，进一步拓展市场，在产业生态链中持续发挥作用，推动产业链实现共赢。

第八，提升"民族原生态·锦绣黔东南"旅游品牌影响力，打造国内一流康养旅游胜地、优化旅游空间布局，着力推进旅游设施、产品、品牌、配套服务"四个体系"建设，加快旅游资源全域整合，深化旅游供给侧结构性改革，全力推动旅游要素集成、产业融合和业态创新，推动旅游产业化，建设旅游强州。

第九，引导农村信用社和供销社更好地服务"三农"，将"三社"优势通过"联建"方式形成利益共同体，实现互利共赢。三社联建，由农村信用社选派"产业指导员"和"财务指导员"，由供销社选派"农资指导员"和"销售指导员"，与合作社形成"三社四员"新型经济体系。产业指导员和农资指导员补齐了合作社的技术短板，财务指导员补齐了合作社的资金短板，销售指导员补齐了合作社的市场短板，三社联建模式促进了合作社的高质量发展。

本书是 2024 年度贵州省教育厅高校人文社会科学资助项目"黔东南县域经济高质量发展研究"（项目编号：2024RW109）的研究成果。本书力图以多学科的视角，综合借鉴经济学、管理学、社会学、民族学等学科理论，将理论与实证相结合，通过查阅县域经济的相关文献，并对文献进行整理和分析，为本书的研究提供理论依据；通过对黔东南州 16 个市（县）进行实地调研，系统、全面地研究黔东南县域经济高质量发展中存在的问题，寻找高质量推进县域经济发展的实践进路。

本书的主要执笔人为杨政宁。希望本书的研究结论和政策建议可以为黔东南县域经济高质量发展提供有益的借鉴。本书得到 2024 年凯里学院少数民族经济团队（编号：0201015004005）、2024 年凯里学院课题"贵州高等教育推动新质生产力加速形成的关键路径研究"（编号：0201015001001）的经费支持。为本研究做出重要贡献的是本课题团队的所有成员，以及参与调研和为调研提供大力支持的企业、合作社。由于笔者水平有限，书中一定还存在许多不足，敬请读者指正。

杨政宁

2024 年 11 月

目　录

第一章 县域经济高质量发展的理论依据

县域经济是城市经济与农村经济的中间环节，是培育新经济增长极的重要着力点，是实现高质量发展的重要支撑。壮大县域经济，能持续壮大富民产业，拓宽农民增收致富渠道，助力城市高质量发展。习近平总书记指出，要准确把握县域治理特点和规律，把强县和富民统一起来，为县域经济发展指明了方向。贵州省出台了《关于推动县域经济高质量发展若干政策措施的实施意见》，吹响了进一步发展壮大县域经济的新一轮"集结号"。在中国式现代化建设加速和内外部环境不断变化的背景下，县域经济在中国的地位逐渐凸显。县域经济是实现共同富裕的着力点、发展特色产业的落脚点、加快城镇化进程的关键点。县域经济未来需要工业化与城镇化齐步推进、优化发展环境、突破人才瓶颈、深化乡村振兴战略实施，以实现县域经济的高质量发展。

第一节 县域及县域经济

县制经过几千年的发展，已形成相对独立的地域实体。县制萌芽于西周，产生于春秋，发展于战国，定制于秦朝。县域经济的发展水平，在很大程度上决定着一个地区的经济发展水平。探讨县域及县域经济的含义、特征等，对实现县域经济高质量发展有着重要意义，可以进一步完善县域经济发展理论，为县域经济发展指明方向，指导县域经济实现跨越式发展。

一、县域

"县"字始见于西周金文，其古字形像悬首于木上的样子。周代制度：

"天下地方千里，分为百县而系于国。"到了秦代和汉代，县系于郡，把"县"这个字作为郡级以下的行政区域的名称，意思是地方政权直系中央，还留有"挂"的含义。现代的县隶属于省、自治区、直辖市、省辖市、自治州之下。县域一般指县辖区，是中国行政区划之一。中国于1928年开始设立县辖区，随着农业合作化的发展，开始撤区并乡。20世纪80年代，基层政权机构人民公社变迁为县政府管辖下的乡镇梯级管理体制。20世纪90年代，全国进行了撤区并乡建镇工作，扩大乡镇管辖范围，大部分县辖区逐渐被撤销。2022年底，中国共有县域1 866个（不含港澳台地区），占国内生产总值（GDP）比重为38.1%。

二、县域经济

20世纪50年代，由于县具有"地域上相对独立，行政上相对完整"的特点，所以，当时的县域经济属于"区域经济"范畴。党的十八大以来，党中央高度重视县域经济发展。党的十八大报告明确提出"统筹城乡发展"，党的十九大报告提出"全面实施乡村振兴战略"，2022年，国家颁布《关于推进以县城为重要载体的城镇化建设的意见》，2023年的中央一号文件中"县域"一词出现了13次[①]。这些重要论述和重大决策部署，为推动县域经济高质量发展指明了方向，提供了理论依据。

县域经济概念内涵丰富，外延广阔。它不仅包括县一级行政区划范围内所发生的经济活动，而且包括县以下区域范围内所发生的一切生产、交换、分配、消费等经济活动。因此，县域经济可以理解为包括县级行政单位（或乡镇）和县级行政区两个层次。县域经济是以县域为基本单位的区域经济，其范围包括县、市（区）、市辖区等行政区划单位。县域经济可以直接反映出区域经济发展水平。县域经济以县域为基本空间单元，以县域内的各种所有制经济、城乡关系和自然生态环境为基本构成要素，以调整优化产业结构、转变发展方式为主线，以推进工业化、城镇化、农业产业化为主要任务。

从经济发展水平来看，我国县域经济与发达国家差距还比较大；从社会文明程度来看，我国县域经济总体上实现了由农业社会向工业社会转型；从人民生活水平来看，虽然全国已在总体上实现小康，但我国县域经

---

① 孙久文，邢晓旭. 中国式现代化下县域经济高质量发展的理论与实践 [J]. 齐鲁学刊，2024（1）：111-121.

济大多还处于巩固拓展脱贫攻坚成果地区、生态脆弱地区、脱贫脱困人口集中地区、民族地区和边疆地区。因此，从战略意义上讲，我国县域经济不仅具有重要的政治、经济、文化和社会价值，而且具有十分重要的生态价值。

县域、县域工业、县域农业和县域人口是县域经济的基本要素。这四个基本要素在整个县域经济中所占比重不同，所起作用也不同。县域经济最初是以农业为基础的经济，由于土地面积大，人口数量多，交通便利，气候温和湿润，土壤肥沃且宜于作物生长等，我国的农业具有比较优势。其优势主要表现在：一是我国有比较丰富的自然资源；二是我国有大量廉价劳动力；三是有国家的大力支持等。但是随着科学技术的发展和生产力水平的提高以及市场体制的日益完善，我国国民经济由计划经济向市场经济转轨。在市场经济条件下，人们已经由过去单一注重追求粮食产量向提高品质和数量并重转变，所以要提高农产品质量和竞争力，发展机械农业、绿色农业、有机农业等。县域工业是县域经济的重点。首先，县域工业发展可以充分利用本地资源，为本地人民提供就业机会；其次，县域工业辐射带动能力强，能有效地带动一、二、三产业发展，带动村民增收致富；最后，县域工业能促进区域协调发展，形成新的经济增长极。所以，随着社会经济发展水平的不断提高，对工业提出了更高要求，使得县域工业呈现出"大而强""小而精""中而优"等特点。人口作为社会财富的创造者，其数量和结构对县域经济的发展有着很大的影响。同时，随着城镇化进程的不断加快和人们生活水平的不断提高，人们对土地资源、能源资源以及生态环境等方面也提出了更高要求。

中国县域发展差距巨大。2022 年，昆山市地区生产总值突破 5 000 亿元大关①，而整个黔东南 16 个市（县）地区生产总值仅为 1 293.1 亿元，即使是贵阳市，2022 年地区生产总值也才 4 921.17 亿元，都低于昆山市地区生产总值。在全国排第二名和第三名的分别是张家港和晋江市，两个地方的地区生产总值都超过了 3 000 亿元。除此之外，还有 48 个县域的地区生产总值在 1 000 亿元到 3 000 亿元之间。2022 年，在黔东南 16 个市（县）中，地区生产总值最高的是凯里市，其地区生产总值为 303.6 亿元。从全国来看，有 1 471 个县的地区生产总值低于 300 亿元，70 个县的地区

---

① 张玉荣. 县域 2023：释放新活力，注入新动能 [J]. 小康，2024（2）：16-19.

生产总值低于 10 亿元。这说明黔东南在全国县域经济中处于较低水平，应因地制宜发展特色化县域经济，逐步壮大县域经济规模，实现县域经济跨越式发展。

第二节　经济发展及经济高质量发展

县域经济高质量发展的内涵与国民经济高质量发展的内涵具有一致性。在明确了县域及县域经济的含义、特征、构成要素等基本理论后，探讨经济发展及经济高质量发展的关系显得尤为重要。要提升经济高质量发展水平，要因地制宜探寻县域经济高质量发展路径，形成更高质量的经济发展模式。

一、经济发展

经济增长是经济发展的前提，经济发展是质的有效提升和量的合理增长。对于经济发展研究，丹尼斯·古里特提出了三个经济发展目标：维持生存、自重、自由。古里特、托达罗和 A. P 瑟尔沃尔等人认为上述三个目标是经济发展的核心内容，是理解经济发展含义的基础。阿德尔曼认为经济发展的目标要提供达到这些目的的物质基础，还要建立经济条件以便解除对自我成长的其他种种阻碍。布鲁斯·赫里克和查理斯·P. 金德尔伯格则指出，经济发展目标包含产出的快速增长、经济结构的变化、贫困群众的减少。纵观以上研究，一般来说，经济发展包括经济量的增长、经济结构的改进和优化、经济质量的提高[①]。

一个国家或地区产品和劳务的增加，构成了经济发展的物质基础。经济要实现全面、协调、可持续的发展，只有拥有了物质基础，才能促使经济结构变化，即技术结构、产业结构、收入分配结构、消费结构以及人口结构等经济结构发生变化，最后实现地区经济效益的提高、自然环境保护和生态平衡等。

---

① 田野，倪红福，王文斌. 经济结构演变的国际经验与基本规律：兼论对中国式现代化的启示 [J]. 改革，2024（2）：25-42.

二、经济高质量发展

党的十九大报告指出，"我国经济已由高速增长阶段转向高质量发展阶段"。国家"十四五"规划明确指出，"经济、社会、文化、生态等各领域都要体现高质量发展的要求"①。2021年，习近平总书记在参加十三届全国人大四次会议青海代表团审议时强调："高质量发展不只是一个经济要求，而是对经济社会发展方方面面的总要求；不是只对经济发达地区的要求，而是所有地区发展都必须贯彻的要求；不是一时一事的要求，而是必须长期坚持的要求。"② 2022年，习近平总书记在党的二十大报告中强调，"我们要坚持以推动高质量发展为主题"③。明确推动高质量发展是我国经济发展的鲜明主题，是我们党准确把握经济发展阶段特征和发展趋势，基于新需要、新问题、新要求作出的重大战略决策，表明党对经济发展规律认识的不断深化，以及把握规律、遵循规律、运用规律能力的进一步提升。经济增长与经济发展是两个不同的概念。经济增长主要指一个国家或地区人均产出水平的持续增加，可以用绝对增长数量（如GDP）或相对增长比率（如增长率）来衡量。经济发展指量的增长和质的提升。"质"通常指经济发展的结构、效益，"量"通常是指经济发展的规模、速度。质的提升为量的增长提供持续动力，量的增长为质的提升提供重要基础。推动县域经济高质量发展，必须统筹经济质的有效提升和量的合理增长④。

第一，基于新发展阶段把握经济高质量发展。在新发展阶段，我国面临新的发展环境和条件。当前，国际格局和国际体系正在发生深刻调整，全球治理体系正在发生深刻变革。和平与发展仍然是时代主题，新一轮科技革命和产业变革蓬勃发展。国际环境日趋复杂，不稳定性不确定性明显增加。我国经济长期向好的基本面没有改变，依然是世界经济增长最大的引擎。但是，部分主要指标增速放缓，区域发展不平衡。因此，坚定不移

---

① 卢福财，刘剑松. 以经济高质量发展推进中国式现代化的理论逻辑和实践路径［J］. 中国井冈山干部学院学报，2024，17（1）：15-22.

② 新华社记者. 习近平在参加青海代表团审议时强调：坚定不移走高质量发展之路 坚定不移增进民生福祉［EB/OL］.（2021-03-07）［2025-03-23］.https://www.gov.cn/xinwen/2021-03/07/content_5591271.htm.

③ 王紫任，胡越男，周峰. 以数实融合推动制造业产品质量提升［J］. 中国质量，2023（11）：113-118.

④ 国家发展改革委党组理论学习中心组. 深入学习贯彻习近平经济思想 坚定不移推动高质量发展：认真学习《习近平著作选读》第一卷、第二卷［J］. 中国产经，2023（12）：18-23.

推动高质量发展，才能赢得优势、赢得未来。

第二，基于新发展理念把握经济高质量发展。高质量发展是体现新发展理念的发展。纵观我国经济发展史，不断探索社会主义建设规律，实现经济长期稳定增长，目前我国经济总量已稳居世界第二位。同时，发展不平衡不充分问题仍然突出，要素资源约束加剧，要素价格攀升，劳动年龄人口规模下降，比较优势减弱。因此，必须依靠创新驱动高质量发展。但是推进高质量发展还有许多瓶颈。例如，城乡区域发展和收入分配差距仍然较大，科技创新能力还不强，产业发展中还存在先进技术缺乏从而受制于人的现象，群众在就业、教育、医疗、托育、养老、住房等方面面临不少难题等。必须通过推动经济高质量发展有效应对一系列挑战，保持经济平稳健康可持续发展。必须将新发展理念落实到实践层面，基于新发展理念把握经济高质量发展。

第三，基于社会主要矛盾变化把握经济高质量发展。党的十九大报告指出，我国社会主要矛盾已经转化为人民日益增长的美好生活需要和不平衡不充分的发展之间的矛盾①。增进民生福祉是发展的根本目的，要做好经济工作，研究经济政策，推动经济发展。经过改革开放以来的快速发展，我国经济总量已稳居世界第二位，社会生产力水平总体上显著提高，产品生产能力在很多方面进入世界前列，生产力发展水平和人民的需要都发生了变化。一方面，物质文化生活要求更高，精神文化生活需求丰富；另一方面，发展不平衡不充分问题依然存在。扎实推动经济高质量发展，以经济高质量发展为各领域高质量发展奠定坚实的物质技术基础和提供有力支撑。

第四，基于经济发展规律把握经济高质量发展。推动经济高质量发展，是遵循经济发展规律的必然要求。经济发展是螺旋式上升的过程，是质和量的有机统一，其特点是波浪式前进、螺旋式上升。进入新时代以来，我国经济面临"结构性减速"压力，表现为劳动参与率下降，资本报酬率递减导致资本投入增速亦呈下降之势。当经济发展中量的积累达到一定程度后，就必须转向质的提升。经济增长速度要从高速转向中高速，发展方式要从规模速度型转向质量效率型。新时代新征程，经济总量和基数变大后，经济难以实现像过去那样的高速增长，现有资源环境也难以承受

---

① 国家发展改革委党组理论学习中心组. 深入学习贯彻习近平经济思想 坚定不移推动高质量发展：认真学习《习近平著作选读》第一卷、第二卷 [J]. 中国产经，2023（12）：18-23.

高速增长，经济已由高速增长阶段转向高质量发展阶段。

第五，基于战略安排把握经济高质量发展。党的二十大报告提出，全面建成社会主义现代化强国，总的战略安排是分两步走：从 2020 年到 2035 年基本实现社会主义现代化；从 2035 年到本世纪中叶把我国建成富强民主文明和谐美丽的社会主义现代化强国。具体而言，从短期来看，是指党的二十大召开后五年的主要目标任务；从中期来看，是指到 2035 年我国发展的总体目标；从长期来看，是指到本世纪中叶，把我国建设成为综合国力和国际影响力领先的社会主义现代化强国①。要推动经济高质量发展取得新突破，使我国经济实力、科技实力、综合国力大幅跃升，扎实推进短期、中期、长期目标的实现。

第三节　经济增长理论

经济增长通常表示一国或地区产量的不断增长，经济增长理论旨在分析经济增长的源泉，通过建立经济模型，解释影响经济增长的因素。经济模型通常建立在均衡分析框架上，分析潜在资源是否得到充分利用。经济增长表现为人均产出持续增长，但各国之间的差距巨大，不同国家出现不同的增长速度。经济增长理论需要解决的是，影响经济增长的主要因素是什么，经济增长为什么在不同国家之间存在差异。

一、古典经济增长理论

经济增长是经济学家关注的永恒主题。15 世纪末，随着工场手工业的出现，手工业者成为雇佣工人，资本主义生产方式在欧洲萌芽。随着商品的增加，欧洲船队积极寻找新的贸易伙伴，开启了大航海时代，市场范围不断扩大。到 17 世纪，英国资产阶级革命爆发，促进了商业和工业的发展，英国走向工业化，进入发展的快车道②。对外贸易使这些国家财富增长，但要保持顺差，因此国家要干预经济，重商主义学说在此阶段产生。

---

① 高志晓，梁举. 中国式现代化的历史由来与发展进程 [J]. 山东大学学报（哲学社会科学版），2023（5）：1-13.

② 刘伟，范欣. 现代经济增长理论的内在逻辑与实践路径 [J]. 北京大学学报（哲学社会科学版），2019，56（3）：35-53.

重商主义认为货币是最好的财富，要多出口少进口，认为经济增长就是货币的积累。从长期来看，重商主义的贸易保护主张，阻碍了全球经济的自由化进程，还可能引发国际冲突，忽视了商品交易的重要性。18世纪，随着农业的发展，有人主张保护农业，扶持农业发展，重农学派开始出现，认为农业是财富的来源，主张保护农业，鼓励人口增长。重商主义和重农学派对欧洲经济产生了深远的影响，为古典经济增长理论的出现奠定了基础。

亚当·斯密、大卫·李嘉图等古典经济学家对经济增长问题都有深入的研究。18世纪，贸易的发展使得劳动分工越来越细，劳动生产率大幅提高，亚当·斯密转向实际产品生产，采用分工和专业化生产研究国民财富的源泉，主张自由竞争，让市场自发调节资源配置，推动经济增长。亚当·斯密所著《国富论》中的"分工促进经济增长"理论认为，劳动分工导致的生产率提高是经济增长的源泉。亚当·斯密的劳动分工理论为后续经济增长理论的出现奠定了基础[1]。从1843年开始，马克思对当时的经济学说进行了梳理，提出了劳动价值论，构建了剩余价值理论体系，使经济增长成为独立的研究领域。马克思分析发现，资本构成是影响经济增长的关键因素。但资本主义生产方式无法满足生产力发展的要求，经济增长不可持续[2]。以上这些关于经济增长的理论分析，成为现代经济增长理论的重要源泉。

二、资本积累与经济增长

在没有外力作用的情况下，经济体系是否能推动经济增长？围绕着这个话题，经济学界将其定义为内生性经济增长。随着生产的迅速扩大，需求相对缩小，20世纪30年代，资本主义经济危机爆发。为渡过危机，凯恩斯主张通过实施宏观经济政策推动经济增长。但凯恩斯的经济增长分析只是短期分析，使得经济增长缺乏后劲。经济能否实现长期均衡增长？经济学家不断进行研究，其中，哈罗德发表了《关于动态理论的一篇文章》，多马发表了《资本扩张、增长率和就业》，标志着长期增长模型开始建立。他们试图分析经济的长期均衡增长，以动态分析方法来改进凯恩斯理论。

---

① 路风. 中国经济为什么能够增长 [J]. 中国社会科学, 2022 (1): 36-62, 204-205.
② 何雨霖, 陈宪, 何雄就. 本世纪以来的西方经济增长理论 [J]. 上海经济研究, 2020 (4): 118-127.

哈罗德—多马模型的构建，被视为现代经济增长理论的开端①。哈罗德、多马研究认为，经济增长取决于储蓄率和资本产出比，经济增长率与储蓄率正相关，政府可刺激储蓄以实现长期的经济增长。但哈罗德—多马模型过分强调资本积累，经济增长的均衡路径不具有稳定性。

三、技术外生与经济增长

哈罗德—多马模型将技术视为外生变量，固定不变，然后研究储蓄与经济增长的关系。但是哈罗德-多马模型与现实存在巨大差距。索洛和斯旺建立了新的动态均衡模型，即新古典经济增长理论。他们研究发现，初始人均资本存量较低的国家，产出增长率较高；由于要素边际收益递减，随着资本存量的增长，经济增速会逐渐放缓直至停止，长期人均经济增长率将趋于零。但是，新古典经济增长理论与实际经济增长并不相符。他们将技术作为外生变量，无法解释经济的长期增长。1962 年，阿罗构建了"干中学"模型，认为技术进步是学习的结果，认为厂商在学习中可以提高生产率。随着技术的积累，引起劳动生产率提高。但是随着经济的发展，技术进步不仅仅是累积的，有时也是突变的。当然，不断改进产品的设计与生产，引进新产品等，也对技术进步起着推动作用，从而促进经济长期增长。

四、技术内生与经济增长

在 20 世纪 80 年代中期，罗默、卢卡斯等引入知识和人力资本，将技术进步引入其中，分析经济的长期增长，探讨一国经济长期可持续增长如何被经济系统内生决定。罗默认为，导致一国经济长期增长的因素是新技术，通过知识积累得到内生增长，培养想象力是促进内生增长的根本因素。卢卡斯以人力资本为核心构建了内生增长模型，研究发现即使人力资本增长率为零，经济增长仍然存在。长期经济增长的影响因素是什么？熊彼特在其《经济发展理论》一书中阐述了创新对经济增长的巨大作用。熊彼特认为，创新需要一个相对宽松的经营环境，大型企业和具有市场垄断

---

① 刘伟，范欣. 现代经济增长理论的内在逻辑与实践路径 [J]. 北京大学学报（哲学社会科学版），2019，56（3）：35-53.

地位的企业更有创新的能力和动力①。熊彼特认为企业家是推动经济发展的主体，经济发展的动力是企业家精神，经济发展是技术创新的结果。进入21世纪，在经济增长研究中，除了强调劳动、土地、资本等传统生产要素外，创新也成为关键因素，成为经济增长的驱动力。

五、人口因素与经济增长

20世纪80年代，世界人口增长率呈现下降趋势。一般经济增长理论认为，人口增长率与经济增速正相关。典型的如马尔萨斯，他认为生活资料的增加赶不上人口的增长，经济要增长，首先必须控制人口的增长。然而实际上，人口增长率下降的国家却保持了经济持续增长。经济学家开始关注人口因素与经济增长的关系。卢卡斯提出将人力资本引入经济增长模型，注重子女的质量，增加对子女的人力资本投资尤其关键。通过对人力资本的积累、投资，使得经济增长具备了基础，因此通过学校教育和在实践中学习显得非常重要，人力资本增值使得经济持续增长。总的来看，卢卡斯模型强调人力资本积累对于经济增长的重要性。

在现代经济学文献中，经济增长理论有很多，而这些经济增长理论主要是以发达国家的经济发展轨迹为蓝本的，但是随着新技术、新危机等新现象的出现，特别是人工智能、大数据的出现，经济增长理论对现实的解释力显得不足。经济增长理论最核心的目的是想要研究其主要的影响因素。进入21世纪以来，中国经济增长经历了高速增长阶段，东部沿海地区实现了快速发展，西部崛起，经济增长的优势集中体现为市场规模、科技潜能等。而高质量发展需要新的经济增长理论来指导，要探讨今天中国的经济增长点，就必须结合中国的实际，对经济发展方式转型与经济增长动力进行思考。

---

① 李春涛，宋敏. 中国制造业企业的创新活动：所有制和CEO激励的作用 [J]. 经济研究，2010, 45 (5)：55-67.

第四节 产业集聚理论

产业集聚是指相同或类似的产业为了竞争与合作的需要而在某特定区域集中。关于产业集聚的研究起步较早,其代表人物有马歇尔、韦伯等学者①。改革开放以来,东部沿海城市快速发展,产业逐渐形成集聚效应,到中部崛起和西部大开发,产业发展越来越快,产业链条逐步延伸,产业集聚区形成。

一、马歇尔产业区理论

19世纪末,马歇尔基于对英国工业生产地理集聚的观察,创新性地提出了"产业区"的概念。产业区是同一产业中大量小企业的地理集中,使得它们可以获得大规模生产的便利。马歇尔认为越多的同一类产业企业集聚于一个空间,就越有利于企业所需生产要素的集聚,包括劳动力、资金、运输、专业资源等,要素集聚越多,生产成本越低,效率越高。这样推动相关联的产业在"产业区"内集聚,从而降低交易成本,方便信息流动,能形成"产业氛围",企业间劳动力流动而产生模仿,促进创新和创新扩散。19世纪末20世纪初,工业化与区域发展占据主导地位。硅谷、巴登等区域在全球经济中表现出强大的创新、竞争能力和良好的经济增长绩效,使人们认识到"产业区"的重要性和区域崛起的意义。但随着标准化产品的大批量生产,尤其是大企业地位的迅速上升,马歇尔所定义的产业区的作用明显下降。但到20世纪70年代,大企业的垄断模式发生严重危机,人们又发现,以中小型企业为主的专业化集聚区具有良好的增长绩效。

二、工业区位理论

德国经济学家韦伯在《论工业区位》中提出工业区位理论。工业区位主要受运费、工资、集聚的影响,韦伯认为运输成本和工资是决定工业区位的主要因素。一个区位的形成,就是以一个或几个大型企业为骨干,再

---

① 王燕,郭立宏.产业集聚理论研究综述 [J].环渤海经济瞭望,2021 (4): 11-13.

组合一批中小企业，将企业吸引到生产费用最小的地点。但是随着技术进步和区域经济一体化的发展，生产活动在整个经济活动中的比例和重要性有所下降，导致韦伯工业区位理论体系的解释力下降。韦伯工业区位理论包括运输、劳动力、集聚三大理论，成为企业区位理论研究的方法论基础。产业空间集聚有助于厂商与顾客节省交易成本，实现创新。韦伯提出产业集聚分为两个阶段：企业自身集聚和专业化集聚。

三、增长极理论

1955 年佩鲁提出增长极理论。佩鲁认为，一个国家经济的增长通常是从一个或数个增长中心逐步向其他部门或地区传导[①]，应该有意识地培养经济"增长极"，以带动整体发展。增长极理论强调区域发展中的"极化作用"，依靠政府重点投资实现增长极，形成规模经济效益，通过极化地区优先增长，带动相邻地区共同发展。但是政府投入不一定出现"增长极"，如果产业没有因地制宜、没有利用原有优势产业，那就无法形成极化效应，不利于区域经济的健康发展。实践表明，在资源有限的情况下，应优先发展优势地区或产业，通过"增长极"及其"扩散效应"来带动其他地区的发展。

四、产业集群理论

1990 年波特提出产业集群的概念。产业集群指特定区域内的多个产业相互融合的共生体，不仅包括企业、供应商、金融机构及相关厂商，还包括产业延伸而涉及的销售渠道、顾客、政府、信息等组织。因此，产业集群超越了一般的产业范围。波特强调，地理集中是必要条件，地理集中而形成的产业集群将形成产业国家竞争优势。波特认为，产业的发展往往是在几个区域内形成有竞争力的产业集群。国家竞争优势的获得，关键在于产业的竞争。要结合区域特色和比较优势，培育产业集群。依托增长极，发展"块状经济"，增强企业协同作用，加强区域分工，增强区域经济的竞争力。

---

① 张志元，牟卫康. 基于增长极理论的山东区域金融中心建设研究 [J]. 金融发展研究，2009 (2)：36-39.

第五节　区域经济理论

区域经济源于区位因素，是经济发展的地理概念，强调有效资源的合理空间配置与有效利用，进而促进地区总财富和总福利的增加①。区域经济是特定地域空间的表现。区域经济反映国民经济，国民经济影响区域经济。区域经济是国民经济的缩影，受到自然、社会、经济、政策等因素的制约。区域经济高质量发展，扎实发展民族地区经济，需要构建高质量发展的区域经济格局，推动区域经济发展提质增效，促进共同富裕。

一、生产力均衡布局理论

马克思在分析社会基本矛盾的基础上，认为区域生产力布局不平衡，提出了区域生产力平衡布局论。恩格斯在《反杜林论》中提出区域经济平衡布局思想：统一计划配置，才能使工业在全国分布得最适合于它自身的发展和其他生产要素的保持或发展。因此，生产力与生产要素在空间范围内要协调布局。为改变新中国成立初期区域之间生产力分布的极度不平衡，政府主张直接配置资源，利用东北、上海和其他城市的工业基础，建立现代化工业体系。为平衡工业发展布局，内地必须大力发展工业②，从1964年开始到20世纪80年代，开展了"三线建设"，内地构建起门类较齐全的工业体系，大量沿海企业迁往内地，对"三线建设"做出了积极贡献。区域发展不平衡状况得到部分缓解。

二、区域非均衡发展理论

党的十一届三中全会把党和国家的工作重心转移到经济建设上来，在思考生产力均衡布局战略的基础上，对区域发展又开始新的探索。为实现国民财富快速积累，选择了区域非均衡发展路径，提出沿海率先发展，然后逐步向内地推进的政策。发挥东部沿海地区的经济带动作用，使整个国

---

① 李兰冰，刘秉镰."十四五"时期中国区域经济发展的重大问题展望［J］.管理世界，2020，36（5）：36-51，8.

② 荆克迪，刘宜卓.中国共产党百年历程中区域经济理论与实践［J］.理论与现代化，2021（3）：23-34.

民经济不断地波浪式向前发展。1979年，将深圳、珠海、厦门和汕头设为经济特区，1984年，又新增大连等14个沿海对外开放城市，充分挖掘与发挥各区域发展的比较优势，实现先富带动后富。随着经济的发展，地区差距、城乡差距出现。进入21世纪，国家出台《关于加快培育和发展战略性新兴产业的决定》，区域非均衡发展转变为区域协调发展，将环渤海、辽中南等区域纳入国家战略，以实现"多极增长"。

三、区域协调发展理论

马克思提出了区域与产业平衡协调发展的目标。随着改革开放的深入推进，东部沿海三大增长极得到大力发展。然而中西部的发展明显滞后于东部。我国提出西部大开发、中部崛起和振兴东北老工业基地的战略部署。"十三五"规划又明确提出打造区域协调发展新格局。国家陆续提出京津冀协同发展、长江经济带发展、共建"一带一路"倡议、长三角一体化发展、粤港澳大湾区建设等，既为培育新增长极提供了空间载体，也为促进东西和南北平衡提供了着力点，使兼顾公平与效率的双重导向成为可能。党的十八大以来，创新了生产力均衡理论与区域非均衡发展理论，形成了区域协调发展理论，更加注重城乡协调、区域协调与社会群体间协调。

第二章　县域经济的发展趋势

　　县域经济是国民经济的基本单元，一方面，在实施乡村振兴战略背景下，县城是各类返乡入乡人员创业就业的重要载体；另一方面，县域庞大的人口规模对推动县域经济高质量发展有着重要支撑。随着乡村振兴战略的持续推进、城镇化建设、城乡居民收入水平提升，县域成为壮大经济总量的关键支撑点，也是统筹城乡社会经济发展的重要结合部，县域对于连接城乡经济具有重要作用。

第一节　农业现代化

　　党的十九大报告首次提出"加快推进农业农村现代化"。"十四五"规划强调农业现代化是建设社会主义强国的重要任务，是四个现代化历史任务的重要组成，是解决发展不平衡不充分问题的重要举措，是推动农业农村高质量发展的必然选择。

一、以农业现代化破解农业高质量发展难题

　　当前城乡差距依然较大，农业高质量发展面临不少难题。比如，农业基础设施落后、产业链条不完整，融资难、融资贵、风险高等，再加上创新能力不强，生产效率较低；缺乏品牌，竞争力弱。2023年国务院《政府工作报告》提出，加快推进农业农村现代化。

　　以产业融合赋能农业现代化。大力发展乡村产业，使依靠单一传统农业积极向一、二、三产业融合转型升级，从而加快推进农业现代化。改变农业经营主体"小、散、乱"的状态，使家庭农场、小农户、农业合作社、龙头企业等经营主体加强合作。立足乡村的资源禀赋和优势，挖掘农村区域特色，推进乡村特色产业建设和发展，推动农业实现多样化发展。

大力发展旅游业、饮食民俗体验、休闲观光等第三产业，延长产业链，提高产品附加值，真正提高农业的高质量发展和现代化水平。吸附新的生产要素，推动农业的发展。农业生产天然是"薄弱环节"，各生产要素向农业集聚较少，通过一、二、三产业融合，使资金、人才、技术等生产要素快速向农村聚拢，促进农村的资源整合和特色产业的发展。

以数字经济赋能农业现代化。通过数字技术提升农业生产效率，运用数字技术降低农业生产成本，实现精准化生产。通过数字技术助力农产品流通，鼓励农产品电商品牌不断发展壮大，通过各类互联网平台直播带货，不断拓宽销售渠道，提升农产品流通效率。通过数字化技术培育农业新业态。推动传统农业向智慧农业升级，催生一大批诸如农耕体验、社区团购、观光农业、线上认养等农业新业态，拓宽产业链宽度，增加农民的创收渠道。

以改革创新赋能农业现代化。要健全农村集体资产监管体系，以"新型农村集体经济"改革赋能农业现代化，加快完善农村集体产权制度，明确产权关系，深化农村集体产权制度改革，完善农村集体资产股份权能，探索农村集体资产权益流转模式，使农村集体经济"活"起来。深化农村集体经营性建设用地入市试点，完善土地增值收益分配机制。

以人才发展赋能农业现代化。打造乡村人才集聚"新高地"，结合乡村发展需求，启动人才回乡工程，以政策吸引一大批热爱农村、懂农业、有技术的人才回归乡村。要加强数字型人才培养，激发农业创新活力。要定期向乡村优秀人才进行现代化技术知识培训，培养一批农技推广、创业致富的实用型人才。要改善农业创业环境，让农村留得住人才。创业环境的优劣，影响人才的去留。农村应完善道路、物流、网络等基础设施，为人才长期居住提供硬件保障。同时对深入农村、扎根农业的人才给予相应的补助，实实在在缩小与在城就业的收入差距。

以绿色发展赋能农业现代化。建立健全绿色农业标准体系，规范其操作规程，注重绿色生产网格化管理。倡导高校、科研院所、企业等组建农业科技创新联盟，加强对绿色生产技术的研发与推广，促进绿色生产科技创新。提升各地区兼顾农业产业发展与环境保护要求的能力，从生产、流通、使用等农业全过程入手，构建全链条治理框架。

二、保障粮食等重要农产品稳定安全供给

粮食安全是实现经济发展的重要基础，农业要强，粮食保障能力首先

要强。"无农不稳，无粮则乱。"农业现代化要确保粮食和重要农产品稳定安全供给。人多地少，要强化"藏粮于地、藏粮于技"，强化农业科技和装备支撑。坚持"良田粮用"原则，遏制土地"非粮化"，良田好土优先保障种粮食。种业是基础性产业，加强种业创新资源整合，加快农业关键核心技术攻关，实现农业高质量发展，实现种业科技自立自强。

拓宽食物供给渠道，构建多元化食物供给体系，推动生产、加工、分配、消费等环节有效衔接。全方位多途径开发食物资源，农林牧渔结合，发展农产品全产业链。借助国内国外两个市场，提高各类食物的供给能力。科技赋能推进设施农业，提升农业现代化水平，培育新型农业经营主体，加大财政支持力度，提高资源利用率，增加食物生产供给能力。聚焦农民增收不稳定，坚持抓党建引领促合作社发展，完善合作社法人治理结构，提升经营管理能力，充分发挥好基层党组织带头人和农村致富带头人的"头雁"作用，巩固利益联结机制，不断提升联农带农能力，凝聚致富人心，有效巩固拓展脱贫攻坚成果。聚焦抵押物缺乏、融资难等难题，用科技赋能提升管理水平，创新推出金融产品，并给予利率优惠，财政专项资金给予贷款贴息，解决农业融资难题，保障粮食等重要农产品生产。

三、把握农业现代化的数字化机遇期

数字化是推动农业现代化的关键途径，农业数字化可以提升农业生产效率，推进农业数字化转型。以智能化、数字化融合夯实数字农业基础。用数字化驱动农业农村现代化，发展智慧农业，打造数字化农业示范区。以产业急需为导向，聚焦关键领域，加快农业科技成果转化，提升我国农业科技水平。加大人才引进力度，鼓励大学毕业生、外出务工能人返乡创业，打造示范点，搭建乡村大数据平台，发展高科技农业应用场景。推广产品溯源、智能灌溉、智能温室、精准施肥等，为企业赋值、为产业赋能。加强农产品粗加工、仓储物流、生产技术、市场营销等关键环节能力建设，推进智慧农业建设。进一步进行整合提升，把分散的特色单品打造成特色产品体系，强化品牌策划和宣传推介，全面提升特色食品品牌知名度和影响力。增加技术要素投入和人才要素投入，提高全要素生产率。

鼓励延伸产业链条，运用物联网大数据平台拓宽服务领域，向产加销一体化和产业多元化拓展。以数字赋能现代农业是全面推进乡村振兴战略实施的关键，依托科研院校、农业园区、农业企业、农民专业合作社等现

代农业经营主体建立一批"田间农民学校"实训基地，促进课堂教学与基地实训相结合的培训体系，培养农业数字化转型人才。加快大数据、人工智能、5G等数字技术应用，构建农业发展"智慧大脑"，推进农业数字化转型发展，加快构建现代农业产业体系、生产体系、经营体系，以数字化新技术提升传统农业，加快推进农业现代化，推动农业高质量发展，以大数据技术助力乡村振兴。

四、用好改革法宝促进农业高质量发展

高质量推进农业现代化，需要政府、企业、农民等多方共同协作，形成合力。推进多种形式适度规模经营，加快培育新型农业经营主体，培养一批高素质新型职业农民，吸引人才服务于农业和农村，积极优化农业资源要素配置，推进农村一、二、三产业融合。把合作社带头人、技术指导服务人员、种养能手纳入新型职业农民和农村实用人才培育计划。通过系统培训，全面提升合作社经营管理能力，壮大农村人才队伍。通过村集体领办，依托当地资源优势，向公司管理模式迈出实质性步伐。健全规章制度、完善运行机制、强化财务管理，给予资金支持，确保合作社管理水平和产业发展质量得到提升。充分用好用活支农再贷款政策，最大限度降低融资成本。加快信用工程建设，加大信贷投放力度，引导商业保险、农业担保等更多金融要素注入，撬动更多金融机构贷款支持，进一步降低融资成本。

探索技术保障"请进来指导、送出去培训"模式，将发达地区的专家请到现场指导，将技术指导员送到农业发达地区进行培训，不断提升农业技术保障能力。实施致富带头人、集体经济组织负责人、经营管理人员培训。整合农业、教育、人社、团委、科协、妇联等部门培训资源，因人施培、因产施培、因岗施培。通过产学研一体化基地示范，培育职业农民，以农业示范园、农民专业合作社和农业企业为实训基地，开设专业农民培训班，培训专业技术农民，培育新型职业农民和现代农业带头人，引领农业产业高质量发展。加强农资储备，通过订单服务和电话预约服务，为合作社配送生态高效、优质平价的农资，开展农机统一育秧、农机代耕代收、植保等社会化服务，节约采购成本。政府应该加强对农业现代化的引导和支持，总结成功的经验和失败的教训，逐步落实各项政策措施；企业应该融入农业现代化中，积极探索经营管理模式，提升农业科技创新能力和市场竞争力。

五、农业现代化促进村集体和村民增收

促进农业高质量发展，农村基层组织建设、村集体发展、群众收入等都得到进一步增强。一是增加了群众收入。坚持把促进群众增收脱贫作为出发点和落脚点，通过"固定分红+经营收益分红""固定分红+土地收益金"等多种模式，带动农民增收。二是壮大了村集体经济。随着农村产业向纵深推进，积极探索公司（企业）、村集体和农民的利益分享机制，不仅带动农民群众增收脱贫，还持续壮大村集体经济，实现公司、农户和村集体三方共赢。产业发展较好的村，集体经济实力相对较强，为农民办实事的基础比较牢固，村集体在统筹解决脱贫脱困学生资助、村基础设施建设等民生问题、为民办事上都能有所作为。三是提升了村"两委"威信。在农村产业推进快、产业发展较好的村，村"两委"威信高，凝聚力、号召力强，吸引农民工返乡发展能力强，村民能够积极响应村里的山林灭火、抗洪救灾等号召。四是密切了干群关系。产业发展较好的村，干群之间关系都比较和谐，在村发展的思路上都能比较好地形成共识。农村产业的纵深推进凝聚了人心，激发了群众谋变谋发展的热情，全村干部群众心往一处想，劲往一处使，村里村外一派欣欣向荣景象。

六、农业现代化转变干群观念

促进农业高质量发展，在农村产业的引领下，广大干部群众的思想观念，从被动发展产业向主动发展产业转变、从追求生存向追求致富转变，不仅提升了干部群众发展产业的志气，还增强和激发了干部群众发展产业的才智。一是产业致富的观念深入人心。在农村产业推进过程中，通过选树农村产业发展典型，通过微信平台、新时代农民讲习所、院坝会议等形式，用群众身边的典型教育人、说服人、引导人，逐步引导群众由为"吃"而种转到为"卖"而种上来，不断激发农村群众自发、自愿、自觉发展产业致富的愿望。同时，通过产销对接强化市场导向，使广大干部群众运用市场思维来研究产业，运用企业思维来经营农业，运用互联网思维来开展营销，增强了农民市场意识，实现了全民市场意识大提升。二是发展产业的能力更加增强。引入有专业知识的农技工作者，为农民群众做科学指导和培训，又发动经验丰富的土专家"农教授"传帮带，以农民带农民的方式，让他们做给农民看、带着农民干，积极培养了一批有文化、懂

技术、善经营、会管理的新型职业农民队伍，让一批"从土里刨食的庄稼汉"变成了"在土里掘金的新农民"。三是抱团发展的氛围愈加浓厚。坚持"合作共赢、抱团发展"的思路，推广"党社联建"等抱团发展模式，通过支部带实体、强村带弱村、能人带群众等方式，着力提高农村产业组织化程度，既推动了产业加快发展，又促进了农民群众增收，农民群众抱团发展的意识越来越浓厚。黔东南州地处高原地区，不完善的基础设施，导致产业不能集聚，高新技术和人力资源得不到有效的支持，经济长期处于低迷状态。而且自古以来，当地都是自给自足的小农经济，产业布局分散、规模小，各个产业所带来的经济效益不能满足人们日常的生活需求，生活水平下降，因而导致产品出现"供不应求"的状况，需要政府的扶持才能满足最低生活消费。

第二节　新型工业化

工业是经济发展的"压舱石"，新型工业化是现代化的必由之路，高质量发展的要求贯穿新型工业化全过程。新型工业化要集聚各类要素、凝聚各方力量，深化大数据、人工智能等研发应用，打造数字产业集群。以产业链、创新链等为着力点，前瞻布局未来产业，因地制宜发展新质生产力。新型工业化道路，既要坚持发展制造业，又要实现绿色低碳循环发展。以智能制造为着力点，促进人工智能与实体经济深度融合，推进新型工业化快速发展。

一、我国新型工业化的发展历程

党的十六大报告第一次提出新型工业化，坚持以信息化带动工业化，以工业化促进信息化。党的十七大报告指出，坚持走中国特色新型工业化道路，以新发展理念引领工业化，强调创新驱动的引领作用，把高质量发展的要求贯穿新型工业化全过程。党的十八大报告提出，推动信息化和工业化深度融合、工业化和城镇化良性互动，以融合创新推进"新四化"，实现技术与产业的融合创新发展，促进产业与城镇融合互动。党的十九大报告提出，更好地发挥政府的作用，推动新型工业化、信息化、城镇化、农业现代化同步发展。党的二十大报告提出，到 2035 年基本实现新型工业化，强调坚持把发展经济的着力点放在实体经济上，推进新型工业化①。从党的二十大开始，实现新型工业化逐步成为各省市的重要工作方向，从2022年12月至今，工业和信息化部及山东、四川、广东、浙江、上海、江苏等省市先后制定或发布新型工业化行动方案、新型工业化实施意见等。

二、新型工业化的时代背景

党的十六大提出"走新型工业化道路"，党的十八大强调"坚持走中国特色新型工业化道路"。前沿科技成果步入产业化阶段，逐步演化为新一轮产业革命。全球生产结构出现重大调整，贸易保护主义抬头，地区冲突加剧，全球经济一体化势头减弱。作为世界第一制造大国和货物贸易国，在新工业革命加持下，传统制造业回流的可能性增大。大国竞争倒逼各国增强产业韧性，跨国公司布局和转向"战略优先"，对我国工业化适应全球经济一体化新趋势提出了新的挑战。同时，气候变化问题日渐突出。2010年后，全球变暖趋势仍在持续，极端气候不断出现，气候变化问题已成为全人类面临的严重挑战。2020年，我国提出实现"碳达峰""碳中和"的目标。当前正处于工业化中后期，能源消费总量持续攀升，污染源趋于多样化。为了实现"双碳"目标，加快推动产业绿色发展势在必行，这对我国工业化实现减排降碳提出了新的要求。

三、新型工业化的主要特征

新型工业化是一种新时代的全新工业发展理念，其主要特征有以下几点：首先，新型工业化突出增长的质量，这种对发展质量的要求不仅包括微观产品层面的性能与可靠性、中观产业层面的行业竞争力与利润率，也包括宏观经济整体层面的生产效率和价值创造。其次，尽管传统工业化也提到了技术创新的概念，但新型工业化更加突出"自主可控"的技术创新。当前，为了占领新一轮科技革命与产业变革的制高点，大国之间的产业技术竞争日趋激烈。尽管我国在一些应用性较强的新兴领域，对西方发达国家已经开始形成竞争优势，但国际经贸摩擦升级也暴露出我国科技基础能力薄弱、自主创新水平有待提升的问题。因此，为了保证产业链供应

---

① 降蕴彰. 县域产业抢抓风口谋转型 [J]. 小康，2024 (3)：25-28.

链安全，在未来的工业化进程中必须提升自主创新能力。再次，传统工业化要求积极融入全球价值链，通过扩大出口推进工业化进程。然而，近年来全球产业链重构，发达国家制造业回流，"逆全球化"浪潮开始显现，供应链更趋区域化。全球经济一体化进程中出现"波折"正是我国作出构建"双循环"新发展格局战略决策的重要理论依据。在推进更高水平对外开放的同时，通过强化国内国际双循环相互促进，发挥国内完整的产业体系和超大规模市场优势。最后，传统工业化主要关注如何解决工业产生的环境污染问题，而对减少碳排放重视程度不足。新型工业化除了要在生产过程中落实绿色环保要求之外，更要积极推进减排降碳工作，应对气候变化挑战。为了实现"双碳"目标，工业必须加快绿色低碳发展步伐，通过积极开发低碳技术、低碳工艺和低碳产品，优化产业结构，调整能源消费结构，塑造与气候生态和谐共生的新型工业化。

四、新型工业化的发展路径

新型工业化要求提高创新研发能力，引导工业多边创新合作，坚持开放式创新，面向重点领域和重大需求，加强应用基础研究，推动产业绿色化、智能化和定制化发展。提高产业基金投入的"靶向性"和精准度，争取快速突破高端芯片、先进传感器等制约中国制造提质增效的关键技术和核心领域，并在人工智能、物联网等前沿领域形成新供给。

新型工业化要求提升高端制造业占比。突出企业主体地位和市场配置资源基础性作用，逐步提高高端制造业占比，优化政府和科研院所参与模式，以战略性新兴产业和高技术制造业为抓手，推动数字经济和实体经济深度融合，在新一代信息技术、高端装备制造、新材料等新兴产业获得创新新优势。

新型工业化要求促进重点区域产业集聚。以城市群、都市圈建设为引领，依托中心城市创新要素集聚、基础设施完善和产业基础雄厚等优势，以实现区域协同发展为目标，促进高端特色产业集聚式发展，推动打造现代产业体系。优化高端制造业空间布局，提升北京、上海、广州和深圳等国家中心城市"增长极"率先发展的带动能力，优化国家级新区产城融合发展示范效应，助力区域产业集聚。

新型工业化要求建设高水平对外开放。牢牢把握全球价值链重大调整带来的机遇，通过实施重大多边经贸发展战略，加强国家间的区域贸易谈判。充分发挥区域全面经济伙伴关系协定（RCEP）的功能，推进区域内产业链垂直整合，为中国制造业在全球价值链上的中高端布局赢得发展空间。顺应全球供应链本地化和分散化的诉求，转变开放经济发展模式，扩大中国企业对外直接投资，让中国企业主动走出去，继续深度嵌入全球创新和制造网络。

新型工业化要求全面推进绿色制造。引导企业加强可再生能源使用，加强电力需求侧管理，推动电能、氢能、生物质能替代化石燃料。充分利用现有绿色产业发展基金，支持节能环保、新能源等新兴产业做大做优做强。引导企业和社会资本加强绿色低碳关键核心技术攻关，集中力量突破碳存储、碳捕捉、碳利用等技术难题，力争节能减碳技术达到世界先进水平。

第三节　新型城镇化

2012 年，中央经济工作会议提出：积极稳妥推进城镇化，着力提高城镇化质量。2020 年国务院《政府工作报告》提出，重点支持"两新一重"（新型基础设施建设，新型城镇化建设，交通、水利等重大工程建设）建设。党的十八大明确提出了"新型城镇化"概念。2023 年中央经济工作会议指出："要把推进新型城镇化和乡村全面振兴有机结合起来，促进各类要素双向流动，推动以县城为重要载体的新型城镇化建设，形成城乡融合发展新格局。"①

一、以县城为载体推进城镇化

中国城乡之间的发展差别还比较大，从大城市化、都市圈化，到大中小城市协同发展和以县城为载体的城镇化，是中国新型城镇化发展的基本路径，也是一种低成本的城镇化，是将城镇化与就业、产业相协调的有效路径。"以县城为载体的城镇化"表述始于中央 2022 年发布的《关于推进以县城为重要载体的城镇化建设的意见》，但 2023 年中央经济工作会议增加了"新格局"的发展目标，县域发展需要做好城乡融合发展、新型城镇

---

① 郭阳琛，张家振. 中央经济工作会议明确新型城镇化新路径［N］. 中国经营报，2023－12－18（C01）.

化和乡村全面振兴结合。因此，新型城镇化要促进各类要素双向流动，推动以县城为重要载体的新型城镇化建设，形成城乡融合发展新格局①。

二、以人为本的新型城镇化

深入推进以人为本的新型城镇化，是推进中国式现代化的必由之路。以人为本的新型城镇化的重点是实现农业转移人口和本地居民同等待遇。过去农业转移人口在民生福祉上和城市居民有差距，未来体现人本主义，需要让这部分新市民享受同等城市福利，进而推动城市公平性提升，也是实现共同富裕的重要一环。"以人为本"的新型城镇化，强调在城镇化的进程中必须把人的需求、人的发展作为核心要义。这不仅仅是一种物质层面的城镇化，更是一种涵盖社会、文化、心理层面的全面城镇化。具体来说，这意味着城镇化推进要围绕人的生活需求、工作需求、发展需求来统筹展开，尤其注重提升人的生活质量，实现人的全面发展。在此过程中，需要特别关注农业转移人口市民化的问题，通过深化户籍制度改革、完善公共服务体系等措施，确保其能平等享受城镇化的成果。

基于城乡二元结构导致的农业转移人口和本地居民之间的福利待遇差距仍然是农业转移人口市民化的难点，未来各地会逐步实现农业转移人口和本地居民同等待遇，统一教育、医疗、就业等待遇，实现均等化。推动农业转移人口市民化主要有两方面的难点，一是户籍制度的限制，二是公共服务资源的不足。要解决这两方面的问题，首先要深化户籍制度改革，打破城乡二元结构，实现人口的自由流动。其次应加大公共服务投入，特别是在教育、医疗、养老、住房等领域，确保农业转移人口能享受到与城市居民同等水平的公共服务。鉴于我国流动人口规模庞大，一方面要通过完善社会保障体系，来保障其基本生活需求；另一方面要通过提高公共服务水平，持续满足其发展需求。唯有如此，才能让每个人都公平享受到城镇化带来的好处，分享改革与发展的红利。推动农业转移人口市民化，无疑对目前城市治理水平提出了更高要求。这主要体现在两个方面：一是城市基础设施建设与管理应更精细化、人性化，以满足新市民的生活需求；二是城市管理服务应更高效化、智能化，以适应人口增长带来的管理压力。为实现这些目标，需要加强城市规划的科学性、前瞻性与可持续性；

---

① 李莎. 国常会：深入推进以人为本的新型城镇化 把农业转移人口市民化摆在突出位置[N]. 21世纪经济报道，2024-01-01（001）.

同时要推进城市管理体制改革创新，提高城市管理服务效率与质量，从而确保农业转移人口市民化顺利推进，促进城市健康有序高质量发展。

三、统筹新型城镇化和乡村全面振兴

推进新型城镇化和乡村全面振兴，就是要把城乡关系处理好，综合施策，实现城乡经济深度融合。要正确理解二者关系，把推进新型城镇化和乡村全面振兴有机结合起来，在认识上进一步提高，在实践中持续优化，推动形成城乡融合发展新格局。有观点认为城镇化与乡村振兴是"冲突的"，城镇化就是"去农化"，乡村振兴就是突出农业、农村、农民，城与乡要争夺资源，二者内在不一致。可以说，这是用静止的而非动态的视角来看城乡关系，并且只看到城乡关系中的矛盾性而没有看到统一性。其实，城镇化与乡村振兴二者是相互促进、相互融合的。乡村作为一个具有自然、社会、经济特征的地域综合体，与城镇共同构成人类活动的主要空间，二者在满足城乡居民多元化需求、促进经济增长方面都发挥着不可替代的重要作用。一些地方对统筹推进新型城镇化和乡村全面振兴的实现路径缺乏政策性、科学性指引。例如，有的地方在不具备条件的乡村无序造城、造镇，使乡村风貌遭受破坏，一些具备条件实施就地城镇化的县城、小城镇没有得到充分发展，基础设施建设和公共服务水平等有待提升，城乡二元结构仍然存在，城乡融合发展政策体系有待完善。我们必须从全局和战略高度来把握和处理工农关系、城乡关系，使新型城镇化和乡村全面振兴相互促进。统筹推进城镇化和乡村振兴，既要根据新型城镇化和乡村全面振兴的目标任务各自突破，又要找到二者的结合点，推进以人为本的新型城镇化和实现农业农村现代化的乡村振兴。

四、以城市更新助力新型城镇化

当前，我国城市更新与城镇化建设相伴而生，贯穿于城市发展的各个阶段，城市更新在推动新型城镇化高质量发展中的作用日益凸显。城市更新是新型城镇化的有机组成。进入高质量发展阶段，如何提升城市发展和治理的现代化水平已经成为新型城镇化战略的重要着力点之一，而城市更新作为城市补充建设和城市品质优化提升的重要途径，其目的在于回应群

众关切、适应现代化要求①。坚持高质量发展，推进以人的全面发展为中心促进城镇化，实现新型城镇化高质量发展。城市更新是新型城镇化质量效益相统一的必然要求。推动新型城镇化高质量发展，必须统筹经济发展和社会效益，实现二者的统一。城市更新不能仅仅围绕城市做文章，要把城市更新放到新型城镇化建设和构建新型城乡关系的大盘子里来，要着力提升城市"包容性"而不是仅仅追求"容量"；着力提升城乡"融合度"而不是仅仅追求"便利度"；着力提升城市"多样性"而不是仅仅追求"统一化"。

城市更新项目往往投入大、周期长、见效慢，单靠政府力量很难快速有效推动，而随着城市建设从粗放式发展进入精细化运营时代，城市更新产业前景十分广阔。党的十八大以来，党中央多次强调处理好政府和市场的关系，推动有效市场和有为政府更好结合。国内外先进地区的城镇化发展经验也都充分证明了政府和市场之间存在紧密的互补关系。因此，要进一步强化党和政府在城市更新中的主体责任，将城市更新放在推动新型城镇化高质量发展的宏伟蓝图中，统筹城市更新总体规划、专项规划和实施方案等，广泛搭建政企协作平台，加强与实力雄厚、理念领先、经验丰富的优秀企业之间的合作，以项目为抓手，建立起合理有效的利益联结机制，形成城市更新发展的多方合力。

第四节　旅游产业化

旅游业已成为县域经济增长的重要引擎。经过不断发展，旅游逐步实现现代化、规模化、市场化、产业化。人们的旅游观念逐渐变化，需求更加多元化，旅游业已经向"旅游+"多业态融合发展模式转变②。推进旅游产业化，要坚持以市场需求为导向，加快扩张产业规模、持续做大产业主体、不断夯实产业基础、显著增强产业贡献。

---

①　杨佩卿. 高质量发展视阈下城市更新的内涵逻辑与实践取向 [J]. 当代经济科学，2023，45（3）：59-73.

②　陈鹏. "旅游+"多产业融合发展路径研究：以红河州为例 [J]. 大理大学学报，2021，6（3）：48-53.

一、做大旅游产业规模

规模的扩张是产业化的基础，没有一定的规模，就谈不上产业，更谈不上支柱产业。推进旅游产业化，要做大旅游产业规模，保持入黔游客、过夜游客、人均旅游消费持续增长[①]，旅游及相关产业增加值占地区生产总值比重要在5%以上。围绕资源要素做足精深文章。立足自身资源禀赋，精心设计旅游线路，推动旅游产业转型升级，打造旅游新业态。注重文化挖掘，把人文理念注入旅游产业，提升旅游品位。强化科技赋能，实现虚拟场景与现实美景相融。推动以赛促旅、以赛促产、以赛促销，激发旅游创新活力[②]。规模扩张需要做足旅游产业化基础。对于旅游业来说，市场基础主要是客源基础；资源基础主要是各类自然及人文旅游资源；设施基础主要包括各类为旅游提供服务的设施、场所等；产品基础主要是各类旅游吸引物，它是旅游产业的核心竞争力；管理服务基础主要包括行业协会、联盟、各类组织等社会化服务主体，以及引领产业方向的规划体系、政策体系、资源保护体系，评估产业质量的统计体系、考核体系、指标体系，还包括人力资源队伍等。

一是完善旅游公共服务体系建设。规范设置高速、国（省）道、旅游干线通重点景区沿线旅游交通指示牌，完善景区标识系统，引导游客出行。二是推进旅游数字化建设。鼓励景区景点、文化场馆等开展数字化产品建设和服务。深化"一码游贵州"平台推广，动员各类旅游服务企业进驻。三是建立重点旅游市场主体联系服务机制。厘清规模以上企业、大个体、重点规模以下企业等数据，建立旅游市场主体联系服务制度、走访和化解困难机制，持续开展企业培育和服务行动，助推企业做强做大。大力实施服务质量提升行动，对酒店、民宿、客栈、"农家乐"等进行培训和指导，切实提高其旅游接待服务能力和水平。四是摸清家底，规划产业链。对旅游景区景点、九大类旅游市场主体进行摸底，建立数据库，对照旅游六要素，加快"建链、强链、补链"。筛选合法合规、有本土特色的项目作为"十四五"规划期间重点项目来推进。全面梳理和处置重点历史遗留问题项目，同时，培育和申报、包装新项目，为旅游产业化打基础。五是实行景区运营成效考核。建立监督考核机制，按照4A级景区标准对

① 周清. 旅游强省：推动旅游产业化实现大提质 [J]. 当代贵州, 2021（11）：40-41.
② 本报记者. 贵州乘势而上推动文旅高质量发展 [N]. 人民日报, 2024-03-06（15）.

市场化运营的景区开展成效考核，提高景区总体运营效益及管理服务水平。

二、专业化的市场主体

旅游市场主体一般分为旅游消费者、旅游服务者、旅游经营者、旅游投资者①。旅游产业化，需要逐渐形成以旅游经济活动为中心，满足食、住、行、游、购、娱等服务需求的市场主体。最具有代表性的就是旅游景区、旅行社、特色酒店及民宿、客栈、旅游商品产销企业、旅游交通类企业持续涌现，规模以上企业不断增多，形成旅游产业园区，甚至还有一批全国 100 强、世界 500 强企业。

如果没有具有影响力的旅游企业，旅游产业将面临重大挑战。因此，政府也要优化营商环境，出台专项政策，扶持中小旅游企业发展，整合区域内旅游资源做大做强。同时，落实和完善人才引进政策，大力引进旅游人才。组织旅游提升专项培训，督促旅游企业建立健全激励机制和奖惩制度。积极培育旅游市场主体，大力扶持旅游企业发展。旅游企业也应该建立现代企业制度，提高自身竞争力。积极向旅游上市公司学习，对接高校，开发旅游培训课程。

三、推动"旅游+"融合发展

作为一个产业，要在扩大投资、促进消费、出口创汇、增加就业和税收、助力乡村振兴、提升开放形象等方面发挥重要作用。进入新发展阶段，旅游产业要践行新发展理念，充分发挥带动性强、乘数效应大、综合效益高的产业特征，以自身的全面复苏全面促进和融入新格局，以"旅游+""+旅游"融合发展为方向，推动文化业、农业、工业、体育等行业高质量发展。依托优势产业和知名企业，延伸旅游产业链，做大旅游规模。依托丰富的森林资源，规划以森林生态文化为主题，提供与自然生态相和谐的公益性公共园林等社会服务功能。"旅游+民族文化"融合，形成新的旅游产品，产生新的旅游业态。大力发展体育旅游项目和业态，借力节事品牌效应，发展各类体育旅游赛事品牌，开发民俗体育旅游产品。

构筑旅游吸引核。大力实施旅游业态升级行动，以市场需求为导向构

---

① 王爱民，陈苏. 培育旅游市场主体的思考 [J]. 企业经济，2011，30（2）：143-146.

筑旅游吸引核，丰富旅游业态和产品供给，合理发掘利用特色文化资源。做好"旅游+"多产融合发展文章，促进文旅、农旅等深度融合，推出景区与景点串联，打造精品旅游线路。以标准化提升业态水平。以体育旅游示范基地、精品旅游线路、中医药健康旅游示范基地、教育研学基地、文旅消费集聚区和乡村旅游民宿、客栈、"农家乐"各级标准，突出文化特色，支持有条件的村寨按景区化要求打造。争取新增3A级以上景区。加快推进提质扩容工作，通过项目改造提升加快A级旅游景区创建。

第三章　我国县域经济高质量发展的主要模式

　　根据 2023 年版《中国县域统计年鉴》和《中国民政事业发展统计公报》公布的数据，截至 2023 年 4 月底，中国共计有县域 1 867 个（不含港澳台地区），面积接近全国国土面积的 90%，占全国人口和国内生产总值（GDP）的比重分别达到 52.5% 和 38.1%。县域经济构成一国经济的微观基础，在中国式现代化建设中占据重要地位。当前，县域经济呈现总量攀升但在全国 GDP 中占比下降的趋势，且县域间的经济发展差距较大，大多数县域财政自给率偏低，部分县城人口流失较为严重。这些趋势和特点反映出县域经济内生性发展动力不足、公共资源匮乏以及治理成本高昂等一系列现实问题。对此，一方面应通过培育特色产业、壮大新型农村集体经济、加大人才招聘引进力度等方式创造增量，另一方面应通过二次分配优化、行政体系改革等方式激活存量，系统推进县域经济高质量发展。关注县域经济，理性认识其发展现状、存在的问题以及演进趋势，对新时期推动县域经济高质量发展、促进城乡一体化建设、实现全体人民共同富裕，具有重要的现实意义。

第一节　工业主导的江苏昆山模式

　　经济与工业密不可分，2022 年，由中国信息通信研究院编制的《中国县域工业经济发展报告（2022）》正式发布。在入选的全国工业百强县中，有 71 个县的工业发展增速高于全国平均水平。全国工业百强县大部分位于江苏和浙江，福建省的表现也比较抢眼。最具代表性的十强县分别是昆山市、江阴市、张家港市、晋江市、常熟市、慈溪市、长沙县、宜兴市、神木市、太仓市。江苏的全国十强县数量是最多的，不仅包揽了前三位，而且共有 6 个县（市）上榜，占到了大部分。江苏是以县域经济强而著称的，不过江苏省内也存在分化，比如在工业十强县中，苏州就占了 4 个，还有 2 个在无锡市。苏州是江苏地区生产总值最高的地级市，是全国第一地级市，县域经济强就是苏州最典型的特点。苏州上榜的这 4 个工业百强县，地区生产总值总量占到了苏州的一半以上。

县域活则全盘活。昆山市连续 19 年占据着全国百强县榜单的第一位。2023 年，昆山市地区生产总值达到了 5 140.6 亿元，约占苏州 2023 年地区生产总值的 20.8%。青海 2023 年地区生产总值仅 3 799.1 亿元，西藏 2023 年地区生产总值是 2 392.67 亿元，宁夏 2023 年地区生产总值仅 5 315 亿元。而昆山市早在 2022 年就已经实现地区生产总值突破 5 000 亿元（当时昆山的地区生产总值为 5 006 亿元），是我国第一个也是目前唯一一个地区生产总值超过 5 000 亿元的县级市。昆山市位于江苏省东南部，地处上海与苏州之间，其地理位置优越、交通基础设施发达、外资利用水平高，辖区总面积 931 平方千米（其中超过 17.51% 是水面），辖区人口约 215 万人，目前拥有三个大型经济技术开发区、一个旅游度假区和八个镇。

一、昆山工业化发展的阶段性特征

昆山是苏州的一个县，改革开放前，其经济以农业为主，工业薄弱。1950—1978 年，人均地区生产总值年增长率只有 3%，1978 年工业化水平为 13.9%，城镇化水平为 10.5%。1978—1989 年，随着乡镇企业的发展，城镇化开始起步，工业化发展带动城镇化，但城镇化进程滞后于工业化进程。1990 年，昆山城镇化水平为 18.1%，而工业化水平为 46.7%，工业化速度远快于城镇化[①]。1989 年昆山撤县设市，开始大力发展外向型经济，城镇化开始加速发展。昆山积极吸引外资，建设新区，促进人口向城镇流动，老城不断向外拓展，城镇化进程开始加速，城市与乡镇同时快速发展。1999 年，昆山城镇化水平上升到 33.1%。2000 年，昆山城镇化水平上升到 47.0%[②]。

随着昆山经济的高速发展，昆山大力发展二、三产业，产业集群发展吸引了大量外来劳动力，大量的外来劳动力流入昆山就业，推动了昆山城

---

① 赵玉碧. 昆山外向型城市化及其动力分析 [D]. 南京：南京师范大学，2013.
② 张峰. 昆山人口变迁研究：1978—2005 [D]. 苏州：苏州大学，2008.

镇化水平提升。外来人口不断增加，昆山不断调整行政区划，以县城为中心推进城乡一体化，城市不断向乡村扩张，实现产城一体化发展。2005年，外来人口首次超过本地户籍人口。2011 年，外来人口增至 128.37 万人，而本地户籍人口仅 65.46 万人，成为"移民城市"，推动昆山的城镇化进程。2023 年，第一产业增加值 30.84 亿元，增长 1.1%；第二产业增加值 2 633.92 亿元，增长 4.9%；第三产业增加值 2 475.84 亿元，增长 5.1%。三次产业结构为 0.6∶51.2∶48.2，第三产业增加值占比较 2022 年提升 1.0 个百分点。全年新登记内资市场主体 6.75 万户，增长 15.9%。其中，新登记企业 1.77 万户，增长 5.1%。2023 年，新增技能人才 3.26 万人、高技能人才 1 万人，人才引进落户超过 2 万人，新增国家级重大人才工程专家 20 人，省"双创"团队 1 个、省"双创"人才 23 人，姑苏领军人才 47 人，昆山"双创"人才 127 人、昆山"双创"团队 1 个。

二、昆山工业化基础由弱变强

改革开放前，昆山以农业为主，工业占比只有 16.69%，1978 年工业占比仅为 28.89%，工业对城镇化的带动作用不足。昆山毗邻上海、苏州，20 世纪 90 年代以来积极寻求比较优势，借助区位优势、交通优势、土地成本优势，积极给予外商优惠政策，大力发展外向型经济，积极引进外资，发展生产加工基地，外商投资使昆山工业实现快速发展，促进了产业结构优化升级。昆山工业化提供了大量的就业岗位，吸引劳动力大规模涌入，工业化推动城镇化，昆山城镇化快速发展，实现了工业化、城镇化同步发展。

总的来说，昆山是外向型城镇化的案例，城镇化的力量来自外资和外来人口。外资带动昆山工业化发展，外向型工业化带动人口等生产要素集聚，促进城镇化的发展。2023 年，昆山完成规模以上工业总产值 11 432.65 亿元，比 2022 年增长 4.5%。其中，高新技术产业产值 4 573.77 亿元，下降10.8%，占规模以上工业总产值的 40.0%。年末拥有 1 个千亿级 IT（通信设备、计算机及其他电子设备）产业集群和 13 个百亿级产业集群①，具体如表 3-1 所示。产值超亿元企业 1 057 家，产值十亿元以上企业 129 家，产值百亿元以上企业 11 家。

---

① 林小昭. 最新 GDP 十强县：昆山连续 18 年居首，神木重返前十 ［N］. 第一财经日报，2022-04-12（A08）.

表 3-1　2023 年昆山市产业集群产值分布情况

单位：亿元

产业集群	产值
1 个千亿级产业集群	6 969.04
计算机、通信和其他电子设备制造业	6 969.04
13 个百亿级产业集群	3 971.32
通用设备制造业	805.82
汽车制造业	615.81
专用设备制造业	579.29
橡胶和塑料制品业	378.39
电气机械和器材制造业	370.82
金属制品业	240.37
有色金属冶炼和压延加工业	184.14
化学原料和化学制品制造业	174.01
仪器仪表制造业	151.79
造纸和纸制品业	147.89
非金属矿物制品业	112.67
印刷和记录媒体复制业	107.97
铁路、船舶、航空航天和其他运输设备制造业	102.35

数据来源：《2023 年昆山市国民经济和社会发展统计公报》。

三、昆山工业化的经验

昆山市始终坚持改革创新、与时俱进，将先进制造业作为立市之本、强市之基，紧扣"高质量发展"和"新动能集聚"两条主线，紧紧跟随全球产业发展潮流，强化对新兴产业技术创新和科技成果产业化的支持力度，推动战略性新兴产业成为经济转型和国际竞争力提升的主导力量，不断加快由"昆山制造"向"昆山创造"跃升，其主要经验有以下几个方面：

一是敢闯敢干，走出自己的路子。20 世纪 80 年代初，当苏州、无锡、常州等地依靠"苏南模式"拉动经济增长时，昆山还是典型的农业县，农业在整个经济中占比近 50%，经济总量时常在苏州 6 个县中垫底。通过远赴深圳、珠海等开放特区学习，结合自身实际，昆山人解放思想、开拓创新，确立了当时昆山的发展思路：东依上海、西托三线、内联乡镇、面向全国、走向世界。在当时整体经济能力偏弱、没有政策支持的情况下，自费兴办工业新区，大力推动乡镇企业发展。昆山的迅猛发展引起了中央的关注。1992年8月，国务院批准昆山开发区升格为国家级开发区①。"不等中央定'名分'，不要国家给投资，因陋就简，建成一片被誉为'投资者乐土'的经济技术开发区。"昆山人最后总结出三点经验：向自己要钱、办大事未必花大钱、政策也会变成钱。昆山人解放思想、大胆创新，通过充分调查研判，结合自身实际，准确抓住机遇，实现华丽转身。纵观"昆山之路"，其主要做到了抢天时、拼地利、强人和。抢天时，即抢抓发展机遇。昆山人借助改革开放东风，主动思变求变，秉持"只要符合政策方向、符合为人民服务要求，即使前方没有路，也要走出路来"的理念，迎难而上，锐意进取。拼地利，即发挥自身区位优势，克服上海和苏州的虹吸效应，主动积极对接上海浦东改革发展需求，利用上海的辐射带动效应，培养出自身的产业结构和城市品牌。强人和，即靠昆山全体干部务实肯干，认准方向不放手、咬紧目标不松口的韧劲，围绕优化营商环境，不断创新体制机制，带动天时和地利更大更快发挥效应。

二是战略先行，务实进取绘蓝图。"昆山之路"经历了"农转工、内转外、散转聚、低转高、大转强"五个发展阶段。昆山从最初的"星期天工程师"、合办联营企业，到抓住浦东开发机遇、走出国门外向型发展，到现在长三角一体化，每次腾飞的背后都有"融入上海"的印记。从1984年创办全国首个自费开发区，到1997年申办全国首个出口加工区，到"十一五"规划时期提出"整体发展学新加坡、产业升级学韩国、自主创新学我国台湾地区"，再到"提振精气神、决胜现代化"战略的实施，逐步实现"以内引外"到"以外引外"，从"来者不拒"到"择优落户"，从"筑巢引凤"到"引凤筑巢"的战略转移。与时俱进地解放思想和战略升级成就了今天的昆山。从战略发展的角度看"昆山之路"，其既仰望星空，又脚踏实地，从加工起步到串珠成链，从集成组装到研创开发，从县域领跑到面向全球，可以概括为从点到面到平台到品牌的发展过程。总结昆山战略引领发展的经验，主要有三个关键词。一是"融入"。深度融入

---

① 张国华. 科学发展观引领"昆山之路"越走越宽广 [J]. 群众，2008（12）：29-30.

长三角一体化发展战略，充分放大背靠上海的优势。昆山专门出台了《对接融入上海三年提升工程实施方案》，实施规划战略一体协进计划，将基础设施、科创资源、环境治理、民生服务等全方位、多领域、深层次对接融入上海，将"双城"变为"同城"。二是"开放"。昆山的跨越式发展，亦得益于其始终坚持开放型战略，不断打破行政藩篱，拥抱人才、资金、技术，融进来也走出去，全方面提升开放能级和综合竞争力。从初期承接上海溢出资源，到进一步对外开放，聚焦重点产业和昆山优势产业，逐步成为台商、外资集聚地，形成了自己的外资"朋友圈"。三是"绿色"。昆山坚持把最好的资源留给人民，其崛起初期抓住浦东开发机遇做大了产业文章，现在又融入长三角生态绿色一体化发展战略中，以绿色、生态、富民为战略出发点，通过联保共治实现水清岸绿，依托南部水乡的湖荡资源，启动"昆山之链"首链工程，将休闲文旅和乡村振兴融合发展，将生态链打造成富民链。

三是创新引领，主动改革优服务。昆山市从建设自费开发区、鼓励兴办乡镇企业，到创办中国历史上第一个出口加工区，再到进行风险投资培育高科技产业园，始终秉持"一切为了企业"的发展理念。昆山人始终坚信市场经济就是候鸟经济，哪里环境好，钱就往哪里飞。30多年前，昆山引进第一家外商时，干部跑省进京134次，为企业办成手续，切实践行了"把麻烦留给自己、把方便留给企业"的承诺。如今，昆山连年发布优化营商环境建设新政策，全力打造最优营商环境、最强比较优势，"昆如意"金字招牌越擦越亮，现已形成"一窗办理、集成服务"的办理模式，涵盖13个部门、369项服务事项；投资建设项目线上免证照、不见面一网办，线下面对面、肩并肩帮代办，审批周期压缩60%以上，实现"拿地即开工"。企业不用出园区，就在楼下、旁边的银行自助终端机上即可办理，甚至政府部门上门服务、线上办理，就可完成营业执照、项目立项、规划许可、施工许可、招标发包、纳税、竣工验收、出入境审批等政务服务。审批时间不断压缩，审批方式不断便捷，服务质量不断升级，真正建立了与企业面对面、心连心的营商服务环境，打造出响亮的"亲商、安商、富商"的"昆山服务"品牌。屡次改革创新的成功，得益于昆山人锚定目标不放松的精神，各个部门拧成一股绳的韧劲，坚持以企业需求为本，坚持服务企业定位，与时俱进，精益求精，做到了昆山服务的口号之一"努力到无能为力，努力到感动自己"。坚持创新引领、充分发挥部门主观能动性，围绕"一切为了企业，为了企业的一切"的宗旨，推陈出新，不断优化服务模式，营造比学赶超的服务氛围。攻克关键"堵点"，集中力量稳步提升，昆山创新推出"昆如意—优无止境"系列举措，每年针对关键"堵点"，各干部包干包片，高频调研走访，用真招实策为企业纾困解难。狠抓服务细节、以点带面撬动全局，昆山改善营商环境永无止境，且从细节上不断完善。最令人印象深刻的例子是，为企业做好服务，昆山行政审批局将办事大厅，去掉"窗口"和"柜台"，让企业与审批人员肩并肩坐在一起，直接面对审批电脑界面，随时反馈信息，为服务跑出加速度。

四是强链造链，产业链招商强磁场。昆山人坚持"产业链招商"，着力打造"搬不走、压不垮、拆不散"的核心产业链条。昆山市委书记周伟在党的二十大首场"党代表通道"采访活动现场，以"拆解笔记本电脑"方式，按照"缺什么招什么"的原则招商，持之以恒，完善笔记本电脑产业链，实现"三分天下有其一"的市场份额为例，生动介绍了昆山产业链招商的底层逻辑。除了强链补链，昆山人还通过"无中生有"的造链，架构出一条以咖啡为主的千亿级高端食品产业链条。昆山为其推行"定制化"要素保障模式，第一时间解决企业困难。围绕一粒咖啡豆，千亿级产业正在这里崛起。昆山也形成了从产业链到链生态的"产业链+"发展业态。坐落在昆山的好孩子集团，立足于本土制造优势，借助数字时代发展的东风，不断打破边界，延伸完善价值链，实现"产业链+"发展，成为全球孕童生态圈的组织者。"好孩子"的成长之路，折射出"争先进位再突破，高新之上再攀登"的昆山精神。昆山人盯准产业链布局，做好创链建链、稳链固链、强链补链文章，实现了产业园就是产业链，上下楼就是上下游的结构布局。

经济发展靠产业发展，产业发展归根结底是产业链的发展。"昆山之路"产业链招商的成功，除了当地资源禀赋先天条件好外，更得益于城市经营者的产业发展战略眼光和锲而不舍地坚持产业链招商。昆山产业发展初期，依靠优越的地理位置，做大自身优势，做强环境软实力，做上海产业结构的补充和配套。之后，深谙市场规律的昆山人，紧盯电子信息产业，大力实施电子信息产业"固本"工程，随之而来的，拓展显示屏、半导体材料等延伸产业链成形。随后，瞄准前沿、抢先布局，在新材料、新医疗、新能源、新数字等战略性新兴产业中抢得先机。昆山人对产业发展精准研判，富有冒险精神地锚定目标，始终走产业链招商路子，以完备的产业链条、便捷的产品配套、高效的要素保障，打造出城市招商品牌。昆山产业发展战略目标紧跟产业技术前沿，强化优势布局，以锲而不舍的产业链招商和一流的营商环境作为手段和支撑，一步领先，步步领先。

四、昆山工业化的启示

昆山人抓住了时代机遇，充分激发内生动力，不断发扬企业家精神，走出自强不息的路子，其经验对于黔东南州深化改革开放颇有借鉴意义。

启示一：解放思想，主动思变求变。昆山的发展起点在于其穷则思变，40多年来，不断解放思想，敢闯敢干，坚持开放发展、自立自强，最终实现华丽转身。黔东南要进一步解放思想，强化危机意识，准确研判形势，始终与时俱进，不唯上不唯书，坚持问题导向，提升服务意识，在不可为中寻可为，从疑无路中开新路，形成"干部敢为、地方敢闯、企业敢干、群众敢首创"的改革奋进之势。

启示二：创新引领，营造实干氛围。昆山坚持走创新驱动发展战略，自主可控产业路径，以世界为师，走自己的路，做到了年年有新成果。黔东南在坚持以科技创新引领产业发展的同时，也要坚定不移做大做强实体经济，以技术创新带动产业升级，构建有潜力有韧劲多元化的产业结构。尤其应加大制度创新、机制创新、管理服务创新力度，比拼赶超创新实效，营造实干氛围，形成战斗合力，合力激发活力。同时弘扬学习之风，努力学习专业技术和经济类知识，提升市场研判分析能力。

启示三：扬长补短，把蓝图绘到底。昆山市在发展的初期，就大胆确定了宏伟的蓝图目标，依靠紧靠上海的优越地理位置，充分发挥生产要素充裕的优势，孜孜不倦提升营商环境，谋定蓝图，一代接着一代干。黔东南必须将自身发展置身于大格局中，因地制宜，无限放大自身优势，主动融入区域经济战略，抢抓产业梯度转移机遇，在共建"一带一路"和长江经济带高质量发展中协同并进，咬定青山不放松，久久为功。

启示四：谋定而后动，狠抓产业生态链。昆山人以"人无我有、人有我优、人优我精"为追求，在塑环境、抓改革、优服务上下功夫、动真格，做企业最需要的事，形成了昆山特色的营商服务品牌，与其产业链招商相辅相成，不断使企业成功扎根发芽。一个区域的经济建设发展，就如同造风景，需把握好大势和地气，处理好战略和策略。黔东南要勇立潮头，抢夺产业先机，则既要有"不破楼兰终不还"的产业链招商引资气势，又要造就"水美则鱼肥"的营商环境，聚焦造风景而不是造盆景。深化产业链、创新链、人才链和供应链耦合，立足产业长板发展集群，抓好补链强链，提升数字化智能化水平，积极探索跨界整合，做优生产性服务业，打造适用竹林效应的产业生态链。

第二节　农业主导的山东寿光模式

寿光市，山东省辖县级市，由潍坊市代管，位于山东省中北部、潍坊市西北部、渤海莱州湾西南岸，总面积 2 072 平方千米。寿光市是山东省政府批复确定的全国重要的蔬菜生产研发基地和质量标准中心、县域高质量发展样板城市，是"中国蔬菜之乡""中国海盐之都"，获得了"首批国家农产品质量安全县"等荣誉称号。2023 年，寿光市地区生产总值 1 028.7 亿元，其中，第一产业实现增加值 137.5 亿元。寿光市高标准打造蔬菜合作社样板社、样板家庭农场 25 家，2 家合作社通过中国和全球良好农业规范体系（GAP）双认证，年营业收入亿元合作社达 13 家。"寿光蔬菜"区域公共品牌授权单位达 18 家，绿色食品、有机农产品和农产品地理标志产品的认证数量达 322 个。全年抽检蔬菜样品 16.6 万个，合格率稳定在 99% 以上。

一、"寿光模式"的产生

多年来，寿光蔬菜产业在全国一直保持领先优势，在其形成"寿光模式"的过程中有着一定的现实基础。1989 年前，寿光人均年收入仅 300元。1989 年，冬暖式蔬菜大棚种植技术的推广改变了寿光人的命运①。王乐义是寿光进军蔬菜产业的第一人，为带领乡亲们脱贫致富，王乐义到大连学习反季节蔬菜技术。王乐义根据本村实际，反复试验，终于建成冬天不需加温的蔬菜大棚。王乐义发动党员做领头雁，实现万元户新突破。党员作为第一批技术员，手把手地将技术传授给乡亲们，全村家家户户建起冬暖式蔬菜大棚，户均增收 1 万多元。冬暖式蔬菜大棚引起寿光县（今寿光市）政府的关注，成立了技术推广领导小组，在全国举办技术培训班，

---

① 张馨月. 乡村振兴战略视域下"寿光模式"研究［D］. 兰州：西北民族大学，2021.

输送技术员。

30 多年间，寿光市蔬菜产业化经历了四个发展阶段：第一阶段，从 1978 年底开始改革开放到 1989 年，以建设蔬菜批发市场为标志，率先冲破计划经济坚冰，蔬菜产业逐步成为支柱产业；第二阶段以冬暖式蔬菜大棚研制推广为标志，在全国掀起了一场"绿色革命"；第三阶段以举办菜博会为标志，集成展示农业新品种、新技术、新业态、新模式；第四阶段以打造全国蔬菜产业综合服务基地为标志，通过种业研发、标准集成、模式输出等方式推动农业全链条、全维度变革转型。寿光模式表明，既然蔬菜产品、蔬菜产业都有四两拨千斤的神奇能力，能够撬动县域经济全要素的融合发展，那么其他地区、其他特色农产品应该也能做到这一点。这才是总结、学习、推广寿光模式的要义所在。

二、"寿光模式"的核心内涵

寿光模式起步于温室大棚种蔬菜。20 世纪 80 年代，寿光孙家集街道三元朱村党支部书记王乐义将从辽宁瓦房店市学来的日光温室蔬菜种植技术在寿光试种成功，由此引爆了影响寿光乃至全国的蔬菜"白色革命"，使蔬菜生产逐步形成了产业化，蔬菜产业化就是寿光模式最初的形态。

2018 年，习近平总书记先后两次讲到"寿光模式"。蔬菜产业的发展带动了寿光市农村的全面发展，寿光蔬菜批发市场是全国最大的蔬菜集散地，吸引了众多国内外客商。关于"寿光模式"，张友祥教授认为："寿光凭借深厚的蔬菜文化基础，以蔬菜产业化为龙头，带动育种育苗、技术研发、产品营销、食品加工及农业农村观光旅游。"[①] 其核心内涵就是：以标杆蔬菜产业为基础，发挥政府和市场作用，以农带工，实现城市和乡村的协调发展。

三、"寿光模式"的成功经验

"寿光模式"的成功，不仅让寿光农业生产呈现迅猛发展、精彩纷呈的生动场面，也为其他地区推动农村产业发展提供了启示。

一是坚持政府引导是纵深推动农村产业发展的核心。从寿光的实践来看，农村产业能取得翻天覆地的成效，其核心就是党委和政府的引导，得

---

① 张敬敏，李光聚，李培之，等. 设施蔬菜产业标准化"寿光模式"实践经验浅谈 [J]. 中国蔬菜，2024（10）：13-18.

益于各级党委和政府按照省委、省政府部署要求，给予政策、资金等优惠，吸引经营主体加大投入，调整产业结构，推动农村产业发展。切实发挥政府和市场的作用，顺应经济运行规律，以蔬菜为切入点，推广蔬菜种植技术，构筑市场销售体系，拉动蔬菜产业发展。以效益为重心，精准施策，优化营商环境，面临困境迎难而上。购进先进仪器，扩大蔬菜检测范围。与科研单位和院校合作，组织科研机构攻克蔬菜生产难题，推广先进技术。建立蔬菜市场，举办国际蔬菜博览会，发挥龙头企业作用，合力推进农业产业化。深化农村改革，切实发挥政府和市场的作用。

二是坚持因地制宜是推动农村产业发展的基础。寿光因地制宜探索农业发展道路，宜菜种菜、宜果种果，引进冬暖式蔬菜大棚技术，不断改造创新，加大支持力度，发挥规模效应。从种蔬菜到"种技术"，推动蔬菜产业创新升级，完善蔬菜产业布局，提高蔬菜竞争力。依托自然条件，找准实际需求，因地制宜发展特色产业，形成规模化。

三是全面强化"人才为王"理念。加快农业专业人才建设，引进人才，培养新型职业农民，强化"人才为王"理念。完善配套政策体系，引进高层次产业技术人才，搭建创业平台，引进农业科技人才，定期培训。实施"校园+田园"培养模式，构建人才链。建立职业农民制度，依托现有基础，完善人才工作机制，加强农技推广人才队伍建设，培育科普人才。

四是始终坚持科技创新可持续发展理念。聚焦产业全链条，加快农业转型。研发蔬菜品种，成为国家级蔬菜种业创新基地。培育特色蔬菜品牌，举办菜博会，注册地理标志集体商标，新增粤港澳大湾区"菜篮子"产品认证基地 69 家。构建新型经营体系，带动农户增收。数字赋能，建设数字农业园区，推广智能装备，走科技创新之路。标准化生产，引进新技术，发展绿色蔬菜，推进国家绿色食品认证。

第三节　旅游主导的浙江安吉模式

安吉县，浙江省湖州市下辖县，位于湖州市西南部，总面积 1 886 平方千米，东与德清县交界，南与杭州市临安区毗邻；西与安徽省广德市、宁国市相邻；北与长兴县接壤，地处长三角地理中心。2005 年，习近平总书记在安吉考察时提出了"绿水青山就是金山银山"的科学论断,安吉是"绿水青山就是金山银山"理念的发源地①。安吉县是浙江高质量发展建设共同富裕示范区首批试点地区之一,是国家全域旅游示范区、全国投资潜力百强县、全国乡村治理体系建设试点单位、中国夏季休闲百佳县。2022年,安吉县实现地区生产总值582亿元,三次产业比重为5.9∶45.1∶49,财政收入110亿元,城镇居民人均收入68 446元,城乡居民收入比为1.63∶1。2022年,到访游客2 700万人次,旅游收入394亿元,全域旅游、乡村旅游连续五年夺得全国第一名。"安吉模式"以打造"中国美丽乡村"为抓手,依托优势农业产业,大力发展乡村旅游,实现了产业融合、城乡融合的和谐发展②。

一、"安吉模式"的发展历程

20世纪80年代,安吉坚持工业强县之路,引进了资源消耗型产业,导致环境污染严重。安吉人原来也普遍缺乏生态意识,安吉县委县政府为此将每年的3月25日定为全县生态日,干部群众义务捡拾垃圾,人居环境持续优化,环境越来越好。2006年,安吉被命名为首个"国家生态县"③。为治理环境,安吉不惜关闭污染型企业,经济陷入发展困境。面对经济发展的困境,政府意识到,安吉最大的优势是良好的生态环境,变环境优势为经济优势,安吉的经济发展才有出路。为此,安吉县委县政府提出"中国竹乡在安吉"的口号,挖掘农业和农产品加工业潜力,从毛竹种植、生产、加工发展竹产业,打造"安吉白茶",实现了农民增收致富。随着收入的增加,安吉立足生态优势,依托优势农业产业,创建竹子之乡,开发毛竹系列产品,发展深加工,发展农产品加工业。一、二产业的发展吸引了大量游客,促使第三产业迅猛发展。安吉顺势而为,大力发展生态旅游,开发休闲农业、乡村旅游,带动农民增收致富,打造美丽乡村样板。

实施"产业转型"战略,转化绿水青山。一产休闲互动,发展生态循环农业和观光休闲农业。二产转型促动,引进先进制造业和战略性新兴产业,推动传统工业向旅游发展。三产龙头带动,构建县域大景区,发展乡

---

① 王鑫. 浙北湖州地区村庄绿化模式与应用研究 [D]. 武汉:中南林业科技大学, 2022.

② 农业部农村社会事业发展中心新农村建设课题组. 打造中国美丽乡村统筹城乡和谐发展:社会主义新农村建设"安吉模式"研究报告 [J]. 中国乡镇企业, 2009 (10):6-13.

③ 邹笛. 安吉:深挖传统产业优势 首创美丽乡村样板 [J]. 中华建设, 2018 (2):26-27.

村旅游，引进休闲旅游项目，调整旅游产品体系，促进产业转型升级。坚持城乡统筹，立体同步推进。安吉大力推进城、镇、村深度融合，以"城"为核心，打造优雅美竹城。安吉立足依山傍水优势，实施"引山入城、引水穿城"工程，通过生态整治、建筑布局、道路延伸等手段，将山、水、路、景有机融合，营造"群山环绕水穿城，青山碧水绿绵延"的城市形态。安吉以"镇"为重点，打造风情小镇。安吉立足小镇原有的生态优势、乡土文化、风土人情，按照"一次规划、分步实施"的原则，组织一对一专家指导，提炼具有安吉地域特征的建筑风貌特色。安吉以"村"为基础，做精美丽乡村，把全县187个村作为一盘棋统一规划，全县是一个景区，一个村庄是一个景点。这样的大手笔在全国独开先河，对山区县来说更是一次大胆的设想。一村一品、一村一景、一村一业、一村一韵，彰显人文美，嫁接生态文化，传承历史文化，挖掘民俗文化。

突出资源整合，强化机制保障。安吉整合行政资源建立纵向到底的领导机制，整合项目资源建立涉农惠农的政策机制，整合财政资源建立逐级配套的激励机制，整合社会资源建立上下联动的共建机制。通过一系列机制创新，安吉全方位整合资源，克服当前新农村建设资金不足的问题，集中力量办大事，形成了全党动员、全民参与，举全县之力建设美丽乡村的良好氛围。

激发美丽乡村经营活力。乡村经营的实践基础是农民的组织化，在组织化过程中加强政府引导，安吉县委县政府以富民强村为根本，出台系列政策，推动乡村经营工作。一是深化系列农村改革，激发农村发展的内在活力。如毛竹股份制改革走在全国前列，农村土地承包经营权流转服务体系基本建立，培育了一大批农业龙头企业、农民专业合作社、现代农业产学研联盟，农业组织化程度显著提高。二是拓宽美丽乡村融资渠道，增强农村发展外在助力。成立安吉美丽乡村建设发展总公司，进行项目开发、论证和包装，通过项目申报、土地流转融资统筹等办法，积极争取各方资金支持推动中国美丽乡村建设滚动式发展。三是实施村庄经营计划，营造富民强村的发展氛围。安吉连续出台了相关激励政策，搭建了"县为主导，乡镇为主体、村为基础"的三级经营体系。通过挖掘村庄特色资源，安吉盘活集体闲置资产，大力发展乡村旅游、休闲体验、生产配套、物业经济和文化产业等业态，建成了一批旅游大镇、工业强村、文化名村，打造了一批村庄经营示范典型。四是培养品质农民，扶持村庄经营创业主体。创新农民培训方式，安吉致力于培养品质农民，形成与安吉生态环境相匹配的人文素养。同时安吉注重创新服务平台，全面提升经营环境。

美丽乡村长效管理常态化。为巩固美丽乡村创建成果，保持农村环境的长久美丽，安吉建立并完善了农村环境卫生长效保洁机制，引导全民参与、全民共管，工业企业生产及"农家乐"经营、居民日常生活产生的污水处理情况良好。安吉开展对农村的垃圾分类处理，培养农民文明卫生习惯，推进绿色家庭、绿色社区、绿色机关等细胞工程创建。安吉高度重视生态制度建设，强化生态公益林、生态植被和环境敏感点保护，大力推进生态河道、矿山复绿、小流域治理等生态修复保护工程。

二、"安吉模式"的做法与成效

一是"小乡村"打造"大景区"。①大规划布局。安吉以全域旅游发展为理念，以打造"中国全域旅游现代化发展示范县"为愿景，按照组团式发展、片区化推进模式，构建大余村、西苕溪、黄浦江源三大片区旅游度假区，统筹推进全县旅游发展。目前全县已成功创建国家级、省级旅游度假区各1个，国家4A级景区7个，3A级景区13个。②大数据服务。政府出面搭建"安吉智慧旅游平台"，开发"两山全域旅游"小程序和微信公众号"安吉县数字资产经营有限公司"，为游客提供"一站式"畅游服务，提供景区实况、语音讲解与潮汐厕所信息查询、"吃住行游购娱"等在线公共服务。在全国率先实施"公路休闲驿站"建设，实现交通枢纽与主要景区公交线路全覆盖。政府出台了《安吉县支持旅游产业发展 调整旅游基础设施类项目、游乐设施类项目、高等级酒店项目用地价格办法》等政策，明确该类项目用地出让底价可参照同区域工业用地评估地价。2023年全县共有各类休闲旅游项目73个，总投资288.5亿元，建成并运营凯蒂猫家园、悦榕庄、JW万豪、温德姆等一批国际品牌项目。总投资60亿元的云上草原项目，开业当年产值超亿元，带动村集体增收近千万元。

二是"小举措"推动"大改变"。①强化政策保障。政府出台了关于支持全域乡村运营的若干政策意见、安吉县加快全域旅游产业发展若干政策，每年安排不少于10%的建设用地指标重点保障乡村产业发展用地，县财政每年预算安排不少于3 000万元全域旅游发展资金。政府出台安吉县优化支持大学生就业创业政策，计划用3年时间招聘引进10万大学生来安吉就业创业。"来了就有钱、来了就有房、来了就有伴",培育了深蓝计划、瀑布咖啡、仓居露营等现象级的网红新业态。②完善营销体系。政府出面承办世界旅游乡村联盟成立大会、国际无人机大赛等国家级节会活动,借力借势打造安吉旅游品牌形象。通过"政府搭台企业唱戏"的方式,常态化在国内主要客源城市开展专题旅游推介。定期举办文旅节庆活动,打造四季不断的"安吉美丽乡村嘉年华"大戏。注重新载体推介,重视"小红书""抖音"等线上营销及与OTA(线上旅行社)平台的合作,拓宽宣传渠道。做优民宿集群,出台共富产业支持政策,3年安排3亿元奖补资金用于民宿行业提升打造,对"农家乐"民宿提升改造给予最高30万元奖补。2024年建成了20个民宿群落,建成浙北十大民宿共富村,新建或改造提升1 000家民宿。

三是"小产业"成就"大民生"。①旅游业成为支柱性产业。从20年前的"生态立县"战略确定,到如今成功打造全域旅游全国示范县,安吉县逐步探索出一条从"农家乐"到"乡村生活"的乡村旅游产业振兴之路。近年来,安吉县成功创建首批国家全域旅游示范区、省首批全域旅游示范县,并连续5年获评中国旅游百强县综合实力第一名。旅游业成为乡村振兴首要途径。安吉有三分之一的村直接或者间接通过旅游受益。2023年,全县已有民宿("农家乐")1 800余家,规范化营地47家,帐篷8 000余顶,在建营地12家,为打造"长三角露营天堂"奠定了产业基础。②旅游业促进城乡二元结构一元化。旅游业促进了农村经济与社会的发展,带动了乡村基础设施建设,为城乡居民广泛接触、深度交流拓宽了渠道,实现了城市文明与乡村生活的连接。2023年,安吉城乡居民可支配收入分别达到68 445元和42 062元,以乡村旅游产业为主体的"两山"转化成果给群众带来了更多的获得感。

安吉发展的做法,概括起来就是:一靠产业升级驱动绿色发展,转变一产方式,优化二产结构,提升三产层次。二靠环境优化支撑绿色发展,依托环境优势,吸引外来投资。优美的生态环境释放了生产力,高效的政务环境产生了竞争力。依靠制度改革,激活资源要素,释放政策红利,增强内生动力。优化资源配置、激活内生动力。完善考评制度,调动主体积极性。将生态特色转化为经济优势,实现经济生态发展之路,通过保护生态环境,实现绿色发展,形成生态保护与区域发展良性互动,创造安吉生态经济发展模式。

三、"安吉模式"的经验和启示

安吉县委县政府科学引领，从实际出发，定位生态立县，注重建设品牌农业，贯彻落实科学发展观①。2023 年，安吉坚持"拔高层次、原创策划"，或举办或承办或冠名省级及以上文体旅活动 40 余场，保持安吉旅游全年热度不减。通过整合各类市场资源，拔高活动举办层次层级，举办跨区域的文旅活动。重点围绕长三角客源市场，开展各类旅游推介活动，加强与旅行社的沟通和交流，不断提升旅游的市场热度。安吉县实施"千万工程"，通过专项债、国企资金等加强乡村基础设施提升和产业项目建设，完善旅游基础设施配套。政府出台专门支持政策，安排专项资金用于民宿"微改精提"和共富民宿村建设。创新人才引进机制，提升产业人才服务水平，通过项目带动，着力引进创新型、科技型、管理型、营销型旅游专业人才，推动旅游高质量发展。吸引更多年轻团队来宁国投资、运营新业态文旅项目，逐步形成年轻人回乡创业的浓厚氛围，创造出更多受市场欢迎的新业态、新模式、新产品。结合村庄规划、国土空间规划编制，与文旅、自然资源规划部门充分深入对接，做好文旅项目布局规划。树立经营生态的价值观，经营生态资源，把生态资源转化成经济效益。有效保护生态环境，为经营生态奠定基础，鼓励农民经营生态资源，在经营生态资源中创业兴业，促进农业与二、三产业协调发展。

---

① 严端详. 安吉县推进美丽乡村建设的研究与思考 [J]. 中国农垦，2012（12）：50-54.

第四章　黔东南县域基本情况

县域经济是黔东南经济发展的基石。黔东南 16 个市（县）经济基础较为薄弱，产业发展相对滞后，推动县域经济发展是黔东南产业升级的支撑，是经济转型升级、绿色崛起的基础。黔东南要想实现高质量发展，基础在县域，难点在县域，潜力也在县域。黔东南要努力走出一条城乡统筹、产城融合、各具特色的县域经济发展之路。做大做强县域经济，是社会经济发展中一项重大而紧迫的任务。只有增强县域经济发展的活力与实力，才能持续促进黔东南经济又好又快发展。

第一节　黔东南区域概况

黔东南是全国苗族、侗族人口最集中的地区，被誉为生态之州、歌舞之州，是世界乡土文化基金会确定的 18 个生态文化保护圈之一。研究黔东南的区域概况，有助于我们了解黔东南县域基本情况，进一步推动区域经济高质量发展。

一、区划分布

黔东南东邻湖南，南接广西，与黔南、铜仁、遵义毗邻。截至 2023 年 3 月底，黔东南州下辖 15 个县、1 个县级市，黔东南全境东西宽 220 千米，南北长 240 千米，总面积 30 282.61 平方千米。

黔东南地处云贵高原向湘桂丘陵盆地过渡地带，纵横交错、连绵不绝的山脉，构成黔东南的筋骨。雷公山主峰黄羊山最高点海拔 2 178.8 米。雷公山是苗岭山脉的主峰，地跨雷山、台江、剑河、榕江四县，主峰黄羊山最高点海拔 2 178.8 米，是黔东南第一高峰，数十条溪流由此流出，成为清水江、都柳河的主要支流，是长江水系与珠江水系的分水岭，也是苗、侗民族的共同家园，被联合国教科文组织称为"当今人类保存最完好的一块未受污染的生态文化净地"，是世界十大山林旅游胜地之一。黔东南州最低点黎平县地坪乡海拔 148 米。黔东南境内河流众多，其中流域面积较大的河流有清水江、都柳江，清水江是贵州仅次于乌江的第二大河，其下游山势开阔，河槽宽敞，一度成为湖南、广东等进入贵州、通往川滇的重要通道，这也让清水江成为一条历史悠久的航运河道，清水江干流全长 459 千米，流域面积约 17 145 平方千米，覆盖了黔东南及黔南的 16 个市（县）。清水江的主要支流包括重安江、巴拉河、巫密河、六洞河和亮江，繁荣的货运带来多民族的交汇，尤其是苗族文化，顺着清水江承袭发展，成了两岸耐看的人文风景线。比如以酸汤鱼闻名的凯里，融合了现代化的浪潮与传统的苗侗文化，还拥有世界上最长最宽的风雨桥和最大的苗寨。黔东南以清水江、舞阳河、都柳江为主干，呈树枝状展布于各地①。

黔东南总体地势西、南、北面高而东部低，属亚热带湿润季风气候，冬无严寒，夏无酷暑，四季分明，立体气候明显。2021 年全州平均气温为17.3℃；年降水量 1 349.1mm；日照时数 1 320.8 小时；年平均相对湿度81%，年无霜期 348 天。具体见表 4-1。

表 4-1　黔东南地区辖区面积及气象情况

区域	辖区面积/平方千米	2021 年平均气温/℃	2021 年降水量/毫米	2021 年日照时数/小时
全州	30 282.61	17.3	1 349.1	1 320.8
凯里市	1 569.7	17.3	1 441	1 274.5
黄平县	1 670.08	16.3	1 162	1 163
施秉县	1 531.84	17.5	1 235.7	1 563.5
三穗县	1 029.63	16.6	1 274.8	1 358.7
镇远县	1 889.84	17.4	1 192.4	1 172.5
岑巩县	1 490.03	17.4	1 185.2	1 598.7
天柱县	2 177.56	17.6	1 323.8	1 297.6
锦屏县	1 619.16	17.3	1 484.1	1 444.2

① 王艳杰，郭泺. 黔东南地区生态经济发展变化的格局分析 [J]. 国土与自然资源研究，2011（5）：44-47.

表4-1(续)

区域	辖区面积 /平方千米	2021年 平均气温/℃	2021年降水量 /毫米	2021年日照时数 /小时
剑河县	2 180.3	17.6	1 142.8	1 072.8
台江县	1 078.41	17.2	1 091.5	1 019
黎平县	4 421.94	17.4	1 362.9	1 461.8
榕江县	3 296.21	19.5	1 601.1	1 463.8
从江县	3 224.79	19.3	1 255.9	1 344.2
雷山县	1 204.36	16.6	1 533.6	1 304.2
麻江县	956.71	15.8	1 489.1	1 088.8
丹寨县	942.03	15.9	1 809.8	1 505.2

数据来源：2022年黔东南州统计年鉴。

黔东南州下辖28个街道，129个镇，60个乡，15个民族乡，280个社区，2 154个村民委员会。其中，下辖超过10个乡镇的有黎平县（14个）、从江县（12个）、凯里市（11个）、剑河县（11个）、天柱县（11个）；下辖超过3个街道的有凯里市（9个）、天柱县（4个）、黎平县（3个）。具体见表4-2。

表4-2　黔东南州行政区划　　　　　　　　单位：个

区域	镇	街道	乡	民族乡	居民委员会	村民委员会
全州	129	28	60	15	280	2 154
凯里市	11	9	0	0	42	166
黄平县	8	0	3	0	13	142
施秉县	5	0	3	0	12	64
三穗县	7	2	2	0	7	90
镇远县	8	0	4	1	19	110
岑巩县	9	1	2	1	19	84
天柱县	11	4	2	0	16	118
锦屏县	7	0	8	0	9	106
剑河县	11	1	1	0	19	164
台江县	4	2	3	0	8	63

表4-2（续）

区域	镇	街道	乡	民族乡	居民委员会	村民委员会
黎平县	14	3	9	2	31	290
榕江县	9	1	10	6	31	219
从江县	12	1	7	3	20	214
雷山县	5	1	3	1	12	154
麻江县	4	2	1	1	7	63
丹寨县	4	1	2	0	15	107

数据来源：2022年黔东南州统计年鉴。

二、历史沿革

黔东南是贵州最早的文化发祥地之一。20世纪80年代以来，在黔东南境内陆续发现多处远古文化遗存。天柱县辞兵洲、盘塘，以及清水江中上游的锦屏县亮江、阳溪，出土打制石器等文物多件，贵州省文物考古研究所等单位初步推测为旧石器时代晚期遗存。在榕江、天柱、黄平等县发现多处新石器时代遗存。在天柱县还发现了商周时期遗存和战国秦汉时期遗存。

黔东南区域，春秋时属牂柯、楚黔中地，战国时属且兰、楚黔中郡，秦代属黔中郡和象郡，汉代属武陵郡、牂柯郡和郁林郡，魏晋南北朝随局势而变迁。隋代属牂柯郡、沅陵郡。唐代属黔中道，置有思州、应州、充州、亮州等。宋代分属荆湖北路、夔州路和广南路，元代分属湖广行省思州宣慰司（宣抚司、安抚司）、四川行省播州宣慰司。明代洪武年间设镇远、清浪、铜鼓、五开、偏桥、古州、清平、兴隆8卫。明代永乐年间置思州、镇远、黎平、新化4府，隶属于贵州省[①]。明代后期，黔东南大部分属思州、镇远、黎平、都匀、平越府。天柱县在明代属湖广行省靖州管辖，清代时划入贵州。清代雍正年间设古州、清江、台拱、丹江、八寨5厅。中华民国时期改府、州、厅为县。

新中国成立以后，黔东南的建制经历了一些调整。1949年11月镇远解放，成立贵州省镇远专区。1956年4月，国务院决定设置黔东南苗族侗族自治州，余庆县划归遵义专区。1956年7月23日，黔东南苗族侗族自

---

① 孙伟. 生态视野·黔东南州山区聚落与城镇发展研究［D］. 成都：四川大学，2005.

治州正式成立，辖镇远、炉山、黄平、施秉、雷山、台江、剑河、锦屏、天柱、岑巩、三穗、黎平、从江、榕江、丹寨、麻江 16 个县①，州府定在凯里。1958 年 12 月，黔东南州调整行政区划，全州 16 个县并建为凯里、黄平、镇远、剑河、锦屏、黎平、榕江 7 个县。1961 年 8 月至 1962 年 11 月，黔东南州陆续恢复 16 县建制。1962 年底，全州辖凯里、麻江、丹寨、黄平、施秉、镇远、岑巩、三穗、天柱、锦屏、黎平、从江、榕江、雷山、台江、剑河 16 个县②。1983 年 8 月，国务院批准撤销凯里县建立凯里市。1984 年 1 月，凯里市正式成立。2022 年底，黔东南州辖凯里市和麻江、丹寨、黄平、施秉、镇远、岑巩、三穗、天柱、锦屏、黎平、从江、榕江、雷山、台江、剑河 15 个县，60 个乡，129 个镇，28 个街道，2 154 个村民委员会，282 个居民委员会。

三、自然资源

黔东南州水能资源理论蕴藏量 332 万千瓦，技术可开发装机 270 万千瓦。水电站已建 333 座，总装机容量 225.47 万千瓦。黔东南州境内水系发达，河网稠密，有 983 条河流，平均年径流量 192.1 亿立方米。以清水江、舞阳河、都柳江为主干，长江流域面积 21 535 平方千米，珠江流域面积 8 802 平方千米，是长江、珠江上游地区的重要生态屏障。

黔东南州有野生植物资源 3 300 种，分属 194 科 947 属。在种子植物中，有中国特有种 45 属，占全国特有属的 2.97%。全州共分布红豆杉、鹅掌楸等国家重点保护野生植物 125 种，39 科 64 属，其中，一级重点保护 6 种，二级重点保护 119 种。有记录的脊椎动物 5 纲 31 目 104 科 557 种。全州共分布豹、猕猴、穿山甲等国家重点保护野生动物 122 种，其中，一级重点保护 17 种，二级重点保护 105 种。

黔东南州境内已发现矿种 61 种（含亚矿种），占全省已知 137 种的 44.5%，其中能源矿产 6 种，黑色金属矿产 3 种，有色金属矿产 8 种。不同程度探明了储量的矿产有 46 种，占发现矿产种类的 75%，其中上储量表矿产 40 种，未上储量表矿产 5 种，能源矿产 4 种，金属矿产 16 种，非金属矿产 25 种。

---

① 杨京彪，吕姮，杜世宏. 黔东南苗族侗族自治州民族村寨空间分布特征研究 [J]. 北京大学学报（自然科学版），2015，51（3）：444-450.

② 王蓉. 贵州省黔东南州旅游扶贫效率的时空差异研究 [D]. 贵阳：贵州师范大学，2020.

四、旅游资源

黔东南州是国家级民族文化生态保护区，是全国 30 个少数民族自治州之一，享有"歌舞之州、森林之州、神奇之州、百节之乡、民间文化艺术之乡、苗族侗族文化遗产保留核心地、民族文化生态博物馆"等诸多美誉，被联合国教科文组织列入世界十大"返璞归真、回归自然"旅游目的首选地之一。

黔东南民族风情浓郁独特，自然风光绚丽多姿，是用歌声传唱一切、用舞蹈展示一切、用美丽回答一切的地方。黔东南民族文化多彩，有人类非遗代表作名录 1 项 3 处（侗族大歌），侗族大歌宛如天籁，苗族飞歌高亢嘹亮；锦鸡舞争奇斗艳，铜鼓舞轻松欢快；鼓楼花桥、流水人家，游方踩舞、行歌坐月，走进黔东南，就沉浸在歌的海洋、舞的世界。国家级非遗 56 项 78 处，位居全国同级地州市前列；省级非遗 218 项 307 处，居全省第一；州级非遗 329 项 417 处，市（县）级非遗 1 590 项。州内民族节日众多，万人以上的节日有 120 多个。

黔东南历史遗存厚重，有全国重点文物保护单位 20 处、省级重点文物保护单位 99 处、州级重点文物保护单位 54 处、县级重点文物保护单位 867 处，国家文物局备案博物馆 41 家，10 个苗族村寨和 12 个侗族村寨被列入"中国世界文化遗产预备名单"。国家级历史文化名城 1 个、名镇 2 个、名村 7 个，中国民间文化艺术之乡 1 个，中国传统村落 415 个，中国少数民族特色村寨 126 个。镇远古城、旧州古城、隆里古镇承载着历史的悠远，中原文化、荆楚文化、苗侗文化共生共融。西江苗寨、肇兴侗寨等415 个古村落星罗棋布，古寨炊烟袅袅、芦笙飞歌，人与自然和谐共生，巧夺天工的银饰、刺绣、蜡染编织出秀美的多彩世界。

围绕"吃住行游购娱"等要素，积极谋划推出以"村 BA""村超"为核心的旅游线路产品，集中力量打造"黔东南·好好玩"文旅核心 IP 品牌，依托黔东南州山地旅游和多民族文化资源，深入开发"村 BA""村超"、山地骑行、户外拓展、水上运动、低空运动、徒步等特色资源，推进农文旅体融合创新发展。

全州成功创建 A 级旅游景区 70 家，其中，5A 级旅游景区 1 家，4A 级旅游景区 20 家，3A 级旅游景区 48 家，2A 级旅游景区 1 家。全州共有标准级及以上乡村旅游客栈 519 家，其中精品级客栈 30 家，优品级客栈 140

家，标准级客栈 349 家。有银山级民宿 5 家，青山级民宿 4 家。共有星级酒店 45 家，其中四星级酒店 12 家、三星级酒店 33 家。

第二节　黔东南人口概况

黔东南境内居住着苗、侗、汉、布依、水、瑶、壮、土家等 46 个民族，是全国苗族、侗族人口最集中的地区，是全国苗侗文化的核心地，被誉为"苗侗之乡"。民族工作的稳步推进让各民族共同团结奋斗共同繁荣发展的氛围十分浓厚，为实现民族地区高质量发展打下了坚实的政治基础，为实现百姓富生态美的锦绣黔东南凝聚了磅礴的精神力量。

一、人口与民族结构

根据第七次全国人口普查数据，2020 年全州常住人口 376.03 万人，与 2010 年相比，汉族人口数量下降，少数民族人口数量上升。普查有人口数据的民族 46 个，人口数量较多的民族依次是：苗族、侗族、汉族、水族、布依族、土家族。其人口占全州人口比重均达到了 1% 以上。2022 年全州常住人口 373.13 万人。2022 年底全州户籍人口 489.60 万人，比 2021 年底减少 0.26 万人。从黔东南下辖各市（县）来看，最近十年即 2012—2021 年，全州常住人口数量呈现上升趋势，从 356.33 万人增长到 374.04 万人。从 2021 年常住人口数据来看，人口超过 20 万的有凯里市（71.72 万人）、黄平县（24.2 万人）、天柱县（27.12 万人）、黎平县（40.91 万人）、榕江县（29.5 万人）、从江县（31.11 万人）。其中，凯里市增长最快，由 52.29 万人增长到 71.72 万人；其次为黎平县，由 39.93 万人增长到 40.91 万人。近十年来，黄平县、施秉县、镇远县、锦屏县、麻江县，常住人口数量呈现减少趋势，其余县份均为增加。具体数据见表 4-3。

表 4-3　黔东南州市（县）常住人口　　　　　单位：万人

区域	2012 年	2013 年	2014 年	2015 年	2016 年	2017 年	2018 年	2019 年	2020 年	2021 年	2022 年
全州	356.33	359.59	362.86	365.11	368.74	372.01	373.39	375.27	376.03	374.04	373.13
凯里市	52.29	54.5	61.27	62.82	64.63	68.22	69.12	70.13	70.93	71.72	72.31
黄平县	26.18	26.03	25.89	25.65	25.51	25.06	24.85	24.67	24.42	24.2	24.08
施秉县	13.07	13.05	13.02	12.95	12.93	12.85	12.75	12.68	12.56	12.45	12.39

表4-3（续）

区域	2012 年	2013 年	2014 年	2015 年	2016 年	2017 年	2018 年	2019 年	2020 年	2021 年	2022 年
三穗县	15.88	15.98	16.08	16.12	16.22	16.23	16.25	16.3	16.29	16.14	16.06
镇远县	20.29	20.18	20.08	19.9	19.8	19.55	19.36	19.2	18.98	18.81	18.72
岑巩县	16.49	16.59	16.68	16.72	16.82	16.86	16.86	16.88	16.85	16.69	16.61
天柱县	26.84	27	27.14	27.19	27.35	27.34	27.36	27.4	27.37	27.12	26.98
锦屏县	15.65	15.69	15.72	15.69	15.73	15.61	15.59	15.58	15.53	15.39	15.31
剑河县	18.4	18.51	18.63	18.68	18.79	18.66	18.73	18.83	18.86	18.69	18.60
台江县	11.55	11.67	11.8	11.89	12.02	11.85	12	12.17	12.3	12.19	12.13
黎平县	39.93	40.23	40.52	40.67	40.96	41.17	41.22	41.32	41.29	40.91	40.71
榕江县	29.15	29.32	29.49	29.55	29.72	29.73	29.75	29.8	29.77	29.5	29.35
从江县	29.83	30.12	30.41	30.59	30.88	30.97	31.12	31.31	31.4	31.11	30.95
雷山县	11.98	12.09	12.19	12.24	12.34	12.39	12.43	12.48	12.49	12.38	12.32
麻江县	16.12	15.76	10.92	11.26	11.66	11.97	12.34	12.74	13.12	13	12.94
丹寨县	12.68	12.86	13.05	13.19	13.38	13.54	13.65	13.78	13.87	13.74	13.67

数据来源：2022 年黔东南州统计年鉴。

二、户籍人口情况

2022 年，黔东南州总户数 1 346 528 户，户籍人口 489.60 万人；男性人口 2 615 117 人，女性人口 2 280 865 人；城镇人口 1 651 751 人，乡村人口 3 244 231 人。从 2022 年总户数来看，有 4 个市（县）超过 10 万户，其中凯里市 171 536 户，黎平县 155 129 户，天柱县 128 761 户，黄平县 107 221 户。从 2022 年年末户籍人口数据来看，有 4 个市（县）超过 30 万人，其中凯里市 59 万人，黎平县 57.8 万人，天柱县 42 万人，黄平县 39 万人、榕江县 38.5 万人、从江县 39.5 万人。全州男性超过 20 万人的市（县）为：凯里市（30.5 万人）、黎平县（30.8 万人）、天柱县（22.8 万人）、黄平县（20.6 万人）、榕江县（20.8 人）、从江县（21.1 万人）；全州女性超过 20 万人的市（县）为：凯里市（28.5 万人）、黎平县（26.9 万人）。

从城镇化率［城镇化率＝城镇人口／（城镇人口＋乡村人口）］来看，黔东南州城镇化率为 33.74%。从黔东南州 16 个市（县）来看，仅凯里市城镇人口超过乡村人口，凯里市城镇化率为 52.78%；城镇化率高于 40% 的县份主要有：三穗县（44.84%）、天柱县（40.06%），具体数据如表 4-4 所示。

表 4-4 2022 年黔东南州各市（县）户籍人口

市县	总户数 /户	年末 户籍人口 /人	男性/人	女性/人	城镇人口 /人	乡村人口 /人	城镇化率 /%
全州	1 346 528	4 895 982	2 615 117	2 280 865	1 651 751	3 244 231	33.74
凯里市	171 536	590 069	305 473	284 596	311 415	278 654	52.78
黄平县	107 221	390 090	205 840	184 250	116 545	273 545	29.88
施秉县	48 094	179 864	94 787	85 077	50 204	129 660	27.91
三穗县	71 958	233 124	123 369	109 755	104 536	128 588	44.84
镇远县	79 922	276 044	147 566	128 478	101 205	174 839	36.66
岑巩县	67 838	240 548	130 603	109 945	83 226	157 322	34.60
天柱县	128 761	419 880	227 556	192 324	168 190	251 690	40.06
锦屏县	65 045	239 563	128 277	111 286	59 743	179 820	24.94
剑河县	73 717	279 630	152 672	126 958	74 706	204 924	26.72
台江县	44 658	173 677	92 731	80 946	50 225	123 452	28.92
黎平县	155 129	577 557	308 171	269 386	187 563	389 994	32.48
榕江县	93 819	385 338	207 537	177 801	112 442	272 896	29.18
从江县	94 515	395 140	210 881	184 259	65 613	329 527	16.61
雷山县	45 011	164 785	90 591	74 194	46 098	118 687	27.97
麻江县	50 997	171 260	91 462	79 798	60 808	110 452	35.51
丹寨县	48 307	179 413	97 601	81 812	59 232	120 181	33.01

数据来源：2022 年黔东南州统计年鉴。

2021 年，黔东南少数民族人口 400.94 万人，其中，苗族人口 213.12 万人，侗族人口 149.65 万人；2022 年，黔东南少数民族人口 401.43 万人，其中，苗族人口 213.45 万人，侗族人口 149.67 万人。从各市（县）来看，少数民族人口占比超过 90% 的市（县）有 5 个：天柱县（97.8%）、剑河县（94.3%）、台江县（97.5%）、从江县（95.6%）、雷山县（92.5%）；另外还有 6 个市（县）少数民族人口占比超过 80%。其中，苗族人口超过 15 万人的市（县）有 5 个，分别是凯里市（385 214 人）、黄平县（238 366 人）、剑河县（182 524 人）、台江县（167 186 人）、从江县（181 055 人）；侗族人口超过 15 万人的市（县）有 3 个，分别是天柱县（275 676 人）、黎平县（401 597 人）、从江县（156 319 人）。具体数据如表 4-5 所示。黔东南少数民族人口众多，民族节日有苗年、侗年、姊妹节等，素有"百节之乡"之称，当地人称"大节三六九，小节天天有"。

表 4-5　2021 年黔东南州市（县）少数民族人口

区域	年末户籍人口/人	少数民族人口/人	少数民族人口占比/%	苗族/人	侗族/人	水族/人	布依族/人
全州	4 898 593	4 009 443	81.8	2 131 160	1 496 471	79 453	49 634
凯里市	588 228	483 540	82.2	385 214	38 262	1 569	7 207
黄平县	391 505	271 374	69.3	238 366	1 827	146	794
施秉县	179 761	105 547	58.7	95 100	5 286	75	350
三穗县	233 380	160 725	68.9	52 689	104 333	105	383
镇远县	277 364	137 452	49.6	31 783	85 577	199	643
岑巩县	240 391	125 708	52.3	20 383	77 576	86	456
天柱县	421 230	411 986	97.8	134 118	275 676	162	379
锦屏县	239 349	214 543	89.6	92 987	119 836	192	273
剑河县	279 302	263 306	94.3	182 524	75 529	4 163	261
台江县	173 558	169 175	97.5	167 186	1 412	40	101
黎平县	580 426	514 182	88.6	95 551	401 597	3 843	729
榕江县	385 043	323 123	83.9	123 026	145 951	43 475	1 467
从江县	393 013	375 729	95.6	181 055	156 319	4 068	398
雷山县	165 397	153 000	92.5	139 408	4 184	7 009	302
麻江县	171 139	139 247	81.4	50 069	930	898	34 387
丹寨县	179 507	160 806	89.6	141 701	2 176	13 423	1 504

数据来源：2021 年黔东南州统计年鉴。

三、苗族

黔东南州聚居着苗、侗、汉等 33 个民族，其中苗族人口占 42.0%，侗族占 31.7%，是全国苗族、侗族人口最集中的地区。黔东南的苗族有着悠久的历史，在漫长的历史中创造了自己灿烂的民族文化。在千百年的历史发展长河中，苗族劳动人民创造了具有鲜明的地域特色和民族特色的以稻作文化为核心的物质文化、以《苗族古歌》为核心的精神文化和以"议榔"为核心的制度文化，其物质文化、精神文化和制度文化构成了丰富多彩的原生态民族文化①。

黔东南银饰、刺绣、服饰是苗族生活的重要组成部分，在漫长的历史发展长河中，经由地理环境、生产生活方式、风俗习惯、图腾崇拜以及艺术传统，形成了黔东南苗族形式多样、内容丰富的银饰、刺绣、服饰文化。苗族传统的手工艺历经千百年积累，显现出令人难以置信的艺术想象力和创造力，承载着创造者们的喜怒哀乐，孕育了丰富的旅游商品。如今它们已超越了旅游商品本身所具有的属性，成为激发旅游者对黔东南的美好回忆，显示旅游者的生活经历的象征。

苗族刺绣是苗族人民的"无字史书"，文化内涵较高。其刺绣手法主要有平绣、给练、辩绣、缠绣等多种。刺绣纹样造型多为飞禽走兽、花鸟鱼虫。苗绣构图美观、造型独特、色彩丰富，侗绣风格自然、大方朴素②。苗族服饰素有"穿在身上的图腾，彩线写成的史诗"的美誉，保持着中国民间的织、绣、挑、染的传统工艺技法。

西江苗寨是全国最大的苗寨。西江苗寨有 1 200 余户，6 000 余人，其中苗族占 99.2%。寨子里随山坡走势而建的吊脚楼群，都是用枫木搭成的，依山势向两边展开，暗红色的枫木板壁在夕阳照射下一片金黄。古风遗存、神秘古朴的苗寨，厚重的民族文化吸引着国内外游客神往。黔东南是联合国确定的人与自然多样性生态文化保护遗产圈，是全球仅存的八个生态博物馆之一；是世界原生文化遗产的稀世之珍，是人文遗产资源和自然遗产景观资源的聚宝盆，是原生文化遗产生态旅游文化产业开发的高地。

雷山鼓藏节是首批国家级非物质文化遗产。鼓藏节是国家级非物质文化遗产之一，也是苗族最隆重的祭祖仪式，是苗族人民文化和精神的最高体现，苗族各分支都有此习俗。节日内容包括杀牛祭祖、用牛皮制鼓、祭鼓等一系列礼仪。苗族鼓藏节每 13 年过一次。鼓藏节是一个规矩严格、习俗繁多的节日。杀猪那天要由"鼓藏头"家在凌晨五点以前先杀猪，周边的农户才能杀猪。跳芦笙是鼓藏节的主要活动之一，至少七天，最多九天。在鼓藏节期间，各家各户鞭炮齐鸣，亲朋之间，你来我往；大家饮酒、吃饭、对歌、敲铜鼓、跳芦笙，整个苗寨洋溢着一片欢乐祥和的节日气氛。

---

① 吴青芬，杨军昌. 黔东南非物质文化遗产的特征、价值及传承保护 [J]. 人口·社会·法制研究，2017 (2)：135-143.

② 李海浪. 针线引春秋：独具民族韵味的苗绣 [J]. 中国民族美术，2016 (2)：18-23.

吃新节是苗族关于吃新米的农业性节日。吃新节的节日在农历"小暑"到"大暑"之间。苗寨的吃新节分两次过,第一次一般是在农历五月或六月卯日"开秧门"之后的第 50 天,第二次是在第一次吃新之后的第 50 天。吃新节当天,西江苗寨各家各户要到田里去请"谷神",摘取几颗稻苞回家,挂在自己家的神龛上,用鱼、肉、酒等来祭祀列祖列宗,祈求风调雨顺,幸福安康。祭祀完毕,就可以正式开席。吃新节也是走亲访友、饮酒聚会、游玩玩耍的重要节日。

姊妹节被誉为"最古老的东方情人节",是台江县苗族的传统节日,每年农历三月十五日至十七日举行。以苗族青年女子为中心,以邀约情人游方对歌、吃姊妹饭、跳芦笙舞等为主要活动内容[①]。2006 年 5 月 20 日,苗族姊妹节经国务院批准,被列入第一批国家级非物质文化遗产名录。

四、侗族

侗族民间多称"侗家"。侗族使用侗语,属东亚语系,分南、北部两种方言。侗族原无文字,沿用汉文,主要从事农业,兼营林木。一些侗族社会内部还保存有传统制度文化,例如以地域为纽带,具有部落联盟性质的"侗款",仍普遍存在。每个氏族或村寨,皆由"长老"或"乡老"主持事务,用习惯法维护社会秩序。"侗款"分大小。共同议定的"款约"必须遵守,款民大会是最高权力组织,凡成年男子均须参加,共议款内事宜。侗族又有南侗和北侗之分。侗族人民大都穿侗布,喜青、紫、白、蓝色。鼓楼、风雨桥(花桥)是侗族的主要标志性建筑。侗绣是集纺织、印染、剪纸、刺绣于一体的传统工艺,是侗族历史文化发展的见证。侗族刺绣工艺极其精致,技术精湛,讲究图案的整体完美性,在色彩的运用上,多用单纯色,且偏于原色和重色,体现出侗家人和平、淳朴、热情、友好的性格特征,寄托着他们美好的希望,同时,也只有侗绣中这种古朴、纤细、和谐的美好,才能充分体现出这个民族的心理素质和审美倾向。

鼓楼是侗寨的标志,有侗寨必有鼓楼。鼓楼外形似宝塔,一般高 20 余米,整个建筑结构以中间独柱为中心,周围 16 根外环檐柱为衬,无一钉一铆,横穿斜插,衔接紧密牢固,被古代文人誉为"秉凉亭之清幽,兼宝塔之奇伟"。

---

① 李亚洁. 黔东南苗族服饰色彩研究 [D]. 北京:北京服装学院,2010.

花桥，全部桥身都用杉木横穿直套、卯眼相接，不用一根铁钉和铁部件，桥廊设置美人靠（坐栏），结构极为合理，是侗族青年男女情歌坐月、休闲纳凉的好地方，同时可供过往路人在桥上避风躲雨、乘凉休憩，因而花桥也被称为风雨桥或长廊风雨桥。

侗族大歌，是一种多声部、无指挥、无伴奏、自然和声的民间合唱形式，是我国国家级非物质文化遗产和人类非物质文化遗产①。

侗年，侗语称"凝甘"，又称冬节或杨节。冬节原为侗族杨姓节日，最初以杨节为侗年的是黎平、榕江、从江三县部分地区（每年农历十一月十九日至二十二日之间），后来互相仿效，逐渐过起了侗年。20世纪80年代初，经各地侗族代表商议决定，以农历十一月初一为侗年。2020年新修订的《黔东南苗族侗族自治州自治条例》规定，每年农历十一月初一为侗年，全州公民放假1天。2011年，"侗年"被列入第三批国家级非物质文化遗产名录。

"萨玛节"或"祭萨"活动，是侗族的传统祭祀节日。在每年农历正月至二月的这段时间，侗族择吉日过"萨玛节"。节日这天，由寨老领着全体男女老少，鸣锣吹笙前去"萨坛"进行"祭萨"、敬供。接着要进行吹笙跳舞，斗牛取乐，跳多耶舞、唱琵琶踩歌堂等活动，期盼得到萨岁的神灵除邪惩恶，确保人们的各项生产活动不受阻挠，来年五谷丰登、人畜兴旺。同时，侗族也以这种形式表达对古代侗族女英雄萨岁的崇敬和无限缅怀之情。

第三节　黔东南交通概况

经济要发展，交通要先行，交通在经济发展中有"先行官"的作用。在大力推进县域经济高质量发展的浪潮中，需要以高质量的交通运输打造县域经济高质量"发展线"和群众出行"幸福线"。将交通发展与美丽乡村、现代农业、全域旅游、田园综合体等规划有效衔接，一体推进，致力于打造现代化综合立体交通网络格局，助力县域经济与社会高质量发展。

---

① 蒋兴华. 将侗族大歌推向世界 [N]. 贵州政协报，2010-06-23（A02）.

一、黔东南交通历史沿革

黔东南山区众多，崎岖险峻，交通闭塞。1956 年成立自治州之时，全州境内只有 3 条干线公路，公路通车里程仅 928 千米，没有铁路。清水江、都柳江、舞阳河等水运航道，也只能通行小吨位木船。1958 年，黔桂铁路通车，黔东南实现铁路零的突破；1964 年，从江县城通车，黔东南实现县县通公路；2005 年 9 月，黎平飞机场试航成功，结束了黔东南没有民航机场的历史；2014 年，贵广高铁通车，黔东南步入高铁时代；2015 年，黔东南实现县县通高速。2022 年底，黔东南公路总里程 30 627 千米，其中，高速公路 1 192 千米，国道 1 794 千米，省道 3 579 千米，县道 5 088 千米，其他是乡道和村道，公路密度达到 101.0 千米/百平方千米。全州实现 2 114 个建制村通柏油路（硬化路），建制村通柏油路率达 100%，全州行政村通客运班车率达 100%。内河航道里程 1 104 千米。

黔东南州以"建设大交通，带动大流通，促进大发展"为目标，积极抢抓国家实施西部大开发战略的机遇，主动融入国家综合交通规划格局，全力构建"以高速公路为骨架、国省干线为支撑、县乡道为脉络、小康路为基础"的公路路网体系。出门都是水泥路，寨上小车也越来越多，走亲访友、赶集、务工都方便，生活越来越好。为协调推进两地三市（县）经济与社会一体化发展，带动沿线土地开发与利用，缩小城乡运输服务差距，解决沿线群众出行需求，黔东南州积极与黔南州沟通协商，于 2022 年 1 月 14 日正式批复开通凯里至都匀城际公共交通线路。该线路成为全省第一条连通两个少数民族自治州府所在地的公交线路，将服务民生写在了贵州大地上。

借助乡村交通运输信息服务网，黔东南州构建县、镇（乡）、村三级物流体系，不仅让快递进了村，更让山货进了城。从江县侗族小伙吴远刚凭借一部联网手机，就把家乡的特色土货卖出了山门。随着贵州"村超"火爆出圈，2023 年 5 月 1 日，黔东南州与《中国国家地理》联袂推出"中国乡村旅游 1 号公路"。1 号公路既有侗乡传统村落旅游精品环线，也有苗岭传统村落旅游精品射线①。沿线传统村落众多，民族风情浓郁，文化原生态保存完好，合理镶嵌了文创驿站、生态民宿、网红观景台等配套设施，让游客沉浸式体验田园牧歌、古寨炊烟、笙歌起舞。中国乡村旅游 1

---

① 石合开.中国乡村旅游 1 号公路串珠成链［N］.贵州日报，2023-07-13（011）.

号公路贯穿黎从榕"桥头堡"核心地带,催生了"金山银山",串联一路风景,带动一片产业,造福一方群众。苗乡侗寨大道纵横,带动着沿线城镇的发展、乡村的振兴,引领黔东南从闭塞走向开放、走向现代化。

二、公路货物运输量及周转量

从某种意义上来讲,货运物流是反映一个国家经济发展活跃度的重要指标。货运量是经济发展的直接体现,是判断经济增长情况的"先行官"。货物周转量是指在一定时期内,由各种运输工具运送的货物数量与其相应运输距离的乘积之总和。黔东南州对接融入粤港澳大湾区,构建区域互通,推动交旅融合、"客货邮"融合,建好、管好、护好、运营好农村公路,构建起"内畅外联"的综合立体交通网,初步搭建起综合立体交通运输体系,已融入贵阳 30 分钟交通圈,长沙、重庆、昆明 2 小时交通圈,4 小时可达广州、南宁、成都等城市。

2014—2021 年,全州市(县)公路货物运输量逐年增加,但 2020 年受疫情影响,出现下跌。2014 年,公路货物运输量较高的是凯里市(2 991 万吨)、天柱县(588 万吨)、镇远县(536 万吨);2019 年,公路货物运输量超过 2 000 万吨的市(县)有 3 个:凯里市(6 354 万吨)、天柱县(2 504 万吨)、镇远县(2 405 万吨);2021 年,公路货物运输量超过 2 000 万吨的仅有凯里市。具体数据如表 4-6 所示。

表 4-6 全州市(县)公路货物运输量 单位:万吨

区域	2014 年	2015 年	2016 年	2017 年	2018 年	2019 年	2020 年	2021 年	2022 年
全州	7 813	10 529	13 895	19 951	19 923	21 945	6 237	6 331	5 588
凯里市	2 991	3 791	4 776	6 273	3 206	6 354	1 538	2 315	1 994
黄平县	482	581	760	965	1 058	341	116	123	170
施秉县	338	392	659	913	1 610	1 720	82	180	137
三穗县	321	562	824	956	979	1 198	267	372	608
镇远县	536	702	1 006	1 424	1 996	2 405	156	111	171
岑巩县	380	569	787	1 331	1 405	1 624	474	407	369
天柱县	588	733	848	1 135	1 363	1 210	239	434	540
锦屏县	256	333	460	642	941	963	1 005	693	60
剑河县	240	266	378	404	261	749	71	42	71

表4-6（续）

区域	2014 年	2015 年	2016 年	2017 年	2018 年	2019 年	2020 年	2021 年	2022 年
台江县	221	264	342	445	578	112	258	226	243
黎平县	295	310	367	495	568	596	560	308	362
榕江县	171	218	283	1 796	2 503	2 504	26	39	82
从江县	177	224	312	422	576	480	622	525	39
雷山县	244	843	1 126	1 508	1 959	972	731	452	568
麻江县	276	372	498	681	627	638	8	7	34
丹寨县	298	369	469	561	293	80	85	97	140

数据来源：2022 年黔东南州统计年鉴。

　　黔东南客运总量一直在增长，线路的不同会吸引更多的顾客乘坐交通工具，增加公路、水路的营业里程也可以使人们的生活更加方便快捷。政府部门应当做好公路、水路交通规划，保证人民群众的出行需求，实现经济的稳步快速发展。2022 年，全州公路货物周转量51.91 亿吨千米，比2021 年下降23.2%；2014—2021 年，全州市（县）公路货物周转量大幅增加。公路物流是黔东南物流业最大市场，但是，物流"最后一公里"问题仍然突出，整车市场需求小，运力组织化程度较低。从 2014 年的831 675 吨千米增长到 2019 的 2 393 391 吨千米。2014 年公路货物周转量较高的是凯里市（328 411 吨千米）、天柱县（68 365 吨千米）；2019 年，公路货物运输量超过20 万吨千米的市（县）有3 个：凯里市（262 990 吨千米）、榕江县（440 985 吨千米）、镇远县（281 700 吨千米）；2021 年，公路货物运输量超过 9 万吨千米的仅有凯里市（90 198 吨千米）、黄平县（92 937 吨千米）。具体数据如表 4-7 所示。

表 4-7　全州市（县）公路货物周转量　　单位：吨千米

区域	2014 年	2015 年	2016 年	2017 年	2018 年	2019 年	2020 年	2021 年
全州	831 675	1 161 156	1 682 143	2 603 163	2 481 212	2 393 391	675 666	524 337
凯里市	328 411	435 282	601 081	853 611	301 884	262 990	61 668	90 198
黄平县	52 569	89 992	134 000	192 565	252 913	184 934	86 099	92 937
施秉县	35 257	41 975	66 417	86 620	136 426	135 559	6 809	15 406
三穗县	37 390	44 380	63 680	94 308	103 162	117 147	36 563	56 705
镇远县	58 829	80 009	114 738	162 920	231 347	281 700	17 048	12 880

表4-7（续）

区域	2014 年	2015 年	2016 年	2017 年	2018 年	2019 年	2020 年	2021 年
岑巩县	38 881	62 154	107 131	146 588	153 502	177 415	50 080	49 667
天柱县	68 365	94 501	137 783	191 710	243 363	197 238	39 624	69 124
锦屏县	25 666	36 833	52 940	71 714	84 648	74 112	77 524	53 430
剑河县	22 730	30 854	47 098	64 349	40 508	122 707	1 720	1 039
台江县	24 455	31 272	44 624	62 606	87 648	9 836	21 938	21 915
黎平县	30 939	42 894	66 237	93 621	131 076	159 616	168 559	14 441
榕江县	18 983	30 886	49 405	312 256	439 940	440 985	2 624	4 397
从江县	19 043	29 250	41 935	61 613	66 061	50 411	12 719	11 468
雷山县	20 191	40 842	60 583	82 524	115 532	105 767	85 066	22 600
麻江县	24 512	31 839	46 388	62 810	60 608	64 430	361	324
丹寨县	25 437	38 193	48 103	63 348	32 594	8 544	7 264	7 806

数据来源：2022 年黔东南州统计年鉴。

三、公路旅客运输量及周转量

旅客运输量简称"客运量"，即运输部门在一定时期内实际运送旅客的数量。公路客运量受到多种因素的影响，如经济发展水平、人口流动、旅游活动、交通设施完善程度等。较高的公路客运量可能表明地区间的人员往来较为频繁，公路交通在人们出行中的重要性较高。近年来，黔东南州突破了传统交通运输局面，全州高速公路快速推进，国省干线改造工程全面展开，旅游公路带动产业发展作用明显，美丽乡村小康路得到稳步推进，运输保障能力进一步加强。对接融入粤港澳大湾区，推动交旅融合，构建"内畅外联"的综合立体交通网①。高速铁路的开通运营将城市紧密联系起来，大大缩短了时空距离，使同城效应扩大化，直接促使经济、社会、产业、生活、交通大融合，形成并促进以高铁沿线节点大中型城市为中心城市、沿线腹地城市为次中心城市的不同规模、不同类型、不同功能相互补充的城市发展群，将有力助推凯里、麻江、都匀经济与社会一体化发展。随着贵广、沪昆两条高速铁路的贯通，黔东南州快速融入长三角"8 小时经济圈"和珠三角"3 小时经济圈"。高铁开通后，凯里南站、三

---

① 戴正国. 山乡路畅达江海 交旅融合兴产业 [N]. 贵州日报，2023-11-22（004）.

穗站、榕江站、从江站每天发送旅客最高达6万多人，将促进黔东南与贵阳、昆明、长沙、南昌、杭州、上海、广州7个省会城市（直辖市）以及沿线地区中小城市经济、文化的融合。"高铁时代"给黔东南州民族文化旅游、山水风光旅游带来了巨大的消费群体，带动了第三产业发展。全州市（县）公路旅客运输量如表4-8所示。

表4-8 全州市（县）公路旅客运输量 单位：万人

区域	2014年	2015年	2016年	2017年	2018年	2019年	2020年	2021年
全州	20 656	21 727	22 344	23 707	18 813	17 310	4 502	2 226
凯里市	3 648	3 868	4 009	4 451	672	636	368	789
黄平县	1 137	1 127	1 207	1 235	1 251	350	111	84
施秉县	457	492	691	825	1 825	1 728	69	95
三穗县	1 449	2 654	3 093	3 195	2 912	3 794	62	153
镇远县	1 108	1 235	1 352	1 523	1 676	1 816	155	41
岑巩县	981	1 018	1 020	1 030	845	527	225	186
天柱县	1 845	1 965	1 999	2 098	2 119	1 640	279	151
锦屏县	1 194	1 276	1 312	1 316	458	332	325	64
剑河县	1 003	758	772	778	506	621	27	82
台江县	573	570	584	598	610	144	152	14
黎平县	2 395	2 197	2 247	2 361	2 428	2 550	2 274	126
榕江县	1 073	1 113	1 069	1 144	1 160	1 161	24	78
从江县	942	926	965	1 008	799	22	10	32
雷山县	741	354	380	416	437	412	283	90
麻江县	1 108	1 179	651	673	669	1 344	71	190
丹寨县	1 003	995	993	1 056	447	234	69	51

数据来源：2022年黔东南州统计年鉴。

影响旅客平均运程的主要因素是辖区面积、城市布局、人民的物质文化生活水平、旅客的构成、旅客运输方式的构成、旅游业的发展水平和运输网的扩大等。虽然影响旅客平均运程的因素有很多种，但旅游业是其中最重要的一种。旅游业的发展促进经济增长具有地域性，不同地区处于不同的发展阶段所起到的作用也不同，经济整体水平越发达，旅游业发展对经济增长的促进作用越明显。因为经济整体水平比较高的地方能够提供旅游产业全链条的服务，餐饮、住宿、娱乐、购物等旅游业配套基础设施比较完善，会吸引更多的人前往旅游观光和休闲度假。黔东南对旅游业进行招商引资和投资，促进就业和相关产业的发展。旅游业促进了经济的增长，提升了地方知名度，对于促进其他相关产业的发展提供了便利，相关产业可以说搭上了地方品牌的便车。

旅客周转量是客运量和旅客运距的乘积，客运量的大小和旅客平均运程的长短是影响旅客周转量的主要因素。旅客周转量可以反映社会整体出行趋势，更好地发挥交通运输行业作为国民经济"晴雨表"的作用，助推黔东南经济高质量发展。2022 年，全州旅客周转总量 15.81 亿人千米，水路货物周转量 6.21 万吨千米，旅客周转量 811.65 万人千米，民航旅客吞吐量 5.16 万人次。依托交通发展优势，吸引越来越多企业入驻黔东南，黔东南农业、工业、服务业实现了较快增长。立体交通走廊为黔东南经济高质量发展注入了新动能①，黔东南依靠优越的交通区位和较低的生产要素成本，打造了"5+N"现代工业产业体系，让黔东南州工业经济提质增效取得新成果。2014—2021 年公路旅客周转量如表 4-9 所示。

表 4-9　全州市（县）公路旅客周转量　　　　单位：万人

区域	2014 年	2015 年	2016 年	2017 年	2018 年	2019 年	2020 年	2021 年	2022 年
全州	20 656	21 727	22 344	23 707	18 813	17 310	4 502	2 226	1 974
凯里市	3 648	3 868	4 009	4 451	672	636	368	789	818
黄平县	1 137	1 127	1 207	1 235	1 251	350	111	84	70
施秉县	457	492	691	825	1 825	1 728	69	95	90
三穗县	1 449	2 654	3 093	3 195	2 912	3 794	62	153	116
镇远县	1 108	1 235	1 352	1 523	1 676	1 816	155	41	29
岑巩县	981	1 018	1 020	1 030	845	527	225	186	221
天柱县	1 845	1 965	1 999	2 098	2 119	1 640	279	151	102
锦屏县	1 194	1 276	1 312	1 316	458	332	325	64	44
剑河县	1 003	758	772	778	506	621	27	82	94
台江县	573	570	584	598	610	144	152	14	12
黎平县	2 395	2 197	2 247	2 361	2 428	2 550	2 274	126	90

---

① 刘力维. 大道如虹：贵州交通的五个历史性跨越 [N]. 贵州日报，2024-01-03 (004).

表4-9(续)

区域	2014 年	2015 年	2016 年	2017 年	2018 年	2019 年	2020 年	2021 年	2022 年
榕江县	1 073	1 113	1 069	1 144	1 160	1 161	24	78	78
从江县	942	926	965	1 008	799	22	10	32	40
雷山县	741	354	380	416	437	412	283	90	19
麻江县	1 108	1 179	651	673	669	1 344	71	190	106
丹寨县	1 003	995	993	1 056	447	234	69	51	45

数据来源：2022 年黔东南州统计年鉴。

第四节　黔东南邮电概况

邮电业务包括邮政服务、电信服务以及互联网服务等，它们的普及程度和使用频率反映了这个国家或地区的人们在信息化、数字化方面的需求和进步。一方面，邮电业务总量的增加反映了地区居民的信息化水平和生活水平的提高，意味着人们更便捷地获得了信息，可以更加方便地进行各种交流和社交活动，同时也可以更加便捷地获取商品和服务，更好地实现人民群众美好生活的愿望；另一方面，高效地使用和运营邮电业务可以带动和促进相关行业的发展，特别是在金融、物流、教育、医疗等领域的数字化转型方面，具有重要作用。此外，邮电业务总量的高增长也可以间接反映地区的经济发展状况，因为经济的持续发展也需要相应的基础设施和技术支持。总之，邮电业务可以说明地区的信息化水平和数字化进程，同时也为其经济和社会发展带来积极的推动。

一、邮政业务

快递业已成为反映经济活力的"风向标"，是观察经济运行动向的重要指标。黔东南州常态化深入邮政快递企业加强联系指导，协调推动圆通、申通、中通等企业升级改造，新上全自动分拣设备，提升日处理快递能力，为行业加速发展注入了新动能。积极对接各类市场主体、农贸市场、农业专业合作社，加强大客户合作，不断提升批量寄递业务。借助"抖音""快手"等直播平台，现场带货，提升农特产品业务量。激活农村寄递物流体系建设工作协调机制，推动建成县级寄递物流共配中心和综合服务站，推动民营快递进村，推动数字乡村建设。快递企业按照"错峰发货、均衡推进"原则，加强人员、运力、场地、处理设备、信息系统能力储备。2022年，邮政行业寄递业务量完成67 607万元，同比增长6.92%。2022年，快递业务量排前三名的市（县）依次是凯里市、黎平县、黄平县，其快递业务量合计占全州快递业务量的比重为48.70%。具体见表4-10。

表4-10　全州市（县）邮政业务总量　　　　单位：万元

区域	2014年	2015年	2016年	2017年	2018年	2019年	2020年	2021年	2022年
全州	26 953	31 761	38 322	47 028	49 055	53 958	57 363	63 232	67 607
凯里市	8 270	10 412	15 439	18 025	19 435	20 736	22 997	25 858	24 156
黄平县	1 627	1 807	1 945	2 911	2 393	2 673	2 683	3 215	3 948
施秉县	869	933	970	1 290	1 137	1 299	1 531	1 719	1 823
三穗县	1 435	1 703	1 539	1 796	1 933	2 179	2 156	2 370	2 657
镇远县	1 089	1 241	1 458	1 960	1 944	2 259	2 498	2 346	2 716
岑巩县	1 359	1 544	1 509	2 191	2 249	2 562	2 406	2 524	2 821
天柱县	1 603	1 844	2 011	2 481	2 508	2 990	3 184	3 547	3 770
锦屏县	1 057	1 174	1 366	1 591	1 542	1 813	1 970	2 166	2 506
剑河县	1 126	1 263	1 351	1 650	1 812	2 060	2 030	2 359	2 931
台江县	819	978	992	1 437	1 291	1 407	1 481	1 714	1 812
黎平县	2 257	2 523	2 821	2 904	3 168	3 367	3 633	3 996	4 814
榕江县	1 197	1 482	1 664	1 935	2 257	2 514	2 910	2 932	3 502
从江县	1 030	1 296	1 509	1 926	1 928	2 158	2 295	2 468	2 890
雷山县	934	1 078	1 236	1 753	2 277	2 430	1 848	1 989	2 495
麻江县	1 144	1 235	1 207	1 470	1 617	1 762	1 943	2 051	2 251
丹寨县	1 137	1 251	1 304	1 711	1 563	1 749	1 796	1 978	2 516

数据来源：2022年黔东南州统计年鉴。

二、电信业务

电信行业为经济增长注入了强大动力，电信的影响力不仅体现在对经济的直接贡献上，更在于其对整个产业链、供应链的带动效应。推动创新技术的研发与应用，更是就业岗位的增加与民众生活质量的提升。电信网络作为现代社会的信息高速公路，其发展直接推动了数字经济、智能制造、远程医疗等多个领域的快速进步，进而带动了整个国民经济的高效运转。在 5G、云计算、大数据等新技术不断涌现的当下，电信已渗透到金融、教育、医疗等多个领域，跨界融合不仅丰富了电信运营商的收入来源，也为相关产业提供了更广阔的发展空间。

2022 年，5G 网络深度和广度不断拓展，全州电信业务总量 42.86 亿元，电信业务收入 31.43 亿元。电话用户 461.07 万户，其中，固定电话用户 18.09 万户，移动电话用户 442.98 万户。

2014—2021 年全州市（县）邮政业务总收入如表 4-11 所示。2014 年电信业务总收入较高的是凯里市（96 658 万元）、黎平县（28 085 万元）、榕江县（21 247 万元）、天柱县（21 819 万元）；2021 年，电信业务总收入超过 3 万亿元的有 2 个：凯里市（102 193 万元）、黎平县（39 797 万元）。

表 4-11　全州市（县）电信业务总收入　　　单位：万元

区域	2014 年	2015 年	2016 年	2017 年	2018 年	2019 年	2020 年	2021 年	2022 年
全州	324 011	442 145	706 006	767 686	2 251 700	3 913 819	5 144 901	406 668	428 602
凯里市	96 658	125 538	182 688	225 022	617 249	1 024 279	1 272 071	102 193	103 237
黄平县	16 115	22 965	38 128	39 021	118 312	213 424	290 824	22 094	23 699
施秉县	9 648	13 450	21 871	21 818	65 905	120 148	158 414	12 621	13 574
三穗县	13 566	18 936	31 298	29 691	88 783	169 194	235 618	17 480	18 698
镇远县	16 497	22 296	36 315	38 422	106 646	188 293	253 939	19 819	20 427
岑巩县	15 182	21 367	35 277	34 950	114 098	201 684	258 227	20 823	22 072
大柱县	21 819	29 407	46 862	49 494	150 345	262 764	326 996	25 834	27 429
锦屏县	13 138	17 690	28 140	28 673	81 327	148 530	199 382	15 965	16 965
剑河县	12 881	18 102	30 677	32 825	97 284	173 102	231 281	18 010	19 024
台江县	9 142	13 316	22 274	20 816	62 431	110 487	154 933	12 356	13 123
黎平县	28 085	39 138	64 684	70 745	216 988	380 741	511 685	39 797	42 274
榕江县	21 247	30 290	51 906	53 543	158 476	270 891	375 808	29 969	31 749
从江县	16 696	24 189	42 327	46 324	142 844	238 003	323 617	26 199	28 409
雷山县	9 501	13 490	22 592	22 696	68 324	120 117	162 967	12 795	14 208
麻江县	13 247	16 790	25 715	26 287	80 701	143 946	194 627	15 115	16 210
丹寨县	10 590	15 181	25 252	27 359	81 987	148 216	194 512	15 596	17 504

数据来源：2022 年黔东南州统计年鉴。

三、总结

党的十八大以来，黔东南建成覆盖全州、深入乡村、四通八达的邮政快递网络。邮电业深化与现代农业、先进制造业、文化旅游等产业融合互动，为相关产业拓展线上销售渠道、降低物流成本发挥支撑保障作用，助力做强产业链、畅通供应链。快递行业不断提升的速度与质效，既运送着新鲜上架的商品，也传递着购买力活跃的信号。同时，邮政快递与交通运输的深度对接、与电商的深度融合，为消费品下乡、土特产进城提供了强大运力支撑，为壮大县域民营经济、促进新业态发展发挥了重要作用，成为缩小城乡差距、促进共同富裕的重要力量。

第五章　黔东南县域经济发展历程

翻开黔东南的经济发展史，首先映入眼帘的是黔东南砥砺奋进、创新超越的精神和风采。以凯里为中心的都市经济圈重点发展电子信息产品、新能源等高新技术产业。黔东片区重点发展白酒、冶金及以钡化工为主的矿产开发、精深加工等产业，打造贵州东部产业发展集聚区。南部片区重点发展大健康产业、农产品加工、林木加工等产业，打造贵州南部绿色发展创新区。一次又一次的发展奇迹，折射出黔东南经济发展的重大跨越。从昔日零散、弱小的工厂到今天气势非凡的工业园区，这巨大的变化成就了今日辉煌的锦绣黔东南。历届黔东南州委州政府高度重视县域经济发展，千方百计发展县域经济，全面推进县域经济发展，把县域经济发展提到了一个新的战略高度。回顾改革开放以来黔东南县域经济发展的历程，有助于我们更好地发展黔东南县域经济。

第一节　经济探索时期

黔东南依托民族文化、生态环境这"两个宝贝"和"村 BA""村超"，推动旅游产品升级，提升旅游核心吸引力，有效塑造了县域品牌，从而实现了流量转化和经济增长。利用石英砂资源，依托黔玻永太、海生玻璃等龙头企业，打造西南最大的玻璃生产加工基地[①]，出现了一批带动当地产业发展的龙头产业，如其亚铝业、天能科技、麒臻实业。多年来，自治州党委团结带领全州各族人民，认真贯彻落实党的经济、社会和民族政策，制定符合地区发展要求的一系列措施，各项经济建设和社会事业都得到长

[①] 邓国超，李坤，陈诗宗，等. 群众创造历史 创新引领发展 [N]. 贵州日报，2023-09-20 (001).

足发展，在历史性大战大考中交出了一份份优异的答卷。

一、城镇集体经济探索

1949 年，黔东南粮食总产量只有 41.19 万吨，平均亩（1 亩≈666.67 平方米）产 162 千克；农业总产值（按 1980 年不变价计算）1.30 亿元，人均仅 82 元[①]。新中国成立后，黔东南在中国共产党的领导下，走上了社会主义道路。1951 年，镇远专区手工业合作科贷款 4.2 万元，探索经济发展之路，开始兴办酒厂、食品厂、陶瓷厂、印刷厂。1952 年，炉山等县成立手工业指导委员会。1953 年 1 月起，镇远专区和各县手工业管理科及手工业合作社筹委会相继成立，黔东南的集体经济蓬勃发展。1955 年，黔东南的城镇手工业者自愿加入手工业合作社，城镇集体经济迅速发展[②]。1956 年 7 月 23 日，黔东南苗族侗族自治州成立，黔东南的历史由此开启了新篇章。

党和政府高度重视黔东南的发展，建设了湘黔铁路和黔桂铁路，基础设施加快建设；大力发展经济，开始探索城镇集体经济；实施"三线建设"，黔东南工业拉开了新的篇章。1956 年，完成对手工业的社会主义改造后，黔东南的民族工艺开始有工厂生产，形成产业。建州后分设农林科，成立自治州农业局，这为全州最初的农业发展奠定了基石。1958 年，全州首次使用拖拉机、推土机平整土地 21.97 万亩，小田改为大田 14.70 万亩，土变田 7.27 万亩。1958 年，组建发展木材、造纸、化工、陶瓷、纺织、印刷等全民和集体所有制企业 1 438 个。1961 年，国家每年拨出资金传承银饰工匠工艺，银饰统一由五金社生产，黔东南银饰技艺得以传承。20 世纪 60 年代，城镇集体工业企业数量较多，产品涵盖塑料制品、民族特需用品、服装鞋帽、五金制品、日用工业品等。1978 年，黔东南的工业体系发生变化，由之前的国有经济一枝独秀，变为国有企业、民营企业、外资企业三方同台演出。

二、家庭联产承包责任制

1978 年 12 月，党的十一届三中全会吹响了改革开放的号角，掀开了

---

① 吴会武，杨勇. 书写苗乡侗寨画里篇章：黔东南建州六十周年经济社会发展成就综述 [J]. 理论与当代，2016（9）：2-3，65-66.

② 李跃华，祁明军. 历史不会忘记（上）：黔东南州城镇集体工业经济风雨历程 [J]. 中国集体经济，2010（2）：14-18.

历史发展新篇章。随着全党工作重心的转移，提出了《1978 年至 1985 年发展规划和 2000 年远景设想》，在农业上推行以家庭联产承包为主的生产责任制，工业上开展以提高经济效益为主的企业整顿，财政上实行"划分收支，分级包干"的管理体制，国民经济得到较快发展。同时，结合山区、林区实际，对林业生产关系和木材经营管理体制进行变革，实行"三定"，即稳定山林权、划定自留山和确定集体山林管理责任制，改革给林业发展注入了新活力。1979 年，全州有组织地部署开展了关于真理标准问题的大讨论，以进一步推动思想大解放，调动了群众投身改革开放和社会主义现代化建设的积极性。健全农村新经济体制，推进农村改革与发展。从 1979 年起恢复社员自留地、家庭副业，开放集市贸易，逐步推行农业生产责任制，黔东南农业进入了新的发展时期。1979 年秋，榕江县宰麻公社首先出现以家庭为单位向集体承包土地等生产个体户。当地生产积极性由此激活，粮食产量大幅度增长。这一事实，吸引了全州广大干部群众的关注。同年 12 月，榕江县委决定在全县推行定产到组、联产计酬的生产责任制。1979 年 5 月至 1984 年 9 月，以增强企业活力为中心环节，探索了企业经营管理体制和机制的放权让利改革。

1980 年，黔东南主动融入改革洪流，在全州推行以"双包"为主要形式的农业生产责任制。此后，在黔东南的农村，包产到组、包产到户、包干到户，成为主流趋势。1980 年 9 月，全州包产到组的有 3 764 个生产队，占生产队总数的 12%；包产到劳动力的有 494 个生产队，占 1.60%；包产到户的有 6 748 个生产队，占 21.58%；包干到户的有 13 806 个生产队，占50.56%；其他形式的责任制有 782 个生产队，占 2.5%。实行家庭联产承包责任制后，农民拥有了土地经营自主权，调动了生产积极性，农业经济迅猛发展。

1981 年 10 月，全州第一次经济工作会议提出：政府工作的中心是要把经济与文化建设搞上去。从当年起，全面推行并逐步稳定完善以家庭联产承包为主要形式的各种责任制，大力调整农村产业结构。1982 年，全州实行包干到户责任制的生产队达到了 99.96%。以"包干到户"为主的家庭联产承包责任制，改变了集体生产期间"出工一条龙、做工一窝蜂、出工不出力"的现象，调动了广大农民的生产积极性，解放和发展了农村生产力，促进了农村经济的发展，改善了群众生活。1981 年，全州 31 259 个生产队，有 31 103 个生产队实行了以大包干为主的家庭联产承包责任制。

自此，农村家庭联产承包责任制在黔东南的推进，已成燎原之势，不可阻挡。

1982 年，为贯彻执行中央一号文件，全州共组织 8 800 余名干部深入农村，巩固和发展家庭联产承包责任制成果。1983 年 8 月，全州抽调 9 656 名干部组成工作组深入农村，宣传土地等基本生产资料集体所有制和集体经济建立的联产承包责任制"两个长期不变"的政策，并纠正一些地方侵占田土等违反政策问题和其他自由化倾向。1984 年，全州农业总产值达 7.61 亿元，比 1980 年增长 50.3%。改革前的 1958 年至 1980 年的 22 年间，粮食每年平均增加 635.5 万千克，而 1981 年至 1984 年，平均每年增加粮食 1 297.5 万千克。

《中国民族》期刊 1983 年第 7 期刊发文章《穷山窝变致富坡》，报道雷山县黄里公社脚尧生产队实行包干到户生产责任制后，于 1982 年实现粮食总产 9 万斤（1 千克＝2 斤），人均产粮 989 斤，比 1981 年增长 38.5%，不仅不再吃"返销粮"，反而向国家交售公余粮 4 568 斤；同时，该生产队还大力发展畜牧业，种植天麻、茶叶、猕猴桃等经济作物。1981 年，农村改革的春风吹拂着苗乡侗寨，家庭联产承包责任制的普遍实行使农民真正拥有了土地经营自主权，调动了他们的生产积极性，农业经济迅猛发展。全州粮食总产量从 1956 年的 65.68 万吨增加到 1984 年的 93.19 万吨，农民不再为吃饭发愁。

三、山地经济探索

1982 年 11 月 20 日，《人民日报》刊发文章《"杉木之乡"的中兴之路——关于黔东南林区的调查》，对当地放宽林业政策的做法予以肯定。1983 年 11 月，黔东南州委州政府对放宽林业政策作出进一步规定。锦屏县首创了"引资造林"。1983 年 9 月到 1984 年 9 月，全州有序推进以政社分设为主要内容的农村人民公社管理体制改革，推动农村经济突破了自给自足的自然经济模式，开始向专业化、商品化和社会化发展，并涌现出了一批种植、养殖大户。1984 年 10 月至 1993 年底，开展了以承包经营为主要内容的"两权"（所有权、经营权）分置改革；1986 年 12 月，镇远县被列为第二批国家历史文化名城。

1985 年 10 月，经济学家于光远领衔担任顾问，中国技术经济研究会、国土经济研究会、林业经济学会等组织了 20 人的联合考察组，对黔东南林区及地区自然和社会经济历史与现状进行全面考察调研分析，写出了《黔东南苗族侗族自治州建设商品材基地考察报告》，认为这是一块"金不换"的宝地，优势在山区，优势在全面发展林业，由此研究拟订《商品材基地建设方案》，提出了建立425万亩商品材基地的建议，受到国家有关部门的重视。1988年，根据国家林业局专家组的调查报告精神，自治州开展并完成用材林基地总体规划，在16个市（县）建设用材林基地457万亩，造林上实行国家、集体、个人、联户、联营等一起办林业的政策。1988年12月，州委州政府召开全州林业工作会议，讨论《关于当前林业若干问题的规定（讨论稿）》和《黔东南州实施〈中华人民共和国森林法〉补充规定（草案）》。1989年4月，州人大八届五次会议提出：必须以经济建设为中心，要求在农业上积极发展多种经营，走山区农业立体化、规范化、集约化、现代化经营，农、林、牧、副、渔、乡镇企业全面发展的道路。在推进全面改革的基础上，侧重农业突出林业发展，倡导并实践"希望在山、潜力在山、致富在山"大做山文章这一发展思路，在推进工作重心转移的特殊背景下，大力调整产业结构，促进各产业协调发展。

从1978—1989年分年度市（县）农村居民人均可支配收入来看，1978年黔东南农村居民人均可支配收入为106元，用了4年时间，到1982年突破221元；仅过3年，到1985年突破304元，再用了4年，到1989年突破441元。12年期间，农村居民人均可支配收入上升了3.16倍。其中，1978年，突破100元的县有2个：施秉县（115元）、榕江县（101元）；到1980年，突破100元的县有5个：施秉县（134元）、岑巩县（101元）、天柱县（123元）、榕江县（141元）、麻江县（150元）；到1982年，突破200元的县有5个：三穗县（222元）、岑巩县（238元）、天柱县（202元）、榕江县（212元）、锦屏县（260元）；到1985年，突破300元的县只有锦屏县（353元）；到1986年，突破300元的县增加到3个：岑巩县（308元）、榕江县（310元）、锦屏县（364元）；到1988年，突破400元的市（县）增加到3个：凯里市（486元）、三穗县（433元）、剑河县（439元）；到1989年，凯里市、三穗县突破500元。1978—1989年市（县）农村居民人均可支配收入如表5-1所示。

表 5-1 1978—1989 年市（县）农村居民人均可支配收入

单位：元/（人·年）

区域	1978 年	1979 年	1980 年	1981 年	1982 年	1983 年	1984 年	1985 年	1986 年	1987 年	1988 年	1989 年
全州	106	131	168	186	221	231	275	304	309	329	386	441
凯里市	44	47	65	53	75	122	186	264	298	347	486	511
黄平县	54	56	70	69	59	74	123	137	145	192	198	211
施秉县	115	122	134	139	175	144	189	160	214	234	190	303
三穗县	59	60	66	66	222	237	250	242	275	395	433	516
镇远县	54	54	53	45	76	81	155	209	280	312	352	390
岑巩县	79	87	101	153	238	220	281	298	308	313	340	383
天柱县	89	78	123	135	202	201	219	220	260	325	343	358
锦屏县	54	54	96	111	260	261	263	353	364	367	334	362
剑河县	49	50	52	42	63	80	187	232	251	335	439	456
台江县	42	44	51	126	157	164	218	280	286	311	398	324
黎平县	79	84	85	100	112	114	186	210	225	236	218	277
榕江县	101	113	141	188	212	238	293	295	310	389	389	407
从江县	47	45	52	47	60	65	93	88	109	128	168	204
雷山县	46	47	43	48	47	75	188	293	200	155	218	197
麻江县	48	50	150	121	129	107	173	163	172	205	243	186
丹寨县	38	42	45	34	57	59	110	163	96	93	115	127

数据来源：2022 年黔东南州统计年鉴。

第二节　经济起步时期

1992 年春，邓小平视察南方并发表重要谈话即"南方谈话"，深刻总结了改革开放以来社会主义现代化建设的丰富实践和基本经验，鲜明地举起了改革开放的旗帜、中国特色社会主义的旗帜、马克思主义的旗帜，推动改革开放和社会主义现代化建设进入新阶段。在"南方谈话"精神和党的十四大精神指引下，全州各级党委、政府进一步解放思想，转变观念，深化改革，在大力发展国有、集体经济的同时，积极支持和鼓励发展非公有经济，国民经济持续稳定增长。

一、以经济建设为中心

1990 年 9 月，黔东南州提出：突出抓好林业，大力发展畜牧业，加快商品基地建设；加速发展地方工业，逐步建立起以轻纺工业为主导的地方工业体系。1993 年，黔东南州提出调整和优化农村产业结构，大力发展高产优质高效农业，种植业结构逐步由粮食生产单元结构向"粮食作物—经济作物"和"粮食作物—经济作物—饲料作物"结构转变。1994 年 1 月，黔东南州被国家民委、国家体制改革委列为第一批"民族自治地方改革开放试验区"，全州开展了"加快改革开放试验区步伐"解放思想大讨论。1994 年，农产品购销市场全面放开。州、市（县）成立了纠风办和减轻农民负担监督管理办公室，对全州各地减轻农民负担工作进行监督和管理，有效地遏制了乱收费、乱摊派、乱罚款等不正之风。1994 年，黔东南州被列为第一批"民族自治地方改革开放试验区"以后，州委州政府把综合开发纳入全州"八七"扶贫攻坚的主战场，积极探索加快经济发展、促进脱贫致富的办法。此后，州委州政府集中人力、物力、财力，进一步加大扶贫力度，开展了以解决温饱为主要目标的大规模扶贫开发。1996 年 12 月，州第六次党代会提出：要始终坚持以经济建设为中心，"加强农业和基础设施建设，搞好山区农业综合开发和扶贫开发，搞活国有企业，大力发展乡镇企业和个体私营经济，开发优势资源，加快县域经济发展"。2000 年，黔东南州首先在黎平县进行了退耕还林工作试点，随后全面开展了退耕还林工作。到 2005 年底，全州退耕还林（草）面积已达 127 万亩。2008 年后，国家启动标准菜园创建，凯里、麻江列为原农业部（今农业农村部）首批蔬菜标准园创建试点。

从 1990—1997 年分年度市（县）农村居民人均可支配收入来看，1990 年黔东南农村居民人均可支配收入为 474 元，1992 突破 528 元，1994 年突破 714 元，1995 年突破 977 元，1997 年突破 1 080 元。8 年时间里，黔东南农村居民人均可支配收入上升了 1.28 倍。其中，1990 年，突破 500 元的市（县）只有凯里市（541 元）；到 1991 年，突破 500 元的市（县）有 4 个：凯里市（564 元）、施秉县（530 元）、三穗县（519 元）、剑河县（574 元）；到 1993 年，突破 600 元的市（县）有 4 个：凯里市（602 元）、岑巩县（670 元）、锦屏县（743 元）、剑河县（647 元）；到 1995 年，突破 1 000 元的县有 2 个：岑巩县（1 006 元）、台江县（1 046 元）；到 1996 年，台江县突破 1 100 元；到 1997 年，凯里市突破 1 300 元。1990—1997 年市（县）农村居民人均可支配收入具体数据如表 5-2 所示。

表 5-2　1990—1997 年市（县）农村居民人均可支配收入

单位：元/（人·年）

区域	1990 年	1991 年	1992 年	1993 年	1994 年	1995 年	1996 年	1997 年
全州	474	471	528	584	714	977	993	1 080
凯里市	541	564	571	602	722	833	1 046	1 315
黄平县	234	240	249	264	324	415	515	994
施秉县	498	530	485	459	525	580	998	1 196
三穗县	521	519	468	498	680	726	1 007	1 224
镇远县	443	461	480	523	576	629	863	1 041
岑巩县	447	482	550	670	863	1 006	1 058	1 183
天柱县	362	424	374	384	566	710	1 048	1 128
锦屏县	382	395	461	743	793	911	1 051	1 155
剑河县	490	574	590	647	652	706	754	947
台江县	379	453	469	489	689	1 046	1 126	1 102
黎平县	321	322	347	397	464	588	963	1 042
榕江县	443	400	506	508	663	998	783	935
从江县	254	277	282	312	338	389	764	956
雷山县	209	223	318	270	466	639	707	865
麻江县	307	317	307	306	359	586	399	1 167
丹寨县	145	177	172	245	301	523	844	1 023

数据来源：2022 年黔东南州统计年鉴。

二、黔东南旅游发展起步

黔东南的旅游发展起步于 20 世纪 80 年代，当时迎客较早的旅游景点有镇远阳河、雷山朗德等。到 20 世纪 90 年代，凯里市出现了南花、麻塘（革家风情寨）、舟溪、青曼等旅游景点，俗称"四朵金花"，黔东南的乡村旅游迈开了可喜的步伐。不过，这一时期的黔东南旅游，景区不成规模，接待能力差，景点分布零零星星，旅游接待以政府接待为主，接待的散客和旅游团队并不多。从民族文化和旅游资源丰富的州情出发，黔东南确定了旅游业的发展方向。1999 年，州委州政府明确要求"把旅游业建设成为黔东南州的支柱产业，成为黔东南州国民经济的重要增长点，把旅游业作为第三产业的龙头来抓"①。1999年，《黔东南州旅游业发展总体规划（1999—2015）》通过评审，标志着建设生态与民族文化旅游大州定位的初步成型。同年3月，州十届人大五次会议提出要落实"把旅游业作为一个新的经济增长点，放在主导地位"。在国家实施西部大开发战略和省委、省政府提出落实目标后，自治州围绕"十五"规划奋斗目标开展了新一轮改革发展。同年12月，州委常委会议讨论通过《关于加快旅游业发展，建设旅游大州的决定》，强调：解放思想、统一认识、把握机遇，加快旅游业发展，建设旅游大州。

2000年2月，州委州政府作出《关于加快旅游业发展 建设旅游大州的决定》，进一步深化把旅游业的发展摆在重要战略地位的认识，发展定位明确为：建设民族文化与生态旅游大州。州委州政府部署重点建设三条旅游线，实施政府主导型发展战略，成立州旅游景区管理委员会，对全州旅游业发展和景区景点建设实行统一领导、协调、管理。同年8月，州委州政府提出《关于黔东南州实施西部大开发战略的初步意见》，把"加快民族文化与生态旅游大州建设步伐"列为主要任务。之后州委州政府又陆续作出一系列重要决定，突出重点发展旅游业的战略逐步形成共识并得到大力实施。2000年，黔东南在青溪建设工业园区，黔东工业园区成立。

2002年以来，世界旅游组织官员4次考察黔东南，"苗乡侗寨情·美丽黔东南"品牌更加响亮。2004年11月，州委七届八次全会首次提出"生态立州、农业稳州、工业强州、旅游活州、科教兴州"的"五州"战略。2006年，州委七届十一次全会审议并通过决议，增加"城镇带州"战略。2008年9月26日，第三届贵州旅游产业发展大会在西江千户苗寨举行，西江千户苗寨一鸣惊人。2008年不仅是西江的崛起之年，也是黔东南旅游发展的"分水岭"。随着"西江模式"的成功，全州各地加大旅游投入力度，营销宣传更加受到重视。依托409个中国传统村落、126个中国少数民族特色村寨的绿水青山、田园风光、非遗资源、历史遗存、红色文化等独特的资源优势，谋划"一村一品"农文体为主题的"传统村落游"精品线路。从1998—2009年分年度市（县）农村居民人均可支配收入来看，1998年黔东南农村居民人均可支配收入为1 206元，2001年突破1 326

---

① 邢启顺. 少数民族城市民族文化产业化发展现状分析：以贵州凯里为例 [J]. 广西民族师范学院学报，2014，31（2）：26-29.

元，2003 年突破 1 450 元，2004 年突破 1 588 元，2005 年突破 1 728 元，2006 年又增加到 1 841 元，2007 年突破 2 102 元，2008 年飙升到 2 452 元，2009 年快速增加到 2 717 元。具体数据如表 5-3 所示。

表 5-3　1998—2009 年市（县）农村居民人均可支配收入

单位：元／（人·年）

区域	1998 年	1999 年	2000 年	2001 年	2002 年	2003 年	2004 年	2005 年	2006 年	2007 年	2008 年	2009 年
全州	1 206	1 263	1 285	1 326	1 387	1 450	1 588	1 728	1 841	2 102	2 452	2 717
凯里市	1 416	1 481	1 533	1 617	1 716	1 818	1 998	2 177	2 341	2 660	3 179	3 543
黄平县	1 171	1 221	1 246	1 291	1 335	1 391	1 516	1 633	1 728	2 005	2 344	2 598
施秉县	1 258	1 307	1 345	1 402	1 479	1 559	1 719	1 882	1 999	2 258	2 622	2 920
三穗县	1 320	1 368	1 395	1 397	1 419	1 471	1 595	1 733	1 849	2 090	2 428	2 696
镇远县	1 153	1 268	1 289	1 345	1 425	1 497	1 676	1 840	1 963	2 218	2 596	2 892
岑巩县	1 230	1 280	1 309	1 346	1 408	1 470	1 598	1 739	1 856	2 097	2 435	2 690
天柱县	1 230	1 308	1 327	1 343	1 418	1 480	1 615	1 776	1 905	2 161	2 551	2 844
锦屏县	1 258	1 275	1 256	1 226	1 276	1 328	1 441	1 584	1 696	1 930	2 268	2 504
剑河县	1 178	1 272	1 295	1 347	1 414	1 466	1 586	1 711	1 829	2 040	2 378	2 625
台江县	1 163	1 218	1 242	1 294	1 359	1 421	1 543	1 662	1 766	2 041	2 365	2 590
黎平县	1 162	1 201	1 224	1 274	1 338	1 410	1 570	1 702	1 812	2 033	2 347	2 598
榕江县	1 156	1 221	1 234	1 270	1 341	1 388	1 503	1 613	1 737	2 008	2 350	2 595
从江县	1 159	1 222	1 247	1 296	1 360	1 431	1 566	1 705	1 823	2 082	2 425	2 680
雷山县	1 042	1 160	1 179	1 231	1 294	1 348	1 471	1 600	1 706	1 928	2 257	2 489
麻江县	1 230	1 205	1 232	1 282	1 330	1 397	1 530	1 676	1 766	2 069	2 377	2 659
丹寨县	1 164	1 219	1 245	1 283	1 336	1 388	1 546	1 712	1 805	2 124	2 448	2 701

数据来源：2022 年黔东南州统计年鉴。

第三节　经济发展时期

1890 年 6 月 1 日，青溪铁厂正式竣工投产，这是中国第一个近代化钢铁企业，由此而开启了黔东南近代化转型的序幕。1956 年建州初期，黔东南工业形态主要为手工业合作社，黔东南州工业经济在寻求新的发展道路上不断探索。2000 年，凯里开发区挂牌成立，到了 2015 年，黔东南工业园区创造的总产值和税收占比分别达到 72.2% 和 78.6%。2023 年工业投资完成 80.69 亿元，占全州固定资产投资的 23.7%；其亚铝业、天能科技等 8 户企业入选省民营企业 100 强名单。

一、工业园区崛起

进入 21 世纪后,黔东南州工业经济在寻求新的发展道路、新的发展模式中不断地探索,取得了新的突破。1999 年 7 月,省政府批准黔东南凯里开发区升级为省级经济开发区,2000 年 7 月正式挂牌成立。2003 年成立岑巩工业园区,2005 年成立黔东循环经济工业区,2008 年建设炉山工业园区,2012 年成立台江经济开发区。2010 年,黔东南确立了"工业强州"战略。在"工业强州"战略的引领下,政策支持力度加强,通过《关于实施工业强州战略的决定》《黔东南州八大产业振兴规划》,工业产业集聚,黔东南工业开始崛起。

2010 年 12 月,州委八届九次全会审议通过《关于州"十二五"规划纲要的决议〈草案〉》,提出推动"十二五"规划时期社会经济又好又快、更好更快发展的意见。黔东南大力实施"工业强州""城镇带州""旅游活州"战略。2011 年,通过《黔东南州"十二五"规划纲要》。同年 12 月,州第九次党代会提出了五年发展总体要求:坚持以经济建设为中心,突出实施"工业强州""城镇带州""旅游活州"三个战略重点①。

实施"工业强州"战略后,黔东南工业迅速发展,各市(县)工业园区快速发展。2012 年 1 月,贵州省政府将镇远黔东工业园区设立为省级经济开发区。2013 年,省经信委将其确定为省级工业园区。炉碧经济开发区在 2011 年 7 月被省政府批准为省级开发区。2012 年 8 月,岑巩工业园经省政府批复,升格为省级经济开发区。2013 年 12 月,台江经济开发区获省发展改革委批准,成为省级循环经济示范园区。

二、工业快速发展

2010 年,黔东南州工业发展尚处于起步阶段,工业投资仅 43.5 亿元,工业经济总量也不过 32 亿元,整体发展基础较为薄弱。在实施"工业强州"战略后,一系列利好政策相继出台,投资环境持续优化,吸引了大量资金流入工业领域。2015 年,工业投资先是增长至 410 亿元,随着各市(县)工业园区产业集聚趋势愈发明显,资源得到高效整合,投资规模进一步扩大,最终达到 1 369.15 亿元。在这一过程中,黔东南州建成 16 个

---

① 何选高. 黔东南产业结构调整刍议:以交通区位比较优势为视角 [J]. 人民论坛,2013 (2):234-235.

工业园区，其中 10 个成为省级经济开发区。2015 年，工业园区创造的总产值占比达到 72.2%，工业园区成为推动黔东南州经济增长的主要载体。

黔东南州凭借自身丰富的矿产、人力等优势资源，大力发展工业经济，积极推进装备制造、电子信息、新材料等新兴产业布局。2015 年，工业经济总量跃升至 180 亿元，较 2010 年增长了 4.6 倍，工业发展增速在全省处于领先地位。同年，工业门类增加到 30 个，产业多元化发展成效显著，同时淘汰落后过剩产能 231.27 万吨，产业结构得到优化升级。良好的发展环境促使新增入库规模企业 420 户，为工业经济的持续增长注入了新的活力，推动黔东南州工业发展迈上新的台阶。

"十三五"规划期间，黔东南坚持"工业强州"战略，加快新型工业化进程，初步构建了现代工业产业体系，全州工业在高质量发展的道路上走深走实，工业产业结构不断优化调整，产业门类不断丰富。"十三五"规划期间累计完成规模以上工业总产值 2 000 亿元，工业增加值 560 亿元。新能源电池、新型建材、电子信息产品制造等产业较快增长，食品加工、中医药及民族医药、玻璃制造等产业规模初显，"双千工程"改造项目 732 个、引进优强企业 612 家，规模以上工业增加值年均增长 6.2%。同时，立足资源禀赋、产业基础和比较优势，围绕十大重点工业产业，大力实施产业发展倍增计划，着力培育玻璃、铝加工、木材加工等九大百亿级支柱型产业，补齐工业发展短板弱项，加速构建现代工业产业体系。引进了天能集团二期、年产 20 万吨石斛啤酒生产、国药集团贵州血制品公司新产品等一批产业链项目，围绕首位产业、主导产业大力开展招商引资，找准"建链"的首位产业和龙头企业、"补链"的关键环节和"强链"的核心要素，着力提升产业链供应链水平，为工业长期投资形成新的支撑。

2021 年，全州顺利推动了黔玻永太、麒臻环保、从江明达技改健盛服饰等重点项目投产，指导和兴金属技改升级，推动海生玻璃产能指标置换。全州在建工业项目 300 个，亿元以上项目 87 个，释放投资 105.15 亿元。其中，新建项目 92 个，释放投资 22.8 亿元；续建项目 70 个，投资 21.87 亿元；建成项目 98 个，投资 39.54 亿元；收尾项目 37 个，投资 20.57 亿元。出台《黔东南州新型工业产业发展三年倍增计划实施方案（2021—2023 年）》等文件，重点打造基础材料、新型建材、现代化工、现代能源等支柱产业。加快构建以十大工业产业为"四梁八柱"的现代工业体系，一手抓改造提升传统产业，一手抓培育壮大新兴产业，加快构建具有黔东南特色的现代产业集群。其中，基础材料、新型建材、生态特色食品三个产业总产值占比达51%，产业主导优势不断显现。现代能源、基础材料、新型建材、大数据电子信息产业总产值分别达95亿元、83亿元、81亿元、70亿元。出台《黔东南州"专精特新"企业培育工作方案》，推荐34户企业申报省级"专精特新"培育企业，10户企业被认定为省级"专精特新"中小企业，其中1户企业被认定为省级"小巨人"企业。印发《黔东南2021年度新增规模工业企业入库奖励工作方案》，进一步加大企业上规模入统筹支持力度。持续推进园区体制机制改革。认真贯彻落实《关于创新开发区管理运行机制的若干措施》《黔东南州规范开发区管理机构实施意见》等，研究制定创新开发区（园区）管理运行机制的政策措施。

2022年，发挥龙头企业的引领作用，推动全州工业稳速发展。抓住新国发2号文件，省委、省政府支持民族地区高质量发展、支持黔东南打造对接融入粤港澳大湾区"桥头堡"等重大政策机遇，引进一批新兴优强企业，填补州产业空白①。全州规模以上工业增加值同比增长2.4%，高于全省（-0.5%）2.9个百分点，其中制造业增加值同比增长6.0%。全州规模以上玻璃制造业和电池制造业发展迅猛，为规模以上工业经济注入新活力、新动力。

三、旅游快速发展

2016年，黔东南明确大力发展旅游，打造国内外知名民族文化旅游目的地。2017年，全州经济社会发展务虚会、州委十届四次全会进一步明确"走好绿色发展的一条新路，用好民族文化和生态环境这"两个宝贝"，全面提升三产整体发展水平，建设实力、活力、魅力、幸福黔东南"的发展思路。2016年，黔东南州被国家旅游局列为创建中国苗侗风情国际旅游目的地，入选中国民族文化旅游最佳目的地TOP10；西江千户苗寨被国务院评为全国乡村旅游"景区带村"示范点，入选2017年中国优秀国际乡村旅游目的地。从2010—2021年分年度市（县）农村居民人均可支配收入来看，2010年黔东南农村居民人均可支配收入为3 164元，2012年突破4 625元，2013年突破5 352元，2014年突破6 139元，2016年突破7 584

---

① 刘蓝婴.黔东南州委书记罗强：奋力推动锦绣黔东南实现高质量发展［J］.当代贵州，2022（45）：14.

元，2021 年突破 12 289 元。12 年时间里，黔东南农村居民人均可支配收入上升了 2.90 倍。2010—2021 年市（县）农村居民人均可支配收入具体数据如表 5-4 所示。

表 5-4　2010—2021 年市（县）农村居民人均可支配收入

单位：元/（人·年）

区域	2010 年	2011 年	2012 年	2013 年	2014 年	2015 年	2016 年	2017 年	2018 年	2019 年	2020 年	2021 年
全州	3 164	3 949	4 625	5 352	6 139	6 863	7 584	8 388	9 227	10 233	11 082	12 289
凯里市	4 081	5 176	6 081	6 945	7 879	8 817	9 752	10 786	11 865	13 158	14 184	15 698
黄平县	3 013	3 709	4 349	5 049	5 816	6 526	7 257	8 004	8 788	9 773	10 613	11 757
施秉县	3 495	4 229	4 954	5 737	6 497	7 205	7 868	8 671	9 555	10 587	11 477	12 746
三穗县	3 107	3 955	4 642	5 389	6 168	6 933	7 723	8 596	9 481	10 505	11 440	12 684
镇远县	3 335	4 169	4 884	5 573	6 329	7 006	7 658	8 485	9 342	10 351	11 179	12 398
岑巩县	3 100	3 953	4 629	5 365	6 144	6 894	7 659	8 425	9 259	10 278	11 172	12 396
天柱县	3 319	4 125	4 841	5 601	6 349	7 098	7 765	8 580	9 387	10 438	11 283	12 514
锦屏县	2 973	3 638	4 255	4 944	5 705	6 390	7 080	7 781	8 520	9 466	10 318	11 433
剑河县	3 036	3 771	4 413	5 071	5 825	6 524	7 222	7 951	8 714	9 682	10 437	11 570
台江县	2 981	3 631	4 234	4 839	5 580	6 171	6 819	7 569	8 379	9 301	10 063	11 159
黎平县	3 030	3 849	4 484	5 201	5 945	6 587	7 213	7 963	8 735	9 679	10 482	11 610
榕江县	3 023	3 704	4 348	5 035	5 766	6 464	7 169	7 965	8 801	9 761	10 571	11 753
从江县	3 124	3 965	4 628	5 364	6 126	6 867	7 622	8 438	9 223	10 219	11 067	12 316
雷山县	2 982	3 880	4 560	5 299	6 064	6 810	7 559	8 406	9 297	10 310	11 115	12 318
麻江县	3 106	3 764	4 422	5 112	5 870	6 569	7 259	8 050	8 887	9 847	10 714	11 856
丹寨县	3 065	3 706	4 359	5 070	5 862	6 595	7 340	8 177	9 060	10 057	10 912	12 094

数据来源：2022 年黔东南州统计年鉴。

　　为了更加精确比较农村居民人均可支配收入的变化，计算农村居民人均可支配收入与基期农村居民人均可支配收入的比值，再乘以 100，得到农村居民人均可支配收入指数。从黔东南州整体数据来看，1998—2009 年，农村居民人均可支配收入指数呈上升趋势，从 1998 年的 125.2 到 2009 年的 110.3，虽中间个别年份有波动，但整体上反映出黔东南州农村居民在此期间人均可支配收入有一定增长。各市（县）各年份的农村居民人均可支配收入指数存在差异。如 1998 年，锦屏县、丹寨县和全州整体数据相同，为 125.2，处于较高水平；雷山县为 104，相对较低。2009 年，凯里市为 111.9，在各县市中相对较高；施秉县、台江县等为 110.3。这种差异反映出不同市（县）经济发展水平、产业结构等方面存在不同，影响了农村居民的收入。从增长幅度来看，不同市（县）增长幅度有所不同。如三穗县从1998年的107.8增长到2009年的110.5，增长幅度相对平稳；而凯里市从1998年的107.7增长到2009年的111.9，增长幅度在部分年份有较明显变化。具体数据如表5-5所示。

表5-5　分年度市（县）农村居民人均可支配收入指数（1997年=100）

县市	1998年	1999年	2000年	2001年	2002年	2003年	2004年	2005年	2006年	2007年	2008年	2009年
全州	125.2	107.3	104.5	104.2	103.4	104.2	105.1	105.2	105.5	107.1	107.8	110.3
凯里市	107.7	107.2	106.4	106.5	105	105.6	105.5	105.2	106.5	106.6	110.4	110.9
黄平县	118.8	106.9	104.8	104.7	102.2	103.9	104.6	104	104.8	108.8	108	110.3
施秉县	109.7	106.5	105.7	105.3	104.3	105.1	105.8	105.7	106	107.3	110.8
三穗县	107.8	106.2	104.8	101.1	100.4	103.4	104	105.2	105.7	106.1	107.4	110.5
镇远县	110.8	112.7	104.5	105.3	104.7	107.5	106	105.7	106	108.1	110.8
岑巩县	104	106.6	105.1	103.8	103.5	104.1	104	105.3	104	106	107.3	109.9
天柱县	108.9	109	104.2	102.2	104.3	104.1	104.7	106.2	106.3	106.4	109	111
锦屏县	125.2	107.3	104.5	104.2	103.4	104.2	105.1	105.2	105.5	107.1	107.8	110.3
剑河县	107.7	107.2	106.4	106.5	105	105.6	105.5	105.2	106.5	106.6	110.4	110.9
台江县	118.8	106.9	104.8	104.7	102.2	103.9	104.6	104	104.8	108.8	108	110.3
黎平县	109.7	106.5	105.7	105.3	104.3	105.1	105.8	105.7	106	107.3	110.8
榕江县	107.8	106.2	104.8	101.1	100.4	103.4	104	105.2	105.7	106.1	107.4	110.5
从江县	110.8	112.7	104.5	105.3	104.7	107.5	106	105.7	106	108.1	110.8
雷山县	104	106.6	105.1	103.8	103.5	104.1	104.3	105.7	106	107.3	109.9
麻江县	108.9	109	104.2	102.2	104.3	104	104.7	106.2	106.3	106.4	109	111
丹寨县	125.2	107.3	104.5	104.2	103.4	104.2	105.1	105.2	105.5	107.1	107.8	110.3

数据来源：2022年黔东南州统计年鉴。

　　厦蓉高速、贵广高铁开通以后，黔东南的南大门打开了。黔东南的避暑游、生态游吸引了众多的游客。2021年，雷山西江千户苗寨、施秉杉木河有2家旅游公司入围省级上市挂牌企业后备资源库。麻江夏同龢状元府等6个景区创4A景区已通过贵州省旅游资源规划开发质量评定委员会开展的景观质量评审，被列入创建国家4A级旅游景区名单。成功创建黄平浪洞森林温泉等3A级景区15家。从江县等8个县创建国家全域旅游示范区工作有力推进。黔东南州坚持把旅游业作为转型升级的重要引擎，以创建国内外知名民族文化旅游目的地为奋斗目标，以全域旅游"全景式打造、全季节体验、全产业发展、全方位服务、全社会参与、全区域管理"六大理念为指引，以"大思路、大动作、大布局、大景区"为方向，以雷公山、月亮山、云台山和清水江、都柳江、舞阳河、大凯里"三山三江一中心"为骨架，按照功能板块、品牌线路、核心景区、节点城镇层次，优化旅游空间布局,着力构建涵盖"面、线、点、节点"的全域旅游空间体系,奋力推进"旅游+"多产业融合发展,全州旅游基础设施及配套功能日趋完善,产业规模不断扩大。截至 2023 年底,黔东南成功创建 A 级旅游景区 70 家,其中,5A 级旅游景区 1 家,4A 级旅游景区 20 家。全州共有标准级及以上乡村旅游客栈 519 家,有银山级民宿 5 家,青山级民宿 4 家。共有星级酒店 45 家,其中四星级酒店 12 家,三星级酒店 33 家。

从 2016—2021 年黔东南州下辖各市(县)城镇居民人均可支配收入来看,2016 年黔东南城镇居民人均可支配收入为 25 282 元,2018 年突破 30 000 元,2021 年突破 37 425 元。全州下辖各市(县)城镇居民人均可支配收入差距较小,2016 年,最高的是凯里市,26 784 元,最低的是台江县,24 120 元;2021 年,最高的是凯里市,39 546 元,最低的是台江县,35 088 元。从增长速度来看,2016 年黔东南城镇居民人均可支配收入增长速度为 9.1%,2021 年为 8.4%,有所下降。2016—2021 年黔东南州下辖市(县)城镇居民人均可支配收入及增长速度具体数据如表 5-6 所示。

表 5-6　2016—2021 年黔东南州下辖市(县)城镇居民人均可支配收入及增长速度

区域	城镇居民人均可支配收入/元(人·年)						城镇居民人均可支配收入增长速度/%					
	2016 年	2017 年	2018 年	2019 年	2020 年	2021 年	2016 年	2017 年	2018 年	2019 年	2020 年	2021 年
全州	25 282	27 659	30 130	32 752	34 520	37 425	9.1	9.4	8.9	8.7	5.4	8.4
凯里市	26 784	29 355	32 026	34 845	36 552	39 546	8.5	9.6	9.1	8.8	4.9	8.2
黄平县	24 982	27 280	29 790	32 411	34 291	37 113	9.5	9.2	9.2	8.8	5.8	8.2
施秉县	24 660	26 805	29 298	31 788	33 695	36 681	9.4	8.7	9.3	8.5	6	8.9
三穗县	25 155	27 696	30 299	32 905	34 912	37 842	9.7	10.1	9.4	8.6	6.1	8.4
镇远县	24 948	27 418	29 749	32 337	34 083	36 932	8.1	9.9	8.5	8.7	5.4	8.4
岑巩县	24 844	26 981	29 328	31 909	33 728	36 622	9.3	8.6	8.7	8.8	5.7	8.6
天柱县	24 733	27 083	29 277	31 882	33 668	36 550	9.5	9.5	8.1	8.9	5.6	8.6
锦屏县	24 623	26 716	28 933	31 537	33 177	35 901	9.1	8.5	8.3	9	5.2	8.2
剑河县	24 941	27 211	29 442	31 945	33 542	36 390	9.6	9.1	8.2	8.5	5	8.5
台江县	24 120	26 243	28 447	30 922	32 438	35 088	8.5	8.8	8.4	8.7	4.9	8.2
黎平县	24 966	27 188	29 798	32 420	34 203	37 001	10.1	8.9	9.6	8.8	5.5	8.2
榕江县	24 566	26 875	29 267	31 872	33 433	36 232	9.2	9.4	8.9	8.9	4.9	8.4
从江县	24 981	27 529	30 007	32 557	34 478	37 474	10	10.2	9	8.5	5.9	8.7
雷山县	24 662	27 128	29 705	32 319	33 967	36 794	9.3	10	9.5	8.8	5.1	8.3
麻江县	24 547	26 756	29 111	31 614	33 290	36 246	8.4	9	8.8	8.6	5.3	8.9
丹寨县	25 029	27 482	30 148	32 861	34 701	37 533	9.8	9.8	9.7	9	5.6	8.2

数据来源:2022 年黔东南州统计年鉴。

从对于当地旅游业的推动来看，在"村超""村BA"带动下，很多游客到景区游玩，特别是在吃、住、玩方面，游客除了赏花、体验苗族风情外，还购买当地的民族特色产品。"村超""村BA"流量的火爆，使黔东南旅游持续火热，餐饮、住宿等快速发展，带动了群众增收致富，越来越多的群众选择留在家乡就业创业，推动县域经济发展。同时，大力发展乡村观光游、生活体验游，农特产品不断衍生新业态，实现"黔货出山"，带动就业增收。积极探索建立"村党组织+公司+合作社+农户"的产业发展模式，组建旅游专业合作社等新型经营主体，村民们在景区务工或从事旅游相关产业。推进生态农业与乡村旅游融合发展。农特产品、特色小吃摊、民族服饰租卖为百姓增收拓宽了渠道。

第四节　东西部协作时期

东西部扶贫协作和对口支援，是推动区域协调发展、共同发展的大战略，先富帮后富，实现共同富裕。当前，黔东南州正处在实施乡村振兴战略时期，需创新东西部扶贫协作机制，推动对口帮扶城市在更大范围、更深层次、更广领域开展协作，实现两大战略有效衔接。

一、黔东南州东西部协作机制现状

1996年，党中央、国务院开展东西协作对口帮扶工作，宁波市对口帮扶黔东南州，涉及农业、教育、卫生、基础设施、人力资源培训、新农村建设等各个领域，有力地推动了黔东南经济与社会发展。一是大力开展巩固拓展脱贫成果村寨重点帮扶，农村基础设施得到明显改善。宁波市在雷山县郎德镇下郎村、凯里市三棵树镇季刀村、三穗县八弓镇吉洞村等村寨对口帮扶，农村基础设施明显改善，村容寨貌大有改观。二是大力推进社会扶贫捐资助学，各类教育事业得到长足发展。宁波市积极发动社会力量实施图书传递活动，实施万人助学活动，实施温暖午餐活动，为学生解决了午餐就餐困难。三是大力帮助改善卫生基础设施，群众健康水平得到明显提高。宁波市帮助黔东南州内各有关县改善医疗条件，培训医疗骨干等。这些帮扶项目的实施，使黔东南州农村医疗卫生基础设施得到了明显改善，医疗服务水平有了一定提高，有力地缓解了农村人口看病难的问题。四是大力支持农业产业结构调整，群众增收得到有效保障。宁波市帮助黔东南州对口帮扶县建设大棚蔬菜、核桃、楠竹等产业示范基地，有力地推进了黔东南州农村产业结构调整，为山区人民群众开辟了众多稳定增收之路，增强了农民自我发展能力。五是大力强化人员培训工作力度，各类人才技能得到明显提升；两地组织部门互派干部到对方挂职锻炼，加大干部交流力度。2013 年起，调整为杭州市对口帮扶黔东南州。面对打赢脱贫攻坚战这场硬仗，杭、黔两地同心协力、携手并进，东西部扶贫协作取得明显成效。杭州市实施帮扶项目，带动建档立卡脱贫脱困人口增收。同时，先后选派优秀干部和专业技术人才到黔东南州挂职帮扶，把先进的发展理念、科学技术、工作经验带到了黔东南，成为黔东南推动项目发展和引进、承接东部发达地区产业转移的桥梁和中坚力量。黔东南州挑选干部、专业技术人才到杭州挂职锻炼、跟岗学习。以"走出去、引进来"和资金支持方式组织党政干部培训。通过选点选样、示范带动和全员提升，为黔东南培养了一支"带不走"的人才队伍。

澳门特别行政区帮扶从江县脱贫攻坚成效显著。从江县曾是全国扶贫开发重点县以及贵州省 14 个深度贫困县之一，脱贫任务艰巨。2018 年 5 月，澳门特别行政区政府在对从江县进行深入考察后，与贵州省人民政府签订扶贫合作框架协议，正式拉开帮扶从江县脱贫攻坚的大幕。在帮扶过程中，澳门特别行政区政府与黔东南州政府、从江县政府紧密协作。黔东南州政府从制度层面构建工作管理体系、完善帮扶机制、搭建沟通平台，为帮扶工作提供坚强保障。从江县专门成立工作领导小组，抽调专人脱产集中办公，确保帮扶措施落地。澳门社会各界人士在 2018—2020 年多次深入从江县 19 个乡镇实地调研，精准收集帮扶需求、研判帮扶项目。坚持"从江所需"与"澳门所长"相结合，双方签署三批项目帮扶协议，将帮扶重点聚焦教育、医疗、旅游、文化、产业和人才培养等关键领域。

在产业帮扶方面，为发挥从江县旅游资源优势，拓宽文化旅游扶贫渠道，澳门特别行政区政府多渠道加强从江民族旅游文化宣传推广。同时，借助"粤澳名优商品展""澳门国际贸易投资展览会"等展会平台，助力从江大米、煨酒、山泉水、生态鸡蛋、民族手工制品等农特产品拓展澳门市场，推动"黔货出山"，并积极争取中国贸促会、中粮集团、贵阳海关等部门支持，实现从江向澳门输出大米超过 100 吨。在教育帮扶上，澳门特别行政区政府援建了小学和幼儿园，为从江县教育基础设施筑牢根基；加强教育结对帮扶，为3 000名家庭经济困难学生提供为期三年的助学资助，设立助学基金，签订帮扶协议；还派遣幼儿教育专家、优秀英语讲师开展能力提升研修培训班，引入先进教学理念和开放教学模式，为脱贫脱困地区学前教育和英语教育注入活力。在医疗帮扶上，围绕卫生基础设施建设、基层应急救援能力提升、脱贫脱困群体救治等展开，助力从江县实现行政村卫生室全覆盖，解决村医就业和群众就近就医难题；建设村级红十字服务站等硬件设施，为白内障患者免费提供筛查、手术和术后康复服务，为脱贫脱困学生开展听力筛查及口腔检查，为听障人士免费提供高质量助听器。在改善人居环境与基础设施建设方面，澳门各界社会团体爱心捐赠，投入农村住房保障补短板和环境整治，增强村民认同感与幸福感；美高梅集团、安海青年联合会等企业和社会团体捐赠太阳能路灯，安装山区村寨公路危险路段安全防护栏，补齐基础设施短板。就业帮扶同样扎实有力，召开劳务协作就业扶贫专场招聘会，推动从江县农村劳动力输出就业；设立边缘监测户就业扶持公益性岗位，帮扶就业不稳定的边缘监测户就近就业；精准开展就业岗前培训，通过组团外出、以老带新等方式带动脱贫脱困户就业脱贫，并加强就业人员跟踪服务，解决务工实际困难，促进务工人员稳定就业增收。澳门特别行政区全方位、多领域的帮扶举措，有力地推动了从江县脱贫攻坚与经济社会发展，为从江县的乡村全面振兴奠定了坚实基础。

二、黔东南州东西部协作机制的作用

杭州市和黔东南州高度重视扶贫协作工作，两地互动越发频繁，协作的基础越发坚实，在保障顺利实现脱贫的基础上，深化优势互补、强化融合发展。

一是开展产业扶贫协作，提升持续造血功能。坚持"拉长产业链、提升价值链、打造供应链、完善循环链"目标，推进产业平台建设，引导东部企业到黔东南州投资，华铁应急、华东医药等杭州上市公司已投资落地。充分利用东西部扶贫协作资金发展扶贫产业，建成一批东西部扶贫协作产业项目。大力推进活动展销、结对助销、企业带销等扶贫行动，推行杭州"一张身份证游黔东南"，通过东西部协作实现产品销售，吸引浙江籍游客到黔东南旅游。如天柱县嫁接杭州"双创"基因，培育"服装扶贫工厂"和"美丽牧场"。天柱县依托产业合作项目，将杭州"双创"基因、创富动力嫁接到天柱，着力在服装、林下养鸡等领域培育一批本土创业者。通过天柱余杭服装产业合作项目，借力上市公司华鼎集团的创业团队培训和技术、订单、设备支持，辅以本地政府的配套服务保障，为本地服装创业者提供"拎包创业"条件，成功培育本地人创办服装扶贫工厂，吸纳本地群众就业。畜禽全产业链项目通过积极推广"公司+合作社+农户"模式，认领"美丽牧场"，通过龙头公司指导建棚、实战培训、跟踪服务，带动农户开展养殖，培育养殖致富能手。

二是推进社会事业协作，激活持续发展动能。加强教育、卫生事业结对帮扶，杭州市学校和医疗卫生机构结对帮扶黔东南州，实现全州脱贫脱困县乡镇卫生院和中小学结对全覆盖。开展教育组团式帮扶学校，医疗组团式帮扶医院，成立了杭籍名师名医名校（院）长工作室，聘请名誉校长（院长）。实施"银龄计划"，集中引进杭州退休教育和医疗卫生方面高级人才，推进"三名工程"（"名师""名医""名家"工程），着力实现培养优秀人才、建立重点学科、完善工作制度、更新工作理念、构建先进文化等目标。如时代楷模陈立群不为名利只为心愿，花甲之年千里支教。年近花甲的陈立群老师，来到台江任台江民中校长。他义务授课，主动担任导师，到各地义务开讲座，为当地培养教师队伍。陈立群从广泛家访抓生源入手，强化教师队伍建设，硬化教学基础设施，建立健全各项规章制度，为苗乡播下希望的种子。台江民中本科上线率从2016年的10%提高到79%，是全州增幅最大的学校，"寒门贵子"走出大山，彻底改变了命运。陈立群老师本人荣获中宣部2019年"时代楷模""全国脱贫攻坚奉献奖"。再如余杭区开展医疗组团式帮扶，提升县域医疗服务水平。浙大二院、余杭区派出支医专家轮流到台江县帮扶，汪四花同志挂任台江县人民医院院长，并长期值守。通过组团式帮扶，台江县人民医院制定和修订制度，完善流程，攻克新技术，顺利通过二甲医院复审，在国家卫健委开展的全国三级医院对口帮扶贫困县县级医院工作专项督导检查中位列受检医院第一。

三是深化劳务就业协作，培养持续增收技能。建立健全黔东南在杭劳务联络工作站机制，制定进一步加大东西部就业扶贫支持政策，大力引进专业劳务公司等中介服务组织，开展"送岗位上门""点对点接送"等就业服务，输出脱贫脱困劳动力赴浙江就业。打造扶贫车间工厂，开发公益性岗位，实现就近就业。开展订单式培训，提高专业技能，实现定向就业。如黔东南携手杭州建立驻杭劳务工作站，服务脱贫脱困群众就业。在杭州市大力支持下，黔东南州在杭建立劳务协作工作站，抽调干部分驻杭州各区、市、县驻站服务，工作中陆续聘请在杭黔东南籍劳务人员为兼职副站长，企业劳务输出联络员协助服务，形成"总站+分站+企业+联络员"劳务协作工作体系和机制。推进有组织、有计划、有平台、有机制、有保障标准化建设，为黔东南州去杭劳务人员特别是建档立卡脱贫脱困劳动力提供就业信息、创业指导、技能培训、权益维护和政策咨询等精准服务，劳务输出组织化、服务精细化程度明显提升。如岑巩县结合杭州蚕桑产业先进理念发展普惠农业，拓宽群众致富门路。岑巩县积极引进种桑养蚕普惠式农业产业项目，利用当地优良的自然条件和社会基础、丰富的土地资源和劳动力资源，结合杭州市蚕桑产业发展的优新理念和技术，打造了优质茧生产基地。同时精心构建组织方式，采取"政府+企业+合作社+农户"模式发展产业，建立蚕桑服务中心，签订保护价收购和技术服务协议，服务全县乃至黔东南州蚕桑产业发展。种桑养蚕的推广，既调整了岑巩县产业结构，又激发了群众发展产业的热情。如桐庐县多举措助推榕江县"人畜混居"改造，大力改善农村人居环境。针对榕江深度贫困乡镇"人畜混居"的"痛点"，桐庐县派出优秀设计团队深入榕江调研，免费设计改造图纸，将改房、改厨、改厕"三改"融合推进，建立了"人畜混居"房屋改造榕江标准和样板。举办"人畜混居"改造认领会，发动辖区企业认领"人畜混居"户，策划开展"我为榕江住一夜"等公益活动，帮助榕江筹集"人畜混居"改造资金。制作《东西部扶贫协作"人畜混居"改造成效手本》，桐庐融媒体赴榕江拍摄宣传片，反映改造成效，在东部广泛宣传，吸引更多的社会力量关注榕江、支援榕江。

三、东西部扶贫协作机制的更高要求

当前，黔东南州正处在由脱贫攻坚向乡村振兴转换的历史交汇期，东西部扶贫协作有了新的更高要求。完善东西部协作和对口支援帮扶等机制，巩固拓展脱贫成果，增强内生发展能力。

一是东西部扶贫协作要在振兴农村经济上大提升。乡村振兴，产业必须强。振兴农村经济，不仅关系到贫困群众脱贫，而且关系到群众能否走上可持续发展道路。必须深化农村产业革命，来一场振兴农村经济的产业革命，按照"上规模、强龙头、创品牌、带农户"要求，抓好产业发展，

推动传统农业产业生态化、特色农业产业规模化、新兴农业产业高端化。注重在"优""特""精"上做文章，加快发展现代高效林业，调整林种结构，大力发展林下种植养殖等林下经济，推动现代山地高效农业持续稳定发展。必须提高农民组织化程度，盘活村资源要素，推广"龙头企业＋合作社＋农户"组织方式，降低风险。实现小农户与大市场的有效对接。强化发展要素保障，破除妨碍城乡要素自由流动和平等交换的壁垒，促进东部地区各类要素更多地向西部巩固拓展脱贫攻坚成果地区流动，以真金白银投入，把更多资源和力量下沉到农村，建立城乡融合发展体制机制，进一步提高基本公共服务均等化水平，让农业成为有奔头的产业，让农民成为有吸引力的职业，让农村成为安居乐业的美丽家园。学习和借鉴东部地区旅游开发先进经验，开发和利用西部地区原生态民族文化和生态环境，大力发展乡村旅游产业。坚持在开发中保护，在保护中开发，用好用活得天独厚的自然遗产、独一无二的人文遗产、独具风情的民俗文化，把生态优势转化为经济优势。坚持以农耕文化为魂、以田园风光为韵、以村落民宅为形、以民族风情为基，科学搞好设计，走好特色化、精品化、差异化的旅游发展路子。深入推进"农文旅一体化"，探索"农业＋旅游""农业＋文创""农业＋康养"等模式，着力推进农业生产和文化、旅游、康养等互联互通，建成农村一、二、三产业融合发展的田园综合体。

二是东西部扶贫协作要在增加群众收入上做加法。以东西部扶贫协作为契机，积极与对口帮扶城市企业对接用工需求，精准匹配劳动力与企业岗位，同步实现"人找岗位"和"岗位找人"，积极推行一对一、点对点、一站式就业服务，既有效解决群众务工难题，又大力缓解企业用工难的问题，实现双赢的结果。用好国家、省州出台的系列创业优惠政策，落实好脱贫脱困劳动力创业担保贷款、补助等政策，对于稳定经营的，按照一定的标准和要求给予创业补贴，进一步激发群众内生动力，鼓励更多群众自主创业实现脱贫致富。通过稳定就业，缩小城乡居民生活水平差距。坚持把"富口袋"与"富脑袋"结合起来，继续坚持互派干部挂职、东部地区选派专业人才到西部地区帮助工作，促进观念互通、思路互动、技术互学、作风互鉴，把东部地区先进的理念、人才、技术、经验等传播到西部地区，促进西部地区干部群众进一步解放思想，开阔眼界，创新思路。

三是东西部扶贫协作要在建设美丽乡村上见实效。东西部扶贫协作优势资源要继续向农村倾斜，加大农村基础设施的投入，特别是公路、医疗卫生、乡村公厕、垃圾处理等设施，加快农村"华丽转身"的步伐。传承发展提升农村优秀传统文化，切实保护和传承好"侗族大歌""苗族飞歌"、农村蜡染刺绣、民族服饰银饰等黔东南非物质文化遗产，弘扬具有浓厚少数民族文化色彩的"苗年""侗年""苗族姊妹节""萨玛节"等少数民族节庆文化，丰富农民精神文化生活，滋养乡风文明。开展农村移风易俗行动，弘扬尊老爱幼、男女平等、夫妻和睦、勤俭持家、邻里团结的家庭美德，坚决整治农村赌博、高额彩礼、滥办酒席等不正之风，塑造新时代乡村文明新风尚。借鉴杭州市乡村治理成功模式，建立健全农村公共产品供给决策、农村公共产品投入、农村组织管理等体制机制，助力乡村治理现代化。

四、加快融入粤港澳大湾区"桥头堡"建设

在东西部扶贫协作的助力下，黔东南州全部贫困县现已实现脱贫摘帽。2021年，根据国家新阶段东西部协作工作部署和粤、黔两省工作安排，佛山市接棒杭州市帮扶黔东南州15个脱贫县，山海协作迎来崭新开始。下一步，需要进一步创新东西部扶贫协作机制，坚持和提升已有的好机制、好办法，抢抓佛山市结对帮扶黔东南州的历史新机遇，以产业协作、劳务协作、消费协作、人才交流和乡村振兴协作为重点，推动巩固拓展脱贫攻坚成果同乡村振兴有效衔接，着力解决好相对贫困问题，加快实现乡村全面振兴。

打造"贵人服务"升级版，推进政务服务与粤港澳大湾区政策互联互通，与佛山等地签订跨省通办合作协议，打造对标粤港澳大湾区营商环境先行区。对接推动佛山市到黔东南州建立劳务就业工作机构。推动佛山市各区县到黔东南州建立劳务就业工作机构，全方位、精细化满足东部相应地区对劳动力的需求，动员、引导脱贫脱困劳动力到佛山等东部地区就业，进一步提高黔东南州劳务输出就业组织化程度。从劳务就业人员中选出劳务经纪人，建立劳务经纪人队伍。劳务经纪人经常性与用工单位联系对接，实时掌握招工信息，通过进村入户、进家见人、面对面的交流或利用本村微信群发布信息等方式宣传推荐就业岗位，借助"亲传亲、友传友"口碑模式，带动黔东南州劳动力到东部地区稳定就业。两地人社部门建立定期交流机制。黔东南州人社部门积极与佛山市人社部门及用工企业建立定期交流互访机制，保障外出就业人员稳定增收。

产业融湾不仅是"桥头堡"向粤港澳大湾区的对接融入,也是县域生态经济品牌输出的机遇。建立产业分工差异化发展机制,进一步深化园区产业共建,借力厦蓉高速和贵广高铁交通便利,引导产业梯度转移,创新"佛山企业+黔东南资源""佛山市场+黔东南产品""佛山总部+黔东南基地""佛山研发+黔东南制造"等合作模式,全面对接粤港澳大湾区战略规划,鼓励和引导更多佛山企业到黔东南州投资兴业、发展产业、吸纳就业,承接粤港澳大湾区产业转移,实现互利共赢。建立东西部扶贫协作产业发展基金,专门用于引导东西部市场主体融合互动发展,推动双方市场主体通力协作,拓展产业合作领域,加快推进佛山—黔东南东西部协作产业园建设,促进黔东南州产业转型升级。分别在佛山市及黔东南州建立双方特色产品展销平台,促进双方商品顺畅销售和消费。发挥粤港澳大湾区优势,创建粤港澳大湾区"菜篮子"生产基地,开展农特产品展示展销,提升黔东南州农村电商水平,拓展线上、打通线下,持续打造"苗侗山珍"品牌,促进更多"黔货出山"。

不断加深黔东南州与粤港澳大湾区的合作交流,制定黔东南州重点人才"蓄水池"管理办法,开展"黔东南突出贡献人才奖"评选。持续深化组团式帮扶、"一对一"帮扶、师资培训、校企结合,推进佛山市教育组团式帮扶向学前教育和职业教育拓展,医疗组团式帮扶向乡镇卫生院、援建卫生室延伸,为黔东南州培养更多教育医疗专家人才。建立协作干部激励机制。探索建立东西部扶贫协作挂职干部激励机制,对到对方挂职相应时间并且业绩评价结果优异的干部,在干部选拔任用中优先考虑;对对方提供技术服务的专业技术人才,在从事技术工作中成绩优异的,优先晋升职称,优先聘任岗位。通过树立强烈的激励导向,鼓励挂职干部干事创业。选派基层党组织、村集体经济合作组织等负责人赴佛山市考察学习或挂职锻炼,帮助黔东南州基层党组织和经济组织提高抓产业、抓治理、抓发展的能力。

设立"桥头堡"基金,佛黔共建园区,围绕主导产业开展大招商,投放产业项目。以打造粤港澳大湾区旅游康养"后花园"为目标,聚焦资源抓景区提升,聚焦客源抓旅游推介,聚焦服务抓旅游环境。开通粤港澳大湾区游客打卡黔东南"桥头堡专列",推动旅游"特意性"与"随意性"相结合,实现综合实力、经济效益两大提升。建立景区景点结对协作机制,加强佛山市和黔东南州旅游景区协作交流,扩大两地旅游规模,共建一批"农文旅"一体化的乡村旅游示范区和养生健康小镇，培育旅游示范村，建设田园综合体，打造乡村旅游线路，串点成线、连线成面，加快形成多点支撑、全域延伸的乡村旅游格局。建立旅游市场主体结对协作机制。加强文化旅游合作，通过旅游市场主体积极互动，引导佛山市文旅企业、民宿协会等到黔东南州开展旅游开发和项目合作，帮助提升旅游接待能力和水平。鼓励和引导佛山市文创企业与黔东南州合作，帮助深入挖掘和传承民族文化，打造一批民族特色文化品牌，推动民族文化与时尚创意融合，协同开发新兴的文创产品。

黔东南州与佛山市建立了"对接会商机制"，以加强工作对接，成立了"桥头堡"工作领导小组，用好州领导联系服务重大项目工作机制，对接会商、开展服务督导，对重点项目进行动态调整，开展督促落实。完善配套考核机制，探索健全一整套相应的、量化的、具有可操作性的考核机制，优化考核结构，突出协作成效导向，推动机制创新取得实实在在的效果。进一步加大东西部扶贫协作考核结果在年度考核中的比重，进一步强化考核的激励、约束和导向作用，确保考核结果的运用，以考核结果运用倒逼工作开展。以各市（县）为单位，认真总结扶贫协作成果经验，提炼可推广、适用性强的帮扶机制，以机制创新推动工作开展。

第六章　黔东南县域经济发展现状

近年来，黔东南州守好发展和生态两条底线，坚持围绕"四新"主攻"四化"主战略，全面深化改革开放创新，县域经济发展取得显著成效，整体实力、县域产业、城镇化水平不断提升，实现了县县通高速、村村通硬化路、村村通 5G 网络，黔东南县域工业综合实力持续提升，人民群众的获得感、幸福感、安全感不断增强。

第一节　黔东南县域总体现状

黔东南州是 2023 年全国范围内的热门网红城市之一，"村超"及"村BA"的火爆程度超乎想象，甚至走上了世界舞台，这也带动了黔东南州旅游业的强势大涨。2023 年，黔东南州游客接待量 7 879.45 万人次，同比增长 25.75%；旅游收入 875.82 亿元，同比增长 37.01%。县域是推动区域高质量发展的重要引擎。对黔东南来说，高质量发展的基础在县域，潜力也在县域。要推进以县城为重要载体的城镇化建设，强化县域空间管控和城乡一体化发展，优化城乡规划，加快释放新型城镇化内需潜力。

一、地区生产总值

在本书中，地区生产总值简称 DGDP，是衡量一个地区经济发展水平的重要指标。但它也有一定的局限性，不能反映经济增长的效率和质量。如果只注重经济增长，而不顾环境污染、生态破坏，经济将难以实现持续增长。所以，我们应该正确看待 DGDP，不能片面追求经济增长。黔东南州历年来地区生产总量也都在逐年上升，2022 年全州生产总值 1 293.08 亿元，比 2021 年增长 2.3%，两年平均增长 3.7%。一、二、三产业对经济增长的贡献率分别为 32.0%、39.5% 和 28.5%。全年全州人均地区生产总值 34 613 元，增长 2.7%。2000 年，黔东南州地区生产总值为 76.58 亿元，2003 年突破 100 亿元，2018 年突破 1 000 亿元。具体如表 6-1 所示。2012 年 1 月 12 日，国务院印发《国务院关于进一步促进贵州经济社会又好又快发展的若干意见》（国发〔2012〕2 号），大力支持贵州发展，黔东南州地区生产总值当年得到迅速增长。2016 年，贵州省委常委会通过实施"旅游+"，把黔东南建设成国内外知名民族文化旅行目的地后，黔东南地区生产总值接近 800 亿元。

黔东南立足生态资源优势，实施工业强州战略，建成 10 个省级经济开发区，四大工业园区逐渐成形，一大批主导产业集聚，龙头企业不断壮大，新兴产业快速发展。同时，利用黔东南的青山绿水，大力推动生态农业产业化发展，"农业+"不断融合，精品农业、山地特色农业做精做强，推出雷山银球茶、麻江蓝莓、施秉太子参等一批高品质特色农产品，做足土特产文章，推动农产品精深加工加快发展，着力提升一、二、三产业融合发展质效。随着收入水平的提高，旅游产业发展迅速，黔东南积极推出以"村 BA""村超"为核心的旅游线路产品，集中力量打造"黔东南·好好玩"文旅核心 IP 品牌。持续推动千户苗寨、镇远古镇等加快景区提质扩容建设，持续完善旅游交通、通信、餐饮等配套服务设施，打造中国乡村旅游 1 号公路沿线精品民宿产业带和黔东南"生态山居"民宿公共品牌，推动星级酒店、精品民宿品牌化发展，持续提升服务接待能力。以旅游为契机，实现农文旅融合，持续打造农特产品品牌，围绕农特产品品种、品牌，大力发展中药材、精品水果、商品蔬菜、油茶、茶叶、稻鱼六大产业①，进一步激发乡村振兴新活力。"村 BA""村超"持续火爆，文体旅三产融合不断发展，顺势而为，黔东南扎实推进和美乡村建设，以"四在农家（富在农家、学在农家、乐在农家、美在农家）·和美乡村"为载体，持续改善农村人居环境，发展农村富民产业，黔东南乡村和美、村民富足、产业兴旺，开启了全面推进乡村振兴的新篇章。从 DGDP 数据来看，2000 年黔东南 DGDP76.58 亿元，2012 年黔东南 DGDP473.84 亿元，2022 年黔东南 DGDP 接近 1 300 亿元，是 2000 年的 16.8 倍，是 2012 年的 2.7 倍，实现了跨越式发展。具体数据见表 6-1 所示。

---

① 杨正海. 苗乡侗寨活力四射 [J]. 当代贵州，2024（10）：73-74.

表 6-1　2000—2022 年黔东南州地区生产总值　　单位：亿元

年份	地区生产总值	年份	地区生产总值
2000	76.58	2012	473.84
2001	86.69	2013	561.16
2002	95.45	2014	643.25
2003	107.33	2015	734.22
2004	121.00	2016	792.92
2005	136.12	2017	904.15
2006	154.08	2018	1 023.89
2007	193.32	2019	1 123.04
2008	239.38	2020	1 195.69
2009	260.12	2021	1 248.92
2010	305.89	2022	1 293.08
2011	378.58		

数据来源：2022 年黔东南州统计年鉴。

从 16 个市（县）来看，各市（县）均实现了增长，但差异较为明显，具体如表 6-2 所示。2012—2021 年，全州 16 个市（县）生产总值均实现了稳步增长。2012 年排前三名的是：凯里市（115.83 亿元）、黎平县（36.19 亿元）、天柱县（34.32 亿元）；2015 年，黎平县、天柱县生产总值突破 50 亿元大关，全州排前三名的为：凯里市（182.7 亿元）、黎平县（59.4 亿元）、天柱县（52.22 亿元）；2016 年，榕江县生产总值也突破 50 亿元大关，达 52.33 亿元；2017 年，全州突破 50 亿元地区生产总值的市（县）增加，凯里市突破 200 亿达 217.45 亿元，黎平县 74.37 亿元，天柱县 64.42 亿元，榕江县 60.74 亿元，从江县 54.67 亿元，黄平县 51.44 亿元，镇远县 51.3 亿元。2021 年，黎平县地区生产总值也突破了 100 亿元大关，全州突破 50 亿元地区生产总值的市（县）大幅度增加，达到 11 个。

表 6-2　2012—2021 年黔东南州下辖各市（县）生产总值

单位：亿元

区域	2012 年	2013 年	2014 年	2015 年	2016 年	2017 年	2018 年	2019 年	2020 年	2021 年
凯里市	115.83	137.65	161.96	182.7	197.36	217.45	240.83	271.92	282.75	295.41
黄平县	23.73	29.91	34.82	40.29	43.93	51.44	57.31	65.05	69.59	72.67
施秉县	16.15	18.9	21.21	24.34	25.67	30.03	33.58	33.5	36.67	39.78
三穗县	18.76	22.24	26.24	29.66	31.73	37.08	44.14	47.06	51.33	54.2
镇远县	27.64	32.07	36.55	40.95	44.42	51.3	57.19	58.59	61.93	67.02
岑巩县	25.15	29.49	33.3	37.6	40.67	46.3	51.56	55.54	60.21	62.78
天柱县	34.32	40.09	46.21	52.22	56.59	64.42	70.96	76.89	81.83	87.31
锦屏县	25.61	30.36	34.36	38.14	40.97	44.92	50.79	56.59	59.94	60.12
剑河县	20.82	25.24	28.99	32.15	34.61	40.82	47.46	54.82	59.79	62.35
台江县	20.78	23.78	26.22	27.29	29.77	34.01	40.06	42.56	45.56	40.79
黎平县	36.19	42.66	49.6	59.4	64.1	74.37	86.01	92.47	98.62	103.85
榕江县	30.16	35.36	40.14	48.23	52.33	60.74	70.51	79.13	84.91	89.9
从江县	26.54	31.13	36.06	42.99	46.91	54.67	62.74	68.46	73.96	80.62
雷山县	15.79	18.71	21.67	24.62	26.41	31.12	36.14	40.37	42.64	46.22
麻江县	19.59	23.34	22.7	26.81	28.47	32.86	37.79	40.94	44.15	47.12
丹寨县	16.79	20.21	23.2	26.83	28.97	32.61	36.83	39.14	41.84	44.9

数据来源：2022 年黔东南州统计年鉴。

二、地区生产总值增速

DGDP 增长速度可以反映地区经济的增长情况。DGDP 增长速度用公式表示为：DGDP 增长速度＝报告期可比价 DGDP/基期可比价 DGDP×100%-100%。2012—2021 年黔东南州下辖各市（县）DGDP 增速如表 6-3 所示。

表 6-3　2012—2021 年黔东南州下辖各市（县）地区生产总值增速

单位:%

区域	2012 年	2013 年	2014 年	2015 年	2016 年	2017 年	2018 年	2019 年	2020 年	2021 年
凯里市	14.5	12.6	12.1	12.8	12.6	0.1	3.6	11	3	4.6
黄平县	14	13.7	10.6	8.9	10.9	6.6	5.7	11.9	4.6	4.8
施秉县	14.8	12.5	9.7	7.8	10.4	4.9	4.8	-1.9	6.7	8.7
三穗县	14.5	13.4	11.4	10.5	12.7	5.8	10.4	5	6.8	5.9

表6-3（续）

区域	2012 年	2013 年	2014 年	2015 年	2016 年	2017 年	2018 年	2019 年	2020 年	2021 年
镇远县	14.1	12.3	11.1	10	11.7	5	5.9	1.7	3.1	8.3
岑巩县	13.6	13.4	11.2	10.2	11.7	4	5.9	7	6.4	4.4
天柱县	12.7	12.9	11.1	9.9	10.8	4.4	4.7	7.6	3.9	6.8
锦屏县	12.2	15.2	11.7	9.8	10.7	1.3	6.8	10.5	4.3	0.4
剑河县	14.7	14.7	8.9	8.1	10.6	5.9	10.8	13.8	6.9	4.5
台江县	14	12.7	10.2	6.5	11.5	6.4	12.3	5.3	5.6	-9.9
黎平县	13.2	11.8	9.5	11.2	13.5	5	6.7	6.5	4.5	5.6
榕江县	13.9	12	9.6	11.9	11	6.4	8.9	11	5	6.2
从江县	12.5	11.7	10.1	11.6	11.8	5.7	8.2	7.8	5.7	9.4
雷山县	12.6	12.1	8	5.7	12.2	7.2	7.9	10.3	3.7	8.7
麻江县	11.6	13.3	7	10.6	10.5	4.8	7.5	7.3	5.6	7
丹寨县	15.4	13.8	10.3	9.5	11.6	3.9	4.5	5.3	4.7	7.7

数据来源：2022 年黔东南州统计年鉴。

党的十八大以来，面对世界百年未有之大变局加速演进和疫情冲击带来的国内外发展环境的深刻复杂变化，黔东南州团结奋进、众志成城，经济发展实现了质的飞跃，与全省全国同步打赢了脱贫攻坚战，全面建成小康社会，开启全面建设社会主义现代化国家新征程，经济高质量发展取得实效，各项事业稳步前进。全州人均 DGDP 在 2015 年、2019 年先后突破 2 万元、3 万元大关，2022 年人均 DGDP 达到 34 613 元，比 2012 年增加 21 237 元，是 2012 年的 2.59 倍，年均增长 15.9%。2012—2016 年，全州各市（县）地区生产总值增速均较高，平均保持在 9% 以上，最高增速达到 15.9%，其中，凯里市连续 5 年保持 12% 以上的增速。2017—2021 年，全州各市（县）地区生产总值增速开始下降，进入低速增长阶段，仅有三穗县、榕江县、从江县地区生产总值增速连续 5 年保持在 5% 以上。

从黔东南州各市（县）人均地区生产总值来看，2012 年，凯里市人均地区生产总值达到 2 万元以上，有 12 个市（县）人均地区生产总值达到 1 万元以上；2013 年，全州 16 个市（县）人均地区生产总值全部突破 1 万元，凯里市、台江县人均地区生产总值达到 2 万元以上；2014 年，人均地区生产总值达到 2 万元以上的有 4 个市（县），分别是凯里市、台江县、岑巩县、锦屏县；2015 年，人均地区生产总值达到 2 万元以上的市（县）有 8 个；2016 年，凯里市人均地区生产总值突破 3 万元；2018 年，人均地区生产总值达到3万元以上的市（县）有5个，分别是凯里市、台江县、岑巩县、锦屏县、麻江县；2020年，凯里市人均地区生产总值达到4万元。具体如表6-4所示。

表6-4　2012—2021年黔东南州下辖各市（县）人均地区生产总值

单位：元

区域	2012年	2013年	2014年	2015年	2016年	2017年	2018年	2019年	2020年	2021年
凯里市	22 639	25 780	27 979	29 448	30 971	32 735	35 070	39 055	40 091	41 419
黄平县	9 053	11 459	13 413	15 635	17 176	20 345	22 965	26 269	28 348	29 893
施秉县	12 355	14 469	16 267	18 740	19 837	23 303	26 231	26 348	29 055	31 811
三穗县	11 872	13 964	16 374	18 424	19 621	22 851	27 183	28 918	31 505	33 427
镇远县	13 607	15 847	18 158	20 485	22 379	26 076	29 394	30 388	32 438	35 468
岑巩县	15 319	17 830	20 016	22 512	24 250	27 500	30 586	32 920	35 692	37 430
天柱县	12 838	14 894	17 072	19 221	20 752	23 558	25 945	28 083	29 878	32 045
锦屏县	16 402	19 376	21 885	24 284	26 079	28 668	32 563	36 313	38 538	38 888
剑河县	11 370	13 676	15 612	17 237	18 473	21 797	25 380	29 193	31 729	33 211
台江县	18 127	20 483	22 339	23 035	24 900	28 487	33 580	35 215	37 247	33 319
黎平县	9 110	10 645	12 286	14 634	15 705	18 109	20 878	22 406	23 877	25 267
榕江县	10 389	12 093	13 651	16 341	17 660	20 435	23 710	26 575	28 508	30 338
从江县	8 951	10 385	11 914	14 097	15 265	17 680	20 207	21 932	23 589	25 794
雷山县	13 250	15 545	17 860	20 154	21 484	25 161	29 120	32 416	34 146	37 164
麻江县	12 034	14 646	17 023	24 181	24 840	27 816	31 093	32 643	34 140	36 079
丹寨县	13 360	15 826	17 910	20 455	21 808	24 230	27 088	28 531	30 252	32 519

数据来源：2022年黔东南州统计年鉴。

2022年，黔东南工业发展取得显著成效。工业战略性新兴产业蓬勃发展，总产值占工业总产值的比重达10.9%，风力发电实现了从无到有的突破，当年发电量高达23.11亿千瓦时。在产业布局方面，基础材料、新型建材、生态特色食品作为州级主导产业，不断发展壮大，同时各市（县）主导产业与特色产业也初步成型。例如，台江新能源动力电池产业发展势头迅猛，镇远大数据电子信息产业逐步兴起，炉碧经济开发区玻璃产业也在稳步发展。在园区建设上，全州15个工业园区（包含10个省级工业园区）基础设施建设基本实现"七通一平"（通道路、通水、通电、通气、通讯、通排水、通热力以及场地平整）以上标准，天柱化工园区成功创建省级化工园区，炉碧经济开发区更是被纳入国家级经济开发区培育对象，为工业发展搭建了坚实的平台，有力地推动了黔东南工业经济的高质量发展。

第二节 黔东南农业发展现状

一、农林牧渔业产值增加

黔东南地处云贵高原，多山多水，山地特色高效农业发展显著。2022年，全州农林牧渔业增加值286.70亿元，比2021年增长3.7%；全州农林牧渔业总产值477.07亿元，比2021年增长4.0%。从黔东南州下辖各市（县）2021年农林牧渔业总产值来看，全州合计4 555 949万元，黎平县最高，为442 868万元，黄平县、天柱县、从江县都超过了40亿元。分行业来看，全州农业总产值2 639 824万元，黄平县产值最高，为287 226万元；全州林业总产值749 638万元，黎平县产值最高，为117 973万元；全州牧业总产值853 172万元，黎平县产值最高，为82 552万元；全州渔业总产值112 541万元，锦屏县产值最高，为12 544万元；全州农林牧渔服务业总产值200 774万元，岑巩县产值最高，为27 675万元。具体如表6-5所示。

表6-5　2021年黔东南州下辖各市（县）农林牧渔业总产值

单位：万元

区域	合计	农业	林业	牧业	渔业	农林牧渔服务业
全州	4 555 949	2 639 824	749 638	853 172	112 541	200 774
凯里市	371 106	264 283	9 189	72 920	7 966	16 748
黄平县	412 823	287 226	36 704	66 675	5 665	16 553
施秉县	204 663	134 989	18 732	39 272	3 839	7 831
三穗县	201 639	120 443	25 374	41 295	5 310	9 217
镇远县	297 067	177 765	45 351	58 905	6 290	8 756
岑巩县	227 601	123 681	22 248	48 010	5 987	27 675
天柱县	404 965	221 299	82 828	76 715	10 097	14 026
锦屏县	194 332	92 607	47 845	32 860	12 544	8 476
剑河县	265 455	147 320	50 570	50 070	9 970	7 525
台江县	171 271	85 444	40 053	33 648	5 002	7 124

表6-5(续)

区域	合计	农业	林业	牧业	渔业	农林牧渔服务业
黎平县	442 868	217 074	117 973	82 552	10 734	14 535
榕江县	388 718	203 861	95 253	68 392	10 129	11 083
从江县	405 228	210 994	99 206	70 837	9 319	14 872
雷山县	176 196	121 055	15 106	31 175	2 422	6 438
麻江县	212 695	131 923	10 837	46 322	3 184	20 429
丹寨县	179 322	99 860	32 369	33 524	4 083	9 486

数据来源：2022年黔东南州统计年鉴。

近年来，黔东南州持续巩固提升特色优势农业产业。通过大力推进"6个100万"① 提升工程和跨县域农业主导产业等有力举措，积极推动农业特色优势产业高质量发展。黔东南州大力发展特色农业、绿色农业和品牌农业，积极推进农业产业结构多元化、优质化和绿色化，同时，大力提升重要农产品保障能力并构建和完善粮食应急体系，全力优化现代山地特色高效农业产业体系。为加强农产品产销对接，黔东南州在积极组织参加展会，加速"桥头堡"特色农产品基地建设的同时，抢抓数字经济发展机遇，不断拓展销售市场和营销新渠道。

州政府抢抓数字经济发展机遇，选准"新媒体+"产业赛道，发展短视频、直播电商、线上营销等新业态，培育出上万个新媒体账号赋能特色产业发展，让手机变成"新农具"，数据变成"新农资"，直播变成"新农活"，为全面推进乡村振兴注入新活力。州政府印发了《黔东南州新媒体电商"三新农"助力乡村振兴工作实施方案》，组织电商企业、网红主播等参加省级直播、跨境电商培训，实施直播人才"千人行动""万人计划"培育工程，将非遗传承人、留守妇女、返乡创业青年、职业培训学生等群体吸纳成为"村寨代言人"，初步构建"县县有主播，天天开直播"的网红直播体系。同时，通过实施农产品质量品牌提升行动、农产品加工业提质增效行动等推动现代化农业经营体系高效落地。

---

① 黔东南州人民政府办公室关于印发黔东南州"6个100万"绿色生态现代农业工程实施意见的通知[EB/OL].（2015-01-16）[2025-03-22].https://www.qdn.gov.cn/zwgk_5871642/zfxxgk_5871649/fdzdgknr_5871652/lzyj/gfxwj_5871658/zfbf_5871661/202109/t20210929_70664409.html.

二、粮食生产高质量发展

从黔东南州下辖各市（县）2021年粮食产量来看，全州2014年粮食总产量115.27万吨，2021年增长到133.73万吨。其中，黎平县的粮食产量最高，为16.23万吨；黄平县次之，为12.15万吨。具体如表6-6所示。

表6-6 2014—2021年黔东南州下辖各市（县）粮食产量

单位：万吨

区域	2014年	2015年	2016年	2017年	2018年	2019年	2020年	2021年
全州	115.27	120.08	127.37	125.5	125.92	126.61	127.16	133.73
凯里市	8.49	8.7	9.42	9.43	8.85	8.76	8.78	9.03
黄平县	9.61	9.89	11.2	11.04	11.4	11.71	11.76	12.15
施秉县	4.4	4.53	5.16	5.13	5.3	5.38	5.42	5.74
三穗县	6.17	6.47	6.15	6.1	5.58	5.8	5.83	6.17
镇远县	7.75	8.02	8.35	8.19	8.5	8.72	8.79	9.28
岑巩县	6.39	6.64	8.16	7.9	7.8	8.09	8.16	8.59
天柱县	11.59	12.2	10.47	10.15	10.11	10.67	10.69	11.2
锦屏县	5.6	5.85	6.8	6.52	6.33	6.35	6.37	6.77
剑河县	4.42	4.46	5	4.99	5.47	5.69	5.7	6.01
台江县	4.37	4.6	4.97	4.99	4.95	4.62	4.64	4.93
黎平县	13.56	14.29	14.88	14.85	14.85	15.34	15.39	16.23
榕江县	8.36	8.81	9.73	9.67	9.2	8.69	8.72	9.16
从江县	11.79	12.51	12.43	12.1	12.69	12.21	12.26	12.9
雷山县	4.14	4.04	4.32	4.27	4.46	4.45	4.46	4.73
麻江县	4.96	5.32	6.32	6.18	6.35	5.77	5.82	6.23
丹寨县	3.66	3.74	4.02	3.96	4.08	4.37	4.38	4.61

数据来源：2022年黔东南州统计年鉴。

为持续发展山地高效特色农业，黔东南州不断推进农业转型升级，在坝区流转土地实施农业规模化种植，提高农业生产效率，提升农业现代化水平。2022年，全州粮食种植面积408.11万亩，比2021年增加0.31万亩，增长0.1%；全州粮食总产量136.91万吨，比2021年增加3.21万吨，增长2.4%。其中，夏粮产量16.67万吨，比2021年增长1.9%；秋粮产量

120.24 万吨，增长 2.5%。黔东南州以示范点为引领，整合技术和人才资源，通过示范创新、技术创新、种植模式创新、社会化服务创新，推进蓝莓、天麻等单品规模化突破，通过稳定面积、提高单位面积产量的形式，确保了粮食安全，助力粮食高质量发展，农村居民收入实现新跨越。各市（县）依托主导产业，引进农业龙头企业，大力发展村集体合作社，持续推进"龙头企业+专业合作社+农户""龙头企业+专业合作社+供销社+信用社+农户""专业合作社+供销社+信用社+农户""龙头企业+农户""专业合作社+农户"发展模式，建立龙头企业、合作社、信用社、供销社与农户的利益联结机制，带动农户增收致富。

岑巩县宝园种植专业合作社成立于 2012 年。合作社通过流转土地，采用无性良种茶苗共建茶园 950 亩，主要分布在天马镇细山村、苗落村。2022 年上半年茶叶总产量 32.6 吨，茶叶总产值 157 万元。合作社采取统一技术措施、统一采购投入品、分户进行管理、统一收购鲜叶方式进行运作，与成员农户形成利益共同体。2018 年开始，合作社在县农业部门的指导下，充分利用良好的生态环境优势，实施有机茶生产管理技术，并于 2019 年 1 月获得有机转换认证。合作社在县农业部门的指导下，认真落实有机茶生产技术要求，切实保障茶叶质量安全。合作社利用县扶贫资金 50 万元及自筹资金成立贵州省黔东南州岑巩县黔凝香茶业有限公司负责茶叶加工销售，已建成茶叶加工厂 1 座，年加工能力 150 吨，解决了茶叶种植户的茶叶加工问题，形成了"公司+合作社+农户"的产业发展模式。合作社茶叶生产为当地农户带来了大量的劳务收入。

麻江县坝芒乡水城村种植养殖农民专业合作社，依托合作社选举产生由 27 名党员组成的党支部引领合作社发展，村党支部书记兼任村合作社理事长，村党支部副书记兼任村合作社理事，村务监督委员会主任兼任合作社执行监事，实行村"两委"班子与村合作社管理层交叉任职，不断优化"党支部+合作社+农户"模式。通过支部引领，采取"反包到村"的模式，由村委会或合作社牵头流转、统筹安排，充分发挥土地资源优势，积极引进经营主体，发展各项产业，农户年终获取分红。合作社立足水城村面积大、海拔高、气候冷凉的特点，为把产业做实、做精、做大、做强，指导合作社成立土地流转、引进大户、资金保障、销售对接等 7 个专班，先后开展蔬菜种植、蛋鸡养殖、养蜂等产业。2022 年，根据产业发展需要，重点开展 2 000 余亩坝区蔬菜（黄瓜、青棒豆、茄子、西红柿、毛节瓜）种植，为贵阳、凯里、都匀等周边城市提供"菜篮子"保障，多数直接销往重庆、广东等地，销售渠道畅通，打响了坝芒乡农产品的绿色生态招牌，极大地带动了当地老百姓发展蔬菜种植产业的积极性。带动农户参与蔬菜种植达296户489人，其中脱贫脱困户135户233人。为帮助群众提高收益，支部建立了脱贫脱困户与实体企业的利益联结机制，优先聘请脱贫脱困户到村集体经济项目或企业务工。2022年，坝区产业务工人员人均月增收2 000元以上，实现了农民增收、产业致富的目标。

从黔东南州下辖各市（县）2021年农业生产主要指标人均数来看，全州人均产值为11 871元，施秉县的人均农业总产值最高，为19 266元；全州人均粮食产量348.5千克，镇远县人均产量最高，为532.5千克；人均肉类产量45.3千克，岑巩县人均产量最高，为54.6千克；人均水产品产量15.3千克，锦屏县人均产量最高，为30.6千克；人均水果产量170.7千克，施秉县人均产量最高，为827.4千克。具体如表6-7所示。

表6-7 2021年黔东南州下辖市（县）农业生产主要指标人均数

区域	人均农业总产值/元	人均粮食产量/千克	人均肉类产量/千克	人均水产品产量/千克	人均水果产量/千克
全州	11 871	348.5	45.3	15.3	170.7
凯里市	9 826	239	41.3	10	129
黄平县	11 564	340.5	29.1	9.2	66.3
施秉县	19 266	540	50.1	18.3	827.4
三穗县	10 531	322.3	46.5	15.4	283.3
镇远县	17 044	532.5	51.6	17.4	322.2
岑巩县	10 757	406	54.6	15.2	386.5
天柱县	11 313	312.9	53.2	15	102.1
锦屏县	9 283	323.3	33.3	30.6	151.1
剑河县	10 768	243.6	45.7	18.6	66.4
台江县	11 416	328.7	44.9	18.1	177.8
黎平县	10 407	381.5	41	12.3	52.5
榕江县	14 477	341.3	36.5	18.8	245.9
从江县	12 469	396.8	38.1	15	162.8

表6-7(续)

区域	人均农业总产值/元	人均粮食产量/千克	人均肉类产量/千克	人均水产品产量/千克	人均水果产量/千克
雷山县	13 062	350.9	44.3	13.3	104
麻江县	14 313	419.2	84	13.9	188.4
丹寨县	11 715	301.2	72.4	15.5	53.2

数据来源：2022年黔东南州统计年鉴。

　　培育打造现代农业产业园区，麻江县成功申报国家级现代农业产业园，带动麻江县、施秉县、凯里市等地区农业快速发展。为了提高知名度和品牌影响力，黔东南州政府成立"苗侗山珍"区域品牌，实现农产品抱团发展，销售额大幅提高。同时，各市（县）加强与贵州大学、湖南大学、凯里学院等高校的产学研合作，推进种质资源库建设，进行种子培育工程，培育优良品种。各市（县）依托农村信用合作社的资金，联合供销社，开展第三方农业服务，提升农机装备应用水平和社会化服务能力。

　　为确保农户得到更多收益，发展粮食循环经济，促进农村一、二、三产业融合发展，稻鱼共作、观光农业等成为产业增效、农民增收的新亮点。从江县深挖"从江侗乡稻鱼鸭复合系统"重要农业文化遗产价值，打造稻作文化旅游精品；丹寨县依托农耕文化推出"幸福稻丹寨"等活动，推进全州粮食生产从单一种植向一、二、三产业融合转变，让农户得到更多收益，为乡村振兴打下更坚实的基础。2022年，黔东南农作物生产呈现出丰富多样且各市（县）差异显著的特点。从全州总量视角出发，作为核心粮食作物，稻谷产量达1 021 272吨，在保障粮食供应方面发挥着关键作用；玉米产量为83 151吨，亦占据一定比重。油菜籽产量87 265吨，在经济作物领域表现亮眼，为地区经济发展贡献了力量。食用菌产量53 677吨、西瓜产量158 467吨，规模可观，展现出特色农产品的发展潜力，而高粱、大豆等产量相对有限。分市（县）来看，差异更是显著。在稻谷产量上，黎平县以142 777吨的成绩遥遥领先，凸显其在稻谷种植方面得天独厚的自然条件与深厚的种植传统；丹寨县稻谷产量仅34 470吨。在玉米产量上，凯里市达12 442吨，从江县仅930吨。在油菜籽产量上，岑巩县、镇远县表现出色，天柱县仅有4吨。在烤烟产量上，施秉县居首，三穗县、台江县、雷山县则无产出。在重点农作物分布上，不同市（县）优势尽显。黎平县、榕江县、从江县等稻谷产量突出，岑巩县、镇远县、麻江县油菜籽种植优势明显，凯里市和剑河县食用菌产业颇具亮点。为进一步推动农业发展，黔东南州各市（县）需充分挖掘自身优势，精准优化农作物种植结构，促进农业生产效益与竞争力双提升，推动农业迈上高质量发展之路，助力乡村振兴战略的深入实施。具体见表6-8。

表6-8　2022年黔东南下辖各市（县）农作物主要产品产量

单位：吨

区域	稻谷	玉米	高粱	大豆	红薯	花生	油菜籽	烤烟	食用菌	西瓜
全州	1 021 272	83 151	2 568	14 224	76 335	11 698	87 265	13 966	53 677	158 467
凯里市	63 308	12 442	33	1 557	5 364	1 437	3 331	334	2 726	5 512
黄平县	92 711	8 959	374	781	5 824	685	5 618	1 794	2 870	10 516
施秉县	31 597	6 969	724	732	3 886	515	5 799	4 059	1 786	10 266
三穗县	42 862	4 852	83	650	4 890	141	2 980	0	6 306	4 021
镇远县	62 470	9 027	373	1 285	7 665	924	8 584	4 849	780	16 988
岑巩县	59 318	7 427	284	1 702	4 981	2 882	8 662	1 749	6 510	18 764
天柱县	85 003	5 439	119	843	10 027	4	8 008	247	3 212	14 893
锦屏县	47 428	3 002	25	564	3 611	24	5 228	26	3 901	7 695
剑河县	45 377	2 953	92	405	3 802	1 217	2 707	16	13 515	3 422
台江县	36 253	2 122	22	305	2 400	283	3 197		2 813	3 832
黎平县	142 777	1 208	248	654	6 881	729	9 991	9	3 909	18 731
榕江县	79 556	1 237	32	2 302	4 588	578	8 856	5	1 838	19 523
从江县	117 882	930	7	752	4 623	530	6 251	149	1 393	11 499
雷山县	34 580	2 351	121	171	2 158	43	887	0	1 442	151
麻江县	45 678	11 006	30	1 283	3 414	1 270	5 774	681	567	7 351
丹寨县	34 470	3 226	2 568	237	2 221	438	1 393	48	111	5 303

数据来源：2022年黔东南州统计年鉴。

夏粮夏油是全年粮食生产的第一季，对确保粮食安全意义重大。黔东南通过稳定面积、提高单位面积产量的形式，确保了全州的粮食安全，助力粮食生产高质量发展。全州各级政府下大力气整治"非农化""非粮化"，复垦"撂荒地"，千方百计挖掘粮食面积潜力，加大强农惠农政策的宣传和落实力度，强化监管机制，及时、足额、准确地把各项补贴发放给种粮农户，极大地调动了农民的种粮积极性。全州各级政府依托国家、省州科技特派员，组建省、州、县技术服务团队，开展技术帮扶指导。全州各级政府通过示范创新、技术创新、种植模式创新、社会化服务创新，依时令季节做好社会化服务。全州各级政府利用社会化服务，提升农机化水平，打造示范田、示范园、示范产业，发挥典型示范作用，通过示范点辐射带动农业发展。全州各级政府利用"国"字号制种基地，开展"看禾选种"活动，帮助农民看禾选种，使示范基地真正成为宣传推广新品种的重要窗口。

全州各级政府依托龙头企业、专业合作社，创建示范基地，推广生态调控、理化诱控、低毒生物化学农药配套无人机飞防等先进技术，展现了良种与良法有效配套的巨大效益，探索粮食绿色生产，集成了一批绿色高效模式，实现了粮食生产科技水平和可持续发展能力的提升。实行规范化、标准化统一作业，统一代耕、代育等，大力提高示范区效率，促进作物均衡生长。针对当前农村劳动力大量外出，通过"村级联营+合作社+大户模式"开展稻钵体湿润育秧技术，承接水稻商品化育苗订单，为周边市（县）村民提供社会化服务。全州各级政府加强分类指导，推进科学抗灾，减轻灾害影响，确保实现全年稳粮增收。全州各级政府依托贵州月亮山九芗农业有限公司、贵州省黎平县侗乡米业有限公司、贵州省榕江县粒粒香米业有限公司、丹寨县黔丹硒业有限责任公司等龙头企业，实现水稻订单种植、订单收购，好粮卖上了好价钱。

三、发展特色农业产业

黔东南州紧抓《贵州省人民政府关于支持黔东南自治州"黎从榕"打造对接融入粤港澳大湾区"桥头堡"的实施意见》和《贵州省人民政府、广东省人民政府关于建立粤黔两省更加紧密的结对帮扶关系的实施意见》政策机遇，充分发挥自然生态和民族文化两大优势，实施特色农产品基地建设工程，推进优势单品规模化突破，做好"土特产"文章，以粤港澳大湾区"菜篮子"生产基地建设为抓手，全力打造对接融入粤港澳大湾区的"桥头堡"。州委州政府按照"宜粮则粮、宜果则果"原则，推动台江县、麻江县创建国家现代农业产业园，推进山地高效特色农业产业。榕江县成功创建国家级农村产业融合发展示范园，雷山县、从江县成功创建粤黔协作现代农业产业示范园。

黔东南州立足地域资源优势，持续培育壮大特色产业，因地制宜，大力推动农业产业化发展。

凯里市立足产业实际，组建产业专班，利用凯里市中心城区的地缘优势，将水果作为主导产业，引进龙头企业，培育标杆龙头企业。同时，密切联系超市和大型供货商，将蔬菜和食用菌作为辅助产业发展，就地就近保障居民的需求。农业农村部门积极向外学习，组织专家外出调研，积极探索生态高效的现代农业发展新模式，全链条发展凯里酸汤、蓝莓等生态特色产业，开发深加工，延长产业链条，不断向一、二、三产业融合发展要效益，推动特色产业发展壮大，提升产业附加值。

麻江县蓝丰种植养殖农民专业合作社，依托麻江县十二大优势特色产业，以产业为依托、以利益为纽带、以市场为支撑，逐步走出了一条适合本地发展的产业化新路子。合作社主要提供蓝莓的产供销服务，组织采购，供应成员所需的生产资料；组织收购，销售成员及同类生产经营者生产的产品；开展成员所需的运输、贮藏、加工、包装等服务，引进新技术、新品种，开展与农业生产经营相关的技术培训、技术交流和咨询服务。在蓝莓种植方面，合作社主要采取种植有机蓝莓的方式。在施肥方面，合作社施用本地企业生产的"农丰宝"有机肥进行种植；在病虫害防治方面，主要是防治灰霉病、果蝇、刺蛾等的大面积发生，合作社采用了苦参碱喷施、糖醋液诱杀、紫光灯诱杀、黏虫板等，效果良好。杜绝施用化学农药，加大有机肥的施用量，改善蓝莓的口感和品质，提高了农产品的质量。2022年，合作社支付土地租赁费25万元，其中支付给合作社的26户脱贫脱困户土地出租收入12万元；支付务工费48万元，其中支付给脱贫脱困户务工收入22万元。这不仅解决了合作社的脱贫脱困户务工问题，同时还带动了其他村脱贫脱困户12人就业。

2022年，全州油菜籽产量8.73万吨，比2021年增长21.4%；油茶籽产量5.86万吨，比2021年增长4.4%；烤烟产量1.40万吨，比2021年下降16.8%；中药材产量33.88万吨，比2021年增长10.4%；蔬菜产量375.47万吨，比2021年增长5.5%；水果（含果用瓜）产量92.25万吨，比2021年增长5.8%。

黔东南州大力发展蔬菜、茶叶、食用菌等特色产业，做优做强精品水果、特色生猪、冷水鱼等区域特色产业，提高品牌影响力。黔东南州依托坝区生态优势和资源禀赋，积极引进优良品种和先进技术进行种植管理，引导烟农因地制宜科学种植，采取"稻+油""稻+菜""烟+菜"接茬轮作的发展方式，实现"一田多种、一地多收"。黔东南州依托丰富的森林资源优势及中医药资源优势，大力发展林下中药材，将森林资源优势转变为经济优势，涌现了如"雷山乌天麻""黎平茯苓""剑河钩藤"等具有地方特色、代表黔东南州发展水平的林下中药材品牌。

黔东南州根据实际情况进行优化区域布局和菌业结构,全力推动食用菌产业裂变式发展,让一颗颗小蘑菇成为当地特色产业,为乡村振兴提供了有力支撑。同时,不断优化村里产业结构,利用坝区资源优势,提高土地利用率和复种指数,实现"一田多种、一地多收",助力推动乡村振兴。同时,黔东南州通过《黔东南州种业振兴行动实施方案》,建设州级作物种质资源库,参与贵州省科技支撑计划"贵州山区特色优质稻新品种选育"项目,重点推进杂交稻育种创新攻坚,将技术优势转为产业发展优势。黔东南州聚焦现代山地特色高效农业,强品种、强技术、强机制,扎实筑牢科技支撑,为现代山地特色高效农业提质增效保驾护航。黔东南州大力支持种业关键技术攻关,引导、鼓励凯里学院、州农科院等州内外高校、科研院所及农业龙头企业积极开展种质资源保护与开发利用、高产示范和单位面积产量提升良种良法等技术创新。黔东南州制定了《黔东南州加强农业科技创新 促进农业高质量发展实施方案》,通过实施"十大提升行动",强化重点领域科技支撑,进一步强化全州现代山地特色高效农业的技术体系,并不断完善科技特派员服务机制。

四、茶产业快速发展

黔东南州地处低纬度、高海拔区,少日照、多云雾,土壤呈微酸性等,是适宜茶树生长的地区,优良的生态环境之下生长的茶青,提供了优质茶产品的最佳原料。茶中有林,林中有茶,造就了黔东南茶叶的叶肉肥厚、芽头粗壮,生产出的茶产品内含物丰富,具有香高馥郁、滋味醇厚、鲜爽回甘、汤色明亮、香气持久的独特品质,以银球茶、香茶、红茶、毛尖茶、绿茶等较为有名。

为全力推动茶产业高质量发展,黔东南州制定了《黔东南州6个100万提升工程茶产业行动方案(2023—2025年)》,着力围绕综合产能、产品品质、职业人才、经营主体、产业品牌、质量安全6大行动让茶园稳增长、调结构、促转型。通过开展黔东南州"第一采""双手采"培训系列活动,提高茶青下树率,掀起采茶热潮,促进茶企增效、茶农增收;优化茶园施肥、管护、加工等技术环节,持续巩固提升现有茶产业基地,促进茶园提质增效。做好茶叶文章,除了茶产品,茶叶带动的文旅产业也在蓬勃发展。茶主题民宿、茶屋、制茶工坊等产业得到延伸,许多茶园成为体验茶叶采摘、徒步露营、野餐聚会、研学采风、体验自然的好去处。截至 2023 年底，黎平县注册茶业企业 342 家，其中省州级龙头企业 34 家、规模以上企业 3 家①。雷山县茶园面积达 16.3 万亩，其中可采摘面积 14 万亩，茶叶产业覆盖全县 8 乡（镇）132 个村，涉茶茶农达 1.7 万户 7.8 万人。同时，积极组织茶叶企业外出参加茶产业博览会、展销会，极力提升雷公山茶、雷山银球茶知名度和影响力。

从黔东南州茶叶生产的整体产量来看，2022 年总产量达 21 497 吨，其中绿毛茶以 17 480 吨的产量占据主导地位，成为黔东南茶叶生产的核心品类。红毛茶产量为 1 227 吨，其他茶产量 2 790 吨，显示出除绿茶外，其他茶类也有一定程度的发展。各市（县）的产量差异比较明显。黎平县一马当先，茶叶产量高达 9 667 吨，在全州独占鳌头，是当之无愧的茶叶生产大县；紧随其后的是雷山县，产量为 6 442 吨；与之形成鲜明对比的是三穗县，仅 15 吨，天柱县仅 2 吨。这种巨大的产量落差，直观地反映出各市（县）在茶叶种植规模与生产能力上的参差不齐。再看各茶类在不同市（县）的产量分布，同样特点鲜明。在红毛茶方面，黎平县以 999 吨、雷山县以 158 吨的产量领先，众多市（县）产量为 0；在绿毛茶方面，黎平县 6 562 吨、雷山县 6 145 吨、镇远县 728 吨，均表现突出；在其他茶产量上，黎平县 2 106 吨、台江县 98 吨，在各市（县）中较为显眼。不同市（县）的茶类结构各有特色。镇远县、丹寨县茶叶生产清一色为绿毛茶；黎平县、雷山县、岑巩县等则红毛茶、绿毛茶和其他茶兼而有之，品类丰富；施秉县、锦屏县等主要聚焦于绿毛茶生产。综上所述，黔东南茶产业具备一定规模且品类多元，但各市（县）发展不平衡。为此，可强化优势产区的引领作用，增进各市（县）交流合作，进一步优化茶叶品类结构，从而提升全州茶产业的综合竞争力。具体如表 6-9 所示。

表 6-9　2022 年黔东南州下辖各市（县）茶叶生产情况

单位：吨

区域	茶叶产量	红毛茶	绿毛茶	其他茶
全州	21 497	1 227	17 480	2 790
凯里市	149	0	136	13

---

① 石伟昌.贵州黎平县春茶开园 [J].中国茶叶，2016，38（3）：34.

表6-9(续)

区域	茶叶产量	红毛茶	绿毛茶	其他茶
黄平县	53	0	13	40
施秉县	53	0	53	0
三穗县	15	0	11	4
镇远县	728	0	728	0
岑巩县	958	66	870	22
天柱县	2	0	0	2
锦屏县	9	0	9	0
剑河县	66	0	28	38
台江县	238	2	138	98
黎平县	9 667	999	6 562	2 106
榕江县	396	0	82	314
从江县	17	2	10	6
雷山县	6 442	158	6 145	139
麻江县	22	0	14	8
丹寨县	2 681	0	2 681	0

数据来源：2022年黔东南州统计年鉴。

五、养殖业快速发展

黔东南州以智慧养殖为特色，大力发展生态肉牛养殖产业，辐射带动周边企业和群众建成种养结合、农牧循环、加工销售一体的全产业链发展模式，构建黄平、镇远肉牛产业核心区，黎平、从江、榕江、岑巩、剑河、天柱肉牛产业支撑区，引领凯里、施秉、三穗、锦屏、台江、雷山、麻江、丹寨发展肉牛产业的新格局，通过出台扶持政策、龙头企业带动，不断壮大肉牛养殖产业。全州通过"小规模大群体"等发展模式，有序扩大产业规模，提升产业发展效率和经济效益，实现肉牛产业的高质量发展。公司通过与农户签订代养合同，为农户免费提供母牛饲养，统一提供技术指导，统一品种改良，统一回收犊牛，助力农户增收。

黔东南州大力推进"稻+""湖库生态渔业""冷水鱼养殖""循环水养殖"等精品产业的发展，通过品牌建设促进三产融合，推进大水面养殖渔业发展和规范管理，促进生态渔业产业落地见效。因地制宜发挥本地水资源优势，让生态渔业产业为乡村振兴赋能添翼，促进村集体经济发展，带动村民增收致富。

2021年，全州猪牛羊禽肉产量18.37万吨，比上年增长5.8%；生猪出栏142.54万头，比上年增长8.5%；牛出栏17.08万头，比上年下降1.1%；羊出栏19.83万只，比上年下降5.5%；活家禽出栏1964.19万只，比上年增长5.2%；禽蛋产量4.62万吨，比上年增长26.3%。具体数据如表6-10所示。

表6-10　2021年黔东南州下辖各市（县）畜牧业生产情况

区域	存栏				出栏			
	牛/头	猪/头	羊/只	家禽/羽	牛/头	猪/头	羊/只	家禽/羽
全州	418 397	1 225 177	294 893	12 580 045	172 710	1 313 645	209 854	18 662 507
凯里市	17 986	107 895	5 045	1 015 395	6 072	125 900	3 778	2 076 209
黄平县	32 145	92 038	9 990	726 871	14 617	73 850	7 703	1 080 739
施秉县	27 613	88 126	13 146	556 701	5 488	33 354	10 247	831 679
三穗县	21 523	47 124	15 407	821 267	7 396	61 350	13 816	1 299 257
镇远县	39 153	69 141	33 659	481 438	15 304	60 917	22 784	708 894
岑巩县	36 256	78 336	54 842	554 411	13 254	87 787	34 703	859 592
天柱县	38 174	108 116	32 522	2 008 061	12 423	125 088	27 160	3 399 303
锦屏县	10 925	36 684	2 940	477 542	3 178	57 493	2 984	783 252
剑河县	38 831	76 872	37 333	505 430	12 539	87 343	21 873	922 169
台江县	21 064	53 124	3 929	384 216	7 803	52 882	5 804	569 651
黎平县	31 781	110 116	14 985	1 008 970	22 265	135 811	13 466	1 380 969
榕江县	29 255	59 711	31 904	818 331	15 648	65 347	18 429	1 050 969
从江县	32 186	61 682	18 955	1 648 699	23 710	74 030	16 980	1 728 695
雷山县	14 190	44 843	7 588	182 334	3 212	57 294	3 347	217 681
麻江县	16 989	119 943	8 516	831 447	4 668	113 628	3 268	987 569
丹寨县	10 326	71 426	4 132	558 932	5 133	101 571	3 512	765 879

数据来源：2022年黔东南州统计年鉴。

生态家禽产业是涉及农户多、增收见效快的产业。黔东南州加大招商引资力度，引进龙头企业，不断延伸产业链条。当地政府依托生态资源优势，大力发展林下经济，"林下+"产业快速发展，发展了林下中药材、林下茶、林下菌、林下鸡。当地政府选择好品种、标准化养殖、蛋品提质增效、疫病诊断与防控等高效养殖技术，大力引导和推动养殖户加入"龙头企业+合作社+规模养殖户+家庭农场"模式。当地政府整合技术专家、乡镇农技人员和土专家等人才力量，打造了一支专业化程度高、服务有保障的队伍，大力推广科学养殖技术，为养殖户和企业服务。当地政府依托有机食品标志、地理标志优势，建立公共品牌，引导企业分级包装上市，不断延伸产业链条，逐步提高产品附加值和品牌影响力。

黄平县将肉牛产业作为强农富农的首位产业来培育，遵循"小群体大规模"的发展思路，集中对全县肉牛养殖大户的牛圈舍进行改造提升，推出"乡村振兴金牛贷"和"乡村振兴产业贷"等专项贷款产品，拓宽全县肉牛养殖农户和企业融资渠道，实现肉牛产业发展贷款免抵押、免担保，形成了"企业领头、大户带动、散户补充"的肉牛养殖产业发展模式，推行"党员示范+能人引导+农户参与"的组织方式进行"家庭农场"养殖，增强"家庭农场"肉牛养殖模式辐射带动功能。锦屏县依托优良的自然环境和养殖传统，将鹅产业作为"一县一业"产业全面推进。当地政府通过引进羽毛球生产企业，以企业为龙头核心，围绕鹅产业"建链、强链、延链"。如今，锦屏县已形成生态养鹅、羽毛球加工、羽毛球赛事、康养等农文旅一体的全产业链发展模式。雷山县稻鱼综合种养，结合了水稻和鱼两种资源优势，实行"一水两用，一田双收"，有效促进了水稻与养鱼两条产业链的有机融合，在政府引导、政策奖补、技术支持等一系列措施的保障下，已成为粮食稳产、农民增收、农业增效的新途径，让农户实现了"粮鱼双丰收"。

六、发展精品水果产业

黔东南州聚焦现有的蓝莓、百香果、猕猴桃、葡萄、柑橘、梨子、桃子、李子八大特色水果，通过升级换代品种、认证质量标准和改善基础设施，改造提升低产劣质老化果园，提质增效水果基地。当地政府因地制宜将蓝莓、百香果产业作为推动融入粤港澳大湾区的切入点，依托粤港澳大湾区市场需求，对全州精品水果产业的发展规划和布局进行再调整、再优化，从政策转化、基地建设、技术指导等方面，用实际行动不断推动全州精品水果产业发展壮大，助推"黔货出山"，融入粤港澳大湾区市场，助力乡村振兴。

榕江县富强种植养殖农民专业合作社负责人，多次自费带工人到江西考察和学习百香果、罗汉果种植技术，并在家乡高王村开始种植百香果和罗汉果。起初的种植规模小，试种面积仅 20 余亩，种植林带分散不成片，所购肥料、农药、地膜、农机等农资资金成本、时间成本高，管理比较粗放，成本高，效益低，合作社账务管理也比较混乱，资金来龙去脉理不清。合作社股东总是因为资金账务不清而闹矛盾，导致合作社发展无起色。2018 年，该合作社又多次到广西桂林等地考察罗汉果、百香果等农产品种植情况。现合作社种植规模达 352 亩，涵盖天冬、金钩藤、罗汉果、百香果等各类农产品。仅在 2019 年，该合作社在 112 亩金钩藤中套种罗汉果 50 亩，实现罗汉果总收入 30 余万元，实现了"产业带动+人才定向培育+产业壮大+反哺人才建设"内部循环。以罗汉果种植为例，2022 年，榕江县富强种植养殖农民专业合作社协助带动 5 个村集体经济、170 余户群众开展罗汉果种植，整合村级耕地面积 2 413 亩，收入 2 292.3 万元，切实实现了"一带多"致富目标。

2022 年底，黔东南州精品水果累计种植面积 143.92 万亩，采收面积 100.48 万亩，产量 134.20 万吨，产值 90.21 亿元。现有 1 000 亩以上规模基地 64 个，面积 19.8 万亩；从事精品水果产业发展的企业 126 家、合作社 321 家，采取"公司+合作社+农户""公司+基地+农户"模式带动农户 4.6 万余户 11.7 万余人。全州组织本土专家开展现场培训 417 期，省、州、县三级专班技术人员累计深入各基地现场督促指导达 6 682 人次，累计培训基层农技人员及职业果农 6.2 万人次。同时，强化水果新品种新技术的引进、示范与推广，累计引种新品种约 150 个，集成栽培新技术 10 余套。

从 2021 年的统计数据来看，全州园林水果产量 655 160 吨，其中梨产量 102 774 吨，柑橘类产量 160 881 吨，桃产量 103 094 吨，猕猴桃产量 15 180 吨，葡萄产量 51 685 吨，柿子产量 1 567 吨。分市（县）来看，施秉县园林水果产量最高，达 87 901 吨；三穗县梨产量最高，达 31 612 吨；岑巩县柑橘类产量最高，达 35 942 吨；镇远县桃产量最高，达 29 894 吨；施秉县猕猴桃产量最高，达 8 589 吨；凯里市葡萄产量最高，达 20 663 吨；

黎平县柿子产量最高，达 534 吨。具体数据如表 6-11 所示。

表 6-11 2021 年黔东南州下辖各市（县）水果生产情况

单位：吨

区域	园林水果产量	梨	柑橘类	桃	猕猴桃	葡萄	柿子
全州	655 160	102 774	160 881	103 094	15 180	51 685	1 567
凯里市	48 715	2 412	1 601	6 169	1 040	20 663	30
黄平县	23 650	1 734	7 522	4 111	601	741	36
施秉县	87 901	22 566	11 523	17 433	8 589	12 272	13
三穗县	54 255	31 612	2 868	4 414	1 178	4 044	162
镇远县	56 161	2 467	1 772	29 894	168	165	25
岑巩县	81 786	3 919	35 942	26 383	432	2 026	57
天柱县	36 562	3 186	17 702	571	513	4 649	19
锦屏县	31 642	7 898	19 046	1 702	64	183	101
剑河县	16 379	3 645	3 602	610	371	365	139
台江县	26 673	13 363	1 958	5 059	478	457	148
黎平县	22 344	2 608	5 378	1 546	175	1 310	534
榕江县	66 032	2 248	29 965	2 825	488	1 111	225
从江县	52 894	249	18 938	222	0	62	14
雷山县	14 028	4 193	612	274	443	1 755	60
麻江县	27 990	329	1 647	1 783	451	656	6
丹寨县	8 148	345	805	99	190	1 226	0

数据来源：2022 年黔东南州统计年鉴。

七、林下经济

发展林下经济是纵深推动农村产业革命、促进农民稳定就业增收、巩固拓展脱贫攻坚成果同乡村振兴有效衔接、推动在生态文明建设上出新成绩的重要途径。2021 年 7 月，贵州省出台《加快推进林下经济高质量发展的意见》，要求将林下经济发展工作实绩纳入市（县）推动高质量发展绩效评价内容。顶层设计发力筑牢基础，促进了产业快速发展。黔东南州林地面积 3 540 万亩，森林覆盖率全省第一。黔东南州通过"国储林+林下经济"和"油茶产业+林下经济"等模式，大力建设集中连片油茶产业示范基地，引导经营主体利用油茶林下套种中药材、矮秆作物等，着力发展林下产业，创建国家级林下示范基地，打造黎平、天柱等油茶产业县，主攻林下中药材、天麻、茯苓、黄精、淫羊藿等。

黔东南州特色林业产业和林下经济高质量发展走复合经营之路，实现了综合效益最大化，实现了林业增效、农民增收、农村发展。黔东南州通过培育壮大一批、招商引进一批、转型发展一批等方式，引进林下经济龙头企业。在其引领带动下，黔东南州油茶产业及林下经济产业链条由初级加工向医药、食品、日用品等多个领域的延伸产品开发，精加工和综合利用能力逐步提高。2023 年，黔东南州林下经济示范基地有 2 256 个，百亩以上示范基地有 10 个，1 000 亩以上科技示范点有 28 个。

黔东南州在保护好生态的前提下，统筹生态保护与经济发展，全面深入挖掘"生态新潜力"，积极探索具有自身特色的生态价值实现机制，以油茶种植、林下经济等为抓手，扎实推动生态与经济协调可持续发展，走出了一条将"绿水青山就是金山银山"理念全面落地的绿色崛起新路，绘就了林下经济"富绿共赢"的锦绣画卷。从 2021 年的统计数据来看，全州板栗 5 363 吨，核桃 3 969 吨，竹笋干 3 282 吨，花椒 4 255 吨，油茶籽 56 098 吨，木材采伐量 315.46 万立方米，竹材采伐量 701 万根。具体数据如表 6-12 所示。

表 6-12　2021 年黔东南州下辖各市（县）主要林产品产量

区域	板栗/吨	核桃/吨	竹笋干/吨	花椒/吨	油茶籽/吨	木材采伐量/万立方米	竹材采伐量/万根
全州	5 363	3 969	3 282	4 255	56 098	315.46	701
凯里市	99	58	15	25	204	3.63	1
黄平县	155	155	0	12	0	7.76	0
施秉县	404	1 014	0	45	0	4.55	0
三穗县	260	1	58	75	799	10.22	313
镇远县	500	98	80	83	0	5.29	16
岑巩县	253	54	0	24	3 411	7.25	0
天柱县	1 016	100	120	110	19 998	23.89	107
锦屏县	244	537	36	0	3 334	60.73	45
剑河县	607	54	33	40	183	16.29	0
台江县	105	0	0	2	0	6.42	0

表6-12(续)

区域	板栗/吨	核桃/吨	竹笋干/吨	花椒/吨	油茶籽/吨	木材采伐量/万立方米	竹材采伐量/万根
黎平县	764	1 111	220	47	15 776	63.46	69
榕江县	577	755	440	3 517	3 508	62.17	35
从江县	78	26	154	186	8 885	31.36	111
雷山县	122	6	2 026	55	0	1.17	0
麻江县	161	1	0	35	0	1.97	0
丹寨县	17	0	100	1	0	9.29	4

数据来源：2022年黔东南州统计年鉴。

2022年7月，黔东南州建成集门店、包装、冷库等服务设施于一体的全国最大的太子参产地交易中心，中心的交易量占全国交易量的70%，扩大了施秉太子参品牌影响力。同时，黔东南州加强与中国林科院亚林所、贵州大学、贵州省林科院等高校和科研院所合作，构建"专家+基地"技术支撑模式、"一企一顾问""一基地一专家"服务机制，扎实推进油茶良种基地建设。黔东南州聚焦良种培育、产业布局、主体培育、载体搭建，采取"示范基地+""企业+合作社+农户""龙头企业+"等方式，提高林下经济产品质量和产出效益，扎实推动林下产业高质量发展。为加强与林业碳汇开发企业的合作，黔东南州还积极组织林农参与开发林业碳汇项目，并在贵州银行剑河支行挂牌成立贵州首个"碳汇交易结算点"，剑河县还率先制发了黔东南州第一张林业碳票，成功获得1 000万元的碳汇交易项目授信流动资金贷款。

第三节 黔东南工业发展现状

黔东南充分发挥当地资源禀赋优势，将矿产资源精深加工、再生资源循环材料、特色食品、木材加工及家具制造、大健康医药5大产业确定为主导产业，同时发展新能源材料、白酒、轻纺、民族民间工艺品、大数据电子信息等N个特色产业，构建"5+N"现代工业产业体系[①]。各地方政

---

① 评论员. 坚定不移沿着习近平总书记指引的方向前进 在推进中国式现代化贵州实践中贡献力量 [N]. 贵州日报, 2023-08-03 (002).

府依托交通区位、产业基础、政策资源等优势，在凯里、镇远、岑巩发展新能源材料产业，在镇远、黄平发展白酒产业，在三穗发展轻纺产业，在锦屏发展运动装备制造产业，在凯里、施秉、雷山、台江、丹寨发展民族民间工艺品产业，在凯里、镇远、黎平、丹寨发展大数据电子信息产业。

一、发挥资源禀赋优势确定主导产业

黔东南围绕优势资源和主导产业抓招商，做大做强"5+N"现代产业体系，实施新一轮产业大招商，围绕"四新"主攻"四化"，营造围绕主导产业抓招商抓项目的良好环境。黔东南持续强化要素保障，加强组织领导，压实招商责任，形成上下联动、前后互动、齐抓共管的抓招商抓项目工作格局和强大合力。与此同时，各地方政府积极建立和完善招商引资"一张产业链图、一个招商项目库、一套全流程服务、五个招商专班"的"1115"机制，用好招商资源信息服务平台，为项目推介、签约、落地、建设提供全流程服务。各地方政府成立要素保障专班，全面加强土地、规划、环保、水电气等要素保障跟踪服务，促进项目早开工、早投产；深入推行"保姆式"全流程服务，明确一名专职分管领导专班跟进，选定一名专职工作人员全程负责政策解读、审批；深化有关部门与属地乡镇的协调对接，为项目落地保驾护航。

2021年以来，凯里市依托石英砂资源，大力发展玻璃产业，建设玻璃产业园，以石英砂、浮法玻璃、玻璃深加工为主，不断壮大主导产业，延伸产业链条。凯里市依托丰富的石英砂、铝土矿资源和现有产业基础，在炉碧园区重点发展玻璃制造和铝加工产业。贵州炉碧经济开发区，2011年7月经贵州省人民政府批准为省级经济开发区，首期规划建设面积13.09平方千米，先后建成炉山、碧波、万潮三个产业园区，2022年、2023被贵州省商务厅列入国家级经济开发区培育对象，2023年被贵州省发展改革委列为贵州省高质量发展产业园，是贵州省重点打造的玻璃制造产业基地。2022年，炉碧经济开发区规模以上工业企业完成总产值70.13亿元，完成工业增加值15.52亿元。炉碧经济开发区矿产资源丰富，10千米范围内已探明石英砂储量3.28亿吨、铝矾土4 000万吨、重晶石储量700万吨、石灰石远景储量50亿吨、白云石远景储量100亿吨。石英砂矿二氧化硅含量高达98%，名列西南之冠；铝矾土储量居贵州省前列。园区内现有变电站5座，主变总容量71.4万千伏安；年最大管道供气5.11亿立方米，可以满足当前经济开发区企业供气需求；现有自来水厂 2 座，日供水 6.7 万吨；已建成日处理 3 500 立方米的炉山园区污水处理厂、日处理 1 500 立方米的万潮污水处理厂、日处理 1 000 立方米的碧波镇污水处理厂，建成污水管网 84 千米；拥有日处理 80 吨的炉山一般工业固体废弃物垃圾填埋场；建成标准厂房 28.42 万平方米，职工公租房 768 套。结合园区资源优势和发展前景，黔东南州委州政府明确将玻璃制造及铝加工作为炉碧经济开发区主导产业，按照集群发展思路，重点建设凯里优质玻璃产业园、铝产业园，发展玻璃产业集群和光伏产业集群，努力打造西南地区重要的玻璃制造产业基地。目前，6 100 亩玻璃产业园内已入驻黔玻永太、海生玻璃、凯荣玻璃等玻璃上下游产业链企业 16 家，构建了原料、浮法玻璃、初级产品、精深加工产品全产业链。2024 年重点推动其亚铝业 20GW 单晶硅棒、20GW 光伏切片、黔玻永太 1×600 吨/日电子玻璃、2×1 250 吨/日光伏玻璃及光伏组件、海生玻璃 2×600 吨/日在线镀膜玻璃等项目落地建设。2025 年，园区硅基新材料（玻璃）产业产值预计达到 200 亿元。同时，园区已入驻其亚铝业、雅宝研磨材、鑫泰熔料等铝加工上下游产业链企业 13 家，形成氧化铝、再生铝、铝材精深加工一体化产业链条，带动以铝锭、铝棒为原料的铝铸件、铝型材等产品。2024 年重点推动其亚铝业 50 万吨再生铝、30 万吨铝加工等项目建设。2025 年，园区铝加工产业产值预计达到 200 亿元。2026 年，园区硅基新材料（玻璃）、铝加工、陶瓷及生态特色食品加工等产业产值预计达到 500 亿元。

黔东南依托产业基础，大力发展矿产资源精深加工、再生资源循环材料、大数据电子信息、民族民间工艺品等产业。2021 年十大工业产业全口径企业 1 001 户，其中，规模以上企业 320 户，全口径企业实现工业总产值 424 亿元，同比增长 12%。各地方政府依托天柱县丰富的重晶石资源，引进龙头企业，建设化工园区；同时，依托省级化工园区，重点发展钡化工产业，实现富矿精开；依托产业基础和政策优势，重点在台江园区发展再生铅、再生铝等再生循环材料及上下游产业链。黔东南努力依托铜仁新能源电池产业，在黔东园区重点发展电池回收利用产业，着力打造再生资源循环材料产业全产业链。同时，加快发展新能源材料、大数据电子信息等产业。黔东南州依托农产品资源，打造凯里酸汤、台江预制菜，大力发展"酸汤+"、蓝莓、茶叶、肉制品、粮油等特色食品产业。依托丰富的林木资源和产业基础，全力打造以榕江园区为核心，以黎平园区、洛贯园区、锦屏园区等为重点的全州木材加工产业集群和木材交易集散中心。依托丰富的道地药材资源和民族医药基础，重点在黔东南高新区、剑河园区和洛贯园区发展医药制造产业。

2022 年，全州工业增加值 163.90 亿元，比上年增长 1.8%。规模以上工业增加值增长 2.4%。在规模以上工业中，分经济类型来看，国有企业增加值增长 5.6%；股份制企业增加值增长 2.8%。分产业门类来看，采矿业增加值下降 32.6%；制造业增加值增长 6.0%；电力、热力、燃气及水生产和供应业增加值下降 1.7%。分轻重工业来看，轻工业增加值增长 29.2%；重工业增加值下降 3.4%。全州 30 个工业行业大类中有 15 个实现正增长，其中，橡胶和塑料制品业增加值比上年增长 104.2%；文教、美工、体育和娱乐用品制造业增加值增长 59.8%；其他制造业增加值增长 46.2%；酒、饮料和精制茶制造业增加值增长 44.5%；燃气生产和供应业增加值增长 41.8%。全年规模以上工业企业营业收入 353.42 亿元，比上年增长 7.6%。全年规模以上工业企业利润总额 1.28 亿元，比上年下降 92.1%。

二、规模以上工业企业发展现状

市场主体是经济力量的载体，黔东南围绕新型工业化，大力培育工业市场主体；加快构建现代工业体系，大力发展新型建材、基础材料、现代化工、现代能源等支柱性产业，加快发展健康医药、生态特色食品、民族民间工艺品、特色消费品等特色产业，培育壮大大数据电子信息、先进装备制造业等新兴产业。

黔东南大力发展特色农产品产业、林下产业，培育壮大畜牧业，支持农民专业合作社、家庭农场、农业企业开发绿色、有机作物，鼓励食品加工企业开展绿色、有机食品精深产品研发，延长产业链条，推动农业市场主体大幅度增长；引导科技人才、科研机构和大学生等创办科技型企业，推动新技术、新成果与新商业模式和资源优势、产业优势相结合，促进科技型企业数量和质量双提升；加速提升互联网产业发展水平，推动由消费领域向生产领域拓展，培育一批物联网应用服务优势企业，打造较完善的物联网产业链；多举措推动批零市场主体稳步发展，加快培育电子商务市场主体，推动传统商贸流通企业、实体零售企业等拓展销售渠道，实现转型升级；健全电子商务公共服务体系，带动电商产业集聚发展。

未来，随着经济的转型升级和创新驱动发展，规模以上企业也将发挥更为重要的作用，成为黔东南经济的重要支撑和推动力量。要进一步突出黔东南旅游独特性、体验性、生态性和感染力，带动旅游产业发展，释放发展的巨大空间与潜力，促进旅游产业市场主体发展。鼓励社会资本投资兴办文化企业，扶持民营文化企业成长壮大。随着黔东南"放管服"改革深入推进，各项改革措施有效落地，市场主体发展活力进一步增强，黔东南州市场主体总量从"十二五"规划期末的17.35万户发展到"十三五"规划期末的32.9万户，总量增长89.63%，年均增长13.65%。

2022年，黔东南向上争取实施省级以上科技计划项目53项，比上年下降3.6%；争取到资金5 480.60万元，比上年增长7.6%。立项实施州级科技计划项目47项，立项资金265万元；105家企业入库国家科技型中小企业评价系统，比上年增长87.5%；技术合同登记完成402项，比上年下降1.2%，合同交易金额达26.29亿元，比上年增长74.9%；全社会R&D经费投入4.16亿元，比上年增长16.2%。从2021年的统计数据来看，黔东南规模以上工业企业328个，资产总计579.92亿元，负债合计378.33亿元，所有者权益201.6亿元，营业收入324.74亿元，营业成本270.65亿元，营业利润14.69亿元，利润总额15.9亿元。具体数据如表6-13所示。

表6-13　2021年黔东南规模以上工业企业分市（县）主要经济指标

州、市（县）	企业单位/个	资产总计/亿元	负债合计/亿元	所有者权益/亿元	营业收入/亿元	营业成本/亿元	营业利润/亿元	利润总额/亿元
全州	328	579.92	378.33	201.6	324.74	270.65	14.69	15.9
凯里市	81	133.93	84.97	48.96	95.33	77.39	3.07	3.42
黄平县	11	17.94	11.27	6.68	7.89	6.32	0.65	0.7
施秉县	9	4.32	3.18	1.14	2.73	2.27	0.13	0.16
三穗县	12	11.86	7.69	4.17	7.81	6.66	0.23	0.2
镇远县	20	55.94	52.07	3.86	40.16	39.93	-2.2	-2.08
岑巩县	32	27.6	20.88	6.72	30.14	26.11	1.67	1.78
天柱县	19	14.83	6.49	8.35	12.48	8.71	1.89	1.92
锦屏县	19	98.7	42.55	56.16	23.98	16.37	5	5.04
剑河县	12	28.89	20.77	8.12	5.36	3.6	-0.52	-0.47

表6-13(续)

州、市(县)	企业单位/个	资产总计/亿元	负债合计/亿元	所有者权益/亿元	营业收入/亿元	营业成本/亿元	营业利润/亿元	利润总额/亿元
台江县	20	38.71	27.82	10.89	32.06	29.92	-0.62	-0.41
黎平县	25	43.31	24.59	18.72	14.7	10.69	1.9	1.92
榕江县	26	12.39	7.95	4.45	12.72	10.5	0.84	0.9
从江县	17	56.46	43.41	13.05	16.57	12.6	1.92	1.97
雷山县	7	11.94	9.19	2.75	2.24	1.38	0.41	0.43
麻江县	6	10.3	6.18	4.12	15.49	14.3	0.44	0.45
丹寨县	12	12.79	9.32	3.47	5.06	3.9	-0.11	-0.03

数据来源:2022年黔东南州统计年鉴。

规模以上工业企业是国民经济增长的重要推动力,其发展水平直接影响地区经济的增速。这些企业通过技术创新和产品升级,推动产业结构的优化,提高产业的附加值。规模以上工业企业在吸纳就业方面具有显著优势,为社会提供了大量稳定的就业机会。这些企业还是政府税收收入的主要来源,对地方财政收入和国家财政收入均有重要贡献。

营业收入利润率是指企业营业利润与营业收入的比率,其计算公式为

营业收入利润率=营业利润/营业收入×100%

营业收入利润率越高,企业的盈利能力越强;营业收入利润率越低,企业盈利能力越弱。从黔东南规模以上工业企业指标来看,如表6-14所示,营业收入利润率为4.9%;分市(县)来看,最高的是天柱县,达15.4%。

资产负债率由企业的负债总额与资产总额相比较得出①,即

资产负债率=总负债/总资产×100%

如果资产负债率达到100%或超过100%,说明公司已经没有净资产或已经资不抵债。从黔东南规模以上工业企业指标来看,如表6-14所示,资产负债率为65.2%;分市(县)来看,最高的是镇远县,达93.1%。

总资产贡献率反映企业全部资产的获利能力,其计算公式为

总资产贡献率=(利润总额+税金总额+利息支出)/平均资产总额×100%

---

① 张振霞.农业上市公司财务绩效的影响因素研究:基于高管自信度与创新投入视角 [J].中国市场,2023(16):148-152.

利润总额是企业在报告期内实现的盈亏总额，其计算公式为

利润总额＝营业利润＋营业外收入－营业外支出

税金总额是产品税金及附加与应交增值税之和；利息支出是企业向银行等金融机构支付的利息费用总额。从黔东南规模以上工业企业指标来看，如表6-14所示，总资产贡献率为6%；分市（县）来看，最高的是天柱县，达20.8%。

成本费用利润率是利润总额与成本费用总额的比率，其计算公式为

成本费用利润率＝利润总额/成本费用总额×100%

成本费用一般指主营业务成本及附加和销售费用、管理费用、财务费用①。从黔东南规模以上工业企业指标来看，成本费用利润率为5.2%；分市（县）来看，最高的是锦屏县，达26.8%。

表6-14　2021年黔东南规模以上工业企业分市（县）主要经济指标

单位：%

区域	营业收入利润率	资产负债率	总资产贡献率	成本费用利润率
全州	4.9	65.2	6	5.2
凯里市	3.6	63.4	5.4	3.7
黄平县	8.9	62.8	5.1	9.8
施秉县	5.9	73.6	5.4	6.2
三穗县	2.5	64.8	3.3	2.6
镇远县	－5.2	93.1	－0.4	－4.9
岑巩县	5.9	75.6	10.6	6.3
天柱县	15.4	43.7	20.8	18.5
锦屏县	21	43.1	9	26.8
剑河县	－8.7	71.9	1.3	－8.5
台江县	－1.3	71.9	3.4	－1.3
黎平县	13.1	56.8	7	15.1
榕江县	7	64.1	11.1	7.6
从江县	11.9	76.9	5.7	13.6

---

① 陈鑫子.轻资产模式下互联网上市公司盈利能力分析［J］.财会通讯，2019（17）：58-62.

表6-14(续)

区域	营业收入利润率	资产负债率	总资产贡献率	成本费用利润率
雷山县	19.2	77	5.8	23.4
麻江县	2.9	60	7.7	3
丹寨县	-0.7	72.9	2.8	-0.7

数据来源：2022年黔东南州统计年鉴。

三、规模以上工业企业主要产品产量

黔东南依托重晶石资源优势，引进电子级、医药级、食品级等钡化工下游关联企业；依托铝矾土资源和产业基础，加强与粤港澳大湾区铝材加工龙头企业合作；抢抓机遇打造再生资源循环材料全产业链，推动以铅、铝、铜、银等金属冶炼加工及铅酸电池、锂离子电池等为代表的再生资源循环材料项目落地发展；抢抓预制菜产业风口，打造"酸汤+"预制菜产业集群新高地；推进木材加工及家具制造产业全产业链发展，推进生态家具、智能家居等项目落地；打造全国重要的大健康医药制造产业基地，大力推动药食同源、中药制剂、生物制药等项目落地。黔东南规模以上工业企业主要产品产量如表6-15所示。

表6-15　2016—2021年黔东南规模以上工业企业主要产品产量

产品名称	计量单位	2016年	2017年	2018年	2019年	2020年	2021年
大米	万吨	25.73	3.76	1.91	3.49	3.38	4.72
饲料	万吨	7.07	6.36	7.32	8.04	11.46	14.75
饮料酒	万千升	11.91	11.15	9.68	9.02	8.53	9.03
#白酒（折65度，商品量）	万千升	2.22	0.44	0.51	0.54	0.38	0.31
啤酒	万千升	9.35	10.36	9.12	8.45	8.1	8.61
饮料	万吨	—	19.19	13.2	10.78	11.05	18.23
精制茶	吨	1 341.39	875.6	33.2	224.8	304.1	2 011.01
服装	万件	747.5	720.15	963.99	1 295.02	2 460.95	12.68
手提包(袋)、背包	万个	—	—	—	—	65.23	12.68
人造板	万立方米	319.92	46.05	30.79	37.49	39.84	36.52

表6-15(续)

产品名称	计量单位	2016年	2017年	2018年	2019年	2020年	2021年
人造板表面装饰板	万平方米	55.47	12.09	393.16	264.72	420.84	565
中药饮片（省级产品）	吨	—	135.36	209	943.6	1 494.9	3 332.55
中成药	吨	648.77	536.02	539.6	453.7	325	372
硅酸盐水泥熟料	万吨	569.37	629.4	760.17	828.3	938.03	782.88
水泥	万吨	1 022.88	872.89	1 093.36	1 001	927.66	1 012.07
商品混凝土	万立方米	879.08	321.96	483.85	490.25	437.81	371.28
砖	亿块	24.15	7.38	2.9	2.23	1.94	1.03
平板玻璃	万重量箱	647.12	270.35	286.14	318.33	328.48	410.73
钢化玻璃	万平方米	444.96	75.21	63.73	47.95	69.03	55.77
铁合金	万吨	81.84	44.18	41.6	28.25	30.9	36.25
十种有色金属	万吨	3.15	2.37	20.85	23.6	23.38	4.3
氧化铝	万吨	138.54	99.83	96.66	75.58	83.3	89.97
钢丝绳	万吨		0.4	0.53	0.59	0.5	0.22
粉末冶金零件	吨	12 411	826	1 527.3	1 536.5	1 436.2	1 415.7
金属切削机床	台	1 559	1 028	949	697	1 739	676
电视接收机顶盒	万台	—	—	—	—	5.62	3.1
电子元件	亿只	7.59	3.09	2.53	3.16	3.69	23.97
发电量	亿千瓦时	102.52	91.7	94.4	108.79	118.41	127.75
火力发电量	亿千瓦时	36.01	37.83	50.79	44.69	35.89	50.17
水力发电量	亿千瓦时	64	49.73	37.3	56.3	67.39	55.03
风力发电量	亿千瓦时	—	—	—	—	15.13	22.54
自来水生产量	万立方米	14 202	5 662	4 686	4 273	4 184	5 160

数据来源：2022年黔东南州统计年鉴。表中"—"字线表示无相关数据。全书同。

黔东南努力打造全国重要的矿产资源精深加工基地，开展招商引资，引进汽车玻璃、电子玻璃、光伏组件等生产企业。凯里市利用建设全国重要资源精深加工基地、"桥头堡"等系列政策机遇，树牢"资源"要"精用"、"富矿"要"精开"意识，依托现有石英砂资源禀赋及产业基础，在贵州炉碧经济开发区规划建设6 100亩的优质玻璃产业园，集聚发展建筑玻璃、光伏玻璃、电子玻璃等产业，已获得浮法玻璃产能、光伏压延玻璃产能指标，引进26户玻璃生产及上下游关联企业，初步形成矿石采选、玻璃制造、玻璃深加工一体化发展的产业链条。2022年，凯里市规模以上玻璃企业实现工业总产值11.04亿元。黔东南努力围绕矿石采选、玻璃制造、玻璃深加工产业链条，推动玻璃制造产业提质升级，积极引进石英砂加工、石英砂除铁脱泥智能化生产项目，提升高附加值玻璃上游产业基础；加快推动海生玻璃、黔玻永太等重点项目建设，高效引入电子玻璃、汽车玻璃、药用玻璃等一批高档玻璃生产企业落户，补强玻璃产业链条；推进玻璃产业从生产普通平板玻璃向高技术、高附加值玻璃产品转变，全面延伸玻璃产业链条。黔东南努力围绕光伏玻璃、晶硅电池片、铝型材、光伏组件、发电工程产业链条，推动光伏新能源产业全面发展，推动其亚集团20GW单晶硅棒、20GW光伏切片和50万吨再生铝、30万吨铝加工项目落地建设，夯实光伏组件铝边框、铝支架生产基础，全力打造光伏玻璃、电池片、组件、逆变器、储能系统、发电工程等全产业链条，重点在台江园区发展再生铅、再生铝等再生循环材料及上下游产业链。黔东南努力依托靠近铜仁新能源电池产业的优势，在黔东园区重点发展电池回收利用产业，着力打造再生资源循环材料产业全产业链；黔东南努力依托农产品货源大力发展"酸汤+"、蓝莓、茶叶、肉制品、粮油等特色食品产业，依托丰富的林木资源和产业基础，全力打造以榕江园区为核心，以黎平园区、洛贯园区、锦屏园区等为重点的全州木材加工产业集群和木材交易集散中心，推动产业多元化发展。

第四节 黔东南城镇化发展现状

城镇化是农村人口转化为城镇人口的过程，是人口持续向城镇集聚的过程，是世界各国工业化进程中必然经历的历史阶段。近年来，黔东南州加快推进以人为核心的山地特色新型城镇化，优化城镇布局，做强城镇经济，提升城镇品质，奋力推进城镇大提升，助力新型城镇化高质量发展。按照"核心引领、区块联动、县域互动、城镇支撑"的空间布局要求，黔东南州逐步形成以凯麻片区为核心引领、凯里都市圈、黔东片区城镇组群、南部黎从榕锦城市带为区块联动，特色县城和特色小（城）镇为支撑的城镇体系。黔东南州开展州县两级国土空间总体规划编制，全面优化全州国土空间开发保护总体格局，启动凯麻产城融合示范区实施方案编制，以产业互补为核心，加快以黔东南高新技术产业开发区、炉碧经济开发区为支撑的产业集群，推动凯麻同城化发展。

一、实施"桥头堡"和"强州府"战略

黔东南州抢抓"桥头堡"政策机遇，扎实推进城镇化工作开展，印发了《2023 年全力打造对接融入粤港澳大湾区"桥头堡"建设攻坚行动计划》《"桥头堡"核心区提升工程 2023 年重点工作攻坚计划》，开通"粤港澳服务专窗"，与佛山、肇庆、江门等地签订"跨省通办"合作协议，重点推动"桥头堡"156 个项目建设。黔东南州引进明阳集团高端风电装备制造基地等粤港澳大湾区重点产业项目，30 个粤黔乡村振兴示范点加快建设，获直供粤港澳大湾区"菜篮子"基地认证 65 个，91 所中小学（幼儿园）与佛山 95 所中小学（幼儿园）结成帮扶对子，47 家医院与省内外 56 家医疗机构结成帮扶对子。加快侗乡大健康产业示范区重点低效闲置资产项目盘活工作，侗乡长途汽车客运站、87 栋休闲康养木屋、从江职校迁建等项目陆续建成，核心区人口集聚能力进一步提升。

推进《黔东南州支持实施"强州府"五年行动若干政策措施》落地落实，凯里市依托资源禀赋，大力发展玻璃主导产业，黔玻永太一期投产，黔玻永太二期、海生玻璃一期建设加快推进，铝及铝加工、大健康医药、酸汤、电子信息等重点产业加快发展，炉碧百亿级产业园初现雏形，获省列入国家级高新区培育名单，凯里至都匀铁路列入《国家中长期铁路网规划》，"强州府"基础不断夯实。2023 年前三个季度，凯里市地区生产总值为 236.43 亿元，同比增长 4.6%，发展基础进一步增强。

凯里市以满足群众便民服务为目标，强力推进"便捷凯里"民生工程建设，围绕"城市一刻钟便民生活圈"完善农贸市场、商超商圈、邻里中心、步行街夜市建设，完善"一站式"便民服务功能，让群众生活更加便捷、舒适。凯里市加快建设智慧公交站台，站台设有车次查询信息区、环卫休息室、便利店、共享雨伞、共享充电桩等便民服务区，为市民提供了更便捷、高效、环保的出行体验，让城市更宜居宜业宜游。通过招商引资实施凯里市兴凯农产品综合批发市场升级改造项目，它是集金融、冷链、电商、预制菜配送、智慧集贸市场等功能于一体的综合集贸市场，建成后可实现农产品销售额 10 亿元以上，解决就业岗位 1 500 人以上。凯里市完成了一批老旧车道"白改黑"、车行道拓宽渠化项目，建成冠顺幼儿园、恒洋俯山郡幼儿园等6所公办幼儿园，增加学前教育学位1 700个，建成凯里市第一初级中学（未来城校区）、第二十八小学两所义务教育阶段学校，增加义务教育学位3 700个。凯里市第一人民医院成功创建国家级胸痛中心、国家级卒中中心。同时，凯里市深入推进城市服务设施完善提升，进行城市道路提质改造，建成国家公交都市，进一步提升城市功能品质。凯里市绿化水平不断提高，利用小微绿地、城市拆迁地等见缝插"绿"，下司镇被命名为贵州省园林城镇。凯里市全面铺设体育设施，建成东湖湿地公园百姓室外智能健身房等项目，正在推进黔东南州滨江全民健身中心建设；现有各类体育场地1 067个，面积1 692 021平方米，人均体育场地面积2.35平方米，经常参加体育锻炼的人口比例为41%。

二、实施城市更新行动

黔东南州大力实施城市更新行动，印发《黔东南州实施城市更新行动2023年工作要点》，扎实推进城镇"四改"项目建设。2023年底，全州新开工棚户区改造1 666套，建成棚户区改造11 692套；新开工老旧小区改造30 004户，完工6 647户；开工改造背街小巷252条，完工234条；新增建设改造城镇燃气管网140.98千米；新增市政道路32.62千米，新增社会公共停车位3 796个，新建5G基站1 554个。大力推进城镇公共服务设施建设，新建、改扩建74所乡镇公办中心幼儿园和67所城乡义务教育学校，新建、改扩建市（县）政府所在地普通高中学校8所。同时，协调推进城乡融合发展，深入开展城镇精致管理、农村环境整治、文明新风倡导、法治教育普及，绘就和美城乡新画卷。

黔东南州大力提升城镇生态环境质量。2023年，开工建设凯里市生活垃圾焚烧发电厂二期项目。2021年黔东南州下辖城市（县城）空气质量优良（AQI）天数比率保持在98%以上，黔东南州下辖城市（县城）环境空气质量如表6-16所示。持续提升城镇治理能力，深入推进"智慧黔城"建设，全州2 436个村（社区）全面使用贵州省集约化社区综合信息服务平台，基层治理数字化智能化水平逐步提高。

表 6-16 2021 年黔东南州下辖城市（县城）环境空气质量

城市（县城）	综合指数	AQI 有效监测天数/天	AQI 优良天数/天	AQI 比例优良天数占比/%	首要污染物
凯里市	2.47	365	361	98.9	细颗粒物（PM2.5）
黄平县	2.15	365	363	99.5	臭氧（O₃）、细颗粒物（PM2.5）
施秉县	2.06	364	363	99.7	臭氧（O₃）
三穗县	2.32	364	361	99.2	细颗粒物（PM2.5）
镇远县	2	365	364	99.7	细颗粒物（PM2.5）
岑巩县	2.43	365	360	98.6	细颗粒物（PM2.5）
天柱县	2.14	365	363	99.5	细颗粒物（PM2.5）
锦屏县	2.06	365	363	99.5	细颗粒物（PM2.5）
剑河县	2.13	364	363	99.7	臭氧（O₃）
台江县	2.2	365	362	99.2	臭氧（O₃）
黎平县	2.2	365	362	99.2	细颗粒物（PM2.5）
榕江县	2.46	364	360	98.9	细颗粒物（PM2.5）
从江县	2	365	362	99.2	细颗粒物（PM2.5）
雷山县	1.95	365	363	99.5	臭氧（O₃）
麻江县	2.22	364	360	98.9	臭氧（O₃）
丹寨县	2.04	364	363	99.7	臭氧（O₃）

数据来源：2022 年黔东南州统计年鉴。

　　黔东南州努力促进城乡要素双向流动和教育、医疗等公共资源合理配置，加快推进城区幼儿园、中小学与乡村学校组建联合体，推动教师资源向乡村倾斜，稳步提高乡村教师待遇，推进城镇义务教育学校建设 102 所，农村寄宿制学校标准化建设 231 所。黔东南州努力促进优质医疗资源下沉，建成州、县、乡（镇）三级远程医疗服务体系，持续推进远程医疗服务应用，2023 年以来，开展远程医疗服务 10.17 万人次。黔东南州努力完善城市人才下乡创业激励机制，推进城市教科文卫等工作人员定期服务乡村，落实对教育、农业、卫生系列专业技术人员晋升中高级职称的基层工作经历要求，优化县乡学校布局，持续改善办学条件。黔东南州努力推进城乡基础设施一体化，加快推进乡镇通三级及以上公路项目建设，改善提升普通公路安全水平，建成普通公路安防工程 800 千米，完成危桥改造 36 座。

黔东南州努力加快农产品产地冷藏保鲜设施项目建设，加快形成基地在农村、加工在镇、增收在户的发展格局，把农产品加工转化率提高到59%以上。岑巩县把城市老旧小区改造作为重要民生工程来抓，加大城市老旧小区房屋立面改造、水电和弱电工程设施改造，以及楼梯间、外墙、屋面工程等房屋综合整治工程，规范车辆停放、增加绿化面积、增设文化设施、配套体育健身器材，解决困扰小区居民多年的排水难问题，让老旧小区变成"生态小区""文化小区""健身小区"，提升居民的获得感和幸福感，助力文明城市创建。剑河县仰阿莎温泉小镇配套齐全，建成国家4A级旅游景区，景区开放了水上乐园、温泉水舞剧场，产城融合互动，形成特色温泉小镇。

三、山地民族特色新型城镇化

城市的品质是人民幸福生活的底色，也是城市发展的驱动力。黔东南州以"三绿"建设为抓手，全面带动公园、广场、道路、庭院等各类绿地建设，提升群众居住环境。2022年底，全州新增城市道路完成41千米，新增城市公共停车位3 091个，凯里市和三穗县垃圾焚烧发电项目已建成投运，覆盖12市（县）。新增公园绿地完成面积53.35公顷，改造公园绿地完成面积19.31公顷；凯里市新增林荫路完成8千米。

黔东南州秉持"核心引领、区块联动、县域互动、城镇支撑"的空间布局理念，大力推进山地民族特色新型城镇化建设。在这一进程中，黔东南州积极推动凯麻同城化，着力建设凯麻产城融合示范区。当地政府部门充分考虑山地地形与民族分布特点，在凯里鸭塘片区、高铁片区的建设中，巧妙融入民族文化元素，如在建筑外观设计上融入苗族的银饰纹理、侗族的鼓楼造型等，稳步推进片区建设，逐步构建起凯里新城"一轴五区"的城市空间布局，让现代城市建设与民族文化交相辉映。黔东南州全力推动"黎从榕"对接粤港澳大湾区"桥头堡"建设，充分发挥民族特色产业和文化资源优势，将民族文化旅游、特色农产品等推向更广阔市场。黔东南州持续优化城镇空间布局，不仅促进了区域间的经济协同发展，更形成了优势互补、充满活力的区域经济发展格局，让山地民族特色新型城镇化建设成果惠及更多民众。

为大力提升城乡融合水平，进一步缩小城乡差距，黔东南州各地方政府积极探索创新。凯里市凭借独特的民族文化底蕴与产业发展潜力，被纳入省级重要城镇组群。随着凯麻同城化的扎实推进，凯里常住人口城镇化率显著提升。作为第三批国家新型城镇化综合试点，凯里已顺利通过验收，并入列全国新型城镇化质量百强县；榕江则凭借其优越的地理位置和丰富的民族文化，成为省级重要区域性支点城市；丹寨万达小镇、锦屏羽毛球小镇等特色小镇，将民族文化与特色产业深度融合，被纳入省级建设名单。台江县结合民族地区的社区治理传统，创新推出"街长制"，将民族文化中的邻里互助、和谐共处理念融入街道管理中，有效提升了城镇管理水平。岑巩县深化小区物业改革，融入民族文化元素打造特色物业服务，获得省级部门好评。麻江县积极争创"四好农村路"全国示范县，充分利用山地地形，打造具有民族特色的乡村公路景观，将公路建设与民族文化旅游相结合。全州实现乡镇生活垃圾收运体系建设全覆盖，在垃圾处理过程中，引入民族地区的环保理念，推动垃圾分类和资源回收利用。这些举措，让城乡居民充分共享山地民族特色新型城镇化发展的丰硕成果。

在推进山地民族特色新型城镇化的进程中，凯里市湾溪街道复烤厂小区的改造堪称典范。改造后的小区，将民族建筑美学融入楼体设计，飞檐斗拱、雕花窗棂等元素重现，让楼体在焕然一新中尽显民族韵味。地面铺设着具有民族特色纹理的石板，与周边精心栽种的本土绿植相互映衬。这些绿植不仅美化了环境，还蕴含着本地民族对自然的崇拜，共同营造出宁静祥和的氛围，处处散发着山地民族文化气息。放眼整个黔东南州，众多棚户区、老旧小区和背街小巷的改造都遵循山地民族特色新型城镇化理念。棚户区改造保留了传统民族聚居布局，邻里空间紧密且富有生活气息；老旧小区改造在更新基础设施的同时，融入民族文化展示区域，讲述着民族的历史传承；背街小巷以民族传统街巷为蓝本，路面和建筑装饰皆体现着独特的民族风格，如苗族的银饰图案、侗族的鼓楼造型等，使每一处角落都成为民族文化的展示窗口。同时，在城镇供水管网和县城（城市）雨水管网改造中，充分考虑山地地形和民族生活习惯，科学规划布局，确保供水稳定、排水顺畅，既保障居民生活便利，又延续民族生活的烟火气。黔东南州的大街小巷处处彰显着民族特色与现代生活的完美融合。城市环境品质的显著提升，为山地民族特色新型城镇化建设注入了澎湃动力。

在推进山地民族特色新型城镇化的进程中，黔东南州迎来了城乡面貌的显著变化，逐步构建起以城聚产、以产兴城、产城融合的良好格局。黔东南州充分挖掘和利用丰富的山地资源与民族文化优势，积极推动产业发展。在民族文化产业方面，部分园区以民族手工艺制作、民族文化旅游产品开发等为主导，实现产业与文化的深度融合。九方天街、方圆荟、万达商场、刚朵拉星力城等商业综合体相继开业运营。这些商业场所融入了大量的民族文化元素，从建筑风格到内部装饰，都展示着苗族、侗族等民族的独特文化符号，营造出别具一格的商业氛围。同时，黔东南州大力扶持返乡农民工、退役军人等各类创业群体以及小微企业自主创业，在创业扶持过程中，针对民族特色产业创业者提供专项政策支持，鼓励他们发展如民族刺绣、银饰加工等特色产业。黔东南州深入实施"一县一业""一镇一特""一村一品"产业培育计划，结合山地农业特点和民族饮食文化，突出蓝莓、百香果、酸汤等优势产业。在蓝莓种植和加工产业中，融入民族传统的酿造工艺，开发出具有民族风味的蓝莓酒等产品；酸汤产业则深挖苗族、侗族等民族的酸汤文化，打造出独具特色的酸汤品牌。通过优化提升农业园区城乡产业载体，进一步促进了城乡产业的协同发展。

在积极推进山地民族特色新型城镇化的进程中，黔东南州全力加快农业转移人口市民化步伐。为打破城乡户籍壁垒，州内全面取消农业与非农业户口的划分，真正实现城镇户口"零门槛"准入，让每一位怀揣梦想的农业转移人口都能毫无阻碍地融入城镇生活。在医疗设施建设方面，州内积极布局，新建了一批医疗机构，优化医疗资源配置，充分考虑山地民族地区的地理特点和民族分布情况，让医疗服务能更便捷地覆盖每个角落。这些新建医疗机构融入民族元素，在建筑风格上体现民族特色，营造温馨舒适的就医环境。教育领域同样成绩不俗，多所幼儿园、小学和初中相继建成并投入使用。校园设计融入民族文化元素，不仅有现代化的教学设施，还设有民族文化展示区、民族传统技艺学习室等，让孩子们在接受现代教育的同时，传承和弘扬本民族文化。同时，养老服务也在积极探索创新。岑巩县、施秉县等地启动"互联网+养老智能平台"试点建设，结合民族地区尊老敬老的传统习俗，打造具有民族特色的养老服务模式，让老年人在熟悉的文化氛围中安享晚年。在黔东南州，便捷的交通网络蜿蜒于山地之间，舒适的居住环境融入民族风情，优美的生态环境与民族文化相得益彰，这一切为山地民族特色新型城镇化注入了源源不断的活力。

第五节　黔东南旅游发展现状

说到旅游，人们就会提到"吃住行游购娱"旅游六要素，旅游要素保障链条健全与否，直接决定着旅游业发展的品质。黔东南民族风情浓郁独特，自然风光绚丽多姿，是歌舞之州、生态之州、人文之州、百节之州，是"多彩贵州"的一颗璀璨文化明珠。近年来，黔东南聚焦"旅游大提质"，全力推进旅游项目建设，加快完善基础设施，不断丰富旅游业态，全面提升旅游服务，旅游基础设施大为改善，旅游产品不断丰富，旅游竞争力不断增强，旅游产业化得到了全面的健康快速发展。黔东南州加快品质景区建设，持续完善旅游交通、通信、餐饮等配套服务设施，推动景区同城区基础设施共建共享，全面提升旅游质效。

一、做优做强特色资源

黔东南州紧紧围绕旅游"资源、客源、服务"三大要素，扎实推进开展"设施设备大检修、环境卫生大扫除、住宿餐饮大整理、标识标牌大维护、服务队伍大培训"五大行动，切实提高旅游服务质量，不断提升游客满意度，促进旅游产业提档升级。

黔东南围绕旅行社、民宿、特色餐饮、旅游商品等行业，着力培育一批"小而精、小而特、小而优"的涉旅企业；进一步加大对上规模入统筹文体娱乐企业的奖励扶持力度；加快优化完善运营机制，推动做大做强，培育壮大"苗绣""贵银"等市场主体。

黔东南围绕主要资源和主导产业加大招商引资力度，聚焦品牌酒店、特色民宿、文化演艺、非遗文创、数字化文旅、旅游装备和商品制造等领域，引进国内外优强旅游企业，支持涉旅企业在黔东南州拓展业务、扩大投资；指导和推进西江创建国家 5A 级旅游景区和企业上市培育，全力面向市场抓好四个重大目标任务，即"西江—镇远—肇兴"核心线路产品、生态山居民宿产业及生态旅游康养品牌、肇兴和西江为核心的传统村落旅游精品环线建设、红色旅游的打造。

黔东南立足资源优势及全国重点文物保护单位（如表 6-17 所示），精心推出特色文旅活动，丰富游客出游体验，最大限度吸引"特意性"游客，最大限度留住"随意性"游客。①打造特色旅游景区。下司古镇推出以"尚品下司、焰丽古镇"为主题的烟花秀、光影秀等丰富多彩的活动，吸引和接待了众多游客，游客量进一步增多；云谷田园举办灯光秀、苗侗风情园举办第二届机车潮玩节等活动吸引了大批游客。②打造旅游消费市场。清水江城市漂流、国贸购物中心、万达广场、未来城城市之门夜间集市等系列活动助燃旅游消费市场。③打造乡村旅游景点。举办了斗牛赛、苗歌赛等比赛，满足游客多元化需求。

表 6-17　黔东南州境内的全国重点文物保护单位

文物单位名称	地址
从江县增冲鼓楼	从江县往洞乡增冲村增冲侗寨
从江县高阡鼓楼	从江县下江镇高阡村宰养寨内
从江县金勾风雨桥	从江县往洞乡增盈村金勾寨内
从江县宰俄鼓楼	从江县下江镇高阡村宰俄侗寨
天柱县三门塘古建筑群	天柱县坌处镇三门塘村南，南临清水江
黄平县旧州古建筑群	黄平县旧州镇
黄平县飞云崖古建筑群	黄平县新州镇东坡村
黄平县岩门长官司城	黄平县谷陇镇岩门司村
黄平县重安江水碾群	黄平县重安镇堡上村清水江沙洲上
锦屏县飞山庙	锦屏县三江镇飞山社区东北角清水江北岸
锦屏县隆里古建筑群	锦屏县隆里乡隆里所村
雷山县郎德上寨古建筑群	雷山县郎德镇郎德村郎德上寨
榕江县大利村古建筑群	榕江县栽麻乡大利村大利侗寨
镇远县青龙洞古建筑群	镇远县舞阳镇顺城街东关上
镇远县和平村旧址	镇远县舞阳镇和平街和平村
镇远城墙	镇远县府城垣、四宫殿位于镇远县城石屏山、卫城垣位于舞阳河南岸
黎平县地坪风雨桥	黎平县地坪乡地坪上寨村
黎平县黎平会议会址	黎平县德凤街道二郎坡路 52 号
黎平县述洞独柱鼓楼	黎平县岩洞镇述洞村
镇远县天后宫	镇远县舞阳镇新中街

数据来源：2022 年黔东南州统计年鉴。

黔东南持续贯彻落实省政府、省文化和旅游厅支持黔东南"桥头堡"

政策，推进"流光溢彩夜贵州"建设，开发夜间游览线路和文旅体验项目。实施"生态黔菜"餐饮品牌创建行动，加快星级酒店、民宿品牌建设。提升全州旅游住宿品质，加快推动星级酒店、特色及精品民宿品牌化发展，支持雷山县悦榕庄酒店、丹寨县万达锦华酒店等创建五星级酒店，引进知名民宿建设管理品牌，大力推动"三山三江"生态山居民宿集群的建设。建立星级酒店、民宿品牌创建奖补办法，推动提升服务接待能力。

黔东南州A级旅游景区已达到70个，其中5A级1个、4A级18个。建成国家级乡村旅游重点村6个，国家级旅游休闲街区1条，国家级夜间文化和旅游经济消费集聚区3个，西江千户苗寨被国务院评为全国乡村旅游"景区带村"示范点。围绕加强文化遗产保护传承，创建国家级文化生态保护区，用好用活民族文化"宝贝"，实施"非遗+节庆""非遗+演艺""非遗+旅游""非遗+产业""非遗+乡村振兴"等系列工程，促进非遗活态传承。深耕民族文化，做大做强旅游业，黔东南州努力把旅游业打造成为重要支柱产业，擦亮"民族原生态·锦绣黔东南"旅游名片，全力打造国内外知名民族文化旅游目的地和粤港澳大湾区旅游康养"后花园"。

二、做精做准客源引流

黔东南围绕"吃住行游购娱"等旅游要素，积极谋划推出以"村BA""村超"为核心的旅游线路产品，集中力量打造"黔东南·好好玩"文旅核心IP品牌，依托黔东南州山地旅游和多民族文化资源，深入开发"村BA""村超"、山地骑行、户外拓展、水上运动、低空运动、徒步等特色资源，推进农文旅体融合创新发展。围绕推进"旅游+"融合发展，编制《黔东南州"十四五"旅游业发展规划》，按照"旅游+"的带动模式和"珍珠+项链"的发展思路，推进"旅游+"发展。

黔东南持续开展"黔东南人游黔东南"系列活动，面向长三角、珠三角、京津冀、川渝贵"西三角"等四大重点客源市场做好粤港澳大湾区及贵阳周边等主客源市场，围绕"春赏花、夏避暑、秋风情、冬康养"定位，及时发布旅游主题线路产品、旅游优惠政策，强化客源市场营销，同时，以东西部协作为契机，利用佛山市各类媒体平台及资源，做好黔东南"四季"旅游主题宣传。

黔东南加强与携程、途牛、马蜂窝等平台的合作，推出一批非遗游、研学游、亲子游、度假康养游等新产品，并做好全州文旅产品攻略体系发布推广，为广大游客提供便捷服务，切实提升黔东南旅游吸引力。针对不同群体、不同层次需求，推出更多定制化旅游产品、旅游线路，精准高效满足游客的个性化、多元化需求。"村超""村BA"活力四射，民族文化旅游火爆全国，到黔东南旅游打卡成为一种时尚。2023年，全州接待游客和旅游综合收入分别增长25.8%和37%，粤港澳大湾区游客超过860万人次。

黔东南通过微信公众号、视频号、抖音、微博等新媒体平台，发布一系列推文和短视频，吸引大批省内外游客入黔东南旅游。围绕苗药康养、亲子研学、非遗文化、民俗节庆、特色美食等旅游主题，有针对性地策划推出春日赏花二日游、苗侗康养三日游等旅游线路产品，吸引更多的游客。同时，针对粤港澳大湾区游客设计旅游线路产品，开启黔东南四天三夜避暑之旅。开通道路旅客运输客运线路，投入道路旅客运输车辆。特别是开通凯里高铁站至雷山西江千户苗寨景区、镇远古城景区、丹寨万达小镇景区往返直通车，为服务凯里市打造区域客源集散中心提供运输服务保障，游客明显增多。

国家级黔东南民族文化生态保护区创建成功，榕江"村超"入选2023中国旅游产业影响力案例，台江"村BA"入选中国体育旅游十佳精品赛事。"中国乡村旅游1号公路"入选国家第一批交通运输与旅游融合发展典型案例。成功举办第三届中国丹寨非遗周、贵州环雷公山马拉松等赛事活动。打造苗年、侗年、姊妹节、鼓藏节等民俗节日文旅融合新场景，不断擦亮"民族原生态·锦绣黔东南"旅游品牌。2021年黔东南州下辖市（县）旅游业发展情况如表6-18所示。

表6-18　2021年黔东南州下辖市（县）旅游业发展情况

区域	旅游总人数/万人次				旅游总收入/亿元			
	2018年	2019年	2020年	2021年	2018年	2019年	2020年	2021年
全州	10 807.59	12 892.98	6 553.18	7 668.73	937.23	1 212.13	467.8	739.49
凯里市	4 497.07	5 504.12	1 357.41	2 390.37	443.65	619.07	94.16	236.51
黄平县	335.21	423.55	333.61	208.69	23.92	29.74	18.55	18.32
施秉县	530.1	672.28	347.13	267.56	44.52	51.25	27.75	25
三穗县	218.52	290.58	301.49	164.12	13.59	18.11	27.48	15.97
镇远县	1 120.05	1 184	584.45	814.35	95.25	106	38.95	88.74

表6-18(续)

区域	旅游总人数/万人次				旅游总收入/亿元			
	2018 年	2019 年	2020 年	2021 年	2018 年	2019 年	2020 年	2021 年
岑巩县	115.17	126.92	301.37	191.05	9.22	10.47	29.97	16.68
天柱县	239.27	286.28	147.74	175.6	15.92	21.27	9.85	15.69
锦屏县	393.19	496.67	263.56	224.77	30.82	41.45	15.95	19.38
剑河县	294.34	408.24	326.4	246.79	22.61	30.35	21.97	23.02
台江县	193.18	269.2	275.37	134.13	14.34	18.8	19.67	12.52
黎平县	535.27	580	560.23	462.16	42.9	49.84	51.76	43.41
榕江县	247.28	330.22	251	776.56	18.25	23.96	16.58	69.46
从江县	355.04	443.8	211.48	373.17	25.52	33.17	14.87	36.83
雷山县	1 291.35	1 321.95	607.5	885.92	106.88	118.97	37.08	85.84
麻江县	258.48	326.94	252.39	135	16.67	21.69	14.28	12.14
丹寨县	184.07	228.23	431.9	218.49	13.17	17.99	29.42	19.98

数据来源：2022 年黔东南州统计年鉴。

近年来，受贵州省向全国发出的避暑旅游"两免两减半"政策刺激，来自广东、广西、重庆、湖南等省外游客明显增多，游客出行形式以自驾游、自助游居多，乡村游、休闲游、亲子游占据主体，过夜游客增量显著。引客来，留客住。围绕民宿打造、文旅融合、精细服务等，黔东南州正在补短板、扬优势。不管是快捷酒店还是古城民宿，数量在快速地增加、质量在快速地提升。但是就当前情况而言，受旅游资源限制，游客游玩的范围基本上都是西江千户苗寨、"村超"和"村BA"、镇远古镇，在一定程度上缩减了游客的游玩时间，从而导致过夜游客流失。而且在交通发达、便捷的基础上，需要留宿过夜的游客就有了多项选择。旅游以景区自然观光为主，出现"一瓶矿泉水消费"，过夜游客比例偏低的现象。总的来说，人均消费水平低，过夜游占比小。

黔东南瞄准打造国内外知名民族文化旅游目的地和粤港澳大湾区旅游康养"后花园"的目标定位，聚焦资源、客源、服务"三大要素"和旅游业综合实力、经济效益"两大提升"，不断提升黔东南旅游品牌影响力和知名度。抢抓旅游业复苏新机遇，开展旅游设施设备大检修、环境卫生大清扫、住宿餐饮大整理、标识标牌大维护、服务队伍大培训"五大行动"，以最佳状态迎接八方游客。

黔东南深挖宣传介绍民族文化内涵，规划好苗侗文化、传统村落、医药康养、生态休闲、运动健康等主题精品线路，打造"生态山居"民宿产业带，实现旅游产品串珠成链，提升"民族原生态·锦绣黔东南"品牌的对外形象力。适应旅游市场定制化消费新需求，加快丰富"吃住行游购娱"等旅游要素，创新"网上服务+落地服务"相衔接的旅游管家模式，努力为游客提供目的地旅游攻略、行程规划、餐饮安排、出行接送、细节沟通等贴心服务。2021年黔东南限额以上餐饮业法人单位经营情况如表6-19所示。

表6-19 2021年黔东南限额以上餐饮业法人单位经营情况

区域	企业个数/个	从业人员期末人数/万人	营业额/万元	客房收入/万元	餐费收入/万元	商品销售收入/万元	其他收入/万元	客房间数/间	床位数/张	餐位数/位
全州	51	1 401	23 372	830	21 186	669	688	270	459	26 198
凯里市	13	714	10 552	453	10 020	0	79	109	179	7 216
黄平县	2	24	386	0	370	17	0	0	0	550
施秉县	0	0	0	0	0	0	0	0	0	0
三穗县	3	61	1 427	0	1 418	0	8	0	0	1 113
镇远县	6	137	1 891	100	1 752	18	22	54	90	4 260
岑巩县	1	85	1 536	0	640	516	380	0	0	2 560
天柱县	3	54	1 290	208	985	32	65	80	140	870
锦屏县	0	0	0	0	0	0	0	0	0	0
剑河县	4	40	973	0	973	0	0	0	0	585
台江县	2	4	285	0	285	0	0	0	0	41
黎平县	5	86	1 624	0	1 486	46	92	0	0	3 051
榕江县	1	23	32	0	32	0	0	0	0	3 000
从江县	1	12	174	0	174	0	0	0	0	12
雷山县	6	99	2 105	69	1 994	0	42	27	50	1 030
麻江县	2	44	563	0	542	21	0	0	0	610
丹寨县	2	18	534	0	515	19	0	0	0	1 300

数据来源：2022年黔东南州统计年鉴。

为了吸引游客，各个景区也都铆足劲推出新的产品和体验。虽然产品在文化上、品质上有着些许的差别，但产品同质化现象很严重，如玻璃栈道、玻璃桥雷同。低层次游玩无法增加消费，更别说促进提高游客过夜率。如今，门票涨价的空间已越来越小，同时公众舆论和政府监管也使利用公共资源提价获利难度增加。随着景区之间的竞争加剧，不少景区甚至会被迫打折促销。只能靠"门票"来获取收益的景区早晚会走到末路。再加上节日长假和寒暑假的影响，形成淡旺季是自然的经济规律。于是乎，一过旺季，酒店客栈门庭冷落，小店纷纷关门歇业，大量从业人员也变成待业人员，四散找活维持生存。缺乏新业态和深度游玩项目，"一日游"较多，附加消费少。所谓"特色商品"，多为批发市场上随处可见的劣质小商品，不仅缺乏当地特色和创意，很难勾起游客的消费欲望，也降低了整个景区的格调和品位。2021年黔东南限额以上住宿业法人单位经营情况如表6-20所示。

表6-20 2021年黔东南限额以上住宿业法人单位经营情况

区域	企业个数/个	从业人员期末人数/万人	营业额/万元	客房收入/万元	餐费收入/万元	商品销售收入/万元	其他收入/万元	客房间数/间	床位数/张	餐位数/位
全州	64	2 809	44 096	30 442	9 514	427	3 715	8 637	13 896	14 870
凯里市	21	1 297	23 548	16 129	4 480	240	2 700	3 080	4 868	6 414
黄平县	2	33	548	487	44	9	8	141	232	30
施秉县	3	54	1 075	388	646	17	23	284	483	840
三穗县	1	35	579	409	171	0	0	94	159	380
镇远县	7	132	1 916	1 502	399	0	15	959	1 596	1 050
岑巩县	1	118	1 419	976	429	5	8	157	229	980
天柱县	5	123	1 933	1 290	615	0	28	523	862	1 583
锦屏县	1	83	1 478	842	544	0	93	138	236	560
剑河县	2	104	1 086	759	316	11	0	270	446	410
台江县	2	106	978	675	302	0	1	305	513	718
黎平县	8	251	4 395	3 113	812	68	402	1 027	1 669	1 143
榕江县	4	126	1 593	1 478	85	16	14	339	610	50
从江县	2	51	755	604	149	0	2	198	320	106
雷山县	3	63	664	586	50	0	29	527	766	412
麻江县	0	0	0	0	0	0	0	0	0	0
丹寨县	2	233	2 129	1 204	472	61	392	595	907	194

数据来源：2022年黔东南州统计年鉴。

三、做实做细服务质效

黔东南州紧盯服务配套推进服务质量提升，强化新业态安全跨部门联合监管、督促文化旅游场所全面建立安全管理制度，细化检查点清单，健全应急管理机制和包保责任制，常规性开展文化和旅游行业安全生产检查、行业安全生产培训暨消防应急演练；协同推进文化、旅游、出版（版权）、广播电视、电影、文物等六大领域综合行政执法；完善电子行程单及旅游包车联合监管机制、黑名单社会公布机制和违规经营集体约谈机制，加大旅游投诉和舆情处置力度，持续强化市场秩序；完善智慧化停车场和充电桩建设、景区旅游标识标牌和旅游厕所建设，景区与交通场站、景区内部观光车道、游道等标准和功能布局得到进一步优化。

黔东南州深入推进旅游服务能力建设，着力打造优良秩序、优质服务，确保游客"安心而来，舒心而返"。①加快推动星级酒店、特色及精品民宿品牌化发展，创建四星级酒店，如深入推进下司古镇、巴拉河、清水江沿线以及重点旅游村寨布局民宿产业。②深入推进"文明在行动·满意在贵州"活动，持续开展"六心行动"等。③紧盯重点项目资源，推进闲置低效旅游项目盘活。制定38个项目盘活方案和推进计划，不断完善和调整盘活方案，按月调度推进。围绕"七个一批"盘活路径，持续抓招商提升"六力"促盘活、坚持盘活闲置低效旅游项目十项原则，借助《关于支持贵州在新时代西部大开发上闯新路的意见》（国发〔2022〕2号）和《贵州省打造黔东南自治州"黎从榕"对接融入粤港澳大湾区"桥头堡"规划（2022—2035年）》政策，积极向上级申报资金，有序推动全州盘活闲置低效旅游项目攻坚工作。同时，鼓励游客和群众投诉举报，提升服务质量，把旅游业建设成赋能产业、富民产业和幸福产业。

第七章　黔东南县域经济存在的问题

黔东南抢抓贵州省打造"桥头堡"、支持民族地区高质量发展若干政策措施等重大政策机遇，围绕"四新"主攻"四化"，2023年地区生产总值完成1 329.65亿元，比上年增长4%，其中农林牧渔业地区总产值增长4.2%，规模以上工业增加值增长4.7%，固定资产投资增长1.2%，一般公共预算收入增长17.2%，金融机构存贷款余额增长13.5%，社会消费品零售总额增长4.9%，城镇和农村常住居民人均可支配收入分别增长4%和8.3%。县域经济持续提升，产业结构逐步优化，内生动力不断增强。但总的来看，经济发展还存在较多短板，如综合经济实力不强，产业发展水平不高，工业基础薄弱；市场主体实力不强，高新技术企业少，创新活力不够，营商环境亟待改善等。探索具有黔东南特色的县域经济高质量发展之路，成为黔东南经济高质量发展的重要使命。

第一节　黔东南农业发展问题

近年来，黔东南充分发挥良好的生态环境优势，坚持生态优先、绿色发展，在农村产业发展上取得了一定成绩。但总的来看，黔东南农村产业发展仍不充分，农村产业的价值实现程度还很不理想。

一、基础要素保障不足，产业规模化程度不高

基础保障不足，影响生产效率的提高。从投入上看，黔东南农村产业生产所需的道路、水利等基础设施仍不足，有的设施已年久老化，产业路、机耕道、沟渠、大棚、农机等设施总量不够；同时，冷库和冷藏运输设施建设还处在规划阶段，亟待建立安全、高效、经济、协调、绿色的农产品交通运输体系，难以满足产业发展的需要，特别是山多地少的地理环

境，受交通、通讯等因素制约，市场信息不通畅、不及时、不精准，产业产品产、供、销没有形成很好的对接机制，良好的资源优势还不能够充分转化为产业优势和经济优势。从劳动力上来看，黔东南州约80%的青壮年劳动力长年外出务工，返乡创业的人只是极少数，留守的人多为老人、小孩和妇女，不利于农业发展劳动力储备。从改革上来看，黔东南州农村改革试点示范多，但深度普及推广少，且部分市（县）农村承包地确权登记颁证配套经费尚未及时解决等问题依然存在。

产品生产规模较小，影响市场占有率的提升。总的来看，除局部品种差异和季节互补不可避免、部分品种供给充足且有外销能力、少数品种产能过剩外，黔东南绝大多数农产品存在市场需求量很大但产量满足不了市场需求的现实问题，究其原因，是黔东南农业规模化经营程度低，农产品难以批量生产，农产品供给总体大多呈现不足态势。比如，蔬菜产业，黔东南蔬菜种植面积占贵州全省的13.08%，但产量仅占贵州全省的8.47%，规模化程度低。中药材产业方面，黔东南部分市（县）的太子参等部分品种存在阶段性产能过剩而导致滞销，但如能精准预测市场需求，根据市场需求开展生产，则商机依然存在。畜牧业方面，规模化依然是制约畜牧业供给效益提升的最大难题。

黔东南素有"九山半水半分田"之说，虽然全州大部分地区是高山深谷，但是也有五个相对较大的坝子，分别为黄平旧州大坝、榕江车江大坝、天柱大坝、三穗县城大坝、黎平县城丘陵坝区。黔东南境内地形复杂，几乎没有平原支撑，坡耕地面积大，土壤瘠薄，生产力水平整体较低，限制了农业产业规模化发展，农业综合生产力低下，严重制约了农业产业集群发展。黔东南耕地破碎分散，喀斯特地形地貌多，缺乏农业基础设施，生产效益低，重要农业资源严重稀缺，农业现代化进程缓慢。从农村土地流转来看，截至2020年底，从流转整体数据来看，黔东南州流转总面积3.84万公顷，整村流转的行政村5个，农户数15.39万户，流转主要方式为出租。从流转方向来看，流转土地流入合作社的最多，为1.36万公顷，流转土地流入企业的次之，为1.25万公顷，流入农户的为7 593.33公顷，流入家庭农场的为1 413.33公顷。土地流转后便于规模化、机械化耕作，发展农业特色产业特别是山地特色高效农业，提高土地生产效率，增加百姓收益。从产业发展的角度来看，流转的土地主要发展中药材、蓝莓、茶叶、水果等。种植经济作物的面积最大，共流转2.48万公顷土地用于发展特色产业，这也实现了利益连接，便于群众增收致富。还有一些是农村劳动力外出务工，流转 7 720 公顷用于种植粮食作物。从期限来看，流转期限 5 年以下的最多；从流转价格来看，流入企业的土地价格每亩 751 元为最高，平均流转价格为每亩 654 元①。

二、经营主体不强，组织化程度不高

目前，黔东南农业经营主体不强，组织化程度不高，分散经营，小农意识强烈，农业生产效率低。农产品价格波动大，收益不稳定，发展缺乏信心。同时，社会对农业认同低，参与农业的青年人少，人才吸引力不足。加之缺乏土地流转市场，流转程序不规范，土地流转面积小。农村金融发展落后，农业贷款难，金融支持不足，农业保险单一，农业保障不足，制约了新型农业经营主体发展。各级财政资金有限，难以获得财政支持。新型农业经营主体内部管理不规范，以合作社为例，对合作社章程执行不严，财务管理不规范，民主监督难，合作社资产不清晰，导致新型农业经营主体内部组织化、规范化程度较低。产品同质化现象严重，只能打价格战，搞低水平竞争。

农产品加工正处于萌芽期，加工企业小而散，产品结构单一，规模以上企业少，产业集聚程度较低，缺乏核心竞争力。龙头加工企业仍处于初级加工阶段，科技含量低，市场竞争力不强，无法形成示范带动效应。真正运行的合作社数量少，管理不完善，与农户的连接不够。缺乏品牌和地理标志产品，产品的知名度很低，同时，线上线下渠道没有打开，商超铺货不足，市场销路没有打开。部分种植养殖专业大户管理经验不足，家族式管理现象严重，发展壮大的意愿不强，抵押物少，筹资困难，制约新型农业经营主体发展。

黔东南大部分合作社处于起步阶段，入社社员较少，资本投入也不多，产品单一且销售渠道不广，加上同类产业的专业社较多，容易受自然和市场双重因素的制约，抗风险能力不强，产业带动作用不明显。合作社入社社员以农民为主，专业人才较少，生产技术有待进一步提高，产品质量和品牌提升较为困难；合作社资金来源于创社人员入股，资本有限，限制了合作社的进一步发展。市场价格波动大，原料价格不断上涨，利润不

---

① 杨长波. 黔东南州农村土地承包经营权流转现状与推进建议［J］. 农技服务，2021，38（4）：124-126.

多，社员入股积极性不高。合作社虽然是法人，但资信较弱，缺乏土地、厂房等有效抵押物，难以获得银行贷款支持，几百万投入的合作社只能贷款十几万元，远远满足不了合作社发展生产运营的需要。当前的土地政策不允许合作社进行加工厂房、机库、仓库建设，难以扩大生产规模，合作社只有租用其他场所来满足自身需要，这就加大了合作社负担，直接影响了合作社的进一步发展。高昂的农产品认证注册费（如绿色、有机等）和农产品商标注册的复杂程序也让刚起步的合作社难以承受。

三、产业链条短，产销衔接不紧密

黔东南农业产业链条比较短，影响产品价值的提升。黔东南农产品生产大多是政府主导型，还被束缚在传统农业圈子内。农产品发展多注重初级产品生产，在产业链条上只有第一个链条，对农产品加工、贮藏和深度开发产业支持较少，产业链条短，产品附加值和科技含量低，难以推动区域经济整体发展。同时，这还导致黔东南有品牌、有包装、有分级的精细农产品少，农产品难以卖出溢价，农业供给领域品质与价格错配、口碑与品牌错配的现状依然难以改变，没有强势品牌直接导致没有议价能力。如从江椪柑曾被称为"贵州水果第一品牌"，但因只注重鲜果生产，不注重深加工和配套产业建设，没有形成产业链，市场稍有风吹草动，整个产业就很容易跌入谷底。

在农业产业化经营中，由于交通不便，难以形成规模化生产，成本高于平原地区，再加上农产品生产以初级产品为主，产业链条短，产业附加值低，产业集中程度不够，加上区域恶性竞争，大型龙头企业少，中小企业产销衔接不紧密，严重制约了产业发展。合作社小、散、乱，大多停留在生产环节，与上下游衔接不紧密，专业化程度低。同类企业扎堆，产品同质化严重，各自为战，严重削弱了区域竞争力。一些区域特色农产品，虽然形成了生产、加工、销售产业链，但精深加工产品较少，产业配套落后，农业产业集群化、产加销一体化不足，一、二、三产融合不够，基本处于产业链低端，未分选分级，产品附加值不高。

农业现代化发展速度不断加快，做好乡土特色产业越来越重要。为了加快农产品走出乡村、步入城市，要努力采用农产品网络销售和线下联合的方式，推动农业现代化发展。农产品的价值主要在于季节性和生鲜性，黔东南的地理和天气有利于农产品种植，但交通不畅，传统销售速度缓慢，农产品电商发展滞后。即使采用了电商销售，由于种植户缺乏绿色环保理念，产品附加值仍然很低。农户只懂线下销售，缺乏品牌意识，包装简单，物流快递网点较少，运输成本很高。再加上缺乏电商人才，忽视质量管理和服务，仍然不能扩大特色农产品销量。

四、科技支撑力弱，农产品精深加工少

目前，黔东南农业技术支撑不足，人才队伍弱，与市场脱节，经费不足，农业新技术推广慢。高新技术企业少，研发力量薄弱，科技成果转化率低。农村"空心化"现象突出，劳动力外流，新型农民不足，留守老人多，缺乏发展产业意识，生产率较低。精深加工人才少，缺乏精深研发，产品结构简单，农产品竞争力弱。缺乏专业技术人才，开发力量薄弱，成果转化率低。缺乏技术标准，加工设备少，农产品加工业发展缓慢。要建设现代化大农业和农业强州，需要建强农业产业链，不断推进农业向加工等领域延伸是关键。

黔东南农产品资源种类丰富，不过农产品加工方式主要为粗加工，发展方式较为粗放，产品结构单一，科技支撑力弱，农产品精深加工少。多数加工企业仅能进行简单加工，工艺水平不高，缺乏自主创新技术，停留在初级加工水平上。产业链条中创新力不强，全生产链企业少，与新产业的结合不紧密，带动力不强。同时，金融服务滞后，对农产品精深加工的资金支持较少。再加上物流配送和电子商务不发达，产销不能实现对接，农产品精深加工少。

不少养殖公司反馈，养殖生产中不断投入资金，且出栏时间长，收入不高，银行贷款困难，资金周转困难，影响合作社产业发展壮大。缺乏专业技术人员，合作社社员文化水平有限，养殖工作也是按部就班，没有创新发展。农民专业合作社成员市场驾驭能力普遍不足，缺乏农产品销售经验，种植出来的农产品与市场需求不匹配。实施反租倒包程序不规范、不到位。部分群众承包积极性不高，持观望态度，农户对自身种植养殖技术和市场拓展信心不足；农村主要劳动力缺失，有技术、懂管理的人才少。

五、产业资金不足，金融环境滞后

在农村产业结构升级的过程中，无论是配套的基础设施建设抑或是农业技术开发、农业科技创新，还是农村居民自主创新创业，都离不开农业

资金的支持。目前，黔东南农业生产条件不足，基础设施建设受限，农产品滞销，直接影响金融支持。资金来源渠道单一，且项目审批周期长，限制了农业的进一步发展。再加上地方财政有限，产业资金不足，难以持续发展壮大产业。虽然各地区为了有效巩固拓展脱贫攻坚成果，在重点产业发展领域的投入力度不断加大，但项目缺乏合力，目标导向性不够。诸多产业的发展需要大量发展资金的支持，如何发挥好产业项目选择、支持以及产业项目资金的使用效益，是当前农村产业实现高质量发展的关键因素。产业发展资金的投入受到当地产业发展布局重点和项目选择的制约，因此产业发展资金的使用存在一定的经营和管理风险，一直是农村发展产业领域资金监管的重点之一。受金融体制和融资政策的限制，政府农业投入资金增速减缓，各类农业经营主体资金需求量不仅大，而且资金周转周期长，也给农村产业高质量发展带来了现实制约。

发展特色农业的当务之急就是要实现从基础设施到种植技术再到销售渠道整个产业链条的更新换代，但目前缺少资金的有力保障。以蓝莓产业为例，第一，需要资金支持建造灌溉深井，以保证极端干旱气候条件下农作物生长发育期的水资源供应。需要采购一批新型自动化农机投入使用，促进蓝莓产业向现代化转型升级。第二，需要在大棚中安装智能监控设备，以便对秧苗和果实的生长发育情况进行实时监测，并采取相应的防护措施。同时，引进机器人代替人工进行劳作，在生长过程中对农作物进行疏摘，并在成熟后代替人工进行采摘、装箱等，以此减轻人的劳动强度。第三，加快产业链条的延伸，需要修建厂房、购买设备，以便最大限度地解决滞销问题，同时增加产品的附加值，带动当地就业，进而打造本土产品品牌。

七、产品严重同质化，品牌打造不够，潜在风险因素较多

产品同质化，影响比较优势的建立。黔东南农业受地理特点影响，决定了"小、精、尖"产品更具有比较优势，脱离该优势而仅仅以规模论英雄，没有决定性胜算。具体而言，从品种选择来看，随着国内外高产动植物品种被渐次研发出来，黔东南对本地品种提纯复壮、培优改良等不断放松，产品品质好但产量不高的本地品种逐渐被淘汰，本地生产种类加速与外省趋于同质化。从扶持方向来看，黔东南地方政府长期惯用计划经济思维发展农业的套路没有根本性改变，现有农业或产业项目与各地特色品种

之间依然存在一定程度的脱节，部分市（县）某些适合本地化种植或养殖的品种不在产业名录里，政策项目固化。从内部结构来看，因市场波动而随意打乱生产步调和抛弃优势，导致资源浪费的情况时有发生。在发展部分农产品产业时，行政干预过多，没有切实体现当地实际情况和重点需求，项目生成质量不高，出现一哄而上、重复建设的现象，不利于高品质农产品比较优势的发挥。

品牌打造不够，影响市场竞争力的增强。目前黔东南农村产业的贵州名牌很少，没有一个像"老干妈""娃哈哈"这样的知名品牌。"雷山银球茶""从江香猪"等有名品牌只能算区域品牌，与全国知名品牌还有很大的差距。究其根源，黔东南农产品市场主体各自为政，品牌多，而且还杂乱无章，没有规模效益和品牌效益可言。以茶叶品牌为例，黔东南有70多个茶品牌，多数品牌没有知名度，销量很小。同时，标准化工作滞后、品牌缺位致使黔东南州农产品难以拿到QS（食品安全体系）认证，物美价廉尴尬局面尚存，压缩了供给收益空间。从需求的角度来讲，农产品的需求弹性较小，其销量不会因为人们的收入提高而出现相应的提高。调研结果表明，柑橘、梨等水果产业一到丰收季节，就很容易出现过剩而卖不起价，造成产品滞销、"价贱伤农"的风险，部分农民宁愿让梨烂在树上。农产品市场信息不对称，经营者驾驭市场能力弱，种什么、养什么的市场信息导向做得还不够，很难及时把握市场对农产品的需求，从而不能及时调整生产，加之高额的运输成本，使得农产品销售不畅，农民利益受损的情况时有发生。农业产业具有受自然气候控制的缺陷，黔东南处于自然灾害频发的地区，旱灾、风灾、雪灾、水灾、病虫害等自然灾害容易对农业造成伤害，农产品发展的自然风险很大。比如禽流感疫情暴发造成市场恐怖气氛，对黔东南家禽养殖业带来了毁灭性伤害。非洲猪瘟疫情，对黔东南甚至贵州全省、全国的生猪养殖造成了严重影响，猪肉制品企业的发展也因此出现疲软。

以八月瓜种植为例，不少合作社反馈，种植能否成功的一个最重要因素是园子的管理水平如何。如果管理技术较好，八月瓜生长良好，那么第二年就会有相当可喜的产量，一般2年左右即可收回前期投资，以后的经营压力就会小很多，园子收益也有保证。但如果技术上不过关，产量迟迟上不去，前期投资不断加大，收益却一直很少，一旦资金链断裂，那么八月瓜投资很可能会以失败告终。近年来，全国各地兴起了八月瓜种植潮，八月瓜种植面积逐步增加，产量随之增加，逐步满足群众对八月瓜的食用需求，但在药用价值和工业价值上不能得到有效保障。近年来，八月瓜产品出现滞销的情况，产品难以实现销售，资金不能正常周转。黄平县一碗水乡印地坝村处于低洼坝区，每年到雨季，都会面临水灾风险，导致八月瓜病虫害频发，减产严重。同时八月瓜根瘤蚜等一些严重的病虫害如果大面积发生，会给八月瓜园子带来毁灭性打击。要加强检疫，不从疫区调运苗木，另外建园时采用抗病性较好的实生苗以减低此类风险的发生概率。

以蔬菜合作社为例，服务内容相对单一，只是向菜农提供一些蔬菜生产、销售等方面的技术支持或者是向社员提供一些蔬菜生产资料例如化肥、菜种的供给。真正能够提供有一定技术含量的蔬菜栽培技术或规范化标准化管理的合作社非常少，并没有为社员提供任何实质性的服务。一些发展较好的合作社也大多停留在蔬菜产品的销售上，对蔬菜产品进行深加工或精包装的合作社寥寥无几，而且绝大多数停留在蔬菜的粗加工上，合作社的产业层次比较低，导致其市场竞争力比较弱。由于资金短缺，导致合作社的组织规模受限制，其功能也无法得到真正发挥，合作社的发展是低效率低层次的，组织规模相对较小，经济实力也比较弱，合作社能够提供的服务相对较少。合作社的品牌注册意识较为缺乏，有的合作社虽然已经在工商局登记注册并有自己的注册品牌，但也只是提供一些季节性的包装销售，深层次的加工包装相对匮乏，在申请有机食品和绿色食品、精包装销售等方面还是比较落后的。

八、农村产业人才匮乏

农村青壮年大多外出务工，"空巢"老人多，懂技术的新型农民少，文化程度不高，可提供的智力支撑不足。留守劳动力市场观念淡薄，接受新观念的能力低下，各地农村发展产业实现高质量发展的条件面临人的制约，成为影响现阶段农村产业发展的"难点""堵点"问题之一。乡土人才舞台少，示范引领效果不明显。

人才队伍结构不合理，人才素质普遍较低，高学历人才不愿来，留守劳动力普遍缺技术、缺学历、缺经验。虽然部分农民积极学习，但仍然难以胜任高技能工作，经济发展缺乏后劲。农村人才以传统农业为主，产业发展受限。缺乏人才培养机制，人才缺乏提升能力的机会，缺乏人才培养计划，培训体系不完善，制约了农业产业的发展。

第二节　黔东南工业发展问题

稳住"压舱石"，工业挑大梁。为进一步夯实高质量发展根基，黔东南积极培育壮大新兴产业，新型工业化扎实推进。但问题仍然不容忽视，主要表现为：一是工业经济总量仍然偏小，工业发展依赖矿产、有色金属等资源密集型产业，多数工业企业经营规模较小，大中型工业企业数量较少。二是缺乏大企业、大项目的引领和支撑。黔东南近年招商引资的大项目、好项目仍然不多，境内世界 500 强企业入驻不多。三是企业自主创新能力不强，科技投入不足，受科技水平和人才资源等要素不足的限制，技术创新资源配置效率不高，科技成果转化率低，工业企业创新水平整体偏低。黔东南多数企业属于土生土长的本土企业，思想观念、管理方式较为落后，人才缺乏。四是配套服务不完善。黔东南工业园区的基础设施配套尚不完善，标准化厂房、物流配送、供气供热、金融网点、学校、医院等配套不到位，影响了园区的承载力。

一、工业经济总量小，产业结构不够合理

黔东南虽然工业总量不断增加，但与周边地区相比，工业经济总量小，产业结构不够合理。从"十三五"规划时期的数据来看，黔东南工业规模总量小、占比低，全州工业总产值仅为贵阳的 16%、黔南的 31%、安顺的 55%、铜仁的 59%，与全省其他市（州）相比差距较大，占全省工业产值的比重仅为 3.5%；工业在本地区国民经济中的比重也不高，占地区生产总值比重仅为 11.8%，远低于全省平均水平，综合实力偏弱的状况依然存在。重工业比重超过 80%，轻工业占比较低，轻重工业发展不协调；规模以上工业企业数量在全省 9 个市（州）中最少，占全省的比重仅为 6%，缺乏带动型龙头企业；特色优势产业小而散，产业链条短，名优特新产品不多，产业结构仍需持续优化。全州工业主要集中在凯里、台江、岑巩、镇远等市、县，部分县工业发展步伐缓慢，区域均衡发展面临较大挑战。

黔东南州经济发展水平总体不高，企业组织化、集群化程度低，同质化现象严重，商业业态结构不够合理，新型业态发展速度慢。各市（县）

人口较少，难以形成规模效应。企业主要集中在资源利用、传统商贸等行业，个体工商户多，私营企业少；小企业多，规模以上企业少；加工型企业多，创新型企业少；传统产业多，新兴产业少；低端产品多，高端产品少。其表现为：一是规模以上企业占比小。2022年底，全州在库规模以上工业企业351户，规模以上工业增加值同比增长5.2%；全州在库工业投资项目267个，同比增长18%；培育上规模入统筹工业企业23户。2023年底，全州规模以上工业企业增加值同比增长4.7%，排全省第3名，新增入库企业41户。从市（县）来看：增速前三位的是丹寨（47.7%）、台江（34.7%）、施秉（33.8%）；增速后三位的是黎平（-11%）、天柱（-13.2%）、锦屏（-37.8%）。全州65户规模以上亿元工业企业，产值同比增长3.5%。二是缺乏大企业大集团引领。2017年以来，贵州省上市工作捷报频传，接连实现贵州企业科创板上市零突破：铜仁市上市企业零突破，毕节市企业新三板挂牌零突破。截至2023年10月底，共有A股上市公司36家，其中上海证券交易所主板16家、科创板3家，深圳证券交易所主板13家、创业板3家；北京证券交易所1家。只有黔东南州、黔西南州没有A股上市公司及新三板挂牌公司。

产业结构不够合理，转型升级动力不足，转型升级面临困难较大。传统产业转型升级面临着环保、资金、技术等众多难题，在创新改造项目中，多数是投资很少的技术改造项目，智能化和绿色化改造项目不多。企业转型升级缺乏动力，全州工业经济实现高质量发展任务艰巨。传统产业比重大，重工业占比过高，新兴产业比重小。先进装备制造、新材料、节能环保等新兴产业占比仍然较小。多数工业产品处于价值链和产业链低端，常年徘徊在加工、组装和制造环节，产业链条短，配套不完善，高端产品和最终消费品匮乏，同质化竞争现象突出。

二、企业规模普遍偏小

企业规模小，融资、发展都受影响。市场主体规模较小，企业普遍"散小弱差"且业务单一，难以在相关产品上实现产业化、规模化和标准化，在产品的品质、成本上难以形成优势，产品缺乏竞争力。黔东南全州企业多数为小微企业，头部企业少，特别是住宿餐饮业，规模小，市场竞争力不足。黔东南州企业产业分散，缺少龙头企业带动。工业中重点行业发展动力不足，文化旅游业、茶叶产业、山泉水产业、青钱柳产业、特色农产品加工、工艺品加工等重点产业因缺少龙头企业带动，发展动力不足。全州工业增加值仅占地区生产总值的 22.18%，规模以上工业企业数量全省最少，仅占全省总数的 5.71%，而全社会研发投入 80% 以上来源于规模以上工业企业。大部分企业为中小微企业，企业财务管理和研发管理制度不健全，企业管理层对创新政策理解认识不够，重视程度低，研发项目要素支撑不足，研发人员引进培养不力，核算归集不合理不到位，且大部分企业处于亏损状态，享受研发费用加计扣除所得税优惠政策的动力不足。

2022 年，黔东南全州民营规模以上工业企业 311 个，实现营业收入 273.78 亿元，同比增长 9.5%，实现工业增加值同比增长 8.2%，占规模以上工业企业增加值的 59.3%。全州 2020—2022 年民营经济增加值分别为 636.62 亿元、733.30 亿元、763.03 亿元，分别占 DGDP 的 53.4%、58.4%、59.0%。从产业结构来看，全州民营三次产业增加值分别完成 261.28 亿元、207.02 亿元、294.73 亿元，占全州 DGDP 三次产业增加值的比重分别为 95.5%、72.2%、40.2%，与上年同期相比，民营第二产业比重提高 4.5 个百分点，民营第二产业成为推动全州民营经济增长的主要支撑力量。从比重来看，第一产业近三年占比比较稳定，均保持在 95.5% 左右；第二产业占比变动比较大，近三年的占比从 61.5% 到 72.2%；第三产业近两年占比比较稳定，均为 40% 左右，比 2020 年提高了 5 个百分点。

近年来，国内国际市场不稳定，各类产品价格大幅波动，且受环保督查影响，不少企业需要的建材、砂石等原材料价格上升，再叠加人工成本不断攀升，企业利润空间紧缩，企业运行质量有所下滑。2022 年，黔东南全州 500 万元及以上项目民营投资同比下降 31.3%，占全部投资比重的 35.3%。其中，第一产业民营投资同比下降 62.5%，第二产业民营投资同比下降 23.4%，第三产业民营投资同比下降 31.9%，占全部投资的比重分别为 10.5%、31.0%、39.0%。全州民营建筑业企业 139 个，同比增长 5.3%，民营建筑业企业总产值占全州建筑业总产值的比重为 50.8%；民营房地产开发企业 242 个，同比下降 0.8%，民营房地产开发投资占全州房地产开发投资的比重为 85.5%。全州民营批发、零售、住宿、餐饮业企业销售（营业）额 796.64 亿元，同比增长 2.3%，占全州销售（营业）额的比重为 84.0%。其中，民营批发企业销售额 269.74 亿元，同比增长 5.0%，占全州批发业销售额的比重为 77.6%；民营零售企业销售额

415.36 亿元，同比增长 1.9%，占全州零售业销售额的比重为 85.1%；民营住宿企业营业额 23.09 亿元，同比下降 9.2%，占全州住宿业营业额的比重为 99.1%；民营餐饮企业营业额 88.44 亿元，同比下降 0.9%，占全州餐饮业营业额的比重为 99.1%。2023 年底，全州私营企业登记户数 64 248 户，同比增长 16.9%，其中，本期登记 12 742 户，注销 4 648 户；总注册资本 2 904 亿元，同比增长 13.9%。个体工商户登记户数 312 402 户，同比增长 12.9%，其中，本期登记 52 724 户，注销 17 589 户；总注册资金 247.7 亿元，同比增长 13.5%。农民专业合作社 8 750 个，同比下降 2.7%；出资总额 104.5 亿元，同比下降 1.4%；成员总数 79 736 人，同比下降 4.3%。

三、科技创新能力不强，创新研发投入不足

企业界普遍认为，R&D（研发）经费投入强度达到企业营业收入的 5% 以上，企业才有竞争力，占企业营业收入的 2% 仅够维持，不到企业营业收入的 1% 的企业难以生存。黔东南大部分企业仍属于来料加工企业，存在自主创新能力弱、产品科技含量低、竞争力不强的问题。特别是在新兴产业或新产品的替代效应冲击下，工业发展面临较大困难。同时，高素质技术工人和高端人才短缺更是企业反映的普遍性问题。工业企业基本上依托资源发展起来，生产方式粗放，技术含量低，产品附加值低，企业的研发能力低。产业结构单一，其中传统企业居多，主要集中在产业链中下游，且生产规模较小，高新技术企业数量少。各企业对科技研发投入的重视程度普遍不足，创新人才缺乏，研发队伍不稳定，各项科技政策和扶持措施还不完善，科技成果转化效率不高。

黔东南企业普遍存在产品创新设计滞后，缺少自主产权产品，企业创新不足。黔东南产业发展中存在地理标志性保护产品品牌运用不足、地方特色公共品牌培育滞后，品牌建设工作仅停留在传统物媒传播、口口相传的层面，缺少系统的品牌建设规划，缺少行业领军产品、品牌，品牌对产业发展的贡献率低，品牌市场影响力弱。独特性较明显、产品知名度较高的产品品牌太少。市场知名度低、市场竞争力弱成为制约黔东南州企业发展壮大的主要因素之一。

黔东南科技创新平台作用不明显。虽然黔东南州民营企业牵头运营的科技创新平台总数不少，但绝大多数为产业示范类平台，受产业发展市场

环境影响很大，普遍存在建设基础不坚实、运行机制不顺畅等问题。如贵州蓝莓工程技术研究中心，其建设主体之一麻江蓝莓产业工程技术中心因机构改革被撤销，目前处于运行停滞状态。科研基础类平台很少，省级重点实验室数量还未实现零的突破。同时，财政科技投入引导力不足。近年来，黔东南州科学技术方面财政支出占一般公共预算支出比重一直处于全省靠后位次，2021 年支出 3.49 亿元，同比暴跌 34.1%，占一般公共预算支出比重仅为 0.76%；2022 年支出 3.24 亿元，持续下降 7.1%，占一般公共预算支出比重仅为 0.78%。特别是科技专项财政资金，除州级每年有一定经费外，大部分市（县）科技专项财政资金为零，财政科技投入对民营企业创新的示范引导作用不足。

黔东南州缺少专利维护方面人才，目前知识产权人才状况仅能支撑开展商标服务工作，知识产权质押融资人才不足，平台建设不完善。2022 年以来，黔东南州没有新能源汽车、商用车等行业企业落地入驻；没有一家医疗器械企业；"专精特新"企业培育不足，创新能力强、专注细分市场、成长性好的中小企业数量太少。截至 2023 年 10 月底，黔东南州拥有省级创新型中小企业 36 户、省级"专精特新"中小企业 18 户、省级"专精特新""小巨人"企业 2 户、国家级"专精特新""小巨人"企业 2 户。

四、产业链不完整，产业综合竞争力不强

产业链不完整，缺集聚核心，主导产业综合竞争力不强。受缺少工业园区和标准厂房、产业基础弱、企业规模小等因素制约，黔东南州产业链条不完整，缺少集聚效应，增加了生产成本，影响了规模化发展进程。产业链带动效果不明显又影响产业发展水平，未形成上下游产业链核心，主导产业优势不明显、整体水平不高，企业之间关联度不强，产业集聚度不高，综合竞争力不强。市场主体培育难度较大，销售渠道狭窄，缺乏开拓市场的能力。由于企业行业发展较为单一，目前营业收入达到规模以上标准的企业并不多，市场主体培育较为困难。营业收入与税收直接关联，申报入库无形间增加了企业的运营成本，导致企业申报入库积极性不高。大部分企业销售还停留在传统渠道层面，除餐饮、酒店等文化旅游服务类企业市场渠道相对完整外，传统加工类企业普遍存在销售渠道传统、单一，市场开拓投入能力不足，市场需求无法满足满负荷产能现象，产能浪费严重，对产业链的带动作用受限。

黔东南州拟在北京证券交易所上市或在新三板挂牌企业体量太小、负债率过高、客户单一、盈利能力弱，具备上市资格的企业数量远远落后于周边市州。黔东南州 2020—2022 年净利润均值超过 1 000 万元的仅有 4 家，分别为贵州华星冶金有限公司、贵州云睿电子科技有限公司、鲁控环保有限公司、贵州麒臻实业集团有限公司。2023 年度贵州民营企业 100 强来自全省 9 个市（州），省会贵阳有 42 家民营企业上榜且有 5 家排前十名，数量和规模都遥遥领先于其他市（州）；遵义有 14 家，黔东南州有 10 家。黔东南州内规模相对较大的企业：贵州黔玻永太新材料有限公司，2023 年实现产值 8.05 亿元，解决就业岗位 500 余人，三期建成投产后，预计实现年产值 40 亿元以上，解决当地就业岗位 1 000 人以上。贵州其亚铝业有限公司，2023 年实现产值 27.5 亿元，产量 95.9 万吨，实现销售收入 25.3 亿元。天能集团贵州能源科技有限公司，2023 年实现营业收入 29.67 亿元。

五、融资贷款难度大，资金不足

黔东南许多中小微企业普遍存在机制不健全，资产结构中可抵押物不足，获贷能力较弱等问题。许多企业主对融资工具尤其是新型融资工具不了解，缺乏科学的融资理念和融资策略，新增信贷资金难度较大。融资难的问题又造成生产与销售等基础设施资产化不足。大部分企业因缺少抵押物，融资贷款难度大，存在着生产和销售等基础设施资产化不足，生产稳定性不强，发展后劲不足等问题。如台江县规模以上企业万航科技企业运营规范，产品前景好，但贵州省金融市场发展相对滞后，一些融资业务滞后，该公司 6 000 万元的资金缺口难以得到有效解决，从而较大地制约了其正常的经营生产。规模以上企业融资贷款都这么困难，其他中小民营企业的融资状况可想而知。企业规模有限，信贷条件严格，从银行贷款难。县级财政紧张，支持力度不足，企业普遍资金短缺。

2023 年，我们对黔东南州金融支持园区企业发展情况开展了专题调研。接受抽样调查的 65 家企业存在不同程度的资金缺口，其中，融资需求 1 000 万元以上的有 19 家，融资需求 100 万元以下的有 17 家，用于扩大生产规模、购买设备或原材料等。在 65 家抽样调查企业中，存在流动资金贷款需求的企业 35 家（占比 53.85%）、存在技术改造需求的企业 31 家（占比 47.69%）、存在基本建设需求的企业 24 家（占比 36.92%）。从企业计划融资期限来看，5 年以内的企业 41 家（占比 63.08%）、5~10 年的企业 21 家（占比 32.31%）、10 年以上的企业 3 家（占比 4.62%）。企业除了获得银行信贷支持外，只有极少数大企业获得了政府基金等支持。部分企业"融资难""融资贵"问题依然存在。对于成熟的大企业，各银行抢着贷款，小企业则由于各种原因而贷款仍然困难。小微企业缺少担保或合格抵押物，难以获得银行资金支持。44.62% 的企业将"自身抵押物不足，而信贷担保机构缺失，融资担保额度偏低"作为难以获得贷款的首要制约因素。在银行调研中也同样反馈"企业入驻的是标准厂房，无固定资产抵押，导致融资难；部分企业自有资产未完成产权登记，也导致融资无抵押物"。全州尚未建立专门的园区企业信贷风险补偿基金，政策支持力度有待进一步加大。为增强担保能力，黔东南组建了州担保公司，但其资本金额度小，融资担保体系为企业提供贷款增信担保的能力有限。

六、家族式管理为主，管理水平落后

黔东南企业管理规范性不足，大部分企业因生产规模小，多以家庭作坊或家庭加工厂形式运作，缺少专业人员管理，生产管理、财务管理、库存管理、渠道管理等方面标准化水平低，企业经营管理专业人才缺乏，尤其是财务管理不规范问题突出，成为制约企业融资贷款、发展壮大的重要因素。缺乏现代营销理念，家族式管理为主，管理水平落后，产品更新换代难。缺乏专业技术人才，产品创新能力较弱，产业层次不高。

企业对上市的认识不足，一些只符合北京证券交易所上市或新三板挂牌条件的企业想选择到主板上市，对于板块定位、财务标准缺乏了解，自身企业规模与板块要求不匹配，且企业也没有结合自身发展目标，在业务、财务、合规等方面做好顶层设计。麻江明洋食品公司，2022 年实现产值 1.88亿元，而沪深主板过会企业净利润均值为 4.36 亿元，中位数为 1.35 亿元，按 15% 的毛利率计算，公司至少要实现产值 9 亿元。西江运营公司，2022 年净利润仅 300 多万元，从净利润来看，与主板上市标准差距很大。一些家族式企业认为自己不缺钱，没必要上市，加之企业历史遗留问题多，怕改制曝光后政府"秋后算账"，不敢上市，缺乏实质性上市行动。黔东南州多数企业的决策层对资本市场缺乏了解，"不想上市、不敢上市、不懂上市"情形普遍存在，容易错失上市的最佳时机。贵州青酒酒厂有限公司，2000 年已达万吨产能，销售额突破 3 亿元，成为当时仅次于茅台的贵州第二酒，但其在

巅峰期没有选择进入资本市场做优做强，错失了上市的最佳时机。

七、人才吸引力不强，人才匮乏

经济下行对多行业和就业产生不良影响，劳动力流动受阻，产业链运转不畅，外贸外资企业面临下行压力，需求走弱，造成短期内就业人数减少。已就业人员中，初级、中级专业技术人员和技能人员较多，高层次人才、高级职称人才、高级技能人才短缺。高层次人才主要集中于规模较大和待遇较好的企业中，越是经营困难、管理落后的企业，越是人才匮乏。黔东南州企业普遍存在着待遇跟不上、人才引不进留不住的问题。一些规模以上企业的劳动力，学历普遍偏低。如某规模以上企业没有一个研究生，2021年引进了一个研究生，结果人家还不来，严重制约了企业的科技创新与转型发展。再如，某规模以上企业负责人介绍，员工基本只有中小学文化，大专生都不多。规模以上企业尚且人才缺乏，其他企业可想而知。

企业引才主体作用发挥不到位，人才引进成效不明显。黔东南州企业发展相对落后，部分企业对人才引进工作重视不够，人才引进、培养和使用主体责任落实不到位。企业人才成长的平台、空间、环境优势不明显，对人才的吸引力不强，在创新人才、高技能人才引进上还需要进一步加强。职业技能培训方面还要在提质增效上下功夫。培训的方式还比较单一，覆盖面还需要进一步提升，培训的效果还需要进一步加强。

同时，黔东南州企业普遍缺乏熟悉资本市场运行知识的职业经理人、财务总监等企业高管人员，对改制和挂牌上市工作缺乏统筹考虑。如麻江县明洋食品有限公司，近3年换了3个财务总监，难以找到能推动企业上市的人才；黎平县侗乡米业有限公司，只能由会计负责推动企业上市工作。黔东南州企业高级管理人才、高级技能人才占比低，导致企业研发能力普遍较为薄弱。我们调研发现，企业都希望与高校、科研院所等合作，提升创新能力。如兴隆碳素有限公司与湖南大学合作，加强产品创新；贵州云睿电子科技有限公司与广东省科学院测试分析研究所合作，为公司产品研发创新提供支持。

以黔东南州最大的炉碧经济开发区炉山工业园为例。2022年底，炉碧经济开发区从业人员5 700余人，其中，博士生学历8人，硕士生学历11人（含管委会成员4人），高层次人才占人员总量的0.3%，占比较低。人才分布向大企业集中，高层次人才发展不均衡。职称人才和技能人才 1 000 余人，占总人数的 17% 左右。仍有部分企业缺少技能人才，其中包括持证的电工、焊工、锅炉工等及有丰富工作经验的机械模具师、机械操作师等工种，紧缺人才队伍不充足。在重点产业人员结构方面，从事玻璃行业的约 1 200 人，其中 45 岁以下 500 余人。从岗位构成来看，管理人员 37 人，专业技术人员 50 人，普通工作人员 1 100 余人；从专业技术水平来看，高级职称 9 人，中级职称、初级职称 41 人；从学历构成来看，研究生以上学历 1 人，本科以上学历 149 人。炉碧经济开发区着力打造玻璃产业集群、光伏产业集群，努力打造西南地区重要的玻璃生产加工基地，高度重视人才工作，把人才引进和培养服务纳入开发区发展计划中，加大政策倾斜力度，通过优惠政策来吸引和留住各类人才；加大人才孵化基地投入，研究不同模式的人才培养办法，最大限度满足开发区现有的人才需求和未来发展的人才储备。

第三节　黔东南城镇化发展问题

城镇化水平与区域经济发展息息相关，两者之间是一个相互促进且缺一不可的关系。其中，城镇化的发展会在前期对区域经济发展表现出明显的积极作用，而这种作用会随着时间的推移或社会的变化慢慢弱化，但也会一直为经济的发展提供一定的动力，城镇化建设能带动消费、收入等的增加，从而带动经济的发展。经济的发展能使城镇化得到很快提升，且这种提升呈现出不断增强的效应，经济发展促进财政收入与就业增加，使城乡交流增多，促进资源均衡配置。黔东南州积极响应国家的政策，大力发展新型城镇化。近年来，黔东南州加快推进以人为核心的山地特色新型城镇化，优化城镇布局、做强城镇经济、提升城镇品质，奋力推进城镇大提升，助力新型城镇化高质量发展。黔东南州逐步形成以凯麻片区为核心引领、凯里都市圈、黔东片区城镇组群、南部黎从榕锦城市带为区块联动，特色县城和特色小（城）镇为支撑的城镇体系。但城镇化推进中也存在一些问题：全州整体基础配套不全，"以城带乡"难度大；城乡融合度不高，双方协同发展不畅；城乡各种资源不平衡，加之区位限制等，城乡交通及公共基础设施、公共服务供给差距仍然明显，资金、土地等依然是限制新型城镇化发展的瓶颈。

一、城镇化率低，区域之间城镇化水平差异较大

2018 年，黔东南州城镇化率为 44.81%，贵州省与全国城镇化率分别为 47.5%、55%，显然低于全国和整个贵州省的城镇化水平，存在着很大差距。这主要是因为黔东南州的户籍城镇化率偏低，即缺少合理的户籍升级激励机制，只是一味地扩大城市用地，"空城化"现象明显，人口与城市扩大不相匹配。如凯里市经济开发区的移民新区，不管是政府补贴房还是只对农村户籍售卖的低价商品房，都鲜有人居住。黔东南州城镇化发展，主要依靠工业的经济效能来带动，但成就与问题并存。目前工业发展层次较低，产业集群效益差，劳动力外流增多，资金、人才的涌入量减少，经济规模效益难以显现，导致城镇化严重滞后于工业化；此外，传统城镇化重速度轻质量，从而引发了环境污染、空间拓展不合理、就业吸纳能力不足等问题，导致农民进城意愿降低，难以达到真正以人为核心的新型城镇化标准，使新型城镇化的规模扩张乏力。黔东南州新型城镇化难以短时间内完全转型，现在主要依托"两个宝贝"优势，全面发展特色小城镇，打造特色旅游发展线路。但从总体来看，黔东南州基础设施不足，城镇化率低，产业发展受到农业收益小且生产效率低、工业规模小、服务业资金不足等问题的制约，黔东南州城镇化进程滞后，从而导致新型城镇化发展质量低。黔东南州以农业收入为主的农村人口较多，收入较低且开销大导致脱贫脱困人口比重大，进而成为阻碍城镇化发展的一大问题。再加上农村陈旧保守的观念、地方资金短缺、生存技能单一等问题，难以改变现有生活模式去适应城镇生活，使农户就业率和农业生产率的增长受挫，长期以来城镇化进程十分缓慢。

根据 2021 年的人口普查数据，贵州省过去十年（2011—2020 年）城镇人口增加 874.82 万人，城镇化率提高 19.34 个百分点，年均提高 1.93 个百分点，比上个十年（2001—2010 年）提升幅度高 9.49 个百分点。过去十年城镇化率提升幅度高于全国 5.13 个百分点，城镇化水平与全国的差距进一步缩小。从 9 个市（州）来看，过去十年城镇人口增加最多的是贵阳市，增加 184.91 万人，占全省总增加量的 21.14%；城镇人口增加最少的是安顺市，增加 45.64 万人，仅占全省总增加量的 5.22%。贵阳市城镇化率最高，为 80.07%，城镇化率最低的毕节市为 42.12%，两个地方相差 37.95 个百分点。从提升幅度来看，过去十年，城镇化率提高幅度最大的

是黔南州，共提升 22.48 个百分点；贵阳市城镇化率在 2010 年已经达到 68.13%，过去十年提升幅度相对略低，提升了 11.94 个百分点。而黔东南州城镇化率仅为 45.55%，为全省倒数第二。2011—2020 年，贵州全省各市（州）常住人口城镇化情况如表 7-1 所示。

表 7-1　2011—2020 年贵州全省各市（州）常住人口城镇化情况

单位：%

地区	2011 年城镇化率	2020 年城镇化率
全省	33.81	53.15
贵阳市	68.13	80.07
六盘水市	28.56	48.87
遵义市	35.02	56.69
安顺市	30.04	46.41
毕节市	26.14	42.12
铜仁市	25.98	46.04
黔西南州	28.15	46.13
黔东南州	26.02	45.55
黔南州	29.05	51.53

数据来源：2022 年黔东南州统计年鉴。

城镇生活压力较大，生活成本较高，而黔东南农村大都是传统的自给自足经济，生活成本很低。因此，对村民而言，如果去县城找不到工作，没有稳定的收入，就不愿意迁往城镇，甚至有一些搬到城市后又返回了农村。同时，由于黔东南农村村民的文化水平较低，大部分是初中及以下文化，与外界交流机会少，难以接受新观念、新知识。再加上村民缺乏技能，难以在城镇找到满意的工作，使得一些愿意来城市的村民也不得不留在农村。这些不利因素导致黔东南城镇化建设较为缓慢，城镇化率低。为了更加清晰地了解黔东南城镇化率的情况，我们查询了《黔东南州统计年鉴》，发现全州 2022 年城镇化率为 33.74%，凯里市为 52.78%最高，最低的从江县为 16.61%。在资料整理中，我们没有查询到常住人口中的城市人口。为了区分各市（县）的城镇化率，在这里我们用《黔东南州统计年鉴》2022 年末户籍人口数据代替。从整体城镇化水平来看，黔东南州 2021 年末户籍人口为 4 895 982 人，城镇化率为 33.74%，这表明黔东南州整体城镇化水平还有较大提升空间，乡村人口在总人口中仍占较大比重。从各市（县）城镇化水平差异来看，城镇化率较高的地区有：凯里市城镇化率达52.78%，是黔东南州唯一一个城镇化率超过50%的地区，显著高于黔东南州平均水平，在推动黔东南州城镇化进程中起到了引领和示范作用。三穗县城镇化率为44.84%，天柱县城镇化率为40.06%，也相对较高，说明这些地区在城镇建设、产业发展等方面取得了一定成效，吸引了较多人口向城镇聚集。城镇化率中等的地区有：镇远县（36.66%）、岑巩县（34.60%）、麻江县（35.51%）、丹寨县（33.01%）、黎平县（32.48%）的城镇化率处于30%~40%区间，与全州平均水平较为接近，反映出这些地区城镇化发展步伐与黔东南州整体节奏基本相符，但也需要进一步加大城镇化推进力度。城镇化率较低的地区有：锦屏县（24.94%）、剑河县（26.72%）、台江县（28.92%）、榕江县（29.18%）、雷山县（27.97%）、施秉县（27.91%）以及从江县（16.61%）城镇化率低于30%，尤其是从江县城镇化率仅为16.61%，远低于黔东南州平均水平。这些地区在经济发展、基础设施建设、就业机会等方面存在不足，导致人口城镇化进程相对缓慢。从城镇与乡村人口分布来看，凯里市城镇人口数量最多，达311 415人，这与其较高的城镇化率以及作为州府所在地的地位相匹配，在经济、文化、教育等方面具有较强的吸引力。而从江县城镇人口仅65 613人，是各市（县）中最少的，这也与它较低的城镇化率有关。在乡村人口方面，黎平县乡村人口数量最多，为389 994人，这与黎平县的地域面积、人口基数等因素有关；施秉县乡村人口相对较少，为129 660人。2022年黔东南州各市（县）常住人口城镇化情况如表7-2所示。

表7-2　2022年黔东南州各市（县）常住人口城镇化情况

区域	年末户籍人口/人	城镇人口/人	乡村人口/人	城镇化率/%
全州	4 895 982	1 651 751	3 244 231	33.74
凯里市	590 069	311 415	278 654	52.78
黄平县	390 090	116 545	273 545	29.88
施秉县	179 864	50 204	129 660	27.91
三穗县	233 124	104 536	128 588	44.84
镇远县	276 044	101 205	174 839	36.66

表7-2（续）

区域	年末户籍人口/人	城镇人口/人	乡村人口/人	城镇化率/%
岑巩县	240 548	83 226	157 322	34.60
天柱县	419 880	168 190	251 690	40.06
锦屏县	239 563	59 743	179 820	24.94
剑河县	279 630	74 706	204 924	26.72
台江县	173 677	50 225	123 452	28.92
黎平县	577 557	187 563	389 994	32.48
榕江县	385 338	112 442	272 896	29.18
从江县	395 140	65 613	329 527	16.61
雷山县	164 785	46 098	118 687	27.97
麻江县	171 260	60 808	110 452	35.51
丹寨县	179 413	59 232	120 181	33.01

数据来源：2022 年黔东南州统计年鉴。

二、建设规划管理不到位，城镇功能作用不明显

在黔东南州"中心城市圈"新型城镇化建设进程中，建设规划管理不到位的状况较为突出，严重制约着城镇功能作用的有效发挥。部分乡镇至今尚未编制总体建设规划，加之受复杂山地等自然地形的显著影响，城镇分布呈现零散状态，科学合理的空间布局与完善的城镇体系构建困难重重。就拿凯里市来说，尽管其民族文化底蕴深厚，聚居着苗、侗等 33 个民族，然而对周边区域的辐射带动作用仍然不如人意。并且全州各个县城规模有限，发展潜力难以充分释放。

从规划层面剖析，城镇化发展缺乏科学合理的统筹规划。部分地方在规划时，未能充分考量自然条件，也未紧密结合人口结构、民族习惯与风俗等因素。同时，专业规划人员极度匮乏，委托人员责任心严重缺失，以及规划部门间缺乏有效协同，都严重影响了区域规划的科学性与合理性。在建设方面，部分地方存在基础设施投入不足的问题，盲目大拆大建，城镇建设缺乏地域特色与民族风情，服务配套也不够完善。对文化资源的保护力度不够，使得城镇风貌特色日益消退，乡村风貌景观逐渐消失。从管理上来看，管理方式较为粗放，精细化管理缺失，多头管理现象突出，部

门间无理推诿现象突出。由于缺乏有效的沟通协调机制，在面对诸如城镇环境整治、公共设施维护等问题时，各部门相互扯皮推诿，导致问题难以得到及时有效的解决。这些问题都严重制约了城镇功能的有效发挥，影响了新型城镇化建设的质量与进程。

三、城市品质有待提升，城乡融合度不高

居住环境是保障民生的重要方面。黔东南部分地区缺乏配套设施，景观设计不合理，地下排水管道设置不合理等。全州整体基础设施配套不全，城乡供水一体化、智能化水平不高，路网布局不优，城区断头路、瓶颈路仍然存在，老旧小区停车位、休闲养老设施不足，老旧小区改造标准低，群众体验感不强。全州乡镇生活垃圾转运站均已建成，但安装设备滞后，有 10 个站点尚未正常运行。例如在污水处理上，城市污水处理品质不高，带动农村污水处理能力不足，加之农村居住分散，污水处理设施布局分散，大部分设施建设远离居民点，集中收集处理成本过高，导致大多数项目推进缓慢，部分乡镇污水处理站至今都未建成或正常运行。

全州农村投入机制有待健全。由于城乡各种资源差异，加之区位限制等，城乡交通及公共基础设施、公共服务供给差距仍然明显。如乡镇卫生院分布在镇区和集镇，其余均分布在中心城区，资源分布不均衡，城乡之间医疗资源配置不尽合理。制造业发展处在发展初期，仍是资源驱动型的，产城化带动有限。产业融合处于探索阶段，仍以初级产品为主，深加工产业少，品牌化推进慢，经济效益不高，产业发展对促进农民增收的作用有限，城市品质有待提升，城乡融合度不高，无法支撑城乡融合发展。城乡产业规划联动弱，辐射带动有限，乡村与城市产业无法有效衔接，要素流动仍以流向城市为主，特色农业缺乏市场竞争力。城镇化的目的是使农民脱贫致富，但土地流转不规范，法律法规滞后，制约了与现代农业的有机衔接。一些重点项目的利益导向性，使农业成为其他产业的附庸，城镇化发展建立在乡村发展停滞之上。

四、要素保障不足，制约城镇化发展

在新型城镇化进程中，资金、土地等依然是限制新型城镇化发展的瓶颈。例如城市棚户区改造和老旧小区改造中央专项补助标准逐年降低，资金压力越来越大。城镇市政基础设施项目具有"小、散、弱"的特点，融

资困难。农村人口流失，导致参与农业生产的人减少。县域城镇化发展，特色是关键，应结合县域资源发掘特色。但受传统思维的局限，同为黔东南苗族侗族文化县，特色不鲜明，风貌单一。由于特色不够，集聚效应弱，制约了城镇化发展。城镇化对人口的集聚，提高了居民的收入，扩大了消费需求。同时，各种生产要素的集聚也让黔东南的三次产业得到了一定程度的增长。从总体来看，城镇化对于黔东南的经济增长是有促进作用的，黔东南地区的生产总值是逐年增长的。但是城镇化发展水平仍然较为低下，导致了居民消费需求不足、产业发展不均衡等问题，同时经济增长推动力也不够。

城镇化集聚生产要素，并依靠旅游资源让第三产业得到蓬勃发展，住宿、餐饮等服务业等就业岗位增多，农户就业机会增多。农村富余劳动力由第一产业农业种植为主转移到第三产业从事服务业，农户的收入水平也进一步得到提高。农村劳动力的转移和集聚扩大了消费群体基础，转移的劳动力在城镇衣、食、住、行等方面产生需求，一定程度上促进了城镇的服饰、餐饮、住宿、交通等行业的发展。但城镇化还停留在初级阶段，只是单纯的引流。迁移到城镇的农户没有社会保障，意外疾病事故等抗风险能力差。而且受文化水平的限制，大多数迁移的农户在城镇就业没有竞争力，只能从事简单的体力活动，在工厂流水线或者工地上干活，生产效率较低，收入提高缓慢，无法进一步扩大需求刺激经济增长。

城镇化对土地资源的集聚整合效应确实产生了一些规模收益，但是土地开发模式还存在很多问题，如政府盲目扩大城镇范围，而流动人员集聚不足，造成了很多房屋闲置，周边的配套基础设施建设也被浪费。过快的土地城镇化建设与滞后的人口城镇化不匹配，未能达到预期的城镇化经济效果。集聚土地建设了工业园区和安置房等，但是周围配套设施不健全、交通不发达，不仅导致产业之间联动性不强，而且工业生产和居民生活产生的污水垃圾等处理不到位，环境污染严重，不利于工业可持续发展，居民生存环境恶化也会导致人员流失，这对城镇化进程势必造成一定程度的阻碍。

政府比较重视土地城镇化，主要资源投资在农业园、工业园、安置房建设等，过度发展第二产业，同时忽视了基础设施在城镇化中的重要作用，投资较少，配套基础设施建设和普及率不太高，导致城乡人力、物质资源无法充分流动，工业生产运输不便利，尤其是信息化建设方面比较薄弱。与城市相比，乡村处于较低水平，缺乏要素，保障不足。政府财政资金有限，会将有限的资金用于区位条件较好或离城市较近的农村，偏远地区很难获得持续的财政投入，制约了城镇化发展。农村青壮年劳动力向城镇转移，农村以老弱妇孺为主，缺少相应资源，村集体经济和特色产业难以发展，没有形成产业链条，无法实现乡村和城市的双向流动，制约了青壮年的城镇化发展。

第四节　黔东南旅游发展问题

黔东南州被联合国推荐为"返璞归真、回归自然"全球十大旅游胜地之一，围绕"四新"主攻"四化"，文旅融合，不断推动全州文化旅游产业高质量发展，助力乡村振兴。实施市场主体培育计划，加大力度注重经营管理、优化服务、培育主体等，不断提升效益，全力推进闲置低效旅游项目盘活。聚焦资源、客源、服务要素，围绕"吃住行游购娱"等要素，谋划旅游线路产品，开发"村 BA""村超"等特色资源，丰富旅游业态。聚焦中国乡村旅游 1 号公路，重点打造西江千户苗寨、黎平肇兴侗寨、镇远古城，提升旅游吸引力。然而受到经济、交通、对外宣传等因素影响，旅游产业收入较小，加快贵州旅游产业化进程迫在眉睫。

一、旅游产业化发展的基础较薄弱

黔东南旅游产业化的基础还比较薄弱。我们调研发现，旅游配套服务差，旅游设施利用率不高，旅游设备老化，旅游设施被占用，旅游服务功能普遍缺失。同时，旅游融合发展不够，旅游产品单一，同质化现象严重，苗侗文化挖掘不够，缺乏黔东南特色，功能性和实用性不足，文化休闲产品少。从景区来看，耐看的景点少，吸引力不强，景点项目千篇一律，人气不旺，难以让游客满意。景区科技融入不足，科技元素滞后，跟不上旅游者的需要。线上游览、智能停车、虚拟现实等技术没有被应用到景区，难以吸引年轻人参与。由于经济下行压力加大，旅游基础设施建设滞后，部分景点资金有限，缺乏投资，影响规划进程和旅游项目的开发，甚至设施都难以及时维修，旅游发展停滞不前，形成恶性循环，游客越来越少。有的景区管理混乱，产权不清，权责不明，推诿扯皮多，有景点无人管，不知谁来管。

其实，黔东南自然资源丰富，民族文化多彩，虽有好的资源，却没有得到很好的开发。产品没有结合黔东南的特色，很多产品都是到小商品批发市场购买的，导致有资源无产品。旅游产业发展都是旅游企业和政府积极参与，百姓的参与意识不强。究其原因，相关利益联接机制没有建立，老百姓没有得到真正的实惠，难以形成全民参与的旅游格局。旅游企业规模整体实力不足，缺乏带动能力，规模以上企业少，最大的如西江千户苗寨公司、镇远古城，规模以上企业滞后于行业发展。个别景区盲目跟风，没有因地制宜发展，难以满足市场需求。同时，景区"最后一公里"交通通行难，游客进出不便，旺季"堵车"严重；景区与景区缺乏公共交通，出行不便。停车位少，不能满足发展需求。

二、旅游产业化发展的创新度不够

旅游产业化链条不长，融合不够，零散经营难形成集聚，特色文化挖掘不够，项目千篇一律，缺少专业布局。旅游资源分散，企业规模小，旅游同质化，旅游竞争力有限，旅游产业化发展的创新度不够。旅游企业协同不够，缺乏规模大的企业，没有形成产销一体化，旅游景点"小、散、低、乱"的问题突出，"游山玩水"仍是主业，旅游业态单一，旅游项目单一，旅游产品同质化现象严重，精品少。

旅游开发不足，产业化发展滞后，配套设施不强，专业化水平低。旅游产业化发展的创新度不够，文化内涵挖掘不够，高知名度的旅游景点少，大多数游客只知道千户苗寨、镇远古城等旅游景区。旅游景区工作人员年龄偏大，本科学历及以上人员少，高素质人才队伍建设不足，高层次服务少，旅游体验差，景区效益不高。

二、旅游产业联动发展效应不强

目前，整个贵州只有2家旅游公司在新三板上市。黔东南没有旅游公司上市，龙头企业缺失导致产业化力量不够，旅游产业联动发展效应不强。近年来，旅游出行类、旅游住宿类、旅游餐饮类市场主体数量不断增长，培育了不少旅游企业，但规模有限，资金实力不强，难以发展为龙头企业，领头作用发挥不够。难以推出旅游品牌，同质化现象明显，难以满足市场旅游需求，市场关注度低。产业联动发展效应不强，农旅、工旅融合不够，旅游综合效益不高。

四、旅游产业化发展人才匮乏

管理和运营人员缺乏旅游专业背景，管理和服务水平较低，高层次、技能型、专业化的旅游产业化发展人才匮乏，市场化运营能力不足，特色旅游景点和旅游产品少，人才培养滞后。凯里学院只有旅游管理、酒店管理专业，旅游"双师型"教师少，高层次旅游人才不足，人才培养难以与黔东南旅游需求对接，难以助力文旅转型，难以实现旅游产业融合发展。非遗人才、文旅人才、旅游管理人才、旅游创新人才缺乏。

第八章 推进以人为核心的山地特色新型城镇建设

　　进入"十三五"规划时期以来，黔东南州积极推进以人为核心的城镇化，城镇化建设水平进一步提高，2020 年，常住人口城镇化率提高到45.55%，户籍人口城镇化率提高到 36.83%，进一步缩小了与全国、全省水平的差距，城镇化发展向高质量发展阶段迈进。"一核两极、三轴三区"城镇化空间格局基本形成，凯麻同城化建设取得一定成效，凯都一体化规划编制启动，凯里市城市首位度得到提升。黔东片区、南部片区城市建设加快推进，一批特色小城镇和中心村加快规划建设，基本形成中心城市、节点城市、特色小城镇、中心村协同发展格局。主动融入"一带一路""长江经济带"及粤港澳大湾区、粤桂黔滇等区域经济带合作，融入贵广、湘黔高铁经济带发展规划建设，积极构建多向开放协调的城镇化空间新格局。林下经济风生水起，林菌、林药、林鸡、林蜂 4 大产业快速发展。"苗侗山珍"区域公共品牌全面打响，"黔货出山"步伐持续加快；工业经济加快转型。党的十九届五中全会提出推进以人为核心的新型城镇化建设，把优化城镇格局、实施城市更新、促进大中小城市和小城镇协调发展、强化民生保障、深化户籍制度改革和推进以县城为重要载体的城镇化等内容作为新型城镇化的核心重点。全省紧紧围绕"四新"主攻"四化"总体要求，以高质量发展统揽全局，加快推进以人为核心的新型城镇化发展，大力提升城镇品质，做强城镇经济，优化城镇布局。

第一节　提高新型城镇规划、建设、管理水平

加强规划先行、规划引领，健全全州各级"五级三类"国土空间规划体系，总体规划、详细规划、专项规划编制和修编工作要坚持"量质并重""远近兼顾""统分结合""上下联动"，明确规划工作是前提、是基础、是关键、是"龙头"。进一步强化规划意识，充分发挥规划的先导作用、主导作用。加强区域统筹，突破行政区划制约，实现跨省、跨州、跨区域的规划合作，促进区域产业相辅相成共同发展，注重发展目标与内容的动态性，制定近远期结合的区域规划，选择最优发展路径。

一、加强城市规划统筹

基本实施市（县）域"多规合一"规划，推动完成州、市（县）和有条件的乡镇三级国土空间规划编制，建立州级层面统筹推进的工作协调机制，编制相应的技术导则。努力实现一个市（县）一本规划、一张蓝图、各项事业相互协调的发展格局。有序推进"三线"规划，优先划定永久基本农田保护红线和生态保护红线，合理确定城市开发边界。分层次、分阶段、有重点地逐步推进各项城乡规划工作。运用信息化手段增强管控技术支撑，保持国土空间规划的权威性、严肃性和连续性。加强规划实施全过程监管，建立健全政府派驻城乡规划督察员制度，严格责任追究，制定国土空间规划建设考核指标体系，将国土空间规划实施情况纳入地方党政领导干部考核和离任审计。进一步开放规划设计、建筑设计市场，积极引进国际先进理念，不断提高国土空间规划设计和建筑设计水平。加强规划人才队伍建设，理论与实践并重。加强职业道德教育，培养出具有一定创新意识、适应当代城市发展建设和规划需要的应用型、复合型人才。面向民众普及规划相关知识，探索适宜黔东南州的公众参与运作机制，提高公众参与程度。

加强农村城镇化，改革户籍管理制度，将州内农村与城市人口全部登记为黔东南州居民户口，因为区分农村与城市户口容易造成"封闭式"市场，即农村不愿意进入城市发展、城市排斥农村劳动力，此外还易造成社会地位高低不等的差别，难以享受同等福利等。所以建立新制度，消除户

籍歧视，缩小城乡居民在政策待遇上的差距尤为重要。还要实行优惠政策，鼓励农村居民向城镇流动，让其"住有所居"。政府应与开发商合作，提前规划并建设好城镇住房，对收入条件好的农户实行"降价购买"政策，对低收入农户实行"政府按需求比例提供住房"政策，增强其归属感。结合实际完善农村教育设施，增加相应的教育投入，对进城农民进行技术培训、就业引导，以此来提高乡村居民的文化及技术水平，如小区保安、卫生员等岗位尽可能让其担任。还可以开设移民专用菜市场，通过培训让其自任老板。政府还可帮忙联系附近用工企业等，让其有业可就，有利于减少城市与农村之间的文化、技术与收入差距，解决农村人口新进城市的生活与就业问题。做好城乡一体化规划，逐步改善城乡二元结构状况。政府要合理增加农村基建，一需修建城乡公路，缩短城乡距离；二需引进外资，鼓励参与投资，活跃市场气氛，促进经济发展；三需引导城乡资源共享，并加强城乡之间的市场交流，活跃市场氛围，使城乡相互服务，齐头并进，缩小贫富差距，促进城乡和谐发展。

二、深化土地管理制度改革

严格土地用途管理，合理调控城镇建设用地规模、布局和供应节奏，重点保障新型城镇化项目建设用地，实行应保尽保、重大项目特事特办。严格控制新增城镇建设用地规模，建立健全建设用地"增存挂钩"机制，鼓励盘活存量建设用地，实行增量供给与存量挖潜相结合的供地政策，提高城镇建设使用存量用地比例。落实人地挂钩政策，探索建立迁出农村人口原有宅基地复垦复绿补助和城乡建设增减挂钩相结合的机制。在全州有条件的市（县）积极开展工业用地"标准地"和混合用地改革试点。适度增加发展潜力大、吸纳人口多的小城镇用地。合理安排生态用地，统筹安排基础设施和公共服务设施用地。建立健全建设用地"增存挂钩"机制，完善规划统筹、政府引导、市场运作、公众参与、利益共享的城镇低效用地再开发机制，建立存量建设用地退出激励机制，推进老城区、老旧小区、旧厂区等的改造和保护性开发，发挥政府土地储备对盘活城镇低效用地的作用。形成"政府主导、部门配合、上下联动"的工作格局，根据实际情况，因地制宜，分步实施。遵循城乡建设用地总量平衡，项目区耕地数量不减少，质量不降低，土地增值收益必须及时全部返还农村的总原则，创新性地开展好易地扶贫搬迁与增减挂钩工作，制定城乡建设用地增减挂钩年度工作计划，探索增减挂钩建设留用指标流转机制，积极开展示范小城镇城乡建设用地增减挂钩试点。

三、推进农村土地管理制度改革

深入推进农村土地流转，就地就业的土地管理机制与服务机制，强化土地流转规范化、规模化，规范农户流转行为及乡村内部参与流转的行为，不得以任何名义强迫农户流转土地，也不得阻挠农户自愿合理流转土地，加大土地流转中的指导和服务职能，加大土地纠纷的调处力度。加快推进农村产权制度改革，维护进城落户农民土地承包权、宅基地使用权、集体收益分配权。建立健全州、县级土地整治流转收储机制，建立农村土地补偿周转金，补偿和处置农户退出的农村产权。建立产权流转交易市场，建立健全耕地保护激励约束机制。建立健全农村集体经营性建设用地入市机制。建立"人地挂钩"机制。按照"省外转移人口建设用地指标与中央挂钩、省内转移人口建设用地指标与省挂钩"的原则，探索建立建设用地增加规模与吸纳农业转移人口落户数量挂钩机制。促进土地整体出让和整体开发模式，由专业第三方负责园区建设，以分期出让、分段计收地价方式供地，合理确定首段年期和分段年期安排，建立起与城市发展建设需求相适应的动态管理机制。综合考虑区位条件、宗地属性、土地用途、市场情况等因素，分片区核定标定地价并每年更新，支持和引导各市（县）产业发展。合理调整工业用地和商业用地供应比例关系，有效调节工业用地和居住用地比价，建立符合实情的工业用地定价模式。

四、创新城镇建设投融资机制

推进投融资体制和运营机制改革，设立州级新型城镇化项目专项资金，重点用于城镇重大基础设施项目、老旧小区改造、特色小城镇等项目建设，并重点向农业转移人口较多的市（县）倾斜。贯彻落实人钱挂钩配套政策实施办法，推动财政转移支付同农业转移人口市民化挂钩，加大农业转移人口市民化奖补资金支持，城镇建设资金向农业转移人口较多市（县）倾斜。建立健全基础设施证券化机制，对可经营性城市基础设施项目，通过特许经营、投资补助、政府购买服务等形式，吸引包括民间资本在内的社会资金参与投资、建设和运营。积极探索全州"城市三变"改革政策，积极引导城市居民参与到城镇建设中，吸引社会资本参与城市建设。深化政银合作、银企对接，鼓励和引导商业银行、保险公司等金融机构积极创新金融产品和业务优先支持城镇化项目融资。加大对城市基础设施建设的信贷支持与投入，增加贷款规模，鼓励公共基金、保险基金等参与自身具有稳定收益的城市基础设施项目的建设和运营。争取更多的金融资源向城镇化项目倾斜，重点支持城镇基础设施、特色小城镇、燃气管网、地下综合管廊等项目建设。实行"谁投资、谁所有、谁经营、谁受益"的原则，鼓励和吸引企业参与投资经营，多渠道投资公共事业。各级政府应规范和完善地方融资平台，充分发挥现有融资平台的融资能力，在继续做好贷款、债券融资、信托产品之外，积极探索融资租赁及保险公司的基础设施债权投资计划、城市发展基金等融资方式。

五、"党建+妇建"，以人为本推进城镇化

天柱县联山街道成立于 2019 年 11 月，面积有 26 平方千米，辖 4 个社区 2 个村，总人口 48 508 人。联山街道距县城仅 2 千米，是蓬勃发展的新城区，地处高速公路出口，建有县城客运站，是县城对外的主要通道；这里商务活跃，500 多家商铺和 45 家轻工企业构成了繁华的商业圈；这里风景宜人，几十里水景长廊和金凤山景区把这里打扮得格外漂亮。联山围绕"四新"主攻"四化"（2021 年 2 月，习近平总书记视察贵州，提出"四新"指示要求，即：在新时代西部大开发上闯新路、在乡村振兴上开新局、在实施数字经济战略上抢新机、在生态文明建设上出新绩。贵州省委省政府积极贯彻落实，明确"十四五"规划时期围绕"四新"主攻"四化"，即新型工业化、新型城镇化、农业现代化、旅游产业化），加快实现人口市民化、就业多元化、产业特色化、基本公共服务均等化、社会治理现代化，全面转变搬迁群众生产生活方式，确保搬迁群众稳得住、逐步能致富。

天柱县联山街道是全省集中搬迁安置人口第四多、全州集中搬迁安置人口最多的安置点，2020 年被国家发展改革委评为"十三五"规划期间"全国美丽搬迁安置区"。搬迁到联山街道的人口中，长期在家的女性劳动力接近 3 500 人，这一群女性劳动力大多承担了照顾老人、小孩的重任，如果能就近解决女性的就业问题，既可以让家庭得到更好的照顾，也能提升她们的收入，丰富她们的人际交往，让妇女在城市生活得更有尊严。在此基础上，联山街道决定打造在党建引领下的融合职业农民队、家政服务队和手工品制作等促进妇女就业创业的工作基地。联山街道坚持"党建带妇建，妇建促党建"，用组织激发活力，用协调整合资源，用关爱凝聚人心，用服务激发热情，用行为促进和谐，让搬迁妇女唱主角，打造党建引领下的易地搬迁妇女就业创业基地。

联山街道成立以来，一直都把就业工作作为最大的民生。虽然搬迁群众已经实现有劳动力家庭"一户一人"以上就业的目标，但是也存在一些问题：一是就业质量不高。联山街道迁移人口以外出就业和灵活就业为主，这部分人就业流动性较大，工作不固定，收入不稳定。二是搬迁群众内生动力不足。搬迁群体中的"5060"人员，市民意识转变不彻底，传统农耕思想得不到解放，参加培训和就业的意愿不强，组织培训和实现就业有一定难度。三是产业发展力度不够。目前联山街道安置点周边企业有34家，其中劳动密集型企业仅有7家，提供的就业岗位有限，无法最大化地满足搬迁群众的就业需求。

为此，联山街道采取"四共"工作法，一是阵地共建，搭建创业平台；二是资源共享，盘活市场经济；三是培训共办，提升工作技能；四是就业共推，畅通劳务渠道。联山街道易地搬迁妇女就业创业基地建成后，可以让搬迁妇女在家门口实现稳定就业，让妇女就近就业，能照顾好老人和小孩，提升家庭的生活品质，实现自我的社会价值。

阵地共建是指成立联山街道易地搬迁妇女就业创业基地，由幸福社区居民委员会、黔灵女家政服务公司、贵州易铭劳务有限公司共同经营。推行"党员+创业基地+妇女"新模式，发挥各行业创业女性中女党员的示范引领作用，凝聚创业女性力量，带动其他妇女劳动力创业就业。资源共享是指通过和黔灵女家政服务公司、贵州易铭劳务有限公司等一些已经相对成熟的公司进行合作，由公司提供劳务平台，社区提供人力资源，达到合作共赢的目的，同时通过一定比例的经营收益分红，促进社区集体经济增收。培训共办是指通过贵阳商贸职业培训学校等培训平台，为劳动力提供订单式、定向式培训，涵盖手工、家政、育婴师等十多项培训课程，培训后就业率在90%以上。同时对接团委、妇联、工会等部门，筛选家政月嫂、种植养殖、农产品深加工、电子商务等适合妇女就业的培训项目。就业共推是指成立天柱县易地搬迁幸福家妇女就业服务协会，邀请五个体系建设相关的县级单位共同发力，为搬迁妇女提供农业劳动、家政服务等就业岗位，并积极引进假发制作、刺绣针织等手工产品，满足不同就业需求的妇女在就业创业基地找到适合自己的工作。

第二节 以人为本推进农业转移人口市民化

推动以新型城镇化为载体的"四个轮子"一起转动的发展战略，全面实施以促进人的城镇化为核心、高质量发展为导向的新型城镇化战略，高质量推进农业转移人口的市民化进程，增强凯麻为核心的凯里都市圈、黎从榕锦黔边城市带、黔东片区综合承载及资源优化配置能力，推进以特色县城为重点、特色小（城）镇为网络的新型城镇化建设，全面推动城乡融合发展，提升城乡治理水平。随着外出人口的回流和易地移民搬迁，"十四五"规划期间全州城镇化发展将处于快速发展阶段，城镇化发展质量提升将成为新型城镇化工作重点，全面落实"人地钱"配套政策，加快推动劳动就业、义务教育、公共住房、社会保障、户籍等制度的改革，统筹推进农业转移人口落户城镇和基本公共服务均等化，稳步高质推进农业转移人口市民化。同时，要积极推进搬迁人口的市民化，有序引导外出务工人员回乡和就地城镇化，分重点引导生态保护区、地质灾害风险区居民向城镇转移，并注重逐步缩小城乡差距。

一、积极推进农业转移人口在城镇落户

深入落实全省城镇落户"零门槛"政策，全面实施黔东南州农村户籍大中专院校学生"来去自由"的户口迁移政策。加快推动城镇稳定就业和生活的农业转移人口、租赁房屋的常住人口、居住证持有人在城镇应落户尽落户。健全以居住证为主要依据的农业转移人口公共服务同等待遇政策，对暂时不愿落户城镇的农业转移人口，为其办理居住证，纳入当地居民管理。加强流动人口管理和服务，建立流动人口资源数据库，与省流动人口资源数据库接轨，保障流入人口的公共服务有效接驳，吸纳流入人口落户本州。积极探索黔东南州乡村振兴发展模式和制度创新，创新实施"市民下乡·新村民"计划，推进城乡要素自由双向流动，统筹城乡融合发展。

一是积极推动城镇化可持续发展进程。积极推动黔东南州农业转移人口向城镇集聚。持续强化易地扶贫搬迁"五个体系"建设，加强易地搬迁劳动力培训，促进搬迁群众增强自我发展能力，推动易地搬迁群众融入安

置地生产生活。完善易地扶贫搬迁人口安置管理制度，简化易地扶贫搬迁人口进城落户程序，有序引导尚未在城镇落户的人口落户城镇。积极落实国家《关于推进返乡入乡创业园建设提升农村创业创新水平的意见》的要求，优化全州城镇就业创业环境，推进返乡创业人员在城镇落户。进一步全面开展全州地质灾害普查行动，建立健全生态补偿制度，积极引导有条件的因地质灾害搬迁、生态搬迁等居民就近在城镇落户。

二是持续深化农业转移人口落户制度改革。严格按照《贵州省居民户口登记管理暂行办法》，简化户口迁移程序流程，努力实现业务办理"只进一扇门"。积极创建城镇公共户，为在辖区的无住房、无单位、无固定住所等人员进行户口登记。畅通农业人口转移渠道，引导有条件的农业人口特别是新生代农民工进入城镇定居落户。加大宣传力度，结合推进"百万警进千万家"等活动，深入走访宣传动员，引导在全州城镇就业、就读、居住的人员及子女将户口迁移至居住地落户。被国家机关单位、企事业单位录（聘）用的人员，将户口迁入城市、城镇单位公共集体户或实际居住地落户。全面落实大中专学生户口迁移"来去自由"政策，鼓励农村籍大中专学生将户口迁移至学校落户，毕业后可就地转为城镇居民或迁回原籍社区集体户落户。积极引导易地搬迁、生态搬迁、水利水电移民搬迁人口就近在城镇落户。农村居民结合迁村并点、旧村改造、重大工程项目建设等将居住地迁往城镇的，户口随迁至城镇落户。

三是积极推进全州人口就地就近城镇化。积极探索镇村联动发展模式，推广凯里和各县中心城镇、特色小镇带动周边多个村庄联动发展的"1+N"模式，统筹建设城镇和周边农村的公共服务设施和基础设施，实现互联互通、共建共享、共管共治的公共基础服务体系，积极优化调整城镇产业结构，推动产业园区向城镇集中，提升城镇的产业带动能力，全面提升城镇品质，做强城镇经济，夯实城镇发展的综合承载力，促进人口向城镇集聚。优化布局现代农业园及山地高效农业布局，创新发展农业产品加工、民族工艺品加工，利用特色优势资源创新发展旅游景区、旅游度假区、康养基地等新型载体，以产业带动农民就业，变农民为产业工人，变周边村庄为社区，创新全州就地就近城镇化模式。

四是积极推动易地移民搬迁人口融入城镇。积极探索建立易地扶贫搬迁人口安置管理制度，按照"人户一致、应迁尽迁"的要求，简化易地扶贫搬迁人口进城落户程序，持续强化易地扶贫搬迁基本公共服务、培训和就业服务，促进搬迁群众增强自我发展能力，尽快融入安置地生产生活。在保持农民原有农村产权和其他惠农惠民政策不变的前提下，有序引导尚未在城镇落户的 26 万易地移民搬迁人口落户城镇，与城镇居民享有同等的基本公共服务。强化产业就业支撑，帮助搬迁人口尽快解决稳定发展问题，适应新环境、融入新社区，推动从"搬得出"到"快融入、能致富"。

五是吸引返乡回流人口进城就业创业。构建"互联网+就业创业"信息平台，健全就业失业登记管理制度和就业信息系统功能，促进城镇新增就业实名制管理。积极推进返乡入乡创业园区和孵化实训基地建设，建成一批职业技能公共实训基地，推进"技术学校+就业创业人员+企业"技能培训模式，深入开展专项技能及初、中、高级技能培训，推进职业技术教育培训全覆盖。建设农民工创业园，为返乡农民工提供"一站式"创业指导，促进大众创业、万众创新，实现农业转移人口就地就近就业创业。统筹开发社区保洁、机关后勤、护路、护河等公益性岗位兜底安置就业。

二、提高农业转移人口市民化保障质量

按照保障基本、循序渐进的原则，积极推进城镇基本公共服务面向常住人口全面放开，实现在城镇就业居住但未落户的农业转移人口平等享有城镇基本公共服务。

一是保障农业转移人口随迁子女平等享有受教育权利。加强新型城镇化教育高质量发展规划，建立以人口流入地为重点的城镇教育保障机制，加强对进城务工农民随迁子女教育研究，保障其享受同等待遇。加强易地扶贫搬迁安置点配建学校后续管理服务工作，落实师资、经费等要素保障，强化教育教学和后勤服务，促进农村学生加强融入城市生活、学习和发展的能力。加强学前教育集团化发展，提升公益性普及普惠水平。实施义务教育"两免一补"和生均公用经费基准定额资金随学生流动可携带政策，为家庭困难学生提供生活补助并享受国家助学金。办好高中阶段教育，强化普通高中优质特色发展，增强职业教育适应性，深化产教融合、普职融通，提高就业创业能力。支持和鼓励社会力量办学，满足多元需求和个性发展。

二是确保农业转移人口享有公共卫生和基本医疗服务。推动城镇基本医疗卫生服务资源均衡配置，建立健全社区卫生计生服务网络，将农业转移人口及其随迁家属纳入社区卫生服务体系。全面改善社区医疗卫生条

件，提升基层医疗卫生的质量和水平。加强农业转移人口聚居地疾病监测、疫情处理和突发公共卫生事件应对能力，落实免费救治救助相关政策。把农业转移人口纳入居民健康档案管理、慢性病管理和免疫服务等基本公共卫生服务范畴。

三是将农业转移人口纳入社会保障体系。健全农业转移人口社会保障体系，扩大参保缴费覆盖面，完善城乡统一的基本养老和基本医疗保险制度，加快推进基本养老和基本医疗保险跨制度、跨区域转移接续，加快完善异地就医直接结算服务。强化用人单位参保缴费责任，扩大农业转移人口参加城镇职工养老保险、基本医疗保险、工伤保险、失业保险比例，努力实现应保尽保。推进商业保险与社会保险的衔接合作，发展各类补充性养老、医疗、健康保险。全面落实农业转移就业人员与城镇职工相统一的失业保险政策，做好农业转移就业人员工伤保险工作。

四是强化农业转移人口创业就业的政策扶持。组织开展创业培训，提供政策咨询、项目展示、开业指导、后续支持等创业服务，落实小额担保贷款、创业补贴、税费减免等优惠扶持政策。积极学习杭州、深圳、上海等城市创业孵化器的建设经验，全面推进农民工创业园和创业孵化基地建设。实行城乡统一的就业失业登记制度，在就业创业所在地进行就业失业登记的人员，享受同等公共就业创业服务。建立城乡人力资源信息库和企业用工信息库，实现全州城乡就业供求信息联网。加快"数字化就业社区"建设，促进公共就业创业服务城乡均等、信息共享、标准统一。

五是加强农业转移人口住房保障和供应体系建设。健全并完善适用于农业转移人口的保障性住房体系，有条件、分先后地将不同收入水平的农业转移人口分批纳入城镇住房保障体系。逐步将在城镇中有固定工作的农业转移人口群体纳入公积金制度覆盖范围，实行灵活的缴存政策。鼓励用工单位为农业转移人口提供宿舍，鼓励金融机构提供低息贷款，政府给予税费减免，自建公寓和住房。

二、健全农业转移人口市民化推进机制

一是健全农业转移人口市民化激励机制。完善农业转移人口和其他常住人口落户城镇实施方案，对进城落户的农业转移人口，在一定时期内保留其在农村原有各项权益以及惠农和农村计生政策，实现"权随人走、身份不变、利益固化、迁徙自由"目标。切实维护进城落户农民土地承包经

营权、宅基地使用权、集体收益分配权，支持和引导其依法自愿有偿转让，不得强行要求进城落户农民转让在农村的土地承包权、宅基地使用权、集体收益分配权，或将其作为进城落户条件。健全财政转移支付同农业转移人口市民化挂钩政策，实施城镇建设用地增加规模与吸纳农业转移人口落户数量挂钩政策①，出台"人地钱"挂钩配套政策，增强农业转移人口落户城镇吸引力。

二是合理确定各级政府职责。州级政府负责制定本行政辖区城市农业转移人口市民化的总体目标、具体方案和实施细则，统筹全州农业转移人口市民化进程。实现责任和权利统一，通过财政、事权等方面的倾斜增强农业转移人口落户较多市（县）政府的公共服务保障能力，着重围绕义务教育、基本医疗卫生、社会保障、社会治安等领域的基本公共服务项目，将支出责任重心向县乡级以上转移；市（县）政府是农业转移人口市民化的责任主体，负责制定本行政辖区镇街农业转移人口市民化的总体目标、具体方案和实施细则，建立市（县）级政府稳定收入来源。

三是建立政府、企业、个人成本分担机制。明确政府的职责分工，各级财政承担相应的市政基础设施、公共服务设施建设和维护、管理成本，并负担为新市民人口提供公共卫生、住房保障、义务教育、就业扶持等均等化公共服务的大部分成本。探索实行财政转移支付与农业转移人口市民化挂钩、财政建设资金对城镇基础设施补贴数额与农业转移人口数量挂钩、建设用地增加规模与农业转移人口落户数量挂钩政策。在政府的引导下，鼓励企业、中间组织和公民广泛参与到成本分担机制中，分担农业转移人口市民化的成本，尤其要调动企业的积极性，使其参与分担就业培训、权益维护、社会保障和住房条件改善等方面的成本。引导企业加大对农业转移人口再就业培训和公租房、农民工宿舍或公寓建设等方面的投入，并依法缴纳相关社会保险费用，确保农民工享有合理的工资待遇和福利保障。积极探索农民"带资进城"的新形式，农民进城落户，不应以放弃农村土地和集体资产权益为前提，而应尝试把农民市民化与农村产权制度改革有机连接起来，通过对承包地、宅基地、林地等的确权颁证和集体资产处理，建立和完善农村产权交易体系，降低市民化的成本门槛。

---

① 陆杰华. 以人为核心的新型城镇化战略内涵、障碍与应对［J］. 北京社会科学, 2023 (7)：107-117.

第三节　形成协同联动的山地特色城镇布局

坚持"核心引领、区块联动、县域互动、城镇支撑"的空间布局，优化城镇发展格局，突出凯里主核地位，建设凯麻产城融合发展示范区，推动黎从榕建设对接粤港澳大湾区"桥头堡"行动，构建以凯麻片区为核心引领、凯里都市圈、黔东片区城镇组群、南部黎从榕锦城市带为区块联动，特色县城和特色小（城）镇为支撑的城镇体系，形成功能明确、合理分工的城市间及城镇间等级职能体系，立足环境承载能力，发挥市（县）比较优势，逐步形成城镇化区、农产品产区、生态功能区三大空间，提升新型城镇化过程中人口和产业布局、资源分布、环境承载力之间的匹配度，形成优势互补的县域经济发展新格局。打造民族文化多彩、山水城景相融、特色产业集聚、社会人文和谐的新型城镇化发展新格局，走出一条"山为景、桥隧连、组团式、集约化"的山地特色新型城镇化道路。

一、构建协同联动的城镇空间布局与形态

立足黔东南州山地和资源特色，顺应城镇发展与人口集聚趋势，响应国家政策导向，按照以圈促群、做强中心、带动周边发展思路，以推进凯都一体化为契机，以推进"强州府"战略和打造黎从榕建成对接粤港澳大湾区"桥头堡"为主要发力点，推动凯里都市圈、黎从榕等区域为核心推进全州共同发展的黔东南州山地特色城镇体系空间格局。

一核：积极融入黔中城市群发展，以凯都一体化发展为契机，全面提升凯麻产城融合发展示范区的核心引领地位，做强城镇经济，加大资源要素投放和政策支持力度，提升基础设施、公共服务和产业发展水平，加快重点功能区建设，增强中心城区的综合承载能力，打造全州新型城镇化主要承载区、州域人口与经济发展核心区、贵州东部高端生活品质示范区，成为黔中城市群东翼经济发展极。

三区：根据黔东南州地形地貌特征、山水格局和城镇空间的分布，从区域统筹、协同发展方面考虑，将全州城镇布局分为三大片区，即以凯里为中心，以凯麻产城融合发展示范区为引领，以丹寨、雷山、台江、黄平、剑河为支撑的凯里都市圈；以镇远—三穗—岑巩为核心，施秉、天柱

为支撑的黔东片区城镇组群；南部片区以黎从榕为核心，带动锦屏特色化发展的黎从榕锦黔边城镇带。推进三大片区城镇协同发展，形成区域优势互补、城镇集群一体化的发展新格局。

多极：根据强市（县）特镇景村联动发展的思路，依托区域交通基础设施的完善，积极推动"小县名城"建设，优化全州"县多、县小"的城市格局。以有条件的县城为基础，通过加快与区域城市协同联动发展，积极承接产业转移，加快高端要素集聚转化，大力发展城市经济，优化县城经济结构和产业类型，形成多个以县城为中心带动片区城镇发展的经济增长极。

多节点：积极落实省政府关于优化城镇布局，培育发展特色小镇和特色小城镇的发展思路，按照差异定位、细分领域、错位发展、集聚联动、功能完善的原则，大力发展特色小城镇和特色小镇，以重点镇核心产业为龙头，特色小镇为城市产业结合点，提升小城镇对乡村地区的辐射带动能力，促进城乡融合发展，推动优化全州城镇空间格局，形成多节点支撑城镇格局。

二、做强州域中心城市

一是全面提升凯里城市首位度。大力实施"强州府"五年行动，贯彻落实疏老城、建新城、强州府的发展战略，增强凯里核心功能，提升人口和产业集聚能力，优化产业结构与空间布局。加快凯麻同城融合发展，积极推进丹寨、雷山、台江、剑河、黄平融入凯麻片区发展，建设凯里都市圈，做大做强凯里，提升州府城市首位度，以凯里为龙头高质量推进全州新型城镇化，更好地服务全州发展。围绕建设"国际旅游城市、国家生态园林城市、国家创新型城市"的目标，实施"强州府"五年行动计划，做大做强州域中心城市，建设重要功能区，夯实产业发展基础，提升公共服务水平和基础设施支撑能力，全面增强人口经济承载能力和辐射带动能力，凸显全州主核定位，全面提升凯里城市首位度，围绕"疏主城建新城"的发展思路，重点增强中心城市的经济活力、创新能力与开放包容性，有序推进城市有机更新和优化城市空间结构，加快推进凯里中心城市拓展，推进凯里主城区城市更新、新城"西进"扩容、工业"北移"集聚，形成新老城区"一体两翼"发展格局，实现凯里"主核"带动能力大幅提升。以"三感社区"推进老城片区有机更新。重点围绕完善城市综合服务功能、补齐设施短板、提升城市品质等推进老城片区发展，全面持续推进老旧小区和棚户区改造、背街小巷改造，完善市政干道、城市公园、街头绿地、休闲娱乐、停车位等公共服务设施，推进城区车站外迁，全面提升城市综合管理水平。重点推进建设红州路州外事办宿舍片区、韶山南路片区、262厂片区、文化北路原州农校老校区片区等城市棚户区改造项目，加快推进凯里市老旧小区改造及配套基础设施建设项目。不断完善老城区的交通基础设施、市政基础设施、公共服务设施、商业服务设施及保障房建设，打通区域中心城市干道，疏通城区交通拥堵，加快完善结构和级配合理的城市路网，重点推进凯里东出口至一中城市主干道、凯里有轨电车一期、凯里南线快速通道、凯里环城高速南线等项目建设。优化提升服务业现代化水平，升级商务商业核心圈，打造一批特色消费街区。优化老城片区组团功能。通过功能协同，有机联动推动老城片区旧城组团、开怀组团和鸭塘组团三个组团之间有机联动发展。凯里旧城组团重点通过疏解商贸批发功能和旧厂房改造、棚户区建设、增加旧城步行系统公共设施供给等，建成宜居生活+休闲娱乐+商业商贸区；鸭塘组团重点围绕承接旧城组团功能转移推进高质量发展，通过大型城市公园和城市综合体建设，建成商业购物+文化体验+休闲旅游+商务办公的城市宜业区，打造凯里都市圈魅力的文化生态旅游门户、凯里—麻江重要的城市公共中心、凯里新城现代化宜居组团；开怀新城组团通过发展民族特色商贸、强化生活服务等，建成优质生活+特色商贸+康体休闲的一体化高端生活区。

二是推进新城片区高质量可持续发展。科学规划凯里新城建设，重点围绕商业金融、行政办公和生态居住三大功能推进新城高质量可持续发展。有序推进商贸物流、金融、文化娱乐、改善性住房、行政管理等功能向新城布局，完善城市公共服务设施和基础设施配套，合理规划凯里新城建设业态布局，推动人流、物流向新城集聚，合力疏解凯里主城区功能，将新城平片区建设成为高品质现代服务新城。加快把凯里新城建设作为凯都一体化战略的"先手棋"和"突破口"，通过加快绿色生态产业布局，创造就业岗位，提供高品质的公共服务配套和基础设施，提升城市吸引力，激发城市创新力，加快凯里市人口集聚效益，形成带动凯里市新型城镇化建设高质量发展的重要增长极和动力源。在凯里新城积极探索和率先实践产业生态化和生态产业化，走出一条生态优先、绿色发展、乡村振兴有机结合的产城景互动新型城镇化建设新路子，形成产城融合发展的新局面。推动组团联动融合发展。按照"组团特色化、差异联动化"发展思路，推动凯里新城片区的凯里南站组团、黔东南高新技术产业开发区组团、下司古镇组团和滨江新城组团四个组团之间协同联动发展。依托西部陆海新通道和凯都一体化发展机遇，凯里南站组团主要通过打造教育培训基地、商务会展中心、镰刀湾城市公园和构建门户景观轴线，建成集教育培训、商务会展、休闲旅游、商业购物于一体的综合宜业区，打造职业教育和学旅、商旅目的地；黔东南高新技术产业开发区组团主要通过退二进三、淘汰落后产能和打造知识经济体系等，建成新一代信息技术+健康产业+服务外包+创新研发等新型产业集聚区，打造黔东南地区现代产业基地和新型工业化示范区；下司古镇组团主要通过打造区域旅游服务中心，建成集休闲旅游、文化体验于一体的高端休闲娱乐区，打造特色旅游服务区；滨江新城组团主要依托城市 CBD 打造、优质滨水生活区和休闲文化区建设，发展区域公共服务和宜居生活功能以及龙山—宣威发展现代农业、特色生态旅游和健康养老等功能，建成行政文体+商业购物+康体休闲+商务会议的休闲会务区。加大招商引资力度，优化营商环境，坚持以项目建设全面推进凯里新城建设，积极推动鸭塘片区、下司片区、奥体会展综合体、高铁南站商圈、大学城片区、208 文创园、摆仰湖片区城市综合体、民族文化创意产业园、大数据产业园、医药产业园、滨江新城、夜郎古国等重点项目建设，全面启动凯里新城一期主要基础设施和公共配套设施建设，建成凯里中心至环城南路等四条市政道路，完善供水、供电、供气、污水处理、垃圾收运等市政基础设施和教育、卫生、体育、文化等公共服务设施建设，将凯里新城建设成为高品质生态产业新城。

三是推动炉碧工业片区产城融合发展。炉碧工业片区包括炉山—万潮工业园和碧波工业园。炉山—万潮工业园主要通过发展铝及铝加工、玻璃等新型建材、新材料和食品加工、服装纺织等产业，建成循环经济+生活服务区；碧波工业园通过打造全国产业转移示范区、区域性商贸物流中心、外贸服务中心等，建成高新技术产业+特色工业+商贸物流的特色产业区。"十四五"规划期间，炉碧工业片区重点围绕创新、协调、绿色、开放、共享五大发展理念，以走新型工业化道路和促进经济发展转型为方向，完善炉碧工业片区的产业园区生活、生产等配套设施，形成配套齐全、功能完善的产业园区配套支撑，按照统一配套、依法供应、统筹管理的原则，在符合规划的前提下，适当安排建设用地用于商品零售、住宿餐饮、商务金融、会议展览、城镇住宅等建设，完善生产性和生活性服务业功能，推动产业园区从单一生产功能向城市综合功能转型。加快园区道路与城市道路网连通，统筹布局城市和园区道路交通运输、能源供应、供水与排水、电力电信等市政基础设施，促进园区与城市融合发展。鼓励具备条件的园区开展产城融合试点，培育创建产城融合示范区。重点发展循环经济、高新技术产业、电子信息、机械装备、新材料、新能源、环保设备、绿色食品加工、文化创意等高产出、低污染的产业并作为主导产业，构建现代产业基地，引领新型工业化发展。发挥中心城市辐射作用，构建区域生产服务中心，建设具有省级影响力的大型农特产业基地，强化在都市经济圈中的核心作用。加快推进凯里有轨电车前期工作，争取早日开工建设。推进凯里至都匀客运专线铁路前期工作。凯里市老旧小区改造及配套基础设施建设项目、鸭塘片区市政道路及城市综合管廊建设项目、鸭塘片区城市提升改造工程、鸭塘中学、鸭塘河生态湿地公园、凯里经济开发区地下综合管廊、清江大道建设。建设省级区域医疗中心、州公共卫生应急中心、州人民医院提质改造、凯里市第一人民医院、凯里"互联网+医疗健康"提升工程等民生项目。

三、加快推进城镇组团式发展

一是加快推进凯里都市圈建设，带动西部片区一体化发展。加快推动凯里都市圈发展，以凯麻片区为核心引领，以丹寨、雷山、台江、剑河、黄平县城为支撑，全力推进凯麻产城融合发展示范区建设，强化凯里中心城市的集聚与辐射作用，通过中心城市和周边县城之间的基础设施和公共服务共建共享、产业专业化分工和区域共同市场建设实现同城化发展，促进凯里与周边县城人流、物流、信息流、资金流畅通无阻，助推凯里都市经济圈建设。纵深推进都市圈一体化发展。畅通凯里至周边县城之间联系，以高速及快速通道为骨架，实现凯里中心城区15分钟内进入高速公路与快速路、都市圈内各主要发展地区至凯里市区30分钟通达、都市圈内县城之间60分钟通达。探索区域内工业园区一体化链条化发展模式，重点发展战略性新兴产业、电子信息及大数据、农林副产品加工产业。依托中心城市辐射带动作用，重点推进高端现代服务业、现代山地精品高效农业、文化旅游业、大健康产业，全力打造创新能力强、产业水平高、服务功能全、生态环境美的产业集群发展区和城镇功能集聚区、苗侗文化集中展示区，成为黔中城市群东部对外开放"桥头堡"。深化凯（里）麻（江）同城化发展，探索推进剑（河）台（江）一体化发展。加强都市圈内外开放协作。围绕贵州东部交通枢纽的战略定位，充分发挥沪昆高铁、凯里黄平机场的要素集聚作用，对内以凯里—麻江有轨电车、高速公路和城际干道为主轴，公交路网及其他交通方式为辅助，辐射带动交通主轴临近区域的旁海、舟溪等重点镇及其他重要产业园区及开发区。强化凯里在都市经济圈中的核心作用，着力建设以大数据、大健康、高端装备制造为主体的现代产业体系，促进中心城市、小城镇和产业园区间的有机联系与空间整合。依托凯里跨境交通联系，着力吸引集聚跨区域发展要素，面向东南，对接粤港澳大湾区，加强与湖南、广西及粤港澳大湾区的产业对接，做大电子信息、医药养生、新型建材等战略性新兴产业。以国家、省、州政策支持为契机，以实施"强州府"行动为抓手，以凯里新城建设、工业园区建设、农业转移人口市民化为重点，进一步优化凯里麻江城镇格局，以优化凯麻同城化功能、综合交通体系、市政设施建设为基础，全面提升凯麻同城化区域基础承载能力。

二是积极推进黔东片区协同发展。以打造"贵州东部集群发展创新区"为总体目标，加快黔东片区五县协同抱团发展，构建以三穗、镇远、岑巩为黔东片区核心区，带动施秉、天柱发展的特色城镇组群。按照"区域协同、跨越转型、绿色低碳、集约内涵"发展思路，依托各县的区位交通、资源条件和产业基础，以镇远县城、三穗县城、岑巩县城和黔东新城为核心，以天柱县城和施秉县城为支撑，构建镇远县城、三穗县城、岑巩县城—黔东新城协同联动的黔东组群城镇发展三角核心区。联动天柱县城和施秉县城发展，构建"一主二次四轴、一心三区三片"的黔东片区城镇空间结构。"一主"指以山水组合型为特色的省域东部和片区中心城市，包括镇远县城、三穗县城和岑巩—黔东新城协同发展区域；"二次"指施秉、天柱二个片区次中心城市；"四轴"指沪昆、施天二条城镇发展主轴及沿榕、松从二条城镇发展次轴；"一心"指中部城市生态休游绿心；"三区"指全域划分为一个城镇集群发展核心区、二个城镇集群发展联动区；"三片"指全域适度打破行政区划，划分为北部、南部和东部三个生态和旅游特色发展片。破除行政界线，形成交通、市政、工业、产业等全面融合发展，打造贵州东部优势轻工业产业发展集聚区、商贸冷链物流交通枢纽。依托区域交通走廊，积极推进黔东新城—玉屏跨区域联动发展，共同构建产业链，承接东部劳动密集型产业转移，打造省域东部门户。以建设承接中东部产业转移新高地，引领黔东片区高质量发展的总体目标，按照打造黔东片区协同发展的城镇群中心、宜居宜业宜游的公园城市和舞阳河画廊的城市画卷的功能定位推进黔东新城迅速发展。深入推进黔东新城城市路网、市政基础设施建设和公共服务设施配套建设，提升城市服务能级。积极推动现代产业体系建设，依托区域产业基础，积极培育双创产业，强化现代服务业建设，提升产业服务功能，创新"一基地七中心"的产业功能结构，即先进制造业基地和公共服务、创新创业、商业服务、旅游服务、文体医教、交通、物流七中心。围绕创新、产业人才环境路径形成"3+7+N"三级产业体系，推动转型创新和高质量发展。"3"即都市引擎、舞水休旅和人居商旅三大一级产业体系，"7"即都市引擎的公共服务、创新创业、商业商务，舞水休旅的文化体验、风情度假，人居商旅的生态居住、社区服务等7大二级产业体系，"N"即公共服务、文体医教、会展博览、旅游服务、遗产文创、国际酒汇、山地运动、人才公寓、生态社区等N个三级产业体系。积极推进岑巩、镇远、三穗及天柱等园区升级改造，重点发展能源、酒、冶金、生物制药、特色食品加工、纺织服装、化工、电子信息等产业。围绕镇远、施秉历史文化和自然山水风光，重点打造和提升文化旅游、大健康服务、养老服务等产业。加快推进镇远、岑巩、三穗三县之间的高速公路、快速通道等交通基础设施建设，提高交通通达度。充分利用三穗交通区位优势，建设三穗县经济开发区冷链物流建设项目，打造黔东商贸冷链物流中心。推进天柱至大龙、天柱至会同高速公路网络建设，打造天柱县黔东门户城市，拓展和深化与铜仁、湘西等地区互联互通。依托镇远县无水港羊坪作业区，不断加强与广东湛江港深度合作，提升黔东货运枢纽运输能力。

三是全力建设黎从榕对接粤港澳大湾区"桥头堡"。统筹推进黎从榕协同发展，推动形成以从江、黎平、榕江为核心区，带动锦屏特色化发展的黎从榕锦黔边城市带，充分利用区位交通优势和特色资源，加强跨省域的生态、产业、交通协作，推进南部片区协同发展。全力推进黎从榕建成对接粤港澳大湾区"桥头堡"行动。立足贵州，面向粤港澳大湾区，最大限度地把有效资源吸引进来，促进黔东南优势资源发展。主动率先融入粤港澳大湾区，推进黎从榕"桥头堡"成为贵州面向粤港澳大湾区的先头部队。牢牢把握黎从榕文化优势，深入挖掘红色文化、民族文化、生态文化、健康文化资源，深入挖掘和开发文化价值，打造一批具有特色的主导产业，增强吸引力，将黎从榕片区打造成为人类心灵栖息的家园，打造为返璞归真、追寻祖先浪漫的旅游康养区域。紧紧围绕大健康主题，抓住广州等沿海地区对健康产品的需求，选择适合黎从榕发展的油茶、山鸡、蔬菜等种植养殖产业，努力将大健康示范区打造成为产业转移、文化产业、健康产业、特色产业的"桥头堡"。加强贵州侗乡大健康产业示范区基础建设，进一步完善功能配套设施、公共服务设施、旅游服务设施和康养度假设施，打造功能齐全的"桥头堡"。积极推进榕江—黎平高速公路规划建设工作，依托贵广高铁和厦蓉高速、黎洛高速等区域交通大通廊，推动榕江、黎平和从江协同联动发展，形成以从江、榕江、黎平为核心的三角联动的南部城镇化发展重点区，带动锦屏特色化发展。全面扩大提升黎平、榕江、从江综合服务、生活配套和产业带动能级，提升从江、榕江和黎平的辐射带动能力。从江紧紧围绕打造"桥头堡"目标建好新城、优化老城，将从江新城打造成为产业+旅游服务节点城市；榕江依托良好的区位交通优势，打造交通枢纽、综合服务节点型城市；黎平县城打造综合服务节点城市。依托区域产业基础和特色资源，积极推动锦屏县城打造生态旅游专业中心，敦寨新区打造工业发展专业中心。全面优化提升南部片区城镇综合服务和产业协同发展能力，加强与粤港澳大湾区联动，将产业与文化结合，将传统农耕文化变成旅游文化，加快民族地区、县域经济发展，以贵州侗乡大健康产业示范区及肇兴侗寨为核心，将黎从榕片区建成粤港澳大湾区"桥头堡"。

四、培育区域次中心城市

将人口和经济体量较大、交通区域优势明显、具有传统产业发展基础的榕江、黎平、三穗、镇远、岑巩等打造为区域次中心，通过完善城市功能，引导人口集聚，做大经济总量。

一是高质量打造区域性支点城市榕江。以建设黎从榕对接粤港澳大湾区"桥头堡"和贵州省重要区域性支点城市发展为契机，依托建成的贵广高铁、厦蓉高速和规划中的涪柳铁路、兴永郴赣铁路向西联系贵阳、云南地区，向东联系湖南地区，向南联系北部湾、粤港澳大湾区地区，向北联系成渝经济圈，跨省跨地区联动发展。依托建成的剑榕高速联系和建设中的雷榕高速及规划中的榕江至融安高速等区域性交通走廊，加强县与县之间协同联动发展。积极提升榕江县城镇品质和综合承载力，全面扩大城市对外开放，大力开展区域合作，加快融入"一带一路"、西部陆海新通道发展，实现优势互补，促进榕江的跨越式发展。推动榕江工业园升级为省级经济技术开发区，着力打造"贵州东南部产业发展集聚区""贵州东南部承接产业转移示范区"。依托车江大坝发展现代农业，加快建设农产品冷链物流中心，打造面向粤港澳大湾区的农产品直供地。将榕江县打造成为西部陆海新通道上的重要节点城市、贵州省融入粤港澳大湾区和北部湾地区的"桥头堡"城市、黔东南州南部片区综合服务型城市。

二是高质量协同"桥头堡"发展黎平。黎平依托良好的交通区位优势、浓郁的侗族文化和产业园区基础及"两茶一药一畜"特色产业，以建设黎从榕"桥头堡"和黔边城市带发展为契机，与榕江协同联动发展。积极推动黎平工业园区提升为省级一类工业园区、省级新型工业化产业示范基地，加强与两广地区的互动发展。重点培育油茶、茶叶、中药材精深加工企业，壮大畜牧业；以侗族文化保护传承为重点，培育发展侗族文化体验产业。重点推动经济开发区向空港区域调整，大力发展油茶精深加工和茶产业、侗族文化体验产业和贵州红色文化教育基地，并加强与广西、湖南的互动发展。将黎平县打造成为黔东南州南部中心城市、承接东中部产业转移先导区、世界油茶产业核心区、全球侗文化之都。

三是打造黔东物流基础三穗。依托沪昆走廊和天黄高速走廊十字交通大动脉优势和独特的区位优势，发挥三穗比较优势，强化与镇远、岑巩的协同发展，全面推动三穗工业园区提升扩容，实施产城融合行动。大力推进县城新城与老城协调发展，重点推进城区向高铁新区拓展，大力发展先进制造、商贸物流等产业，打造黔东轻工业产业基地。三穗县建设省级乡村振兴示范县，打造黔东区域中心城区，承接东中部产业梯度转移先导区、黔东商贸物流集聚区。

四是承接中东部产业转移新高地镇远。积极推动镇远—岑巩高速建设，依托贵黄高速、沿榕高速、剑榕高速，依托区域比较优势，强化镇远与贵阳、铜仁及周边县城联动发展，促进区域发展要素自由流动。重点推进城区向青溪片区拓展，推动商贸物流、生活住宅等向黔东新区集聚，重点发展以农文旅为主导的现代服务业。加快打造以县城为中心、黔东产城融合发展为重点、乡镇集镇宜居宜业配套为支撑的新型山地特色城镇化体系。全力拓展城市发展空间，以撤县建市、建设黔东区域中心城市为愿景，加快集聚人口，稳步建设重大基础设施，合理布局工业形态，实现产城高度融合，高质量推进黔东产业新城区建设。大力推动芽溪片区—老城区一体化发展，完善教育、医疗等基础设施，增强城区吸引力，承接老城区人口和服务转移。将镇远打造成为长江经济带（舞阳河）绿色发展先导区、国家生态农业发展示范区、国内外知名人文休闲度假旅游目的地、承接中东部产业转移新高地。

五是打造现代制造业创新基地岑巩。依托沪昆走廊，强化岑巩与镇远、三穗、玉屏等区域的协同联动发展。全力拓展城市发展空间，推动县城老城区与岑巩开发区协调联动发展，以区域次中心城市为目标，加快集聚人口，稳步建设重大基础设施，全面推进产城高度融合发展，依托现有产业基础，重点发展优势轻工、新型建材、基础材料、生态特色食品等产业。

五、做优特色县城和小镇

按照多极多点、特色差异化发展的要求，深入实施宜居县城建设行动，培育发展县域特色城市，因地制宜打造特色小镇和特色小城镇，促进大中小城市与小城镇、小镇与乡村协调发展，构建新型城乡融合发展新格局。推动"小县名城"建设，支持将经济人口规模较小、具有一定旅游知名度的雷山、剑河、施秉、丹寨、台江等县城按照景区化特色小城定位发展，形成一批城区常住人口5万~10万人左右的特色县城。

一是积极推进区域特色县城提升行动。依托凯麻同城化发展契机，积极融入凯都一体化发展，立足麻江资源特色，明确定位和方向，将麻江打造成为凯里都市圈的重要特色卫星城、绿色生态环保型城市、全国蓝莓种植研发基地、凯都经济圈的农产品供应基地、都市生态农业先行示范区。以凯都一体化发展为契机，加快推进凯都沿线的互动联系，加快推进丹寨县城至都匀经济开发区和丹寨县城至麻江县城的快速通道建设，推动凯里至都匀城际铁路的研究，推进丹寨积极融入凯都一体化发展。以打造凯雷快速通道为切入点，加快破解发展瓶颈，积极融入"大凯里"半小时经济圈发展。积极推进雷榕高速的建成，提升区域联系的可达性。立足苗族主要聚居地的资源优势，充分发挥民族文化灵魂作用，彰显地域文化的核心价值，加强苗族文化的深度开发，强化"特色雷山"非遗保护，打造苗族文化大观园、世界苗族文化中心、文化生态特区；依托雷公山生态核，加强生态环境保护，实施生态产业化产业生态化，构建雷山县良性生态安全格局。依托沪昆高速经济大通廊，加大区域交通的建设，积极融入凯里半小时城市经济圈。加快推进台江至剑河的快速通道建设，强化两县之间的交通联系，畅通要素流动。积极培育台江经济开发区，升级国家循环经济示范园区、国家级新型工业化产业示范基地，将台江县打造成为新能源电池及配套产业创新基地。依托苗族文化资源和自然生态资源，发展以特色农产品和苗族银饰刺绣产业为主，休闲康养民族文化旅游并进的县域中心城市，打造成为苗族风情特色城市、中国苗绣之都。依托沪昆高速大通廊，以建成的剑榕和在建剑黎高速为基础，积极推进剑黄高速、剑河至台盘快速通道等区域性交通设施建设，大力开展与周边县的区域联动发展，优势互补，推动剑河跨越式发展。依托清水江，以剑河县城为核心，促进沿岸乡镇发展，打造清水江生态文化旅游带。通过区域联动发展，将黄平打造成为州域西北部交通枢纽和商贸中心，以现代物流、旅游服务为主导产业的人文历史城市和生态宜居城市。将天柱县打造成为黔东湘西区域性循环经济、生态农业、教育文化、特色旅游基地综合性城市，全国主要的重晶石（钡）精深加工产业基地、中国重要的钡化工产业示范区、黔东湘西区域商贸物流中心、区域性教育中心、州域入湘东南门户。依托舞阳河生态文化旅游带，围绕喀斯特世界自然遗产地和舞阳河山水自然风光，加快发展山水文化旅游产业，推进区域旅游产业联动发展，发挥旅游资源的集聚效应。依托锦屏良好的山水环境，清水江木商文化、民族文化、红色文化，隆里古城和铜鼓镇的军屯文化等历史人文资源，将锦屏打造成为黔东南州重要的自然山水和历史文化旅游城市。依托贵广高铁经济带，厦蓉高速、松从高速区域交通走廊，立足于从江生态环境、民族文化、民族医药及自然资源优势，积极推进从江生态文明建设。

二是实施示范小城镇提升行动。依托生态资源、民族文化等条件，建设旅游镇、农业镇、生态镇、美食镇，提升全州小城镇发展能力、吸纳就业能力，引导农村转移人口就地就近城镇化，五年内培育打造一批州级特色小城镇。依托产业基础和比较优势，在城市群、都市圈、城市周边等优势区位或其他有条件区域，错位培育发展以雷山西江千户苗寨、丹寨万达小镇等为代表的民族旅游小镇；以施秉龙文化小镇、麻江高枧状元研学小镇等为代表的民族文化小镇；以榕江牛瘪小镇、凯里碧波酸汤小镇等为代表的一批特色美食小镇；以锦屏敦寨羽毛球小镇、西湖—镇远电子产业小镇等为代表的工业小镇；以施秉太子参小镇、锦屏大同石斛小镇等为代表的一批农业小镇；以麻江药谷江村医药养生小镇、剑河温泉康养小镇等为代表的康养小镇；以下司体育康养小镇、黄平旧州航空飞行小镇等为代表的体育小镇。

第四节　建设多元融合的山地特色新型城镇

积极推进山地建筑、生态建筑建设，坚持依山傍水、顺应地形、灵活多样、凸显特色的山地城镇布局模式，不宜大挖大填，需紧密结合地形特色灵活布局，构建自然山水与城镇布局和建设有机融合的"景城融合"发展格局。深入挖掘黔东南州特色鲜明、技艺精湛、富有内涵的传统建筑工匠精神，推进少数民族村寨建筑及构筑物修复行动，继承少数民族民居方式及建筑文化特点，运用当地传统建筑材料进行改造与修缮，体现有生命力的民族建筑风貌。运用当地传统建筑材料和文化元素打造本地特色环境小品与设施，形成富有民族特色的村寨公共空间。确定精准的少数民族村寨旅游发展定位，强化村寨特色优势。

一、培育特色城镇

按照世界文化遗产的标准保护少数民族文化遗产，使黔东南成为贵州少数民族文化遗产最富集的地方。挖掘和保护民族文化，培育升级特色小镇，如西江、肇兴等旅游小镇，突出民族文化特点，通过表演具有民族文化特色的歌舞节目，介绍民族的文化、习俗、礼仪、节庆、服饰、饮食等非物质类文化方面的内容，展示风情民俗，增强吸引力。镇远古镇、黄平旧州等旅游小镇应以"保护中开发、开发中保护"的原则，突出历史遗存保护，整合风土人情、生态环境、文物古迹及风景名胜等要素，保存城市记忆，使小镇的特色和风貌得到保护，使小镇充满特色。依托农村绿水青山、乡土文化，大力发展养生养老、创意农业、农耕体验等旅游业态。加快建设一批休闲农庄、乡村旅游度假地、特色旅游小镇、精品民宿和乡村旅游综合体，使黔东南成为全国民族乡村旅游发展的典范。

经济增长方式的转变与产业结构的优化升级是密切相关的，要将城镇化作为推进雷山县经济发展的稳定动力，就必须将城镇化建设与雷山县经济增长模式及产业结构优化有机结合。雷山县第三产业发展最快，凭借旅游资源优势，只需要利用较少投入，就能快速获得经济收益。因此第三产业应该成为雷山县特色产业发展的核心载体，并且加以重点扶持，深化第三产业作为主导产业的竞争优势，以此来带动雷山县整体经济的发展。城镇化发展还处于较低发展水平阶段，传统农业仍然占雷山县经济成分的较大比重，农村经济与农民生活的改善会加快城镇化进程，进而加快城乡一体化进程。合理有效的制度会在一定程度上加快城镇化进程。通过完善城镇化相关制度，同时促进就业与劳动力市场建设、社会保险、灾害应急处理机制、相关社会福利保障等与城镇化建设相适应的机制，确保城镇化成为雷山县经济发展持久动力。要使城镇化进程平稳有效地进行，需要强有力的创新与技术支持。科技创新对于推动经济发展的作用是毋庸置疑的，但其受到资金是否支持、有关制度是否健全的影响。因此，应该加强对相关技术的投入，加大自主创新力度，依靠先进的科学技术来保障城镇化平稳有效进行，使城镇化成为推进雷山县经济发展的稳定动力。

二、建设山水城镇

围绕雷公山、月亮山、云台山"三山"塑造特色山地城镇建设模式，通过控制建筑高度以及通透率打造良好的临山空间天际线。围绕都柳江、清水江、舞阳河"三江"，包括巴拉河、重安江、龙江河、六洞河等主要河流两侧，塑造城市型以及生态型滨水空间，打造宜人滨水环境。在城市公园周边进行建设开发，应考虑促进公园环境与周边相邻地区相互融合，宜遵循建筑协调性、景观通透性、风貌本土性、交通可达性的原则，保证景观资源的均好性和宜人性，并提升公园周边地区的空间环境品质。开展山地景观路的景观设计。根据不同功能将黔东南的景观道分为郊野风景道和城市绿道两类。在风景道控制中，主要通过公共空间、街道界面等方面进行控制，以人行尺度塑造空间，强调空间分割与通行顺畅，重视景观设施建设，强化形象展示功能，并设置适度的敞开空间。

可以从土地城镇建设方面转移部分资金用于完善基础设施建设。例如建设道路，能够更加便捷农村剩余劳动力往城镇流动，城镇化率得以提高，反向则城镇的经济效益可以更快地辐射传导到农村，加快城乡一体化进程。在工业方面还可以节约工业原料运输和交易成本等。建设学校，让更多居民接受教育，增加知识技术型人才积累，让城镇化传输更多人才技术到城镇到产业，使产业由劳动密集型转型升级为知识密集型等。总而言之，加强基础设施建设，能够更好地发挥城镇化对经济发展的促进作用。

三、建设绿色城镇

将生态文明理念全面融入城镇化进程，持续推进森林城市、森林乡镇、园林城市等建设。开展区域联防联控联治，完善垃圾分类，加强城市无害化处置，实施大气污染防治行动，改善城市空气质量。深入实施碧水工程，抓好水体污染防治，推进水环境综合治理，改善地表水水质，保护地下水水质。推进低碳试点城镇，开发城镇生态小区。继续推动产业废弃物综合利用，全面提高废渣、废水、废气的综合利用率，重点做好农业副产物的综合利用，建立规范化和标准化的社区回收、可再生资源集中加工、可再生资源集散交易的三级资源循环利用体系。积极推进城镇建设融入自然山水之中，统筹城市公园绿地、风景林地和防护绿地的布局，提高城市绿地覆盖率。加大对山水、森林、河流和湿地的保护力度，严格执行城市绿线和蓝线管理制度，抓好湿地公园、山体公园等生态休闲公园建设。按照绿色、生态、低碳、宜居理念，合理进行功能布局，促进居住和就业就近平衡，努力增加绿色生态空间。

城镇化的发展应该以高效节能的方向为主，实现城镇化发展与生态环境保护协调发展。同时也要围绕各地区现有特点因地制宜来推进城镇化进程发展，推动老企业搬迁、新产业协调发展，为新城镇提供全新发展方向。通过科学规划循序渐进构建以人为本的城镇区域，依照就近原则在人口密集的地方建造安置区，减少人口迁移成本，吸引更多人口往城镇转移。遵循人口城镇化和土地城镇化同步发展原则，最大化实现土地城镇建设价值，为后续城镇经济发展奠定基础。建设示范城镇，完善示范城镇设施，提高城镇专业化程度，充分发挥城镇集聚效应，集聚更多人力资源和物质资本以促进经济发展。以专业化城镇为中心和增长极，由点连线再扩散到面，将城镇的资源和文化一步步往城镇周围扩散，构建完善的城镇体系。示范城镇建设集约高效，经济发展迅速扩散能力强，能够让黔东南县域经济均衡发展。

合理保护森林、草地等生态用地，加强生态资源的管理和保护，不断提升生态环境质量，科学扩大城镇规模；出台并实施相关政策，适当关闭一些高能耗、高污染企业，或给予补贴转换创业方向，或限制其废气、废水的排放，并需增加污水和垃圾处理厂等环境处理设施；还要积极呼吁城市发展高新技术等较为环保的产业，加大政策支持力度，同时对广大人民群众加强环保理念宣传，提倡使用环保材质用品，将绿色环保理念贯穿各个领域，为新型城镇化进程提供保障。同时，企业要依据政府政策，适当调整产业模式，运用风能、太阳能、电能等可再生能源。实现绿色生产，客运公司尽可能使用新能源作为动力，减少废气排放，做到绿色出行。此外，企业还可加入政府宣传行列，并自觉接受民众的监督。广大人民群众要配合政府和企业的引导。以凯里城区为例，流经万博、262厂的街道水流，可以看到有大量生活垃圾，水流又脏又臭，明显污染严重。除了政府的努力外，居民应树立环保意识，减少生活中污水和垃圾直接排入河道，提升水质；此外还需绿色、健康出行，如使用自行车、电瓶车或乘坐公共汽车出行，建设生态宜居的生活环境。总之，黔东南州要用好"两个宝贝"，在努力打造民族文化的同时，实现人与自然和谐发展，推进新型城镇化可持续发展。

四、建设智慧城镇

发展数字经济和分享经济，促进经济与社会融合发展，建设智慧城镇。推进供应链创新，支持基于互联网的各类创新，推进全州城市管理运行服务平台建设，提升城市经营管理水平，推动城镇智慧化改造、社区网格化管理、文明卫生城市创建，强化街道、社区、小区、楼栋分层管理。运用数字技术创新城市治理，推进"城市运行一网统管"，深入推进"天网工程"，加快凯里市智慧城市试点建设，推进智慧锦屏建设，织密数据网格，整合数据资源，政务服务一网通办，形成可复制可推广的城市管理经验向全州推广。大力推进城镇光纤到户，加大热点区域无线网络覆盖，开展网络提速降费行动，加快推进有线电视网络数字化和双向化改造，积极开展5G移动通信网络建设。

黔东南州坚持推进5G建设，打造一批应用场景，推进数字技术进园区进企业，加快全光网改造，切实提升数字基础设施支撑能力。抓信息基础设施建设，抓"千城千兆"建设，成立"双千兆"网络建设工作领导小组，推进千兆城市申创工作，各项指标提前达到千兆城市水平。加快推进全州5G应用场景全面发展，打造一批5G应用案例，如"5G+村超助力贵州乡村振兴加速度""燃情乡土5G点亮贵州村超"。建立"包区域、包标准、包资金、包时间、包责任"五包工作机制，组织四大运营商（包括广电网络公司）分县包干实施空中管线"蜘蛛网"整治，完成镇远龙舟赛、"村超"、"村BA"、丹寨非遗周、环雷公山马拉松、高考等重大活动通信保障。

加快数实融合创新发展，设立大数据产业发展专项资金，重点支持融合标杆、数字化转型重点企业，举办大数据与实体经济深度融合市（县）行活动、创新融合发展观摩培训。推进工业数字化改造，贵州省工业互联网产业学院获工业和信息化部批复挂牌新一代信息技术人才实训试点。贵州云睿通过导入云MES系统，打通车间信息壁垒，助力企业实现节能降本增效。推出凯里北控智慧水务平台、亮欢寨万吨酸汤生产线数字化平台。凯里市精诚电脑科技有限公司入选贵州省工业互联网服务商网络服务领域企业。推进农业数字化转型，施秉新希望公司打造饲料、生猪养殖行业领先的"智慧工厂"。雷山富源公司推出雷山县农特产品产业数字化平台，助力"黔货出山"。推进服务业数字化升级，雷山县"西江幻地"元宇宙推出MR实景剧本杀等新型业态。榕江县文旅元宇宙实验室打造以苗、侗文化为主题的沉浸式元宇宙空间。黎平县黄岗村打造"统一标准、统一系统、统一品牌、统一平台"的安消一体化智慧消防平台。肇兴侗寨打造集旅游信息感知和采集、旅游信息网络传输、旅游信息共享服务于一体的智慧景区综合管控平台。

五、创新数字治理

推进数字经济赋能社会治理，持续完善贵州省数据共享交换平台黔东南专区，按省级标准完成平台上架数据资源更新维护。加快黔东南州智慧就业平台、人防地面应急指挥信息系统、社会治理"一码通"平台等平台建设。试点推进"一网通管"社会治理模式应用。加快推进政务服务与粤港澳大湾区互联互通。开展政务服务能力和质量提升专项行动，深化乡镇"一窗改革"提升基层服务能力。抓大数据领域争资争项，组织梳理符合专项债要求的优质项目。抓大数据产业招商，先后赴成都、杭州、深圳等地开展大数据招商对接活动。在新赛道产业发展上，积极发展"大数据+文旅"产业，落地建设"西江幻地"元宇宙、榕江乐里斗牛IP、飞缆天下贵州馆等一批文旅元宇宙产品。实施大数据项目建设年活动，组织专家团队赴园区企业走访服务，镇远云睿电子、榕江大通电子、凯里中昊电子培育进入 2023 年贵州省上市挂牌后备企业。推进数据共享交换体系建设，持续做大数据资源池，扩大数据要素供给。推进"一窗通办模式"改革。加快公积金业务系统与贵州政务服务网融合，州（县）政务服务大厅全部完成医保、社保、公积金业务纳入综合窗口进行无差别受理。政务服务事项全部纳入贵州政务服务网"一网通管""一网通办"。推进助企纾困线上线下服务，实现全州电子印章、电子证照自建库在贵州政务服务网共享应用。

加快数字产业创新发展，围绕黔东南州数字产业"一图三清单"，强化数字经济项目调度服务和要素保障力度。聚焦华为云产业生态，在数字产业集聚发展方面寻求突破。强化数字产业招商，围绕黔东南州数字产业"一图三清单"，找准大数据主导产业、特色产业，聚焦主导产业、新兴产业链关键环节招商。围绕黔东南州优势旅游资源，引进一批数字文旅企业。围绕丰富的生态资源，引进百香果、太子参、蓝莓等平台经济或数字供应链企业。引进落地数字经济发展研究机构。强化数据要素市场培育，开展数据要素招商，培育更多数据领域"专精特新"企业，推动州内市场主体入驻贵阳大数据交易所，促进企业从数据资源的汇集者转变成数据资产的拥有者和交易者。加快数字基建创新发展，推进 5G 基站建设。推动景区、工业园区、农村、交通枢纽、医院、学校等核心点区域 5G 信号深度覆盖。全面提升千兆光纤、5G 基础、算力算法支撑能力。推动 5G 应用场景，重点打造 5G+数字文旅、5G+工业互联网和 5G+数字乡村，加快构建 5G 新生态。推进信息基础设施规模部署，有序推进区域内千兆光网等网络基础设施部署，加快推动 500M 宽带普及使用，推动 5G 渗透率快速提升。推进算力体系建设，加快建设州移动、州电信、州联通数据中心，布局建设州工投绿色数据中心，培育壮大州算力集群，强化数字经济发展引擎。

加快数字融合创新发展，赋能新型工业化高质量发展。聚焦"5+N"现代工业体系，打造工业转型数字底座和产业大脑，建设园区数字化管理、精准招商、供需对接、数字化转型服务、普惠金融服务等应用场景，创新服务工业发展新模式。支持企业打造数字车间和智慧工厂。赋能农业现代化高质量发展。做好数字乡村振兴大文章，大力发展智慧农业，推广数字农业重大应用场景。利用数字技术加强农产品质量追溯、品牌保护。加快农产品流通网络数字化改造。深化电商物流进农村，培育农产品网络品牌，发展农产品直播带货等新业态，助推"黔货出山"。赋能旅游产业化高质量发展，发展"大数据+文旅"产业，大力培育云旅游、云直播，探索文旅元宇宙应用场景，打造沉浸式旅游体验新场景，促进旅游业转型升级。推动智慧旅游景区建设，提升全域智慧旅游服务水平。赋能新型城镇化高质量发展。推广应用"一网通管"模式，构建城市运行大脑底座，创新城市运行管理服务机制。推动黔东南州全民健康影像云及医技云平台、智慧凯里、数字黎平等重点项目加快实施。加快智慧社区、智慧消防、智慧停车等应用推广。

六、强化产业支撑

推动产业结构优化升级，强化新型城镇化的产业支撑。在农业方面，农业是支撑黔东南州众多农民获得收入、提供生活保障的重要产业，但农业效益较低，无法成为拉动经济的主力。对此，可以发展"以辅助主"模式，即农业与二、三产业相结合，加快农业向产业化、市场化发展，辅助加强二、三产业的主力作用，带动经济发展。首先，在农业生产中投入新科技，如发展大棚农业、自动化农业、智能化农业等，可节约物力、人力，扩大规模，提高产量；其次，融合服务业，发展特色农林产品、无公害农业、农业观光等生态农业；最后，借助独特的山地地形发展特色"农家乐"等特色旅游产业，从"孤立发展"转向"联合发展"，促使农业多样化发展，推进市场化进程。在工业方面，工业是加快发展的"牛鼻子"，黔东南州应围绕"工业强州"战略，大力推进新型工业化。首先，治理好各市（县）的"僵尸企业"，加大招商引资力度，强力打造黔东南州工业园区，加快推动园区发展；其次，通过更多税费减免、技术引进、土地及产业优惠等政策去引入市场力量，如引导社会资金、银行资金投入，拉动黔东南州工业园区崛起；最后，还应进一步利用高速、高铁、飞机高速发展的交通优势，引进杭州、广州等地的知识密集型高新技术产业，利用其在产业基础、资源加工、电子信息产品制造等方面的优势，通过发展新型工业，进一步强化产业支撑。在服务业方面，强化特色旅游产业，彰显各旅游区的民族风情，以特色古城镇带动县域经济发展，如西江、下司、镇远、肇兴、黎平等地的古城镇；宣传各地方的节庆日，如芦笙节、红蛋节、姊妹节等特色民族节，扩大其知名度。但黔东南州存在旅游资源分散的问题，导致游客旅游停留时间短暂，所以，还需加强旅游景点间的交通设施建设，缩短点与点之间的距离，形成旅游资源集聚。此外，还可增加旅游资源多元化建设，延伸产业链条，发挥其辐射带动作用，如在距离较远的景点之间设"农家乐"体验区、花卉观光区等，提升游客旅游好感度。三次产业强强联合，形成"一条龙服务"，将会促进黔东南产业结构升级，不断激发县域与乡镇的发展活力，优化城市功能，拓宽收入渠道，强化产业支撑。

第九章　深入推进工业产业集群链条化发展

黔东南要努力推进新型工业化，大力实施产业发展提升行动和工业倍增计划，围绕资源优势和产业基础，做强存量、做优增量、做大总量、提升质量，树立全产业链理念，围绕主导产业培育壮大链主企业，围绕链主企业发展上下游产业，打造最优产业生态，推进产业基础高级化、产业链现代化，推动产业相互配套、集聚发展，培育打造一批具有较强影响力和竞争力的产业集群，提高工业经济质量效益和核心竞争力，推动产业高端化、绿色化、集约化发展。

第一节　统筹工业集聚高质量发展

黔东南要努力坚持把工业园区作为推进新型工业化的重要载体，按照布局集中、产业集聚、发展集约的原则和"一个工业园区、一个主导产业"的发展思路，以工业园区为平台，优化园区发展布局，强化发展要素支撑，实施产业园区提升工程和园区首位产业培育行动，提升园区配套服务能力，促进园区提档升级。

一、优化工业园区发展布局

坚持把工业园区作为推进新型工业化的重要载体，按照"一区多园、精简集约、资源整合"的原则，实施园区空间整合提升行动，探索片区一体化链条化发展模式，统筹区域工业经济发展。强化产业要素集聚配套，推动产业集群化发展，打造凯里、黔东、南部三大工业集聚区。

（1）凯里工业集聚区。以黔东南高新技术产业开发区和炉碧经济开发区为重点，加强周边园区资源要素整合，优化产业结构和布局，建立区域协同发展机制。支持黔东南高新技术产业开发区重点发展电子信息、健康医药、民族工艺品等产业。支持炉碧重点发展玻璃新材料、铝及铝加工等产业。支持台江重点发展新能源电池、精细化工等产业。支持丹寨重点发展民族医药、酒等生态特色食品产业。支持凯里炉碧、丹寨金钟、台江革一集聚发展，探索以凯里为中心的工业集聚发展管理模式。在凯里工业集聚区构建铝加工、玻璃、新能源电池、电子信息、中医药、民族工艺品六大产业集群。

（2）黔东工业集聚区。以黔东一体化为核心，依托岑巩、镇远黔东、三穗、天柱等园区，探索黔东一体化融合发展管理模式，优化产业分工，推进产业集聚，促进产业合理布局、错位发展，形成区域特色产业优势。支持镇远重点发展电子信息、酒等生态特色食品产业。支持岑巩重点发展生态特色食品、低碳产业等产业。支持三穗重点发展服装服饰、鸭等生态特色食品产业。支持天柱重点发展钡化工、黄金等产业。在黔东工业集聚区打造钡化工、优势轻工、电子信息三大产业集群。

（3）南部工业集聚区。强化从江、黎平、榕江和锦屏等园区联动，充分利用区域内木材、石材、油茶、茶叶、果蔬、畜禽等优势资源，加强资源开发和利用，加强本土企业培育，承接珠三角、粤港澳大湾区产业转移，打造贵州南部承接产业转移示范区。支持黎平重点发展生态特色食品和中药材加工、电子信息等产业，支持黎平经济开发区调区、扩区。支持从江发展大健康产业、以香猪为代表的生态特色食品产业。支持榕江重点发展木材精深加工、生态特色食品等产业。实施"黔石保护与利用"工程，支持锦屏重点发展石材、木材等新型建材以及鹅、石斛等生态特色食品，支持锦屏石材产业园发展。在南部工业集聚区打造生态特色食品、木材加工两大产业集群。

二、提升产业园区发展水平

创建国家级产业发展平台。按照"以升促建"思路，支持黔东南高新技术产业开发区围绕电子信息、中医药、新能源汽车、民族工艺品等产业，推进产业转型升级，支持打造创新支撑有力、产业结构合理、产业规模较大、生产要素集聚的国家级高新技术开发区。

巩固提升省级产业发展平台，加快提升炉碧、丹寨、台江、镇远黔东、岑巩、三穗、黎平、从江、锦屏等省级经济开发区产业发展水平，做好园区顶层设计，明确主导产业，避免同质化竞争。加快完善园区公共服务和生活生产等基础设施建设，全面提升园区承载能力和辐射带动能力，促进园区工业经济高质量发展。支持炉碧、丹寨金钟、台江经济开发区围绕壮大玻璃新材料、铝及铝加工、先进装备制造、新能源电池、精细化工等产业集聚发展。支持镇远黔东、岑巩、三穗经济开发区围绕壮大电子信息、酒、特色食品加工、优势轻工等产业一体化发展。支持炉碧、台江、镇远黔东经济开发区创建省级新型工业化产业示范基地。支持岑巩、三穗、黎平、锦屏、从江、丹寨等经济开发区，提升省级经济开发区发展水平。

培育创建省级产业发展平台，加快推动天柱、榕江、黄平、施秉、剑河工业园区升格为省级经济开发区，支持天柱以重晶石资源精深加工为重点发展钡化工产业，支持榕江以农特产品、木材为重点发展林农产品精深加工产业，支持黄平以磨料磨具为重点发展基础材料产业，支持施秉以太子参为重点发展中医药产业，支持剑河以木材为重点发展木材加工产业。

三、构建绿色产业发展平台

推进园区循环化改造工程。坚持绿色发展理念，按照"空间布局合理化、产业链接循环化"的要求，加快推进园区循环式改造、产业循环式组合、水泥窑协同、处置大宗工业固体废弃物、危险废弃物垃圾污泥项目建设，促进企业循环式生产，构建循环型产业体系和资源循环利用体系。实施循环经济改造工程。在黔东、炉碧、天柱、岑巩等工业固体废弃物排放量较大的园区，鼓励加强废弃物循环利用，综合利用煤矸石、粉煤灰、钡渣、冶炼炉渣、城市建筑垃圾和生活垃圾等固体废弃物发展节能、节土、利废、环保的新型墙材。鼓励园区内企业之间开展废弃物交换利用，促进园区废弃物的再利用，提高资源的产出效益。通过循环化改造，实现园区的主要资源产出率、土地产出率大幅度上升，固体废弃物资源化利用率、水循环利用率显著提高，主要污染物排放量大幅度降低。

推进园区环境污染第三方治理工程。坚持园区污染集中治理，按照环境污染治理"市场化、专业化、产业化"的要求，鼓励全州工业园区积极培育、引进专业化废弃物处理服务公司，建设水泥窑协同、处置大宗工业固体废弃物、危险废弃物垃圾污泥项目，对园区内污水、固体废弃物等进行一体化集中治理，推动建立排污者付费、第三方治理与排污许可证制度有机结合的污染治理新机制。支持炉碧、台江、黔东、天柱、岑巩等工业园区加快园区固体废弃物处置中心、污水集中处理工程和污泥处理设施建设，提高园区固体废弃物、污水集中处理能力。强化园区危险固体废弃物、废水、废气各环节的全过程监督管理，有效提升工业园区污染集中治理水平。

强化园区功能配套。按照"一个工业园区、一个主导产业"思路，优化园区资源配置，实现要素保障与产业发展相匹配，提升园区基础设施配套水平和承载能力。集聚主导优势产业，完善园区基础设施，夯实园区标准厂房、水、电、路、讯及环保等基础建设。全州工业园区实现"九通一平"，促进园区提档升级。健全产业园区与城市、重点城镇、高铁车站、航空港、高速公路、国省干道互联互通的园区交通体系。加快县县通天然气工业园区直通工程，推进管道燃气向园区延伸。鼓励配售电公司到园区开展全方位的电力直通服务。加快推进炉碧经济开发区增量配电网改革业务试点项目投入运营。加快职工住房、休闲购物、公共交通等服务平台建设，完善园区公共服务设施。

第二节　推动特色优势产业提质增效

黔东南要依托铝土矿、石英砂、重晶石、木材等优势资源和产业发展基础，加快推进优势资源型产业、生态特色食品产业、民族工艺品产业、优势轻工产业向产业链中高端迈进、向创新链高端转型、向价值链高端延伸，推动特色优势产业高端化、绿色化、集群化发展，形成一批高附加值、绿色循环、集聚发展的百亿级现代优势产业集群。

一、推动优势资源型产业高端化

黔东南要依托铝土矿、石英砂、重晶石、木材等优势资源和产业发展基础，重点培育铝加工、玻璃制造、钡化工、新能源电池、木材加工5个百亿级优势资源型产业集群。

（1）铝加工产业。依托铝土矿资源优势，以炉碧经济开发区、黄平县为基础，大力发展氧化铝、电解铝、高钝铝、铝型材、铝合金、铝制品装置，鼓励发展铝质高强轻质合金材料、特种金属功能材料、高性能结构材料、耐火材料、研磨材料等产品。加快凯里市铝及铝加工产业园建设，推进凯里新增年开采 100 万吨铝土矿、贵州其亚铝业新增 50 万吨氧化铝产能项目等项目建设。提升州内铝土矿供应量，积极引进铝土矿加工项目落地园区。加速推进凯里陆港建设，积极从海（境）外进口铝土矿，保障企业原料供应。依托其亚集团提供铝锭的资源优势，支持凯里市引进一批铝加工项目，推动铝产业向精深加工方向发展，补齐上下游产业链，力争将铝加工培育成百亿级产业，形成铝加工产业集群。如贵州华鑫新材料有限公司，成立于 2019 年 4 月，是由湖南省靖州华鑫莫来石有限公司的主要经营人员共同投资建设的。靖州华鑫莫来石有限公司是国内最高端、规模最大的专业莫来石生产厂家，是目前我国乃至全世界莫来石的行业标杆企业，是我国莫来石行业标准制定的起草单位，其两大系列产品是烧结莫来石与电熔莫来石。其烧结莫来石产量占据国内 30% 以上的市场份额，且占据 80% 以上的高端市场份额，其电熔莫来石产量占据国内 60% 以上的市场份额。其产品主要用于黑色金属（如炼钢、炼铁）、有色金属（如炼铝、炼铜）、建材（如水泥、玻璃、陶瓷）、新能源（如锂电池正极材料）等行业。该公司为了产品扩能、工艺升级的需要，以及长远的战略发展，在凯里市投资新建项目，该项目分别采用回转窑煅烧及电炉电解工艺，将贵州凯里本地低品位、低价值、低使用率的原料通过特殊工艺加工成具有高附加值的产品。华鑫新材料公司总投资 10 000 万元，一期年产 5 000 吨烧结莫来石、二期年产 6 000 吨烧结莫来石生产线同时开工建设，项目于 2020 年 9 月建成投产。2022 年实现产值 9 458 万元。公司依托"桥头堡"政策红利，逐步延伸至粤港澳大湾区市场，将产品向世界推送，打造企业下游产业链。

（2）玻璃产业。依托石英砂资源，以凯里市炉碧经济开发区玻璃产业园为重点，在现有玻璃产业基础上，大力发展汽车玻璃、光伏玻璃、特种玻璃、电子玻璃及其他工业技术玻璃。加快推进凯里海生玻璃产业园等重大项目建设，实现裂变式发展，力争将玻璃产业培育成百亿级产业，将其培育成黔东南州工业支柱性产业，打造西南地区重要的玻璃生产基地。如贵州黔玻永太新材料有限公司，成立于 2020 年 3 月，是贵州明钧集团与贵州省新型工业化发展股权投资基金合伙企业共同投资建设的企业，是一家集玻璃研发、玻璃制造、玻璃深加工和销售于一体的综合性企业。2022

年，公司获得黔东南州、凯里市优秀民营企业殊荣。项目总占地1 050亩，总投资38.19亿元。一期项目已投资16亿元，建成一条年产420万重量箱的超白超薄玻璃生产线并配套建设余热发电装置及环保装置，同时建设白云石矿山及白云石加工车间、石英砂矿山及石英砂洗选加工车间；二期拟投资14.19亿元，建设一条年产45万吨的太阳能光伏新材料生产线和配套光伏组件车间；三期拟投资8亿元，建设一条年产22万吨的电子玻璃生产线。项目全部建成后，预计产值将达到40亿元以上，创造税收2亿元以上，解决2 000人以上就业问题。

（3）钡化工产业。围绕重晶石资源，强化重晶石资源勘探和管控，推进重晶石"开采—研发—精深加工—资源综合利用"一体化发展，全产业链发展重晶石产业，支持天柱打造百亿级重晶石加工产业园，带动凯里、麻江等地打造全国重要的钡化工循环经济和重晶石粉体供应基地，推进天柱钡盐研发及交易中心建设。加快推进贵州宏泰钡业二期项目、晶盛、天弘公司技术改造、天柱化工异地技改等重大项目建设。积极运用环保、能耗、技术、工艺、质量、安全等标准对化工行业实施绿色提升改造，提高园区清洁生产水平。大力引进钛酸钡、高端建筑陶瓷材料、环保型高档油漆、油墨、涂料、高档造纸等钡产业下游高端产业，打造重晶石资源循环利用的钡化工产业链，将钡化工培育成百亿级产业，形成钡化工产业集群。

（4）新能源电池产业。围绕台江经济开发区产业发展基础，依托天能集团（贵州）能源科技有限公司等龙头领军企业，围绕资源循环利用，积极推进"互联网+"型再生资源回收网络体系建设，构建结构优化、技术先进、清洁安全、附加值高、吸纳就业能力强的电池材料、电池配件、单体电池、电池模组、电池回收综合利用产业链。立足再生铅—铅酸蓄电池产业链，不断延伸产业链供应链，积极引入新能源汽车制造及相关配套企业，拓展构建新能源汽车产业链体系。重点发展涵盖高功率铅酸蓄电池、双极性铅酸蓄电池、纯铅蓄电池、低自放电率氢镍电池、锂离子电池、储能用锂电池等产品，推动新能源电池产业做大做强，力争将新能源电池培育成百亿级产业，形成新能源电池产业集群。

（5）木材加工产业。依托丰富的木材资源优势，加大木材统筹力度，围绕上游加工用具、木材原料、胶合原料，中游锯材、单板、人造板，下游文教用品、家具制造、建筑装饰等各环节，重点支持剑河、榕江、锦屏、黎平等县发展木材加工循环产业链，整合低效产能和产品，推动木材加工产业提档升级。加强对废弃木质材料资源的回收利用，加快推进木材加工产业循环化升级改造。支持企业建设原料基地，提供原料供应保障能力。以木质结构标准化建房为重点，集约发展木塑复合材料、集成材、优质纤维板、工厂模块化木结构房屋等新型建材产品，延长产业链，促进木材精深加工产业发展，形成木材加工产业集群。

二、推动生态特色食品产业品牌化

黔东南要立足酸汤、蓝莓、茶叶、肉制品、粮油、酒等特色食品产业优势，大力发展酸汤、茶叶、茶油等生态特色食品，构筑"苗侗山珍"区域品牌，切实从农业中抓出工业，力争将黔东南州打造成为全国重要的绿色食品工业基地，将生态特色食品加工产业培育成百亿级产业，形成生态特色食品加工产业集群。

（1）酸汤产业。支持麻江明洋、凯里亮欢寨等企业做强做大，支持企业建设酸及香料原料基地，大力推动"玉梦""亮欢寨"酸汤品牌建设，发展形成产业特色明显、品牌优势突出的现代酸汤产业体系，支持凯里碧波酸汤产业园发展。贵州玉梦集团的发展思路是从酸系原料种植到加工销售，带动全国数以万计酸汤餐饮门店的国家高新技术企业。集团旗下拥有麻江明洋公司、贵州黔酸王公司和蚩尤世家饮品公司三大生产基地。2022年玉梦集团实现产值1.88亿元。麻江县明洋食品有限公司2013年投产运营，主营凯里酸汤、鲜椒酱、冰杨梅汁、食品容器等系列产品，为玉梦集团旗下最大酸汤发酵生产基地。明洋公司先后荣获农业产业化国家重点龙头企业、国家高新技术企业、全国巾帼农业示范基地、贵州省农产品（食品）深加工高成长企业、贵州省脱贫攻坚先进集体、贵州省酸汤产业化人才基地、中国食品行业创新品牌、农产品百强标志性品牌、贵州"老字号"品牌等多项荣誉。明洋公司以政策引导、科技引领为支撑，与贵州大学等高校合作，起草酸汤行业、团体标准，先后研发推出酸汤复合调味料、凯里酸汤粉（面）、鲜湿米粉、冰杨梅汁饮料等多款畅销产品。公司采取"公司+基地+合作社+家庭农场+农户"模式，发展订单农业，带动农户种植致富。同时，明洋公司还积极投身社会公益事业，助力脱贫攻坚成果巩固与乡村振兴建设，通过社会捐赠、结对帮扶、资金资助等方式，已累计资助资金、食品、物资等价值400余万元。同时，明洋公司通过提供就业岗位，优先向困难家庭倾斜，对困难农民工放宽年龄、文化等限制，提供就业岗位。明洋公司经营有凯里红酸汤、酸汤火锅底料、酸汤粉、冰杨梅汁饮料、鲜椒酱、硒米酸汤饮料、糟辣椒和凯里白酸汤等多款产品。明洋公司与"东方甄选""海底捞""西贝""丝恋""金钱""螺霸王"等餐饮机构建立了战略合作伙伴，以"让千年苗家美食香飘世界"为梦想，做大"酸汤+"全产业链，推动酸食产业高质量发展。玉梦集团依托"凯里酸汤"产业布局，以"酸"为核心，以酸汤产业研究院、省级酸汤产业化人才培养基地为支撑，打造"酸汤+"全产业链；依托凯麻产城融合示范区，打造凯里酸汤美食体验中心、酸汤工业观光旅游景点，开设"酸天下"酸汤美食加盟店，向全国输送酸汤产业化人才，努力实现"让千年苗家美食香飘世界"的梦想！

（2）蓝莓加工。依托麻江、丹寨、黄平等县蓝莓资源优势，支持贵州茅台（集团）生态农业公司、凯缘春酒业等企业加快蓝莓制品业发展，鼓励蓝莓酒、蓝莓饮料等制品进行深加工，延长深加工链条，打造全国最大的蓝莓生产和加工基地。

（3）茶叶加工。以雷山、黎平、丹寨等县为重点，优化茶叶制品产业结构和布局，加快良种化、规模化、专业化、标准化茶叶基地建设，重点培育雷公山茶、黎平茶等特色品牌，支持雷公山银球茶、黎平红茶和白茶、丹寨锌硒茶等龙头企业发展壮大，打造有较大影响力和较强市场竞争力的茶叶制品品牌。

（4）肉制品加工。重点支持鸭、牛肉、鱼肉、香猪、小香鸡、鹅、羊肉等生态优质肉制品产业发展。推进饲养基地建设，实现原料生产规模化，开发休闲食品。培育和支持贵州千里山生态食品股份有限公司、贵州从江香猪特色食品有限责任公司等肉制品加工企业加强技术改造，提升产品质量和档次，推进肉制品加工产业高质量发展。

（5）粮油加工。支持黎平、从江、锦屏、麻江、天柱、岑巩等县围绕茶籽油、菜籽油、优质米等产业大力发展食用植物油加工、粮食加工，开发高附加值产品，提高效益，打造一批具有竞争优势的地方农特产品品牌。如贵州恒生源农业开发有限公司，于2013在天柱县注册成立，属县人民政府重点招商引资的油茶全产业链开发企业。多年以来，公司始终秉承产业生态化、生态产业化的可持续发展理念，推动油茶产业高质量发展，既保绿水青山，又造金山银山。公司已荣获"国家林业重点龙头企业"

"省级扶贫龙头企业""农业产业化省级重点龙头企业""中国好粮油行动示范企业"等荣誉称号。公司通过与中国林业科学研究院、中科院云南植物研究所等科研院校签订产学研合作协议,解决发展中存在的科技难题。目前贵州省科技厅选派博士特派员 6 人入驻公司,已获得专利 5 项,参与科研项目 5 项。公司累计投入资金 2.6 亿元。2021 年公司获得农业农村现代化发展基金 2 500 万元,现已建成油茶良种繁育基地 350 余亩,年产优质种苗 1 000 万株,建成油茶高标准种植基地 1.5 万余亩,建成油茶精深加工厂一处,油茶全产业链初步建成,辐射带动近 1 300 户脱贫户 4 000 余人实现稳定增收,取得了良好的社会效益、经济效益。企业规划建设油茶基地 5 万亩,辐射带动周边油茶种植面积 20 万亩。现已完成高标准油茶种植基地 1.5 万余亩。公司建设的天柱栖凤油茶生态园,是以油茶文化为主题、生态环保为理念,以创新型农业生态旅游观光为主题,开创性地将油茶主题与特色旅游、休闲娱乐和文化创意融为一体的现代山地高效立体观光农业示范园区。省内外观摩团多次到园区观摩,园区获得观摩团的一致好评,为油茶产业"农文旅"观光起到了带头示范作用。公司通过企业高标准种植示范带动农户对新建油茶种植的积极性,掀起新一轮的造林热潮,为天柱县新造油茶林夯实基础。公司在天柱县联山工业园区动工建设油茶精深加工厂,主要生产精炼山茶油、软胶囊、山茶籽洗发水等高附加值产品,配套完成水电基础设施及绿化工程,年产精炼山茶油 1 500 吨。公司通过引进中粮西安研究院的先进设备,将物理冷榨山茶籽原油进行物理过滤,再进入"六脱"工艺进行精炼,有效去除原油中的有害物质,形成精品营养茶油。公司茶精深加工厂的建设,使天柱县的油茶加工从初级原油到精品油实现了质的飞跃。公司现有"贵州红""黔瑞御" 2 个品牌茶油。线上销售主要通过贵州省生产资料服务公司"黔货出山"平台、"扶贫 832"平台、天柱县电商平台及公司自建网站进行销售,线下销售主要与企业签订合同进行线下销售,同时公司正积极寻求与贵州高速集团、贵旅集团等省内集团公司合作,扩大销售渠道。目前公司产品已在北京、河北、贵阳等地占有一定市场份额。2022 年,公司实现产值 1.02 亿元,完成销售 8 300 余万元。

(6)酒产业。以贵州青酒集团、贵州茅台(集团)生态农业公司等企业为核心,推进新增酒类产品生产,发展"青酒""雪花啤酒""蓝莓酒""悠蜜""绩曲酒""侗乡蜜""特色米酒"等系列产品,推动全州酒企业向规模化、市场化、品牌化、高端化拓展，构建"黔东南民族文化酒"品牌。

（7）水产业。优化天然饮用水产业布局和产品结构，支持"奥尔华""黔之源""飞龙雨"等水品牌做大做强，争取更多水品牌被纳入"多彩贵州水"公共品牌培育，提升市场竞争力，构建现代天然饮用水产业体系，打造省内外重要的优质天然山泉水主产区、天然饮用水产业集聚区。

三、推动民族工艺品产业特色化

黔东南州依托苗、侗等民族文化资源优势，支持凯里、雷山、丹寨、台江、黎平等大力发展以银饰、刺绣、蜡染等为重点的民族工艺品、旅游商品加工业，推动特色旅游商品规模化、本土化、产业化、品牌化发展，培育一批知名品牌，积极拓展营销渠道，加强专业人才培育，全面提升民族民间工艺品产业的市场影响力，打造民族工艺品集散地。

培育地方知名品牌。支持施秉舞水云台、国春银饰、贵州印象、台江喜悦祥等工艺品骨干企业参与或独立开展行业或企业标准的制定，推动民族工艺品生产标准化、规范化。积极推进银饰刺绣标准实施，提升产业形象。依托民族文化品牌，与"苗侗大师"品牌合作，开发市场化、商品化的民族文化旅游商品。

拓展产品营销渠道。建立黔东南产品为主题的电商平台与电子商务运作体系，鼓励企业积极对接国内大型网络销售公司，采取网络平台、网商电商合作、直播带货等形式，结合直播、短视频等方式推销企业产品，拓展民族民间工艺品营销渠道。鼓励民间工艺品生产企业主动与国内外知名服装服饰企业合作，提升民族文化内涵及艺术价值，推进民族工艺品产业与服装服饰产业融合发展。

实施专业人才培育工程。支持在凯里学院、黔东南州职业技术学院等设置银饰、刺绣、蜡染等专业和培训基地，建立民族民间工艺品工匠、艺人、绣娘信息台账，建立民族民间工艺品专业人才库，列入全州人才库进行管理。通过开展"黔东南名工匠""黔东南名绣娘"技能大赛等活动评选，探索开展民间工匠职称评定工作。

四、推动优势轻工产业集聚化

黔东南州加快以打火机及零配件、服装服饰、文体用品、包装为主导的优势轻工产业发展，促进集聚，做大做强，打造新的产业增长极，形成优势轻工产业集群。

（1）打火机。支持以岑巩县工业园区为核心，引进和建设一批打火机及零部件配套生产项目，大力推动打火机整机及打火石、防风帽、电池、机身等配套产业发展，推进新产品开发，丰富产品种类，满足不同消费群体需求，着力打造西部乃至全国最大打火机研发制造基地。如贵州杰达电气有限公司系岑巩县人民政府招商引资企业，成立于2016年4月6日，经营范围为一次性打火机、打火机配件加工生产与销售；塑料制品、五金配件、电器配件销售含进出口业务；点火枪、电弧、喷枪；危货运输；模具开发设计、加工、制作及销售；机械设备制作、加工及销售。2016年10月，公司获得出口资质，开始自营生产出口。公司经过6年的发展，现有职工320人，已成为岑巩经济开发区的一家规模以上工业企业，是一家集研发、生产、销售于一体的大中型打火机生产企业。2020年，为扩大生产规模进行异地改扩建，在岑巩经济开发区打火机扶贫产业园新建厂房，总投资6 000万元，项目占地81亩，新建厂房2万平方米，新增10条生产线，共计建成生产线20条，具备年产中高档打火机1.2亿只产能规模，各类直冲防风打火机、点火枪、喷枪式等新型打火机已经上市并远销欧美、日本、东南亚、中东等30多个国家和地区，赢得了国外客商的一致好评。

（2）服装服饰。支持三穗、岑巩、从江、榕江等县发展服装服饰及配套产业，打造服装服饰生产基地。支持三穗鼎盛服饰、岑巩新雨林服饰、从江怡家人生态公司等企业强化服装设计、推进技术研发中心建设，提高行业规模化、标准化能力，加快服装服饰产业集聚发展。加大招商引资力度，推动衬布、纽扣、拉链、蚕丝等辅料配套生产企业，打造贵州省承接东中部服装服饰产业转移基地。

（3）文体用品。支持以锦屏亚狮龙体育用品公司为龙头，发展文体娱用品及配套产业，打造羽毛球生产、体育比赛、健康疗养、餐饮美食等一体化文体娱综合基地，形成以锦屏亚狮龙公司为龙头的"1+N"全产业链体系。

（4）其他轻工业。稳步推进包装造纸等产业发展，重点发展包装纸、彩色包装、普通瓦楞纸箱及精美印刷品、沙管纸等产品，引进玻璃瓶、纸箱、易拉罐、食品级塑料包装、手工艺盒及手提袋、彩色高档印刷等企业，逐步建成集产品设计、生产与销售于一体的完整产业链。

第三节　持续培育壮大新兴产业

黔东南积极实施电子信息、先进装备制造、健康医药、清洁能源等新兴产业培育工程，着力突破核心技术，拉长产业链条，加快数字经济和实体经济深度融合，提高新兴产业发展效益，形成一批引领发展、融合创新、示范带动产业集群。

一、做强做优电子信息产业

黔东南积极推动数字产业化和产业数字化，大力发展电子信息制造业和软件信息技术服务业。依托黔东南高新技术产业开发区大数据产业园、黔东经济开发区电子信息产业园等平台，重点培育引进电子元器件、电子材料、集成电路、人工智能、智能终端等大数据企业，重点发展电子信息制造业，形成电子信息产业集群，形成以凯里为中心的新兴电子工业城市。

大力开发新型电子元器件及电子材料。支持振华华联、中昊电子、云睿电子、安兴电子等企业重点发展开关、连接器、半导体分离器件、传感器、电子变压器、电解电容等电子元器件制造。推动电子元器件向智能化、高精度方向发展。积极推动军民融合重点产业集聚发展，支持贵州振华华联电子有限公司推动军民两用技术双向转化，推动军民科技协同创新和成果转化，加快军工产品的配套元器件研发及产业化，拓展军民融合产业发展新空间。

加强智能终端制造及配套。重点在凯里、黎平、锦屏等市（县）打造智能终端产业集聚区。大力发展智能穿戴设备、开关电源设配器、无线充电器、无线鼠标、键盘、智能家居、移动终端、通信设备等通用型和消费型智能终端产品或配套产品。支持贵州卓豪智能发展壮大传感器件、印制电路板等配套产业，支持瑞讯科技公司发展机顶盒等智能终端产品。

积极发展软件和信息技术服务业。面向政务、工业、农业、电商、旅游、文化等行业的应用需求，依托凯里云瀚智慧、黔通智联等重点企业，推动软件研发、虚拟现实、操作系统、信息系统集成、信息技术咨询服务、信息系统运维等业务快速发展。积极承接国内重点优强企业的软件和信息技术服务外包业务，培育壮大服务外包市场。积极发展平台经济，推进黔东州网红基地建设。大力发展云服务业务，加快云计算在政务云、物流云、工业云、能源云等各行各业的应用，积极推动智慧城市等项目建设。

推进产业融合发展。以"万企融合"行动为抓手，持续推动大数据与实体经济、优势产业深度融合，加快工业、农业、服务业数字化改造步伐。加快推进数字创意产业发展，丰富数字媒体、数字出版、数字动漫和视频等数字内容供给，创新营销模式和营销渠道，推动数字技术、文化创意与一、二、三产业深度融合，形成更加丰富的数字创意产品和模式。推动建设一批各具特色的数字创意产业园区。推进信息化和工业化"两化"深度融合，推动工业向智能化生产、个性化定制、服务化延伸等新方向发展转型。加快发展工业互联网，建设一批智能制造单元、智能生产线、数字车间、数字工厂，持续强化工业领域智能化改造升级。

二、培育壮大民族医药产业

依托太子参、头花蓼、白及、何首乌、钩藤等道地中药材优势和民族医药资源，以凯里大健康医药产业园、贵州侗乡大健康医药产业园、施秉台湾地区大健康产业园等为重点，强化科技创新，延伸产业链条，加快推进中医药产业发展，发展中药材精深加工，加强民族医药研发，开发中医药提取、制剂、饮片、膏方、保健品等产品，推动民族医药产业做大做强，培育发展生物医药，全面提升健康医药产业发展水平。

强化科技创新支撑。依托州内外高校、科研院所，建设苗侗医药研究中心。实施现有品种二次开发和技术改造工程，重点研究现有品种新技术，促进品种二次开发和技术改造，提高产品质量和附加值。

延伸产业发展链条。支持国药集团（贵州）血液制品、飞云岭药业、昌昊金煌（贵州）中药等骨干企业大力发展中药提取、制剂、饮片、膏方、保健品等产品。培育引进一批生物医药、中药、民族药、医疗器械、药用辅料等领域的龙头企业，稳步发展医疗设备、医疗器械、卫生材料、日化用品、药用原料及包材，提高医疗设备现代化水平。

壮大民族医药产业。加快发展以苗、侗、瑶等为重点的民族医药产业，积极发掘民间药方，加大研发力度，推出一批保健功能稳定、深受群众喜爱的优质产品，构建独具地方特色的健康医药产业体系，推动民族医药文化传承和产业加速发展。

贵州柏森香料有限公司是全省唯一的香料精细化工生产企业，其主要产品为杉木油、桉叶油、柏木油、洋茉莉醛、甲基柏木酮、甲基柏木醚、乙酸柏木酯等十余种天然及合成香料，其产量占全省总产量的85%，其产品被广泛应用于日用工业品、食品、制药、烟草、纺织等领域。2019年，公司被省工业和信息化委员会列为贵州省"千企改造"工程龙头企业；2022年，公司被评为省级"专精特新""小巨人"企业；2022年12月，公司被评为高新技术企业。2022年，公司累计实现工业产值2.12亿元。

三、加快发展先进装备制造产业

落实制造强国战略，实施工业强基、智能制造等工程，支持黔东南高新技术开发区、炉碧、金钟等园区拓展装备制造领域，着力在数控机床、节能环保、山地农机林机装备等领域培育一批整机企业，促成全产业链配套，形成智能制造示范。

（1）先进装备制造业。以贵州全世通、兴富祥等企业为重点，推进技术创新，大力发展精密数控装备及功能部件、汽车及汽车零配件制造业、电子电器和电力装备、压铸制造、特色工程装备及零部件、机械成套非标制造以及农用机械、高耐磨复合钢板金属焊接材料等系列产品。汽车及零部件方面主要发展汽车连接器、汽车制动片、车辆净化器及汽车电气等配套产品。

（2）机床及功能部件制造。重点发展高精密度液静压无心磨床、数控双面车床、数控铣床、外圆磨床、高速高精度数控车床、内圆磨床、高速钻床等系列化产品。积极承接工程机械及配件制造产业，引进龙头企业，重点开发工程机械整机或路面机械。支持发展无螺旋焊管、箱型梁、高频焊接H形钢等大型钢结构件。

（3）山地农业机械等特色装备制造。主要发展耕整机、温室自动灌溉设备、微耕机、青饲料粉碎机、脱粒机等粮油深加工机械及各种农机具，开发先进适用农副产品深加工装备和生物产业配套服务的装备。

（4）高效节能产业。主要发展以节能装备、固体废弃物处理装备、资源综合利用装备、环境监测仪器、环保材料等为重点的节能装备制造。加快承接中东部地区产业转移，引进一批高新装备制造企业，力争在新能源汽车、节能环保装备、现代物流装备等领域实现突破。

四、加快培育清洁高效能源产业

黔东南以优化提升电力供给结构为导向，促进基础能源转型升级，推进太阳能、天然气等清洁能源高效开发和利用，有序开发新能源，打造电量充足供给、电价优势明显、电网智能安全的清洁高效能源产业。贵州麒臻实业集团有限公司成立于 2020 年 7 月，是 2020 年由台江县人民政府招商引资入驻园区的企业，主要从事废旧铅蓄电池、含铅废弃物高效绿色处理及综合回收再利用，建设项目设计产能为年产 20 万吨再生铅，总投资 11 亿元。公司作为园区再生铅转型升级的标杆企业，在设计、建设、工艺、智能、环保、设备、理念、管理上都走在全国同类行业的前列。结合台江经济开发区的产业发展布局，公司优化产业布局，拓展新能源产业新兴板块，谋划建设锂电池回收和梯次利用项目，加快推进构建西南五省（市、区）乃至全国废旧铅蓄电池回收体系，做大做强再生铅全产业链，推动县域经济高质量发展。2022 年，企业实现工业总产值 13.15 亿元，占全县工业总产值的 25%，实现税收 8 700 余万元，带动就业 250 余人。

加快基础能源转型升级。实施火电转型升级行动，加强环保设施升级改造，加快推进黔东电厂临界超低排放改造和一台机组阶段性转供贵州。优化水电开发模式，增加水电装机容量，推进都柳江、清水江流域航电枢纽工程建设，打造清水江、都柳江水风光一体化可再生能源开发基地。如贵州省兴隆碳素有限公司成立于 2013 年 7 月，位于贵州岑巩经济开发区，是一家集生产、经贸、研发、检测为一体的现代化企业。公司主要生产碳素系列产品，涉及新能源、军工、核工业、冶金、化工、建材、电子、电力、有色金属、航天、航空、驳船、石油、多晶硅、单晶硅等领域。公司拥有强大的技术研发团队，并与国内碳素科研机构有着长期的战略合作关系，与国内相关大型企业保持紧密的业务关系，在湖南大学材料科学与工程学院、中南大学冶金与环境学轻金属及工业电化学研究院、南冶有色金属资源高效利用国家工程实验室共同协作下启动筹建碳基材料检测中心。公司自身拥有核心技术，拥有 5 个实用新型专利，囊括原料制备、混捏成型、焙烧、机加工、浸渍、动力、检验等设备，形成了完整的自动化生产线。2021 年公司又新增 8 个实用新型专利，其中 3 个专利在 2022 年获得证书，2022 年又新增 5 项实用新型专利和 1 项发明专利。公司于 2022 年被认定为"专精特新"企业和科技型企业。公司主要生产微孔、超微孔高性能碳砖、碳块、各种碳素制品，通过 ISO9001-2015 国际质量体系认证，产品畅销全国各地，其中西南地区销售额占公司销售额的70%。公司是西南地区最大、竞争力极强的碳素制品、微孔高性能炭块专业生产厂家。

推动新能源开发与利用。加快推进"县县通"天然气项目建设，完善天然气管网、储配设施，建立完善的天然气输配体系。加强页岩气勘探开发，打造贵州东部页岩气开发基地。积极推进丹寨、黄平页岩气勘探取得新突破，推进有条件的市（县）地热能广泛使用。合理规划光伏发电规模，坚持集中开发与分散开发并举、电能优先消纳和就近消纳为主的原则，积极发展光伏电站及分布式光伏发电。

加快电网改造提升。构建优质的输电网网架，提高电网供电能力和可靠性，形成"环网为主、链式为辅、网间支援"的电力供应结构。加快推进炉碧经济开发区增量配电试点建设运营，支持黔东、岑巩工业园区申报增量配电业务改革试点。

第四节　持续优化工业发展环境

黔东南加快建立和完善园区体制机制，积极探索"飞地经济"，深入推进"六个专项行动"，优化园区营商环境，全面落实市场准入负面清单制度，持续降低企业成本，减轻企业负担，强化资金、人才、土地等要素保障支撑，提升配套服务能力，推动工业经济高质量发展。

一、建立和完善园区体制机制

黔东南创新开展合作建园，加强与对口协作城市、单位合作建设"飞地园区"，探索与杭州、佛山共建共管合作园区。积极打破行政区划限制，加强对区域相邻、资源相近、产业互补园的统筹整合，鼓励相邻市（县）共建园区。探索州内限制开发区与黔东南高新技术产业开发区等合作共建"飞地园区"模式，探索税收分成、土地指标共享、资源优势互补的发展新模式。探索科研及孵化前台在杭州、佛山、澳门等发达地区，生产转化后台在黔东南的"双飞地"发展模式。推广"东部企业、市场、总部、研发+黔东南资源、产品、基地、制造"的"4+"合作机制。加快构建优质企业梯度培育体系，加大企业上规模入统筹和上市扶持力度，支持企业转型升级。

对园区闲置土地、空置厂房及时清理，全面盘活园区闲置土地和空置厂房，提高土地、厂房节约集约利用率。围绕十大产业补链强链，开展产业链招商，严把园区项目准入关，严格控制高环境承载、高环境风险项目入园。着力引进关联产业配套企业，推动产业链上下游产业对接互补、融合互促。

积极推进开发区（工业园区）管理体制改革，推广"管委会+公司"等模式。加快推进开发区（工业园区）人事制度、薪酬制度、考核制度改革，增强"造血功能"，把工业园区打造成为干部干事创业、成长成才重要平台。完善园区人才引进和管理衔接机制，培育一批具有开拓创新精神的工业人才队伍。探索实行"管委会+公司"全员聘任制，增强开发区（工业园区）发展活力。建立健全工业园区考核评价机制，加强对工业园区单位面积产业强度考核，强化考评结果应用，激发发展活力。

如贵州炉碧经济开发区于 2011 年 7 月经贵州省人民政府批准为省级经济开发区，2022 年全区规模以上工业企业 53 户，形成以玻璃制造、铝及铝加工为代表的新型材料产业作为主导产业的发展格局。为推进产业集群化发展，提高主导产业占比，炉碧经济开发区抢抓"桥头堡"政策机遇，以黔玻永太、海生玻璃和其亚铝业等龙头企业为基础，引进相关配套企业入园建设，打造玻璃和铝等新型建材、光伏新能源两个产业集群。2022年，9 户规模以上主导产业完成工业总产值 12.48 亿元。2023 年，凯里市与河北省沙河市达成强化交流合作，计划以园中园的形式在炉碧经济开发区建设凯里沙河玻璃产业园，总规划面积约 2 平方千米，预计总投资 100亿元，以河北海生玻璃有限公司产能转移项目为龙头，配套其他相应企业入驻，形成产业链条完整的产业集群。炉碧经济开发区突出主导产业和首位产业，集中开展主导产业和首位产业"延链、补链、强链、融链"招商引资工作，深入开展主导产业和首位产业培育提升行动，引导优质资源、优势产业向园区集聚，将园区作为承接中东部产业转移的主阵地，加强园区经营管理、产业发展、平台建设等方面的合作，通过引进培育一批具有产业引领效应的龙头型、基地型企业和项目，形成主导产业和首位产业集聚发展格局。聚焦"产业集聚化、污染减量化、资源循环利用化"计划打造区域性报废机动车资源循环利用产业园，将粗放型报废机动车回收利用产业提升为集约型循环经济产业，引领带动区域性报废机动车拆解回收利用产业发展。加快推动玻璃产业升级发展，构建玻璃和铝等新型建材、光伏新能源产业集群，夯实产业基础能力，提升产业链供应链现代化水平。

二、优化工业发展营商环境

优化政务服务环境。打造园区"放管服"改革示范窗口，对招商引资项目实行"保姆式"代办制，从正式签约到开工建设实行全程跟踪服务。减手续、降成本，优化企业设立、施工许可等办事流程，提升办理实效。搭平台、创模式，优化纳税、投标、供地等运营服务，提升企业经常性事项的服务质效。紧扣政务服务事项，优化集成便利的政务服务，坚持企业思维，运用现代信息技术，通过"一张网""一扇窗"改革，提升服务效率。加强市场主体合法权益，通过建机制、优监管，营造公平公正环境，保障合法经营。

提高项目审批效率。积极推进园区投资项目审批制度改革，全面梳理州直、县直各职能部门审批权力目录，按照"授权为原则、不授权为例外"的要求，进一步将更多的州直、县直部门权限赋予园区。各园区依法做好下放权限的承接落实工作，健全工作机制，全面梳理、编制工业园区权力、责任、审批流程三张清单，并及时向社会公布。探索推行园区投资项目双向承诺机制、容缺审批机制、容错免责机制。在黔东南高新技术开发区、省级经济开发区的企业投资一般工业项目，提前容缺完成项目备案至施工许可前的相关审批或模拟审批，模拟完成施工许可审批。

完善配套服务机制。组建工业经济发展工作专班，统筹产业布局、招商引资、资源配置和调度考核，做好工业发展组织协调和对接服务工作。建立工业经济联席会议制度，及时解决工业发展中遇到的困难和问题。废除妨碍公平竞争的规定，落实市场准入负面清单制度。高效落实降低增值税税率、研发费用加计扣除、降低社保费率、降低工商业用电目录电价、降低企业用地成本、公路物流运输成本等国家、省、州减税降费政策，加强政策宣传，主动上门服务，切实减轻企业负担。

三、强化要素保障落实

坚持基础设施、资源要素跟着产业布局走，聚焦主导优势产业，建立工业发展要素保障服务机制，实现要素保障与产业发展相匹配，推动资金、土地、人才等各类资源要素向重点工业园区、优势产业集聚。

加强资金要素保障。加大争取国家地方专项债、省级工业和信息化专项资金、省工业发展基金、十大千亿级工业产业培育资金力度，支持园区工业经济发展。建立稳定的工业发展投入机制，进一步扩大工业发展基金规模，充分发挥州级工业产业发展基金和财政工业专项资金的引导、撬动作用，搭建政银企合作平台，争取更多资金支持工业经济发展。

加强项目用地保障。深化工业用地市场化配置改革，健全用地市场供应体系。建立僵尸企业退出机制，清理整合圈而不建或产业层次过低、投资强度过小的项目，为新引进项目腾出用地空间。州内关闭退出企业腾出的环境容量优先用于重点园区、重点产业、重点企业。完善产业用地政策，推动不同产业用地类型合理转换。

加强生产要素保障。建立工业发展要素保障服务机制，推动各类资源要素向重点工业园区、重点优势产业集聚。加强成品油、煤炭、天然气、电力、水力等资源储备和调度，建立高效、便捷、实惠的物流体系，降低企业物流成本，提升园区生产要素保障能力。优化企业用工保障措施，围绕企业生产、项目建设用工需求，做好就业服务，引导富余劳动力、返乡人员进入园区务工。深化人才发展体制机制改革，培养有开拓创新精神的工业人才队伍。

第十章 加快推动黔东南企业挂牌上市

　　2017年以来，贵州省企业上市工作捷报频传，接连实现贵州企业赴伦敦证券交易所、香港联合交易所、纽约证券交易所上市零突破，科创板上市零突破，铜仁市上市企业零突破，毕节市企业"新三板"挂牌零突破。截至2023年4月30日，贵州省辖区共有A股上市公司36家，位居全国第27位，其中上海证券交易所主板16家、科创板3家；深圳证券交易所主板14家、创业板2家；北京证券交易所1家。贵州省辖区A股市场上市公司总股本366.91亿股，总市值26 202.15亿元，占全国A股市场上市公司总市值的2.85%。到2023年4月30日，只有毕节市、黔东南州、黔西南州在A股市场没有上市公司，具体见表10-1。

表10-1　贵州省A股市场上市公司分布

序号	地级市（州）	家数/家	占比/%	主要公司
1	贵阳市	24	67	振华新材、新天药业、安达科技
2	遵义市	4	11	贵州茅台、泰永长征、贵绳股份、天成控股
3	安顺市	3	8	贵州三力、贵州百灵、红星发展
4	黔南州	3	8	川恒股份、信邦制药、中毅达
5	铜仁市	1	3	中伟股份
6	六盘水市	1	3	盘江股份

　　注：笔者根据Wind数据库、贵州证券业协会官网等公布的数据整理。

　　截至2023年4月30日，贵州省辖区新三板公司总挂牌家数33家，家数占比0.24%，定位做市转让1家。其中，创新层企业8家，基础层企业25家。股份总量69.79亿股，总市值160.84亿元。具体见表10-2。

表 10-2　贵州省辖区新三板挂牌公司分布

序号	地级市（州）	家数/家	占比/%	主要公司
1	贵阳市	25	76	威门药业、东方科技、地矿股份、贵材科技、黔中泉
2	遵义市	5	15	卓豪股份、景春园林、火焰山股份、欧瑞欣合、好生活
3	毕节市	1	3	威宁能源
4	安顺市	1	3	金秋科技
5	黔南州	1	3	绿卡能

注：笔者根据 Wind 数据库、贵州证券业协会官网等公布的数据整理。

第一节　黔东南企业上市工作现状

不论是推进产业转型，还是借募资工具保持行业领先地位，中小企业都要善于把握机会，勇于先行先试。新三板诞生当年（2012 年），安达科技就进行了股份制改造；2014 年安达科技成功在新三板挂牌，融资合计 11 亿元；2021 年，结合将新三板精选层变更设立为北京证券交易所的改革趋势，推进安达科技在北京证券交易所上市进程；2023 年 3 月，安达科技成为贵州省首家在北京证券交易所上市的公司。2020—2022 年，安达科技营业收入从 9 260.53 万元增长至 65.58 亿元。安达科技的上市之路表明，黔东南州中小企业可选择挂牌扩容后的新三板，从新三板挂牌再到北京证券交易所、创业板、主板上市，用好上市带来的新机遇，通过资本市场资源配置功能，畅通资本与科技、产业的对接渠道，大幅提升知名度和市值，进一步拓展市场，在产业生态中持续发挥作用，推动产业链实现共赢。

一、全力推动黔东南州优质企业上市

一是强化上市政策保障。黔东南州始终致力于推动企业上市工作。2017 年，黔东南州人民政府办公室印发《黔东南州关于支持企业上市发展的十条措施》，从多维度为企业上市提供政策支持与引导。2022 年，黔东南州金融办公室制定推动企业挂牌上市工作要点，明确当年工作重点与方向，进一步细化工作任务，为企业上市工作的稳步推进提供具体指导。同年，贵州省地方金融监管局联合中国人民银行贵阳中心支行、贵州省银保监局、贵州省证监局，共同印发《金融支持黔东南自治州"黎从榕"打造对接融入粤港澳大湾区"桥头堡"的政策措施》，借助金融力量助力"黎从榕"地区企业融入粤港澳大湾区发展，拓展上市机遇。黔东南州人民政府积极发挥牵头作用，建立黔东南州资本市场建设发展联席会议制度，有效整合各方资源，为推动黔东南州企业挂牌上市工作提供了坚实有力的支撑。为提升企业上市工作的专业性，黔东南州精心组建上市专家顾问团队，为企业提供专业的咨询与指导服务。同时，充实和完善企业挂牌上市资源库，为后续上市工作储备优质企业资源。另外，贵州省证监局与黔东南州人民政府签订《黔东南州资本市场健康发展合作备忘录》，双方携手合作，共同推动黔东南州资本市场的健康发展，为企业上市营造良好的市场环境。

二是强化上市宣传培训。黔东南州印制了《企业上市知识读本》，解读最新企业上市政策。黔东南州组织北京证券交易所贵州基地、开源证券公司等，对黔东南州25家重点上市培育企业开展"一对一"企业上市辅导服务。2023年黔东南州组织西江运营公司等7家企业参加"启航改制上市实务专题培训"，邀请北京证券交易所贵州基地、贵州股权资产交易中心（简称"股交中心"）有限公司，对各市（县）金融服务中心负责人和相关企业进行培训和指导动员，邀请开源证券为岑巩兴隆碳素等18家企业举办上市后备企业新三板挂牌北京证券交易所上市专题培训。

三是强化龙头企业突破。黔东南州全力推进黔通智联公司在深圳证券交易所上市，及时兑现黔通智联公司上市第一阶段奖励资金75万元，增强全州企业对政策落实的信心，2022年已经完成在深圳证券交易所的第二轮问询黔东南州金融办公室。2022年，黔东南州多次组织召开西江运营公司上市专题会，研究将优质旅游资产注入西江公司，帮助获得"四化"基金投资3亿元。黔东南州邀请省金融监管局和资本市场处到西江公司就上市和债务化解工作问诊把脉，帮助企业理清上市思路。

四是优中选优，重点扶持。黔东南州金融办公室组织黔东南州20家企业申报省级上市后备企业，10家企业入选2022年贵州省上市后备企业。2022年10月黔东南州金融办公室邀请开源证券公司投行部对黔东南州8家省、州级上市后备企业开展调研考察，形成《黔东南州后备上市企业考察报告》，优中选优，围绕4家企业重点开展挂牌上市扶持工作，力争

2028 年有 2~3 家企业在新三板挂牌，推进实现新三板挂牌和上市零突破。

五是专题研究上市难题。黔东南州金融办公室多次召开西江运营公司上市工作专题会，专题研究推进西江运营公司上市工作。2022 年 3 月 27 日，黔东南州金融办公室报请省金融监管局组织召开拟上市重点企业上市困难问题专题沟通座谈会，专题研究解决三穗县兴绿洲公司挂牌上市困难问题。黔东南州金融办公室多次专题研究凯里市、岑巩县、台江县、天柱县、黄平县辖区重点企业挂牌上市工作。

六是开展上市专题调研。黔东南州金融办公室将"抢抓政策机遇，加快推动黔东南州企业挂牌上市的路径研究"纳入 2023 年州政府项目重点调研课题。2023 年 3 月，黔东南邀请北京证券交易所贵州基地负责人、贵州股交中心、凯里学院等组成调研组，走访调研贵州柏森香料有限公司等 5 家重点上市培育企业；开展"助企上市春风行动"资本市场服务周活动，邀请开源证券公司走访调研贵州华鑫新材料有限公司、贵州麒臻实业集团有限公司等 8 家企业，帮助企业熟悉上市路径。

二、中小企业的历史性机遇

一是注册制改革机遇。2018 年 11 月 5 日，习近平总书记在首届中国国际进口博览会开幕式上宣布，在上海证券交易所设立科创板并试点注册制①。2019 年科创板正式开板。2023 年 4 月 10 日，沪、深两地交易所主板注册制首批企业上市交易，股票发行注册制改革全面落地②。改革后，沪、深两地交易所主板突出大盘蓝筹特色，重点支持业务模式成熟、经营业绩稳定、规模较大、具有行业代表性的优质企业；科创板突出硬科技特色；创业板主要服务于成长型创新创业企业；北京证券交易所与全国股转系统共同打造服务创新型中小企业主阵地③。

二是北京证券交易所扩容机遇。2021 年 11 月 15 日，北京证券交易所揭牌开市，定位于打造服务创新型中小企业主阵地。北京证券交易所正处于规模建设与功能完善的关键阶段，未来将着力支持处于发展早期、具备

---

① 叶国标，等. 注册制改革有力推动资本市场高质量发展［N］. 上海证券报，2023-04-17（001）.

② "中国上市公司'董秘好助手'白皮书（2022—2023）"课题组. 隐形的功臣：《中国上市公司"董秘好助手"白皮书（2022—2023）》［J］. 董事会，2023（6）：16-41.

③ 朱万平. 注册制新规征言未见主板 IPO"行业红绿灯"内容［N］. 每日经济新闻，2023-02-03（003）.

新兴业态和创新能力的中小企业。北京证券交易所推出各项有利于创新创业企业、"专精特新"企业快速实现融资发展的政策，是黔东南州中小企业利用资本市场做大做强做优的历史性机遇。现在已设立北京证券交易所和全国股转公司贵州服务基地，畅通了黔东南州企业对接高层次资本市场的渠道，黔东南州中小企业应积极抢抓北京证券交易所给予的重大机遇。

三是新三板直连机制。2023年初，北京证券交易所和全国股转公司推出了挂牌上市直联审核监管机制①。北京证券交易所和新三板内部实现了各业务环节的无缝对接，支持直联企业挂牌满一年后迅速完成发行上市流程②。直联机制在新三板挂牌阶段审核就能将一些问题有效解决，而不用等到北京证券交易所审核阶段才提出来，大约能为企业上市节约半年时间。新三板是北京证券交易所的"蓄水池"，直联机制将激发更多社会资本参与投早、投小、投科技、投未来。

四是贵州绿色通道政策。2016年9月，中国证监会出台《中国证监会关于发挥资本市场作用服务国家脱贫攻坚战略的意见》，对符合条件的贫困地区企业首发上市实施"绿色通道"政策。2021年，中国人民银行等五部门发布《关于金融支持巩固拓展脱贫攻坚成果 全面推进乡村振兴的意见》，明确对脱贫地区继续实施企业上市绿色通道政策。同时，贵州省政府也出台了《贵州省推进企业上市高质量发展三年行动方案》《贵州省上市挂牌后备企业资源库设立和管理办法》等文件，黔东南州企业上市发展环境处于历史最佳时期。

三、后备企业的上市标准选择

在注册制条件下，对上市标准的选择以及净利润指标是企业成功上市的关键因素之一。黔东南州上市挂牌后备企业，各板块选择哪个上市标准、净利润在哪个区间通过率更高？为了更加精准定位黔东南州企业上市情况，按照市值及财务指标，有三个标准③，总共有245家后备企业选择标准一，选择标准二的企业0家，选择标准三的企业2家。具体对沪、深

---

① 张雪. 新三板北交所直联机制打通优质企业获上市"快车道"[N]. 上海证券报, 2022-12-22 (003).

② 吴科任，杨洁. 北交所进一步优化企业上市路径[N]. 中国证券报, 2023-11-15 (A03).

③ 朱万平. 注册制新规征言未见主板IPO"行业红绿灯"内容[N]. 每日经济新闻, 2023-02-03 (003).

交易所主板、科创板、创业板及北京证券交易所选择进行逐一分析。一是主板上市的可行性。2023年至今，沪、深交易所主板申报了267家，其中20家企业以注册制过渡期主板上市标准申报，247家以注册制申报①，见表10-3。截至2023年5月底，选择标准一的沪、深交易所主板申报企业最多。

表 10-3 注册制条件下主板上市标准及净利润数据统计

市值及财务指标	申报家数/家	上会家数/家	过会家数/家	过会率/%
标准一：最近三年净利润均为正，且最近三年净利润累计不低于1.5亿元，最近一年净利润不低于6 000万元，最近三年经营活动产生的现金流量净额累计不低于1亿元或者营业收入累计不低于10亿元	245	18	17	94
标准二：预计市值不低于50亿元，且最近几年净利润为正，最近一年营业收入不低于6亿元，最近三年经营活动产生的现金流量净额累计不低于1.5亿元	0	0	0	0
标准三：预计市值不低于80亿元，且最近一年净利润为正，最近一年营业收入不低于8亿元	2	0	0	0

注：笔者根据 Wind 数据库数据整理。

针对沪、深交易所主板选择标准一的企业，见表10-4。净利润在1亿元以下的申报企业数量61家，占25%。净利润在1亿元以上的申报企业数量184家，占75%，其中上会企业15家，过会企业14家，净利润平均值为4.36亿元，中位数为1.35亿。从调研情况来看，黔东南州企业市值较小，大部分企业经营困难，主导产业的龙头企业也没有达到大型企业的标准。总的来看，黔东南州企业近年选择主板上市较为困难，无论是从营业收入还是从净利润来看，都没有符合注册制条件下主板上市标准的企业。

---

① 梁冀. A 股迈向新世界 [N]. 经济观察报，2023-02-06（009）.

表 10-4 注册制条件下主板上市企业净利润数据统计

净利润/元	申报家数/家	上会家数/家	过会家数/家	申报企业占比/%
6 000 万~1 亿（不含）	61	3	3	25
1 亿~2 亿	101	8	7	42
2 亿以上	83	7	7	33

注：净利润是指申报稿中上一个完整会计年度中归属母公司股东的净利润。

二是科创板上市的可行性。截至 2023 年 5 月 16 日，选择"同股同权标准一：预计市值不低于人民币 10 亿元，最近两年净利润均为正且累计净利润不低于人民币 5 000 万元，或者预计市值不低于人民币 10 亿元，最近一年净利润为正且营业收入不低于人民币 1 亿元"的科创板申报企业最多，上会数量及过会数量亦最多，过会企业净利润平均值为 11 819.21 万元，中位数为 7 504.31 万元，具体如表 10-5 所示。从调研情况来看，黔东南州目前还没有"硬科技"企业，也没有符合科创板上市标准的企业。

表 10-5 注册制条件下科创板上市企业净利润数据统计

净利润/元	申报家数/家	上会家数/家	过会家数/家	申报企业占比/%
5 000 万以下	40	14	13	34
5 000 万~1 亿	50	19	19	42
1 亿以上	29	15	15	24

注：净利润是指申报稿中上一个完整会计年度中归属母公司股东的净利润。

三是创业板上市的可行性。截至 2023 年 5 月底，创业板申报了 240 家，其中上会 84 家，过会 77 家，整体过会率为 92%。截至 2023 年 5 月底，选择"标准一"的创业板申报企业最多，上会数量及过会数量亦最多，具体如表 10-6 所示。针对创业板选择"标准一"的企业，过会企业净利润平均值为 11 458.97 万元，中位数为 8 026.73 万元。创业板定位为成长型创新企业，从调研情况来看，黔东南州企业目前选择创业板上市较为困难。

表 10-6　注册制条件下创业板上市标准及上市企业净利润数据统计

市值及财务指标	申报家数/家	上会家数/家	过会家数/家	过会率/%
标准一：最近两年净利润均为正，且累计净利润不低于 5 000 万元	217	79	73	92
标准二：预计市值不低于 10 亿元，最近一年净利润为正且营业收入不低于 1 亿元	23	5	4	80
标准三：预计市值不低于 50 亿元，且最近一年营业收入不低于 3 亿元	0	0	0	0

　　四是北京证券交易所上市的可行性。截至 2023 年 5 月底，北京证券交易所申报 183 家，其中上会 105 家，过会 103 家，整体过会率为 98%。截至 2023 年 5 月 16 日，选择"标准一"的北京证券交易所申报企业最多，上会数量及过会数量亦最多。针对北京证券交易所选择"标准一"的企业，过会企业净利润平均值为 5 478.47 万元，中位数为 4 400.15 万元，其中最大的是国航远洋，3.68 亿元；最小的是万德股份，1 312.25 万元。北京证券交易所定位为"专精特新"企业，从调研情况来看，后备企业中仅有贵州云睿电子科技有限公司、贵州兴锂新能源科技有限公司、贵州省兴隆碳素有限公司、贵州柏森香料有限公司、麻江明洋食品有限公司符合。而对比净利润指标，黔东南州企业目前都较为困难。

　　五是财务指标对比分析。如表 10-7 所示，在 2023 年 1—4 月，整体而言，在注册制条件下，IPO 对盈利指标的包容性更强，破除"唯利润"导向，更关注企业的高质量发展。就实际过会情况而言，2023 年 1—4 月，虽然有 3 家亏损企业过会，但其他过会企业整体盈利水平较高，净利润中位数不降反升。因此，黔东南州后备企业选择沪、深交易所主板、科创板、创业板的机会较小，选择北京证券交易所上市的可行性较大，但数量依然很少。北京证券交易所 IPO 过会企业的营业收入由 2022 年的 2.96 亿元提升至 2023 年 1—4 月的 3.45 亿元，净利润中位数由 2022 年的 4 222 万元提升至 7 049 万元。北京证券交易所有 79 家公司入选国家级"专精特新""小巨人"企业名录，占市场总数的 41.36%，黔东南州后备企业仅贵州兴锂新能源科技有限公司 1 家。北京证券交易所 8 家公司获得国家级"单项冠军"认证，黔东南州与"单项冠军"最为接近的是贵州华鑫新材料有限公司，从事莫来石产品制造 20 余年，参与制定现行国家标准，拥有

"国家级高新技术企业""省级小巨人企业"等头衔。

表 10-7 2023 年 1—4 月 IPO 过会企业的核心财务指标对比

单位：万元

对比项目	北京证券交易所	创业板	科创板	深圳证券交易所主板	上海证券交易所主板
营业收入中位数	34 497.64	54 806.01	50 889.82	97 000.50	199 481.22
净利润中位数	7 049.12	8 981.63	7 032.22	11 678.02	26 704.77

注：笔者根据 Wind 数据库数据整理。

四、上市板块可行性对比

一是上市板块发行费用。IPO 上市发行费用包括承销保荐费用、审计费用、律师费用、信息披露费用以及其他费用，一般情况下与募资金额正相关。为更好地帮助黔东南州拟上市企业合理评估上市成本，我们统计了 2023 年新增首发上市企业各板块发行费用情况，如表 10-8 所示。这些 IPO 上市企业的发行费合计从最低 967.7 万元到最高 3.65 亿元不等，发行费率从最低的 2.37% 到最高 20.74% 不等。从各板块来看，科创板发行费用最高，平均值达 1.38 亿元，其后依次为创业板、主板、北京证券交易所。承销保荐费、审计费等均是北京证券交易所最低。

表 10-8 2023 年 1—4 月各板块上市发行费用 单位：万元

收费项目	主板	科创板	创业板	北京证券交易所
募资总额中位值	87 300	119 700	97 500	14 000
募资总额平均值	138 400	167 600	147 700	18 300
发行费用中位值	8 710.6	10 734.3	10 027.8	1 757.8
发行费用平均值	10 833.6	13 761.6	12 226.8	2 133.8
承销保荐费中位值	6 130.9	8 248.6	7 975.9	1 238.6
承销保荐费平均值	9 393.7	11 225.3	9 567.5	1 446.4
审计费中位值	1 138.0	1 325.0	1 303.9	377.4
审计费平均值	1 266.5	1 323.2	1 427.3	418.3
律师费中位值	566.0	653.8	695.0	175.5
律师费平均值	588.5	668.5	745.5	217.9

表10-8（续）

收费项目	主板	科创板	创业板	北京证券交易所
信息披露费中位值	490.6	476.8	418.9	51.9
信息披露费平均值	493.7	469.3	429.4	45.1
其他费用中位值	75.7	76.6	48.1	25.0
其他费用平均值	91.2	75.3	57.1	31.0

注：笔者根据同花顺 iFinD 数据统计。

二是上市板块排队时长。从整体来看，A 股 IPO 从辅导备案到受理所需时长约 6 个月。主板、科创板和创业板的所需时长相差不大，约 7 个月；北京证券交易所时间相对短一些，从辅导备案到受理所需时长约半年时间。主板 IPO 从受理到上市的排队中位值为 415 天，科创板为 324 天，创业板为 511 天，北京证券交易所为 182 天。到北京证券交易所上市需满足"挂牌满一年的创新层企业"的条件，从企业挂牌到北京证券交易所上市，整体预计约需 1.5 年。

三是上市板块 IPO 过会率。由表 10-9 可知，相较于 2022 年全年，2023 年 1—4 月北京证券交易所、创业板、科创板的实际过会率均下降，最大降幅为科创板的 41.53%，体现出证监会发审委或上市委对拟上市公司的公司治理与合规经营、创新性与成长性等要求更加严格，从源头提高了上市公司质量。

表 10-9　2023 年 1—4 月上市板块 IPO 过会情况

过会情况	北京证券交易所	创业板	科创板	深圳证券交易所主板	上海证券交易所主板
通过/家	20	51	13	9	9
未通过/家	1	5	1	1	0
取消审核/家	0	1	3	1	0
暂缓表决/家	2	2	4	0	0
终止（撤回）/家	14	45	22	4	3
实际过会率/%	54.05	49.04	30.23	60	75
名义过会率/%	86.96	87.93	72.22	90	100

注：笔者根据 Wind 数据库数据整理。实际过会率=通过/〔通过+未通过+取消审核+暂缓表决+终止（撤回）〕×100%，名义过会率=通过/（通过+未通过+暂缓表决）×100%。

五、新三板挂牌可行性分析

一是新三板挂牌的意义。黔东南州后备企业如果到北京证券交易所上市，需满足"挂牌满一年的创新层企业"条件。从新三板到北京证券交易所，企业有了更多努力的方向和选择的路径，尤其是在直联机制落地后，优质企业有望快速在北京证券交易所上市。北京证券交易所直联机制的推出，使企业可以更为快速地在新三板挂牌，然后冲击北京证券交易所上市，甚至"12+1""12+2"即可完成北京证券交易所过会。同时，公司在新三板挂牌之后，可为公司的持续发展获得长期稳定的直接融资渠道，政府也会对当地的拟挂牌公司及挂牌公司给予政策奖励、税收优惠、资源倾斜等支持。

二是新三板挂牌的费用。新三板挂牌的费用可分为挂牌前的一次性支付费用，以及挂牌后按年收取的持续服务费及权益分派、信息披露义务人查询费等。按照目前新三板挂牌的市场行情，费用大概为 200 万元，其中券商 100 万元至 150 万元，审计费用 40 万元、律师费用 20 万元、资产评估费用 10 万元。拟挂牌阶段的一次性费用主要涉及公司改制、中介机构尽职调查、股份登记挂牌等服务，而挂牌后每年需要主办券商督导、年报半年报审计、法律意见咨询、日常交易等，挂牌企业需向主办券商、律师事务所、会计师事务所三大中介机构和股转系统支付相应的服务费用。全国股转公司的收费根据挂牌公司总股本的不同，收费 3 万~10 万元不等；中国结算初始登记费按照所登记股本面值的千分之 0.1 收取；主办券商持续督导费用为每年 10 万~20 万元。挂牌后仍然需每年支付的费用中，律师事务所持续督导费 5 万~10 万元；会计师事务所审计费 10 万~15 万元。

三是新三板挂牌的条件。2023 年，全国股转公司正式发布《全国中小企业股份转让系统股票挂牌规则》，构建了"1+5"多元化财务标准体系。具体来看，"1"指的是针对新经济领域、基础产业领域的申请挂牌公司，设置"研发投入—专业投资""做市—发行市值"等要求；"5"是指对上述领域之外的申请挂牌公司，针对性制定了 5 套财务标准，如表 10-10 所示。一般行业的公司，挂牌条件比以前有所提高。其中，净利润标准是新增的，营业收入要求从原来的 1 000 万元提高到 3 000 万元。同时，挂牌要求符合基本条件：股权明晰，股份发行和转让合法合规；公司治理健全，合法规范经营；业务明确，具有持续经营能力。如果挂牌时公司未进入创新层，自挂牌之日起，进入基础层。

表 10-10　新三板挂牌准入条件

标准	准入条件
标准一：净利润	最近两年净利润均为正且累计≥800 万元，或最近一年净利润≥600 万元
标准二：营业收入+增长率（或现金流量净额）	最近两年营业收入平均≥3 000 万元且最近一年营业收入增长率≥20%，或最近两年营业收入平均≥5 000 万元且经营活动现金流量净额均为正
标准三：营业收入+研发强度	近一年营业收入≥3 000 万元，且近两年累计研发投入合计占最近两年累计营业收入比例≥5%
标准四：研发投入+股权投资	最近两年研发投入累计≥1 000 万元，且最近 24 个月或挂牌同时定向发行获得专业机构投资者股权投资金额≥2 000 万元
标准五：做市交易+做市市值	挂牌时即采取做市交易方式，挂牌同时向≥4 家做市商在内的对象定向发行股票，按挂牌同时定向发行价格计算的市值≥1 亿元

四是新三板转板上市。截至 2022 年 12 月 31 日，从新三板转板至沪、深交易所主板、创业板、科创板和北京证券交易所上市的公司共计 562 家。转板公司行业多集中于制造业，信息传输、软件和信息技术服务业，科学研究和技术服务业。从转板公司在新三板的挂牌时限来看，在新三板挂牌满 2 年不到 5 年的公司转板上市的概率最高。同时，转板公司在总资产规模、总资产收益率、研发支出、资产结构上显著大于新三板公司。综上所述可知，黔东南州上市后备企业选择新三板挂牌，应当重点培育制造业，信息传输、软件和信息技术服务业的公司。

第二节　黔东南企业上市面临的困难

一、企业对上市的认识不足

一是板块定位模糊。一些只符合北京证券交易所上市或新三板挂牌条件的企业却想选择到主板上市，它们对于各板块的定位、负面清单、财务标准缺乏了解，自身的企业规模与板块要求不匹配。而且企业也没有结合自身发展目标，在业务、财务、合规等方面做好顶层设计，做好前期规范和统筹规划工作。以 2022 年为例，玉梦集团实现产值 1.88 亿元，其中，旗下麻江明洋食品公司实现产值 6 950 万元。而沪、深交易所主板过会企业净利润平均值为 4.36 亿元，中位数为 1.35 亿元，按 15%的毛利率计算，玉梦集团至少要实现产值 9 亿元。西江千户苗寨运营管理有限公司，受疫情影响，2022 年净利润仅有 300 多万元，以 2022—2024 年三年作为报告期则意味着 2023 年、2024 年需要公司达到 7 000 万元以上净利润。从净利润角度来看，这些公司与上市都还有很大差距。

二是担忧上市成本过高。企业在股份制改造后将按上市要求规范财务管理，会涉及企业所得税、增值税、"五险一金"等方面问题。企业大多害怕公开规范后，会增加纳税负担。上市过程成本高、时间长、审批难，股权被分享，不少企业老板不想上市。同时，企业大多关注挂牌上市费用，担心花了钱挂不了牌，希望能够对赌挂牌，前期不收或少收费用。比如贵州云睿电子科技有限公司，担忧合规后若上不了市，以 4 400 元基数计算公积金，带来的公司成本过高；贵州华鑫新材料有限公司，担心花了钱挂不了牌，希望前期不收或少收费用；贵州杰达电气有限公司，担心企业规范后员工社保、医保、公积金投入金额过大，造成企业运营成本过高。

三是上市意识不强。一些符合新三板挂牌条件的企业老板不愿打破传统经营模式去股改上市，认为自己不缺钱，上市没必要。部分企业虽然经营得不错，但管理体制不够规范，特别是一些家族式管理的民营企业，加之企业历史遗留问题多，不敢上市。还有一部分企业老总担心上市后会失去对企业的控制，不敢或不愿改制上市，相对于省政府、州政府的急切心情，企业观望的情绪相当普遍，导致工作落实困难。比如贵州柏森香料有限公司，是全省唯一的香料精细化工企业，其产量占全省总产量的 85%，被评为省级专精特新"小巨人"，2022 年累计实现工业产值 2.12 亿元，但是公司上市意愿不强，缺乏实质性上市行动。

四是上市知识匮乏。黔东南州多数企业的决策层对资本市场的了解少，不了解上市的有关要求，缺乏上市信心。企业没有实现从生产经营型向资本运营型的转变，没有摆脱单靠银行贷款的惯性思维。"不想上市、不敢上市、不懂上市"现象普遍存在，容易错失上市的最佳时机。比如贵州青酒酒厂有限公司，在 2000 年时已达到万吨产能，销售额突破 3 亿元，成为当时仅次于茅台的贵州第二酒。但青酒厂在巅峰期没有聚焦主业，持续打造品牌，而是涉足一些自己不擅长的领域，更没有选择资本市场，错失了上市的最佳时机。反观贵州茅台酒厂，2001 年在上海证券交易所挂牌上市，在繁盛期注重品牌的持续打造和产品的升级，2024 年 12 月 31 日，市值达 1.85 万亿元。

二、上市后备资源储备不足

一是上市主体选择问题。有的招商引资企业条件较成熟，但是在黔东南州只是生产基地，总部并不在黔东南州，没有上市申请权。比如，埃柯赛环境科技（贵州）股份有限公司，企业想在浙江省申请上市。有的涉及凯里公司和湖南公司上市主体的选择问题，比如贵州华鑫新材料有限公司，初步意向以凯里公司作为上市主体，但是仍需要州、市两级政府部门给予相关政策支持，争取以凯里公司作为上市主体。还有贵州兴锂新能源科技有限公司，涉及凯里公司和安徽公司上市主体的选择问题，初步意向以凯里公司作为上市主体。贵州鲁控环保科技有限公司，注册地址已迁到台江县，以主板上市作为主要目标，但是决策权仍在山东环发集团。

二是符合上市条件的企业偏少。黔东南州拟在北京证券交易所上市或新三板挂牌企业体量太小，负债率过高、客户单一，竞争力不强、盈利能力弱，符合上市条件的企业少，具备上市资格的企业数量远远落后于周边市（州）。目前规模最大的为贵州黔玻永太新材料有限公司，项目全部建成投产后，预计年新增产值 30 亿元。以 2020—2022 年的净利润均值统计，超过 1 000 万元的仅 3 家，分别为贵州华星冶金有限公司、鲁控环保有限公司、贵州麒臻实业集团有限公司。其他如大通电子科技，近三年虽产值比较高，但盈利额很低。奥捷碳素发展前景广阔，但产值受原材料的制约，利润有限。聚能世纪经营的钒电池前景良好，但是目前还无法大规模投产。以上这些企业与北京证券交易所上市要求都还有不小的差距。

三是“专精特新”企业培育不足。黔东南州工业底子差，企业总量少、规模小、产值低、缺乏核心竞争力。有些有一定规模的工业企业是高耗能、资源型的企业，不符合国家产业政策要求，难以培育上市。全州农业产业化龙头企业凤毛麟角，能培育挂牌上市的不多。旅游产业化水平低，景区企业经营困难，能达到挂牌上市条件的也寥寥无几。创新能力强、专注于细分市场、成长性好的中小企业数量少。截至 2023 年 4 月底，黔东南有省级创新型中小企业 36 户、省级“专精特新”中小企业 18 户、省级"专精特新""小巨人"企业2户、国家级"专精特新""小巨人"企业2户。

四是黔东南州产业结构不尽合理。有些上市后备企业集中在传统行业，比如食品制造业、渔业、养殖业、中草药种植、畜牧业、冶炼等行业，传统产业毛利率低、成本高，竞争力弱，影响了上市推进步伐。各市（县）没有将企业挂牌上市与招商引资工作相结合，缺乏对龙头企业挂牌上市的辅导，延链强链能力不足，新兴产业和高新技术产业发展缓慢。对标上市标准，仅有凯里市、岑巩县、镇远县、台江县主导产业相对符合上市行业方向，如凯里市的玻璃产业、电子信息产品制造业，岑巩县的新能源碳基材料产业，镇远县的电子元器件制造产业，台江县的铅蓄电池产业。

三、营商环境有待持续优化

一是优惠支持政策落实难。政府在鼓励民营经济发展或招商引资方面出台了一系列政策，但在政策落实的过程中，由于各种原因，不能兑现相关承诺。企业一方面对于投资环境担忧，对政府缺乏信任；另一方面也担心各种政策优惠尤其是上市补贴不能如期兑现，挫伤了企业的信心。比如，从江县康旅石斛开发公司反馈，政府欠款没有兑现，加之从江地方财政紧张，很难落实政策；贵州杰达电气有限公司，需要解决政府欠款问题；贵州省兴隆碳素有限公司，也希望能够解决政府欠款问题。

二是复杂的历史遗留问题。各市（县）对一些企业上市过程中遇到的困难和问题，缺乏急企业所急的担当精神，在土地权属遗留问题、上市奖励结算等问题处置上，缺少办法，一些历史遗留问题长期难以得到解决，使一些想上市的企业感到上市难，信心受挫。比如，贵州省三穗县兴绿洲农业发展有限公司，水产场地没有纳入资产，8 000万元挂表资产需要协调。贵州黄平农博翔有限责任公司，股改后股东会、董事会、监事会等的相关任职人员未落实到位，债转股后仍未签署协议。黎平县侗乡米业有限公司，新建厂区场地与原招商引资企业和县政府存在土地纠纷。

三是制度激励配套服务薄弱。省和州出台了奖励措施，但市（县）部门没有及时出台贯彻落实的配套方案和实施办法，也没有进行大力宣传和推广。一些具有资源优势、产业优势、业绩优良的企业，缺少相应的激励机制，股改上市积极性不高。同时，企业因上市前期费用较大，且能否如期上市存在不确定性，怕给企业带来负担，因而行动迟缓。2017年，黔东南州印发《黔东南州关于支持企业上市发展的十条措施》，但之后在官方网站上没有搜索到企业上市奖励的文件，更没有搜索到各市（县）的上市奖励政策，只在一些招商引资优惠政策里提及，如《岑巩县招商引资优惠政策（试行）》。在真正"卡脖子"的股改阶段，政府没有扶持政策，企业需要承担高昂的改制成本和现金流压力，还要承受改制后不能成功上市的风险，致使一些企业望而却步。

四是推动上市的合力有待强化。支持企业上市，涉及税收、土地、房产等历史遗留问题，以及工商、环保、安全等合法合规问题的处理，但相关部门主动参与、跟踪服务的意识不强，没有联合多部门进行专题研究。成立于2012年的黔东南州企业改制上市工作领导小组，没有建立常态化的协调机制，未能发挥高位统筹协调的作用。在推动企业上市的过程中，上市的宣传政策和优惠政策不能实现及时共享，未能形成上下联动的工作机制。比如"专精特新"企业未能与上市后备企业关联，形成联动效应。从江县粤黔集团表示，对产业支持、上市支持的政策不了解，虽然有上市意愿，但是政府给予的支持和引导不够，信心不足。

四、相关专业人员配备不足

一是市（县）金融人员力量普遍较弱。各市（县）企业上市工作主要由当地金融办公室（金融服务中心）负责，主要靠市（县）金融办公室（金融服务中心）人员进行统筹谋划和日常工作调度，但各市（县）金融办公室（金融服务中心）普遍存在编制内工作人员在编不在岗情况，比如台江县人员编制4人，实际在岗1人；三穗县编制8人，实际在岗2人；岑巩县编制8人，实际在岗2人；黎平县、施秉县、镇远县编制6人，实际在岗2人。金融办公室人员力量普遍较弱。金融办公室人员严重不足，导致上市工作推进心有余而力不足，没有达到应有的效果。再加之市（县）对上市政策了解不够，不了解省、州、市（县）企业上市相关扶持和奖励政策，难以为企业提供政策解读和专业指导服务。

二是企业缺乏上市专业人才。企业上市是一项专业性很强的工作，目前企业普遍缺乏熟悉资本市场运作的职业经理人、财务总监等企业高管人员，对盘活资产和资本运作缺乏经验和专业知识，对改制、挂牌上市工作缺乏统筹考虑和有效运作，与上市企业的要求还有较大差距。比如，麻江县明洋食品有限公司最近 3 年换了 3 个财务总监；贵州黄平农博翔有限责任公司从贵阳聘请 CPA 执证者；黎平县侗乡米业有限公司由会计负责上市工作。由于缺乏专业人才管理，企业管理不规范，与挂牌企业的要求还有较大差距。

三是企业产业技能人才匮乏。人才结构不合理，研究生学历以上人才、高级职称人才、高级技能人才占比低，导致黔东南州企业研发能力较为薄弱。比如，贵州省兴隆碳素有限公司与湖南大学材料科学与工程学院、中南大学冶金与环境学院合作；贵州云睿电子科技有限公司与广东省科学院测试分析研究所合作，建立"协同创新中心"，为公司产品研发、创新提供支持；贵州兴锂新能源同中国矿业大学、深圳清华大学研究院等合作，突破钠电解液、半固体电解质等技术壁垒。调研发现，企业对人才的需求普遍急迫，都有技能人才校企合作开发计划。比如炉碧经济开发区，企业缺少技能人才，其中包括持证的电工、焊工、锅炉工等及有丰富工作经验的机械模具师、机械操作师等工种。

第三节　省内外推动企业成功上市的经验

全国各地上市工作如火如荼，黔东南州一些市（县）却冷锅冷灶。上市工作对企业和经济发展都极其重要，要大兴学习之风，借鉴省内外成功经验，锚定上市企业"破零"目标，奋起直追，以企业上市新突破，推动黔东南州经济发展迈上新台阶。

一、苏州市经验

2018 年以来，苏州市的公司上市工作一路高歌猛进，增加 148 家，平均每年增加 24 家，总数达到 248 家。其经验是：一是以产业集群推动企业上市。围绕主导产业，聚焦在技术上有领先优势的细分领域，以企业落户、项目建成，加速延链、补链、强链，推进产业创新集群融合发展。苏州近九成上市公司来自主导产业，八成为高新技术企业，7 家为国家级"专精特新""小巨人"。二是政策加持助力优质企业。围绕"独角兽"、"专精特新"、高新技术、"隐形冠军"等企业深入挖掘，在融资对接、资质认定等方面予以重点支持，打造"专精特新—瞪羚—独角兽—上市公司"梯度培育链条，拿出真金白银鼓励上市。三是做细做强上市服务体系。与沪、深、北三大证券交易所，全国股转系统，香港联合交易所密切合作交流，为企业对接资本市场提供精准服务。搭建集群平台，资本和项目结合，发挥私募股权投资对拟上市公司的价值发现、资源整合作用。

二、余杭区经验

余杭区 2021—2023 年新增上市企业 15 家，上市公司总数达 30 家，其上市培育案例获评杭州市优秀改革试点经验。其经验是：一是让服务垂直下沉。设立由区委书记、区长任双组长的上市工作领导小组，建立区领导"点对点"服务制度，构建"专员—专班—联席会议—上市领导小组"管理体系，协调解决企业上市问题。为上市培育企业颁发办事审批"通行证"，对权证办理、合规证明、募投项目等难题，实行"见证即办"。二是优化资源要素配置。针对企业上市前期费用较高等问题，实行分段奖励机制，按签订三方协议、完成股改、申请受理、上市融资四个阶段，对拟上市企业给予最高 600 万元的直接奖励，股改费用补助上不封顶，实行季度兑现，缓解企业资金压力。建立"中介机构+金融专家"双智库，整合国内外优质券商、律师事务所、会计师事务所及上市企业董秘、投资机构专家等资源，为企业提供上市综合服务。

三、开阳县经验

2023 年 3 月，安达科技成功在北京证券交易所上市，成为贵州省首家在北京证券交易所成功上市的企业，实现了开阳县上市企业零突破。其经验是：一是让服务垂直下沉。设立上市服务专班，明确由 1 名副县级领导任组长，建立"企业秘书"，构建"专员—专班—联席会议—上市领导小组"管理体系，保姆式服务企业，协调解决企业上市问题。二是优化资源要素配置。加强基金政策宣传和培训，指导企业申报新型工业化基金和新动能基金，助推项目建成投产。积极帮助企业争取财政各类扶持资金，在高新技术企业认定、大数据融合标杆项目等方面给予大力支持，促进企业发展壮大。

四、大龙开发区经验

2020 年 12 月，中伟股份在深圳证券交易所挂牌上市，实现了铜仁市上市企业零的突破，成为贵州第二家市值突破千亿元的上市公司。其经验是：一是立足锰资源优势。铜仁锰矿石资源储量超过 7 亿吨，为亚洲第一。铜仁市政府把资源优势转化为发展优势，坚定实施工业强区战略，走工业化、园区化发展道路。2015 年，中伟股份产业基地投产大龙开发区。二是抢抓国家发展新能源材料产业机遇。大龙开发区坚持把新型功能材料产业作为主导产业打造，重点发展锂离子电池材料产业，形成以高纯硫酸锰、镍钴锰三元前驱体、锰酸锂、负极用石墨等为核心的新型功能材料产业布局，搭上了新能源新材料发展的"快车"。

第四节　推动黔东南企业上市培育建议

我们在对企业进行走访、座谈了解以及综合分析后发现，全州上市后备公司少、企业规模不大，存在"小富即安"思想，缺乏做大做强的动力；企业历史遗留问题多，怕改制曝光后政府"秋后算账"，不敢上市。还有的市（县）政府上市知识匮乏，没有大力宣传和推广上市工作，导致上市工作进展缓慢。我们深刻认识到影响和制约全州企业上市步伐的困难重重，有些问题一时难以解决，但全州中小企业利用资本市场做大做强做优的历史性机遇不容错过，因此，按照"深挖储备一批、优选培育一批、改制规范一批、挂牌上市一批"的工作思路，上市工作应分批推进，对主观积极性高、基础条件较好、上市发展方向明确、可持续发展的企业予以重点关注，避免平均用力，一哄而上。积极选树先进典型，以点带面，全面加快全州企业上市步伐。企业通过资本市场监管体系的外部约束和严格规范，实现从家族式企业管理到现代企业制度的进化，步入产权清晰、权责明确、管理规范的发展轨道。因此，对于黔东南州中小企业来说，挂牌上市是一场新的制度革命，其意义远远超出了上市本身。

一、突出重点，优选后备企业培育

一是高位推动上市工作。①组建上市工作专班。从州金融办公室、州工业和信息化局、州发展改革局、州财政局、州国土资源局、州国税局等主要成员单位分别抽调 1 人组建上市专班脱产办公，凯里市、雷山县、岑巩县、镇远县、三穗县、台江县先行参照组建专班，由县委书记任组长，政府办、金融办、发展改革局、财政局、国税局、国土资源局等有关单位为成员，对标对表，研究解决企业挂牌上市问题，其他县参照组建，专题研究上市工作。州委常委会会议、州政府常务会议每季度召开一次上市工作调度会，专题研究上市工作，压紧压实上市工作责任。②开通上市"绿色通道"，成员单位联合梳理企业优惠支持政策，形成政策汇编。对企业改制过程中涉及的各项审批、审核、出具证明等手续，优先办理，特事特办，为企业上市争取时间。③解决历史遗留问题。通过专题会商、专题调研等，解决企业历史遗留问题，结合黔东南州实际，对企业财务制度和经营活动不规范或非原则性违规不算旧账，历史问题历史对待。

二是加大政策扶持力度。①出台上市奖励文件。按照国家、省、州鼓励企业上市的相关政策，凯里市、雷山县、岑巩县、镇远县、三穗县、台江县针对优选后备企业，及时出台上市奖励文件，发挥示范带动效应。②促进要素向企业倾斜。从财税优惠、土地优惠、降低上市成本、支持企业改制上市和上市费用补助等方面，出台优惠政策。在土地供应、重点项目推介、资金投向，特别是政策性资金投向上向优选后备企业倾斜。③组织现场体验活动。上市工作专班组织8家上市后备企业"走进上市公司"活动，走进贵阳安达科技公司、铜仁市中伟股份公司，帮助企业老板提高上市运作能力，树立上市信心。④对标对表辅导服务。各市（县）上市专班再次全面梳理8家上市后备企业的困难，组织北京证券交易所贵州基地、证券公司、银行等对8家后备企业开展"多对一"上市服务，拿出具体时间表和上市方案，对标对表推进上市工作。

三是强化工作调度及督查督导。①明确阶段性任务。明确各市（县）2023—2025年全州企业挂牌上市工作措施，并按照时间节点逐一落实，力争到2025年底实现1家企业上市、2家企业新三板挂牌、3家企业股改、4家企业入选省级上市后备企业、5家企业启动上市工作的上市工作目标。②实行"一企一帮扶"，依法解决历史遗留问题，推动企业挂牌、上市进程。③强化责任落实。将上市工作纳入高质量发展绩效评价考核指标体系，督促各市（县）分阶段及时兑现上市奖励政策，增强全州企业对政策落实的信心，压实工作责任，确保按期高质量完成各项重点工作。④强化督查督导。实行"按月调度、按季监测通报、半年评估、年终考评"的工作机制，对市（县）上市工作进行督查督导，对未按进度完成目标任务的市（县），按程序报州考核办进行通报，启动约谈问责机制。

二、循序渐进，加深企业对上市的认识

一是精准定位上市板块。①企业明确自身定位。拟上市企业可根据《首次公开发行股票注册管理办法》《北京证券交易所向不特定合格投资者公开发行股票注册管理办法》等，熟悉全面注册制各个板块定位的规定、具体发行条件，结合所在行业、科技含量、业绩规模、成长性、可比上市公司所在的板块，综合考量不同板块申报的可行性与成功概率。②加强上市政策宣传。各市（县）主动寻求监管部门的指导和帮助，积极宣传各板块定位、负面清单、财务标准等上市知识，鼓励企业结合其行业、类型和成长阶段，将企业与板块合理匹配。③提高上市申报质效。保荐机构要履职尽责，充分发挥专业职能，帮助企业找准板块定位，引导企业去"正确的""合适的"板块，以高质量尽职调查减少审核环节的不确定性。

二是降低企业上市成本。①落实税收优惠政策。在企业上市过程中，符合条件的按照国家有关企业改制重组税收优惠政策执行，缴纳税款确有困难且符合税法规定的，可按法定程序延期缴纳税款或分期缴纳。②挂牌上市费用奖补。出台挂牌上市补贴政策，在员工社保、医保、公积金缴纳方面，州、县、市政府在符合基本规定的前提下予以政策性支持，在挂牌上市费用补贴等方面分阶段兑现，分阶段解决企业的后顾之忧。③加大上市专项支持。在申请财政资金补助、"专精特新"认定方面，给予优先支持，优先安排用地指标。

三是增强企业上市意识。①党校开发上市课程。通过州委党校开展资本市场知识培训，加大对党政领导培训力度，提高其对发展资本市场重要性的认识，形成"谋上市、抓上市"的氛围。②加快企业上市步伐。实行州县领导承包联系制度，州县承包联系领导要加强联系服务，对条件成熟企业上市给予重点支持，引导企业家转变观念，帮助企业家树立主动上市的信心决心，尽早确定中介机构，加快上市申报进程，用好用足政策机遇。③增强企业上市共识。无论是企业自身，还是政府部门、园区，都要充分认识企业上市挂牌的重要意义，各县、市、州直相关部门要深入研究政策，培育壮大行业龙头企业，力争引进省外拟上市企业落户，逐步提升企业上市意识。④发挥示范效应。选取省内外在新三板挂牌且在北京证券交易所上市的成功企业，通过走访企业、"一对一"服务等方式，引导上市后备企业加强公司治理，规范财务核算，按现代企业制度的要求，有步

骤地实现家族企业转型，增强企业上市的内生动力。

四是宣传企业上市知识。①加大上市宣传力度。州、县两级部门广泛宣传资本市场的政策信息和发展动态，宣传拟上市公司和上市公司，在州、县融媒体等公布州级、县级上市挂牌后备企业资源库企业名单，吸引外部投资机构和中介机构关注，营造支持上市的良好环境。②优化上市培训内容。针对有挂牌上市意向的企业，着重培训上市挂牌条件、流程以及财务、法务上的规范要求，帮助企业明确挂牌上市路径。针对有债券融资、资产证券化需求的企业，着重培训相关条件、门槛、流程、途径。③解决企业个性化问题。鼓励金融机构、高校院所及中介机构为企业提供定制化的资本市场培训服务，在公司治理、财务规范、上市挂牌、发债融资、资源聚合等方面为企业提供精细化指导，解决企业个性化问题。

三、深挖资源，持续培育上市资源

一是争取上市主体。①争取企业州内申报上市。涉及上市主体选择问题的企业，意向以黔东南州作为上市主体的，州、县两级政府部门要积极争取在黔东南当地申请上市，并给予相关政策支持。②补齐产业链短板。加快推进后备优选企业的产业建链、补链、延链和强链招商，围绕后备优选企业，精准招商引资产业链标杆企业和标志性项目，补齐主导产业链条"短板"，促进其尽早启动挂牌上市工作。③引入预上市外省企业。结合黔东南资源优势和现有优势产业，出台外引预上市省外企业政策，加快引进迁入意愿较强，与黔东南州特色产业、优势产业、传统产业关联度高、互补性强的省外预上市企业，全力扶持上市。④引导资源整合注入。鼓励国有资本入股潜力大、成长性好、符合我省产业发展规划的拟上市企业。加大对工业产业龙头企业、特色优势农业产业化企业、旅游龙头企业、"专精特新""小巨人"企业等的引导和资源整合注入。

二是充实后备资源。①建立州县后备企业资源库。上市专班将符合国家产业发展方向、主营业务突出的行业龙头企业，产品技术含量高、具有自主知识产权的高新技术企业，经营活力强、成长性好的科技型中小企业，优先纳入州级、县级上市后备资源库。②促进企业在贵州股交中心挂牌。推动中小企业在贵州股交中心挂牌，拓宽中小微企业和民营企业融资渠道，促进企业规范运作和持续发展。贵州股交中心协助企业在治理结构、财务管理、投融资规划等方面规范运营，向更高层次的资本市场迈进。③培育壮大入库企业。加强信贷融资支持，降低融资成本，保证资金需求。优化治理结构，提升管理效益。④实现"新三板"挂牌。以"新三板"挂牌企业作为重点资源，加快企业"个转企、小升规、规转股、转股上市"培育进程，推进企业阶梯式成长壮大，重点培育国家级和省级"专精特新""小巨人"企业在"新三板"挂牌，努力实现在北京证券交易所上市。

三是做大企业主体。①做大现有龙头企业。聚焦主导产业，围绕市（县）国家级和省级"专精特新""小巨人"企业，建立园区企业梯度培育体系，支持一批龙头企业通过壮大主业、资源整合、资本运作等方式形成核心竞争力，积极争取上市，充分发挥龙头企业在主导产业中的引领、集聚和带动作用。②建立龙头企业培育机制。州、县两级分别制定龙头企业培育年度工作计划，建立龙头企业培育清单，认定一批国家高新技术企业、国家科技型中小企业、"专精特新""小巨人"企业。举办龙头企业项目路演，组织贵州股交中心、银行、券商、基金投资机构等参加，围绕金融产品、信贷投向等，为企业提供综合资本市场服务。③加强"专精特新"企业培育。各市（县）制定出台"专精特新"企业支持措施，构建国家"专精特新""小巨人"企业、省级"专精特新"中小企业的梯度培育机制。积极引导"专精特新"中小企业到贵州股权交易中心的"专精特新"专板挂牌。支持金融机构针对"专精特新"中小企业，创新推出知识产权质押贷款产品、科技信贷服务等。④壮大高新技术企业。州、县制定和出台培育和引进高新技术企业政策，支持企业建立技术创新平台、申报高新技术企业以及积极争取高新技术企业认定。深入挖掘创新能力优、发展潜力好的"高精尖"企业和"隐形冠军"，建立"一对一"联系的工作机制，着力协调解决企业在发展中遇到的困难和问题，帮助企业发展壮大。

四是做大主导产业。①探索产业结构升级。黔东南州各市（县）产业发展要结合当地资源和现有产业基础，持续关注"卡脖子"机会，特别是"数字化""智能化"的新技术应用。聚焦包括现代化工、基础材料、大数据电子信息、新能源汽车及电池材料等新兴产业。②摸清矿产资源家底。重点产业链的上游都是材料，技术突破往往伴随着新材料的研发应用，因此黔东南州新材料发展潜力较大。统筹开展全州矿产资源基础地质勘查工作，摸清黔东南州矿产资源家底，围绕州内硅质原料、重晶石、锑矿、金矿、饰面用板岩、陶瓷原料、铝土矿、铅锌矿和地热等优势矿产进行合理分区、合理布局。③优化主导产业布局。各市（县）结合资源禀赋、产业基础等，确定符合上市需求的主导产业。比如凯里市积极推动玻璃新品种、新工艺研发，拓展玻璃产品在医疗设备、智能终端设备等领域的应用，全面延伸玻璃产业链条。台江县以金属冶炼加工及铅酸电池、新能源动力电池等制造为主链，以资源回收和绿色建材为辅链，打造再生循环材料产业集群。

四、深化改革，持续优化营商环境

一是落实优惠支持政策。①依法依规兑现。上市专班联合各县、市、州直相关部门，主动上门走访上市后备企业，围绕涉企政策承诺兑现事项进行清理，并督促依法依规进行兑现。②集中整治诉求问题。上市专班开展企业诉求问题集中整治工作，按照政府承诺兑现不到位、拖欠中小企业和民营企业账款、项目审批不到位、公共服务保障不力、企业诉求无果、发展要素保障不力等分类调度，跟踪督办。③落实税收优惠政策。全面落实减税降费和金融财政等各项扶持政策，在股份制改造过程中，因改制需要缴纳增值税、企业所得税、个人所得税等税款，严格落实税收优惠政策。

二是全力解决遗留问题。①持续抓好承诺兑现。上市专班针对梳理的承诺兑现事项由州上市工作领导小组实行"每月一调度"，通过专题会议调度、深入市（县）督促、印发工作提示函、电话提醒等方式抓好兑现工作。②解决历史遗留问题。各市（县）应本着解决问题的态度，对企业历史遗留问题，采取"一事一议""一企一策"的办法，通过签订备忘录、形成会议纪要等方式依法解决。解决久拖不决问题。全力解决政府类投资项目拖欠工程款，政府采购、招标等拖欠的账款和承诺不兑现等久拖不决问题，坚持依法依规，妥善予以解决，提升企业获得感和满意度，打造一流营商环境。③整合力量联合督查。上市专班组织州纪委州监委、州委督查督办局等单位组成督查组，对相关县、市和州直部门的营商环境以及上市工作推进情况开展联合暗访督查，解决上市后备企业面临的"痛点""堵点""难点"问题及企业诉求问题，全面督查承诺未兑现、招商引资项目的前期服务、落地履约、建设推进和后续跟踪服务等方面工作。

三是健全激励配套措施。①制定入库奖励政策。州、县上市专班制定新增规模工业企业入库奖励办法，制定企业入选州级、县级后备上市企业库办法，大力宣传和推广奖励办法，奖补资金由财政部门直达企业。②制定股改扶持政策。解决股改阶段企业的改制成本和现金流压力。特别是要解决改制过程中需要补缴税费、用地手续不完整、产权股权模糊、聘请中介机构的资金补助等问题，切实减轻企业负担。③制定上市奖励政策。重新修订出台企业上市培育奖励办法，各市（县）参照执行。企业上市挂牌符合省级、州级财政奖补政策的，按照奖补标准，协助争取省级、州级资金到位。企业上市挂牌符合县级奖补政策的，及时发放县级奖励资金。企业上市成功的，对企业上缴税收中州、县两级留存部分全部奖励给企业。④吸引股权投资。州、县上市专班瞄准资本市场开展招商引资，吸引风险投资（VC）、创业投资、私募基金（PE）等股权投资机构，促成上市后备企业与资本进行战略合作，特别是国有资产需盘活项目，吸引股权投资机构投资黔东南，促进企业做大做强。

四是凝聚上市推动合力。①履行工作主体责任。州、县上市专班制定联动运行工作机制，由州委州政府主要领导牵头，压实州级行业主管部门、市（县）及园区上市责任，跟踪推进重点企业上市工作，全州上下各级各部门相互联动、相互协作，形成上市合力。②建立常态化的协调机制。成员单位及时共享上市的资金优惠、产业支持、奖励配套的政策。专题研究解决历史遗留问题，相关部门主动参与、跟踪服务。特别是"专精特新"企业要与上市后备企业关联，形成联动效应。③各方充分发挥合力。州、县上市专班积极与北京证券交易所贵州基地、贵州证券业协会等单位在发行监管政策宣传指导、企业上市挖掘培育等方面加强协作。出台支持政策，让知名券商投行深耕贵州，加大资源投入，全流程开展股权投资、债券业务、上市培育等金融服务。④促进企业融通发展。推动龙头企业与黔东南州"专精特新"中小企业合作，带动中小企业建立创新协同、产能共享、供应链互通的新兴产业生态。组织"专精特新"中小企业参加中小企业技术交流暨展览会、工业产品产销对接会、贵阳工业博览会、贵阳数字博览会、贵州酒博览会等，提升黔东南州"专精特新"中小企业知名度和影响力。

五、创新模式，加强人才队伍建设

一是整合政府上市资源。①实行领导承包联系制度。为强化责任落实，提升工作效能，黔东南州在企业上市工作中推行领导干部承包联系特定对象的制度。各地方党政领导对拟挂牌上市企业进行承包联系，定期深入企业调研，与企业建立紧密关系。在企业上市的过程中，领导干部积极协助企业解读政策，帮助办理繁杂的上市手续，解决各类重点难点问题，全程跟进上市进程。通过推行这一制度，切实推动企业发展壮大，为企业上市提供全方位支持。②建立联席会议制度。建立推进上市月调度会议制度，开辟"绿色通道"，"特事特办"，依法依规妥善解决拟上市企业改制、辅导、上市过程中的问题，压缩辅导备案时间，帮助企业尽快达到上市条件。③组建专家顾问团队。面向券商、银行、交易所和各行政职能部门筛选各市（县）企业上市专家顾问团队人选，组建上市专家顾问团队，为拟上市企业提供咨询、辅导等服务，增强企业把握和利用资本市场的能力。针对各市（县）的重点后备企业，发送《企业上市知识读本》，详细解读相关行业最新上市政策。

二是培育上市专业人才。①出台人才奖励政策。鼓励企业引入职业经理人，积极进行股份制改造。②加强"专精特新"企业上市培训。在"贵州省中小企业星光培训工程"中增加上市专题。特别是针对"专精特新"中小企业负责人，专门开设"中小企业领军人才培训班"和"企业上市班"。③搭建中小企业志愿服务工作站，为"专精特新"中小企业提供专业化上市辅导服务。④提升人才上市能力。每年选派上市后备企业负责人或专业财会人才、专业技术骨干参加州内外企业上市知识提升培训、人才访学研修等项目。⑤开展金融专家服务团进企业活动，开展技术指导。

三是加大高新技术人才开发支持力度。①鼓励科技创新。建立重点实验室，支持科技人才开展重点领域、重点产业的关键技术攻关，聚焦黔东南州主导产业开展科技创新，推动与粤港澳大湾区科技平台共建，推进科技成果到黔东南州转化。鼓励企业与高校、科研院所共建研发基地，加快科技成果转化平台建设，培育一批专业化技术转移中心。②培育高级技能人才。围绕黔东南州工业产业中的百亿级企业发展，引导和资助企业引进高层次、高学历专业技术人才、高水平管理人才以及高级技能人才。③建立健全产业智库。遴选集聚一批解决产业发展重大问题的产业高端人才，实施"一产一校"工程,制定重点产业技能人才校企合作开发计划,加大产业人才实训基地建设力度,遴选一批技能人才实训基地,促进产业急需紧缺技能人才快速壮大。④项目引进与人才引进结合。围绕黔东南州高新技术产业发展需要,支持重大项目所需人才引进,以"企业自筹+项目资助+股权激励"等方式带动人才的直接引进或柔性引进。

第十一章 高质量推动旅游产业化提质发展

　　黔东南州以国内外知名民族文化旅游目的地为战略定位，充分发挥"两个宝贝"优势，持续提升"民族原生态·锦绣黔东南"旅游品牌影响力，打造国内一流康养旅游胜地、全国乡村旅游样板地，优化旅游空间布局，着力推进旅游设施、产品、品牌、配套服务"四个体系"建设，加快旅游资源全域整合，深化旅游供给侧结构性改革，全力推动旅游要素集成、产业融合和业态创新，创建国家全域旅游示范区、国家中医药健康旅游示范区，大力推动旅游产业化取得新突破，建设旅游强州。

第一节　高质量建设全域旅游体系

　　全面加强州级对旅游规划建设和资源开发的全过程统筹力度，以创建国家全域旅游示范区为抓手，以民族文化、农耕文化、历史文化、红色文化、自然风光等为依托，重点推进雷公山、月亮山、云台山和清水江、都柳江、舞阳河、凯里市"三山三江一中心"七大旅游区建设，进一步优化旅游空间布局，促进旅游景区景点点、线、面有机结合，立体发展，坚持以文塑旅、以旅彰文、体旅融合，打造精品景区，培育旅游精品线路，构建高质量全域旅游体系。

一、明确黔东南旅游发展定位

　　（1）全域旅游示范区。以国家全域旅游示范区创建单位为重点，按照产业集聚、要素集约、产城融合、功能集成、社会共建共享要求，推动旅游业由"景区旅游"向"全域旅游"发展模式转变，推进以旅游业为优势产业的发展模式创新，成功创建国家全域旅游示范区。

（2）国家中医药健康旅游示范区。依托资源禀赋，聚焦民族医药、中医药健康旅游、健康养生养老、健康运动、健康食品等重点领域构建大健康产业体系，加强大健康产业发展平台建设，强化制度供给。争取到2025年，大健康产业成为支柱产业，打响健康黔东南靓丽品牌，高标准创建国家中医药健康旅游示范区。

（3）国内一流康养旅游胜地。依托黔东南州丰富的康养旅游资源、秀美的自然山水、厚重的民族文化底蕴，构建以康养旅游产业为纽带的关联型生态经济体系，促进生态优势转化为发展优势，打造国内一流康养旅游胜地。加快推进施秉县云台山康体养生旅游度假区建设。

（4）全国乡村旅游样板地。充分发挥黔东南州传统村落和少数民族特色村寨均居全国各市州之首的资源优势，依托丰富的民族文化、自然田园风光等资源，大力发展休闲度假、旅游观光、农耕体验等旅游业态，推动打造一批乡村类旅游A级旅游景区，打造全国乡村旅游样板地。黔东南州旅游资源以原生态为主，因而在对其进行改造建设时，应当保留好这些基础设施的原生态性，例如传统建筑、村落象征物等建筑，宗教信仰、民间传说等文化，还有酒店店铺、交通道路、园林绿化等，对它们进行建设时既要有创新创意，同时也要不丢传统内涵和核心吸引力。也就是在进行品质和服务的"双升"时要保住原品牌。例如肇兴侗寨，它的一大品牌是"全国最大的侗寨"，所以它的建设需要避免商业开发的过度侵入，重点是使游客对侗族文化有具体、直观的体验。若将它建设成为一个商业化气氛浓厚的侗寨，那无疑是自砸招牌。

二、强化凯里旅游中心建设

完善凯里城市旅游功能布局，突出凯里全域旅游贵州东南部区域集散中心功能定位，着力巩固提升下司古镇、云谷田园2个4A级景区和苗侗风情园、民族文化园、南花苗寨、碧波花诗园、乡村振兴产业示范博览园、桃李荷田·生态洛棉、千年岩寨7个3A级景区。加快完善凯里景区交通、餐饮、住宿、购物等基础和配套设施，打造一批特色鲜明的国家级旅游休闲集聚区和街区，改造提升一批步行街、商业综合体和夜间文旅消费集聚区，创建文化旅游消费试点（示范）城市。提升旅游品牌质量和接待能力，持续完善和提升旅游公共服务水平，进一步丰富旅游商品和旅游城市功能。重点推进以下司古镇为依托的黔东南州大旅游集散中心建设，提升凯里对全州旅游的统筹、辐射和集散功能，把凯里打造成区域旅游综合服务区、休闲度假城市和区域旅游集散中心、旅游产品展示和交易中心，打造贵州东南部文化旅游区域集散中心和国际旅游城市。

三、加快推进"三山"旅游区建设

提升发展环雷公山旅游区，进一步整合雷山、台江、剑河等县丰厚的民族文化旅游资源，充分发挥雷公山国家级自然保护区和国家级森林公园、仰阿莎国家森林公园、台江国家森林公园、苗岭国家地质公园、台江翁你河国家湿地公园的自然生态优势，着力巩固提升西江千户苗寨、郎德苗寨、万达小镇 3 个 4A 景区和大塘、石桥 2 个 3A 级景区，支持西江创建5A 景区，支持雷山国家全域旅游示范县建设，持续打造以苗族文化、自然风光为代表的休闲度假、乡村旅游、森林康养旅游区。

大力发展月亮山旅游区，进一步整合从江、榕江、黎平等县丰厚的侗族文化旅游资源，充分利用榕江苗山侗水和黎平侗乡国家级风景名胜区、黎平国家森林公园以及黎平八舟河、从江加榜梯田国家湿地公园自然资源优势，进一步巩固提升肇兴、翘街、岜沙 3 个 4A 级景区和八舟河、黄岗侗寨、四寨侗寨、南泉山、滚正侗寨、铜关、七星侗寨、大利侗寨、小丹江、七十二寨斗牛城、高华瑶浴谷、四联侗寨 12 个 3A 级景区，着力打造侗族文化、自然风光融合发展的旅游区。

大力发展云台山旅游区，充分利用施秉云台山世界自然遗产地品牌效应，联动镇远古城 5A 级景区和舞阳河国家级风景区，进一步提升施秉云台山、杉木河 2 个 4A 级景区和施秉都市森林康养基地、高碑田园旅游 2个 3A 级景区品质，支持云台山创建 5A 景区，着力打造中国喀斯特旅游新标杆。

四、提升"三江"旅游区建设

着力发展清水江旅游区，整合提升清水江流域麻江、凯里、台江、剑河、锦屏、天柱等市（县）文化旅游资源，充分发挥仰阿莎国家森林公园、台江国家森林公园、苗岭国家地质公园、台江翁你河国家湿地公园的自然生态优势，着力巩固提升麻江蓝莓生态旅游、下司古镇、云谷田园、剑河温泉、隆里古城 5 个 4A 级景区和夏同龢状元府、马鞍山、苗侗风情园、施洞、红阳万亩草场、锦绣长滩、昂英、仰阿莎、龙池多彩田园、三门塘等 16 个 3A 级景区，深入挖掘清水江沿线木商文化、家祠文化、民族文化等潜力，加快滨江、临水文化旅游设施建设，加快清水江航电一体化开发建设，打造跨省水上文化旅游线路，着力打造滨江、临水休闲度假示范带。

着力发展都柳江旅游区，整合提升都柳江流域榕江、从江等县民族文化旅游资源，充分发挥榕江苗山侗水国家级风景名胜区、从江加榜梯田国家湿地公园自然生态优势，进一步巩固提升从江岜沙 4A 级景区和七星侗寨、大利侗寨、小丹江、七十二寨斗牛城、高华瑶浴谷、四联侗寨 6 个 3A 级景区，切实用好侗乡大健康产业示范区品牌，着力打造大健康和文化旅游深度融合示范带。

提升发展舞阳河旅游区，整合提升黄平、施秉、镇远、岑巩、三穗等县文化旅游资源，充分发挥舞阳河国家级风景名胜区、舞阳河国家森林公园自然生态优势，进一步提升镇远古城 5A 级景区，旧州古城、云台山、杉木河、下舞阳河 4 个 4A 级景区和野洞河、施秉都市森林康养基地、青龙洞、高过河、黔东南大峡谷、玉门洞、颇洞、贵洞、木良、寨头 10 个 3A 级景区品质，持续深入推进古城、古镇历史文化和舞阳河自然风光融合发展，打造"游名山、逛名城、观名水"区域旅游品牌，着力打造国内外知名的古城古镇、自然山水融合发展示范带。

五、打造精品景区、精品旅游线路

打造一批精品景区。继续实施旅游"1+5 个 100 工程"，大力实施 A 级旅游景区提升工程，集中打造南部原生态侗族文化精品旅游景区、舞阳河自然风光和历史文化精品旅游景区、环雷公山原生态苗族文化精品旅游景区，重点推进镇远 5A 级景区巩固提升工程，西江、云台山 5A 级景区创建工程，榕江、台江、岑巩、三穗、天柱 5 县 4A 级景区创建全覆盖工程，以及 3A 级景区提质增效工程。实施镇远 5A 级景区巩固提升工程，重点围绕提升镇远古城旅游交通、游览、旅游安全、卫生、旅游购物、综合管理、资源和环境保护等方面开展巩固提升工作，重点实施五里牌游客接待中心、古城复古文旅特色街区、古城步行街基础设施提升、古城区步行街沿河码头修缮等项目。支持西江、云台山、肇兴创建国家 5A 级旅游景区，围绕西江、云台山景区旅游交通、游览、旅游安全、卫生、旅游购物、综合管理、资源和环境保护等方面5A级景区创建标准，重点推进景区内旅游观光步道、观景台、风貌整治、停车场、旅游公厕等基础服务设施建设，并配套建设旅游公共服务、供给体系等项目提升景区业态，争创国家5A级旅游景区。

以国家4A级及以上旅游景区为重点，推进"景区+传统村落""景区+特色城镇"等"景区+"工程，实施旅游产业集聚区发展工程，实现景区与周边地区的联动发展，提升景区辐射带动能力。支持云台山、肇兴侗寨、万达小镇、剑河温泉、郎德苗寨、加榜梯田创建国家旅游度假区。抓好以黎平会议为核心的长征国家文化公园建设。

打造一批特色主题旅游。依托丰富的温泉资源打造温泉大州，支持岑巩—剑河—雷山—凯里—黄平—镇远等县温泉项目开发建设，形成百里温泉带，大力发展温泉康养主题旅游。依托国家级风景名胜区、世界自然遗产地等景区景点打造休闲观光主题旅游。依托绚丽多姿的乡村民族文化打造乡村度假主题旅游。依托红色文化资源，以建设长征国家文化公园黎平会议会址核心展示园为抓手，发展红色主题旅游。依托苗年、侗年、姊妹节等民俗节庆资源，大力发展民俗节庆游。充分利用非物质文化遗产发展非遗研学主题旅游。

打造旅游精品线路。着力打造苗乡侗寨旅游精品线路，重点打造环雷公山百里苗族文化、都柳江百里侗族文化、舞阳河百里山水历史文化、清水江百里田园文化、月亮山百里梯田农耕文化，充分挖掘全州民族文化、历史文化、红色文化、生态文化等资源优势，打造一批红色之旅、康养之旅、人文之旅、生态之旅、神秘之旅等精品旅游线路。高水准推进跨省精品旅游线路，向北加强与铜仁、湘西等地合作，联合梵净山、张家界等景区打造跨省跨市（州）无障碍精品旅游线路。向南继续深入开展与桂林、广州等地合作，借助桂林国际旅游城市资源推动形成国际旅游精品线路。打造跨区域自驾游精品线路。

第二节　推动旅游业提档升级

完善旅游设施支撑体系，丰富旅游产品、创新旅游营销体系、提升旅游配套服务体系建设，大力提升旅游服务水平，推动旅游产业提档升级。

一、完善旅游设施支撑体系

提升旅游基础设施水平。实施一批旅游重点项目推动旅游提质升级，加快"快旅慢游"交通服务体系建设，持续实现4A级以上景区二级以上公路全覆盖。围绕州内重点景区景点，加快建设一批旅游公路，重点打通景区连接高速公路的断头路、主要景区之间的连接线。加快构建以凯里为中心、极核引领、片区联动、全方位延伸和扩展的旅游公路运输网络体系。规范建设一批旅游步道、自行车道、观光索道等慢行系统，加快实施一批旅游厕所、停车场、旅游引导标识体系等基础设施项目，推动环保、卫生等各类旅游配套设施建设。

完善旅游公共服务设施。着力打造四级文化旅游集散体系，构筑全州文化旅游集散格局，围绕重要交通集散枢纽、主要旅游通道关键节点，合理规划设立游客集散中心、分中心和信息咨询中心，加强游客中转站、服务中心、标牌标识等建设，支持凯运集团公司推广景区直通车，进一步拓宽旅游交通服务业务。结合旅游风景道建设，规范跨区域旅游交通标识，提升机场、火车站、汽车站、旅游景区和公共活动场所旅游标识系统识别度，重点建设完善旅游交通标识、行人导向、旅游服务导向和景区内外部标识四大旅游标识系统。

加快"智慧旅游"建设。实现机场、高铁站、4A以上景区等重点涉旅场所5G网络全覆盖。着力实现全州旅游产品电子化，建设和推广刷卡无障碍支付工程，推动旅游营销信息发布及旅游服务在线预订平台建设，加快智慧旅游OTO（线上到线下）上线运营建设。推广"互联网+"旅游服务，培育一批智慧景区、智慧酒店、智慧旅行社、智慧交通。全面连接全省智慧旅游平台和全域智慧旅游系统，引导景区景点、文化娱乐等场所广泛应用，增强旅游便捷度。

二、丰富旅游产品体系

围绕"吃住行游购娱"六要素，不断丰富旅游产品链条，做精做细传统文化旅游业态。以凯里和县城为重点，相对集中布局旅游要素产业项目，形成旅游休闲度假、旅游商业、旅游文化、旅游金融、旅游地产等旅游产业集群，以丰富与完善旅游产品体系。重点发展一批特色医疗、疗养康复、养生保健等健康养生旅游产品，利用山地、丘陵、河流，积极探索发展水上运动、山地骑游等运动休闲旅游产品，大力发展研学旅游、文创旅游、亲子旅游、红色旅游、养生养老旅游、营地旅游、运动休闲旅游、特色民宿旅游、传统村落旅游和户外体验等旅游产品。

围绕"吃"，以打造国内国际知名特色美食之都为目标，深入开发酸汤、蓝莓、香猪、麻鸭等生态特色旅游食品，推动建设一批特色美食街区、餐饮中心和高品质夜市，提升黔东南餐饮吸引力。

围绕"住"，重点推进酒店增星，力争在凯里、镇远、雷山、施秉等重点旅游市（县）建设一批五星级酒店，实现县县有四星级以上酒店，围绕下司古镇、西江苗寨、镇远古城、肇兴侗寨等重要景区周边规划建设和改造提升一批品牌高端酒店，加快发展特色民宿、精品客栈、汽车旅馆和山地露营等旅游住宿业态。

围绕"行"，加强与国内重要城市的航班培育，完善"快旅慢游"交通服务体系，推广景区直通车，实现重点景区城际无障碍交通。

围绕"游"，建设提升镇远古城、西江千户苗寨、肇兴侗寨、云台山等一批历史文化、民族文化和自然山水旅游景点景区，丰富和扩展景区、景点业态。

围绕"购"，以打造国内国际民族民间工艺品交易中心、博览会、旅交会为主攻方向，高水准规划建设非遗聚落小镇等，培育发展一批文化旅游综合体和特色旅游商品专卖店、体验馆，推进文化旅游商品线上线下融合发展。

围绕"娱"，提升西江盛典等大型实景演出、民间节庆演出节日层次，引进知名企业建设大型旅游娱乐设施，丰富各景区、景点娱乐要素。

三、创新旅游品牌营销体系

创响"民族原生态·锦绣黔东南"旅游品牌，坚持"政府主导、企业主体、市场运作、统一营销"的原则，整合资源，提升黔东南文化旅游知名度、美誉度和影响力。办好苗年节、侗年节、姊妹节、民族民间工艺品博览会、国际芦笙节等特色节庆，持续办好旅游产业发展大会，打造中国丹寨非遗周等一批有重要影响力的旅游宣传营销平台。用好国家和省级系列重大活动平台，加强文化旅游宣传推介。

创新旅游营销模式，以"政府+企业"模式带动"政府+旅游产品推介会""政府+研究机构""政府+媒体"多方式进行营销，开展针对性强的旅游营销。依据旅游大数据，建立智慧旅游营销系统。开展文化旅游营销促销专题活动。邀请国内外知名媒介、旅行商进行实地考察，拍摄系列专题宣传片。建立广播、电视、短信、报纸等传统媒体渠道和移动互联网、微博、微信等新媒体渠道相结合的全媒体信息传播机制。与高铁、高速公路等交通媒体合作，拓宽传播渠道。抓好节事、政策、媒体、客源地"四大营销"，创新影视、摄影、文学、音乐等艺术营销。

细分客源市场，紧盯国内外主要客源市场，组织开展旅游营销促销专题活动，加强与长江三角洲、珠江三角洲、长株潭和成、渝等主要客源地交流合作，建立文化旅游市场引导互惠机制，引导旅游营销战场从上海、广州等一线城市，延伸到海（境）外市场及周边城市，客源主体从城市人群扩散到有着巨大市场潜力的乡镇居民以及海（境）外人群。

如何才能够把广大游客"招得来"？可以从地区民族特色着手。黔东南拥有大量的少数民族，可以先从少数民族文化入手，打造"少数民族+"的旅游模式。在景区加入一些少数民族文化，如贵州省黄平县的飞云崖集会。旅游品牌的打造，需要从软文化下手，把旅游文化塑造出艺术价值，也可以挖掘出景点的历史文化，增加对游客的吸引力。可以在旅游景点贩卖一些少数民族手工艺品，这些工艺品不但有纪念意义，还有收藏价值。

四、提升旅游配套服务体系

提升旅游服务质量。加快提升旅游服务质量。加强旅游饭店星级管理、景区和乡村旅游客栈质量等级管理以及旅游从业人员资格认证管理，推进旅游管理和国际接轨，开展旅游服务质量提升活动，推动旅游服务品牌化。推进景区升A、酒店增星、服务创优以及旅行社A级评定管理工作。加强旅游运输公司经营许可、规范营运和评星定级管理。支持建立文化和旅游志愿者服务站。

加快旅游标准建设。以游客满意度为基准，着力实施旅游标准化建设，开展旅游标准化示范创建，全面贯彻实施国家标准、行业标准，建立和完善地方标准，启动中国传统村落旅游等标准化工作，探索制定智慧景区、智慧酒店、汽车营地、研学旅行基地、康体旅游、农业休闲园的地方标准。加强旅游从业人员的服务意识教育和服务技能培训，提升旅游服务质量，推进旅游服务标准化建设。

五、加强旅游人才队伍建设

把旅游产业人才队伍建设纳入全州干部培训计划和人才队伍建设规划。逐步建立一支相对稳定、管理高效且具有较强全局观的旅游行政管理人才队伍。加强旅游教育培训，加强导游讲解、景区规划、市场营销、酒店管理和旅游新业态发展的紧缺专业人才的培养和引进。加强导游队伍管理，建立导游服务管理公司，培养一批高素质旅游从业人员。积极鼓励旅游企业加快培育旅游专业技术技能型人才与职业管理人才。支持大专院校开设旅游类专业，加强对旅游师资队伍建设的投入力度，强化旅游专业人才的梯队建设。建立旅游发展智库，为旅游业发展提供智力支持。

旅游产业发展的一大核心是发展旅游产业方面的人才，而人才的发展，首要的是教育的发展，因此，需要加强培养旅游专业方面的人才，借助人才的力量实现旅游产业的更好发展。此外，黔东南拥有许多少数民族文化，例如作为世界非物质文化遗产的侗族大歌，这就要培育文化传承人。也要建立一些少数民族文化学院和研究所，设立专项基金。也可在学校中设立相关专业，在中小学教育中开设相关课程等。这既能使得优秀的少数民族文化得以继承和发扬，又能促进旅游产业和经济的发展。

第三节 加快旅游产业融合发展

实施"+旅游""旅游+"行动计划，促进文化旅游与一、二、三产业深度融合。大力推动文旅融合、康旅融合、体旅融合、农旅融合、教旅融合发展，促进旅游业态发展，推进旅游业与相关产业融合发展、互促共赢，推进旅游产业向质量效益型转变。

一、推进旅游业与文化产业融合

实施少数民族特色村寨和传统村落保护、传承人培养、民族建筑保护等工程。开展民族文化、非遗资源普查。做好侗族大歌、苗族飞歌等非物质文化遗产的生产性保护，保护和传承农耕文化、节庆文化，保护民居、民风、民俗、民歌、民技及民族医药文化等非物质文化遗产，推进非遗资源品牌化、资产化，推出非遗文化旅游精品，助推文化与旅游融合发展。

实施非物质文化遗产传统手工艺振兴计划。推进民族文化进中小学课堂，传承发展民族编织、刺绣、蜡染、银饰等传统技艺。健全现代文化产业体系，推动文化与旅游融合发展，围绕民族文化、历史文化、红色文化等，建设西江千户苗寨、镇远古城、肇兴侗寨等一批富有文化底蕴的精品景区，打造丹寨万达小镇、下司古镇、黎平翘街、黄平旧州古镇、锦屏隆里古城等一批文化特色鲜明旅游休闲小镇和街区。

依托民族文化资源，积极培育文艺展演、体育赛事等新型文化业态，进一步提升旅游演艺节目品牌，推动传统技艺、非遗项目展示、文化演艺活动、体育赛事进重点旅游景区、旅游度假区，做大做强文化旅游产业。推动博物馆、文化馆、非遗馆、陈列馆等一批场馆参照 A 级旅游景区、度假区标准规划、建设和管理，并有序推向旅游市场，支持《西江盛典》《布谷催春》《侗寨琴声》《银绣》等民族文化演艺项目做大做强。

二、推进旅游业与康养产业融合

推进旅游与医药健康全面融合发展。以创建国家中医药健康旅游示范区为目标，创建黔东南国家级医养结合试点，重点培育和发展中医药观光、中医药文化体验、中医药养生体验、中医药特色医疗、中医药疗养康复、中医药美容保健、中医药购物、传统医疗体育、中医药科普教育、中医药会展节庆等十大"中医药+"健康旅游产业，实施中药材种植倍增计划，实施"定制药园"培育计划，发展壮大"中医药+"健康旅游产业集群。

推进旅游与养生养老融合发展。大力发展生态型健康养生产业。依托麻江蓝梦谷蓝莓国家森林康养基地和黎平侗乡、从江加榜梯田、施秉云台山康体养生旅游度假区等一批森林康养基地等资源优势，大力发展森林康养旅游产业。整合雷山、剑河、台江、黄平、岑巩、镇远等温泉资源，打造百里温泉产业带，大力发展温泉养生养老产业。重点发展和提升温泉疗养、森林疗养、饮食疗养、中医药养生，打造旅居和谐、幸福共享的一流养生养老基地。依托镇远古城、西江千户苗寨、黎平肇兴侗寨、施秉云台山等文化旅游资源，着力开发精品休闲度假康养旅游线路，大力发展休闲度假养生养老旅游产业。加快推进侗乡大健康产业示范区建设，建成一批集休闲旅游、度假养生、康体养老于一体的健康养老小镇。

推进发展旅游与健康运动融合。依托黔东南州自然资源禀赋和生态资源优势，支持发展漂流、攀岩、山地自行车、定向越野、露营、徒步穿越、龙舟比赛、低空飞行等健康运动业态，加快推进森林步道、城市绿道、登山步道、交通驿站等运动休闲设施建设。培育打造黔东南特色康养运动品牌，重点打造"贵州环雷公山超 100 千米跑国际挑战赛""雷公山之巅·巴拉河之夏"全国山地自行车赛、锦绣黔东南国际徒步活动、全国皮划艇冠军赛等品牌赛事，争创体育旅游示范区。

三、推进旅游业与传统村落融合

充分挖掘传统村落、少数民族特色村寨历史文化资源丰富和生态环境良好的资源优势，大力推进"传统村落+旅游""少数民族特色村寨+旅游"融合发展，在保护的基础上实施传统村落、少数民族特色村寨消防设施、道路硬化、路灯照明、生活污水垃圾处理、防灾减灾等基础设施和公共环境建设，进一步完善传统村落、少数民族特色村寨旅游标识牌、旅游公厕、"农家乐"、精品客栈等旅游配套服务设施。

创新传统村落保护传承发展长效机制，推进传统村落集中连片保护利用示范工作，重点实施基础设施建设、人居环境改善、文物保护利用、非物质文化保护、特色产业发展、消防设施等十大示范工程，加快打造黎平堂安村、黄岗村、四寨村，从江占里村，榕江大利村，凯里南花村，雷山龙塘村等一批传统村落，争取国家相关部门支持黔东南州建设中国传统村落博览园，创建传统村落集中连片保护利用示范州，支持雷山等县创建传统村落发展示范区。

完善少数民族特色村寨保护性开发利用方式，采取"民族特色村寨+生态+民族文化+旅游+N"模式，进一步推进民族村寨文化云平台数据库建设，完善黔东南州民族村寨文化资源信息数据库，实施少数民族特色村寨示范引领工程，提升打造青曼苗寨、石桥村、长滩村等一批少数民族特色村寨乡村旅游示范项目，将少数民族特色村寨资源优势变为旅游产业优势和经济优势，助推乡村振兴。贵州省西江千户苗寨运营管理有限公司位于贵州省雷山县西江镇西江村，成立于 2020 年 12 月。贵州省西江千户苗寨运营管理有限公司整合周边区域优质资源，以西江为核心，关注周边景区同类型资产和优质项目，通过对区域性旅游资产的整合，提升区域协调效应，丰富西江运营公司经营业态。围绕白水河宗地开发亲水项目，同时对《美丽西江》演艺项目进行剧场改造、剧目提升，完善景区业态，丰富收入来源。

四、推进旅游业与现代农业融合

推进农业景区建设。依托州内 62 个省级现代高效农业示范园区，发挥资源、生态和旅游三大优势，调整和优化农业园区产业结构，大力发展旅游农业、生态农业和品牌农业，按照景区标准进一步推进农业园区基础设施和服务设施建设，提升农业园区旅游服务水平，发展农业体验游、休闲游、观光游等农旅融合产业。

大力发展生态旅游农业。做大做强"美丽乡村"旅游，连片引导发展"农家乐"、乡村旅游客栈、农业观光园等乡村旅游休闲项目，实现农业与旅游深度融合，建设美丽乡村。大力发展城市农业、旅游农业、生态农业、扶贫农业和品牌农业。

推进农特产品成为旅游商品。抓住大力发展林下经济和生态农业产业化契机，结合文化旅游市场需求，找准与文化旅游产业融合发展切入点，以州域内茶叶、油茶、水果、蔬菜等优势生态产品为基础，培育和发展有机食品、绿色食品、保健食品等生态农特产品成为旅游商品。发挥生态优势，让全域旅游"动"起来。依托得天独厚的自然生态和丰富多彩的民族文化，以创建国家全域旅游示范区为抓手，按照"全景式打造、全季节体验、全产业发展、全方位服务、全社会参与、全区域管理"的要求，全力加快全域旅游化、全县景区化步伐。

第四节　激发文化旅游产业活力

黔东南积极推进旅游业供给侧结构性改革，深化旅游管理体制机制改革，加快全州涉旅资源整合，健全和完善旅游监管体制，全面激发旅游产业发展活力。

一、深化管理体制机制改革

在文化旅游产业蓬勃发展的浪潮中，黔东南州深刻认识到深化管理体制机制改革是释放产业潜力、提升发展质量的关键所在。黔东南州积极构建适应新时代发展需求的文化旅游管理新体系，将丰富的旅游资源转化为强劲的发展动能。

强化统筹协调管理机制。在规划管理方面,黔东南州运用大数据分析和专家咨询相结合的方式,深入剖析黔东南州自然地理与民族文化分布特征,制定科学、动态且具有前瞻性的旅游发展规划。针对旅游产业发展中的重点难点问题,黔东南州建立了常态化的专项研究机制,为政策制定提供精准、及时的决策依据。在服务管理协调上,黔东南州构建了标准化服务管理体系,从旅游从业人员培训、服务流程规范到游客反馈处理,形成全链条的服务质量管控机制;在市场营销管理中,黔东南州整合政府、企业、社会组织等多方资源,制定统一的品牌推广策略,打造具有国际影响力的黔东南文化旅游品牌。

推进国有旅游企业管理体制改革。黔东南州以建立现代企业制度为核心,对国有旅游企业产权制度进行深度改革。在企业治理结构上,黔东南州引入了职业经理人制度,完善了董事会、监事会等治理机构,实现了所有权与经营权的有效分离,通过市场化的资产和要素重组,培育大型旅游企业集团。在旅游产品开发管理中,黔东南州建立了以市场需求为导向的产品研发机制,深度挖掘民族文化和自然资源,打造个性化、差异化的旅游产品;在旅游线路策划管理方面,黔东南州整合区域内优质旅游资源,运用智能化的线路规划系统,设计出更具吸引力的旅游线路;在重大项目投资开发管理中,黔东南州建立了科学的项目评估和风险管控机制,确保投资效益最大化,同时企业主动承担重点旅游公共服务项目,提升公共服务供给能力。

创新景区管理体制机制。黔东南州打破部门、条块、区划之间的管理壁垒,建立了统一高效的景区管理体制。黔东南州通过建立景区开发建设激励约束机制,充分调动政府、企业、当地居民等各方参与景区建设的积极性。在景区运营管理中,黔东南州推动企业化经营和市场化运作,引入先进的景区管理系统,实现景区资源的高效配置和科学管理,催生了一批符合现代企业制度要求的市场主体,激发景区发展活力,推动旅游产业、项目、企业快速发展。

优化旅游营销管理模式。黔东南州在旅游招商引资管理上,制定了系统化的优惠政策体系,涵盖土地、税收、金融等多方面优惠,吸引外来资本投资旅游产业。黔东南州建立了招商引资项目跟踪服务机制,从项目洽谈、落地到运营,提供全方位的服务保障。鼓励外来企业开设工厂,生产具有本土特色的旅游商品,通过建立产业联盟等方式,推动传统工艺与现代生产方式深度融合，提升产品附加值；积极与外来企业合作，打造专属品牌和文化产品，如"侗家菜""侗茶"等，丰富旅游产品供给。

在营销策略管理上，黔东南州紧跟互联网发展趋势，建立全媒体营销管理体系。在热门社交软件平台上，制定精准的内容营销策略，根据不同平台的用户特点，发布多样化的旅游宣传内容，吸引大量潜在游客关注；黔东南州开发了功能完善的微信小程序，实现了旅游信息查询、在线预订、智能导览等一站式服务；黔东南州与全国尤其是县级旅行社建立了紧密的合作管理机制，通过客源共享、联合营销等方式，扩大旅游产品的销售范围；黔东南州在旅游报纸、杂志、电视节目以及城市广告牌位等传统渠道，制定差异化的宣传策略，实现了传统营销与新媒体营销的有机结合，让黔东南州的旅游产品更快速、更全面地走向市场。

创新融资与运营管理模式。黔东南州在旅游产业融资管理模式上，积极探索多元化和多层次的创新路径。除传统的社会集资、股权融资模式外，黔东南州建立了政府引导基金，引导社会资本参与旅游项目投资；黔东南州设立了旅游产业专项贷款，为中小旅游企业提供资金支持；黔东南州运用资产证券化等金融工具，拓宽融资渠道，将小额贷款、转移支付、贴息贷款等优惠政策进行科学组合，形成复合型融资模式，为旅游项目提供充足的资金支持。

在运营管理模式上，黔东南州构建了线上线下融合的网络管理体系。在线上管理方面，黔东南州利用大数据、云计算等技术，实现了旅游市场监测、游客行为分析、旅游产品预订等功能的智能化管理；在线下管理方面，黔东南州建立了旅游服务质量监督检查机制，加强对旅游企业和从业人员的监管，提升旅游服务质量。在组织管理中，黔东南州秉持人本主义理念，建立了线上线下协同合作的管理机制，形成了创新性的网络管理模式。

完善旅游产品创新管理机制。旅游产业的核心在于旅游产品，黔东南州建立了完善的旅游产品创新管理机制。在原生态旅游产品管理上，黔东南州制定了严格的保护和开发标准，运用现代科技手段对原生态旅游资源进行数字化保护和展示，提升原生态旅游产品的吸引力；在旅游资源挖掘管理方面，黔东南州组建了专业的资源调研团队，深入挖掘未开发的旅游资源，如侗族茶叶文化、特色食品制作方法等绿色和民族文化旅游资源，进行适度包装和推广。对于红色旅游资源，黔东南州通过建立红色旅游项目策划和运营管理机制，举办主题纪念晚会、红色旅游文化节、拍摄电影电视剧等创新性活动，丰富游客红色旅游体验，让黔东南州的旅游产品始终保持新鲜感和神秘感，吸引更多游客前来体验。

二、加快涉旅资源整合

只有推进全州旅游资源有机重组整合，才能进一步优化文化旅游发展格局，丰富文化旅游产业体系，提高文化旅游服务品质，推动旅游产业发展从量变向质变转变。

培育壮大国有涉旅龙头企业。强化政府统筹引导，整合州级涉旅资源资产，做大做强州级涉旅国有企业。进一步梳理州级行政事业单位文化旅游、体育、大健康类经营性资产，采取行政划拨的方式注入州级涉旅国有企业，壮大州级涉旅国有企业资产规模，增强运营实力。优化重组州级涉旅国有企业业务板块，规范和优化公司财务状况。加大涉旅人才队伍建设，充实和提升人才队伍，强化人才的培训。

分类分步推进县级旅游资源整合。按照"整合有利于景区板块整体开发、推动实施重大旅游项目、增加州级企业高质量资产"目标，结合县级旅游资源禀赋优势和发展面临的困境，分板块精准推进州县国有涉旅资源整合。强力推进沿舞阳河、清水江区域板块整合，由州级旅游企业合并板块区域内优质旅游运营公司报表，以州级平台优势释放县级存量贷款资源，向银行申请增量债务置换贷款，实现"拉长贷款期限、降低贷款利率、缓释债务还款压力"的目标。加快推进苗侗风情板块整合，由州级企业充分论证板块内优质旅游开发企业资源资产稳定性和未来经营收益性，向银行申请资产并购（收购）贷款对资源资产进行并购（收购），州级企业充分控制景区的经营权和管理权，引入战略合作者委托运营提升景区综合收益。有序推进尚未完成开发的旅游资源整合开发，采取"特许经营权出让、重点经营性项目打造"方式逐步实现全域整合。

增强涉旅品牌能力。积极引进战略合作伙伴，通过对"龙头企业增资扩股、重点项目投资合作、重点景区委托运营"等多种合作形式，充分发挥战略投资者在资金筹集、品牌打造、管理运营方面的优势，对全州旅游资源、旅游景区、旅游基础设施、旅游线路、旅游营销等进行系统打造、提升和规划，增加旅游收入总额，提高利润率，充分巩固全州旅游企业兼并重组成果。抓住证监会支持贫困地区企业上市绿色通道的政策机遇，推动州级涉旅龙头企业整合旅游资产上市。

从经济的角度来看，形成产业规模、产业集聚是旅游产业发展的必经之路，调整产业结构、优化产业升级是产业发展的必然选择，旅游产业亦然。而旅游产业的发展离不开大数据、互联网这一宏观层面，所以黔东南发展旅游产业需要注重创新，这体现在诸多方面。总体上要做到"内产品、外营销、内管理、外协调"，细节上要树立正确的产业观念，关注市场发展趋势，了解自身产业结构等，并对各个环节进行创新，积极提升自身的创新性。最后才能促进地区三次产业的融合，带动经济发展。要注重农业与旅游产业的融合和相互依托。此外还要进行招商引资，注重资本这一要素的作用，要以资本为纽带，为传统旅游产业引进新技术、新产品，增强其核心竞争力。对外要加强与周边县域的合作，避免单兵作战，同时着眼全球，打开国际市场。政府、企业、个体户等必须树立正确的产业观念，并保持持续学习新技能、更新新知识的态度，才能往更好方向发展。

三、健全和完善旅游监管体系

规范旅游市场秩序。完善旅游市场综合监管，健全旅游监管和服务体系，畅通游客诉求渠道，加强旅游执法，保障旅客合法权益。加强部门之间联合执法，严厉打击非法经营旅游业务、价格欺诈、欺客宰客、追客赶客等各类违法行为，消除无序恶性竞争现象。对踏"红线"、闯"雷区"等违反规定的行为零容忍，重点打击严重扰乱市场秩序的"黑社""黑导""黑车""黑网站"等非法行为。加强旅游商品质量监管，禁止假冒伪劣产品进入市场。开展"优化全州旅游市场秩序主题年"等活动，实施重大案件督办制度、旅游市场秩序综合评价制度、服务等级退出制度、旅游目的地警示制度等。强化旅游安全保障，落实旅游安全保障责任，保障广大游客生命财产安全。

加强行业管理监督。旅游行业协会监督是行业管理的第一道关口，要推动旅游行业协会发挥作用常态化，强化自律监督、规范市场操作，引导会员和全行业规范、诚信经营，切实维护消费者合法权益。充分利用信息化等新技术平台，建立起适应现代旅游业发展的法治化、规范化、综合型的行业管理体制。理顺政府、旅游中介机构和企业关系，建立旅游部门和行业协会的定期沟通机制，实现政府管理与行业自律有机衔接、良性互动。

加强旅游诚信体系建设。开展诚信旅游创建活动，制定旅游从业人员诚信服务准则，建立旅行社、旅游购物店信用等级制度。加快完善旅游相关企业和从业人员诚信记录制度，出台诚信企业星级评定等相关制度。建立违法企业"黑名单"制度，完善违法信息共享机制，严惩违法行为。充分发挥旅游者、社会公众及新闻媒体的监督和引导作用，推进旅游质量提升。

　　推进文明旅游建设。开展文明旅游宣传引导主题活动和旅游行业文明单位创建活动，强化导游、领队和旅游一线服务人员文明旅游宣传引导职责，倡导旅游者学习和遵守国际通行的礼仪，培养社会公众的环保意识和人文品质。

第十二章　加快推进现代山地特色高效农业发展

　　新型城镇化建设建立在经济基础之上，产业发展是振兴实体经济的关键。贵州省山地特色农业产业体系已初步形成。农业特色优势产业加快发展，逐步从单一种养向一、二、三产业融合发展转变。种植业实现裂变式发展，茶叶、辣椒、刺梨、蓝莓、李子、太子参等种植面积全国第一，猕猴桃、火龙果、百香果等生产规模名列全国前茅，食用菌迈入全国生产第一梯队省份。充分发挥龙头企业、农民专业合作社的带动作用，积极推广"龙头企业+合作社+农户"等组织模式，探索出"订单收购+分红""土地流转+优先雇用+社会保障""保底收益+按股分红"等典型利益联结模式，较好地促进了贫困群众脱贫增收。但是特色优势产业"多、小、散"局面未发生根本性改变，部分单品产能过剩、效益不高、利润率低、品种同质化等问题仍然存在，市场竞争力不强，农产品"走出去"步履艰难。产业空间分布总体上比较分散，以点状、块状分布为主，产业集群化水平低，产业发展强县不多，尚未形成专业化、集群化、网络化的乡村产业布局结构。特色农产品精深加工业发展不充分，产业链条短、附加值不高。农业科技支撑能力不足，农业科技人才队伍建设滞后，农业科技创新与成果转化能力薄弱，特色产业自育品种占有率不高。懂技术、善经营、会管理的山地特色农业人才比较缺乏，基层农技推广体系薄弱，社会化服务体系不健全，农民整体素质总体偏低。因此，以促进农民持续增收为宗旨，加快推进农业现代化，大力发展立体型、科技型、全链型、生态型、品牌型"五型"农业，推进特色农业水利化、机械化、数字化发展，提升农业规模化、标准化、市场化、组织化、品牌化水平，着力构建高品质种养业生产体系、高效益农产品加工体系、高效率农产品市场流通体系，努力打造全国现代山地特色高效农业示范区。

第一节 构建山地特色高效农业发展新格局

要实现乡村振兴，产业兴旺是关键。作为全国少数民族人口最多的民族自治州，在全州来一场振兴农村经济的产业革命，不仅事关贫困群众脱贫，也关系着全州乡村的全面振兴和可持续发展。坚持全产业链布局、系统化开发原则，聚焦优势产业、优势产品、优势区域，推进空间利用层次化、产业结构合理化、物质循环链条化，构建布局优化、集聚高效的山地特色农业发展新格局。深入推动农业供给侧结构性改革，优化农业生产结构和区域布局，做大做强12个农业特色优势产业，聚焦各市（县）主导农业产业，深入推进"一县一业""多县一带"的发展格局和"一村一品"特色总体发展思路，加快推进全州农业现代化。

一、构建立体式种养业布局

黔东南根据高原山区地形地貌，结合光、热、水、肥、气等资源，打造立体化种养业布局。严守耕地保护红线，坚决遏制耕地"非农化"，防止"非粮化"，稳定粮食种植面积。永久基本农田要重点用于发展粮食生产，特别是保障稻谷、小麦、玉米种植面积；一般耕地应主要用于粮食和油、糖、蔬菜等农产品及饲草饲料生产。在保障粮食生产的同时，大力推广"稻+高效经济作物""稻+渔"等"一田多用""一季多收"模式。其他土地根据不同海拔合理布局不同品种，大力发展茶叶、水果、刺梨、中药材、特色林业等特色优势产业，因地制宜发展林菌、林药、林禽、林蜂等林下经济。依托资源优势，选择主导产业，建设一批"小而精、特而美"的"一村一品"示范村镇，形成一（村）镇带数村、多村连成片的发展格局。实施"一县一业""多县一带"发展计划。大力发展酸系原料、中药材等特色优势产业，做优做强茶叶、精品水果、食用菌、生态禽、香猪、优质肉牛、优质稻制种、稻鱼、冷水鱼等区域特色明显的产业。支持凯里、榕江商品蔬菜，小香鸡，麻江、丹寨蓝莓，雷山茶叶和天麻，黎平油茶和茶叶，黄平肉牛，镇远花卉，施秉中药材，三穗鸭，岑巩杂交稻制种，天柱土鸡，锦屏鹅、铁皮石斛，从江香猪、百香果，剑河、台江食用菌发展。

贵州聚力农业发展专业合作社，专业从事猴头菇产品的烘干生产，与贵州康科农产品有限公司等进行合作，产品销往贵州、杭州、上海等多个地区。采取"合作社+基地+农户（贫困户）"模式，以联社自建的方式进行建设，主要由贵州省农科院、三穗县农业农村局和三穗县林业生态公司联合进行生产指导和技术服务。瓦寨镇调洞春晖蔬菜专业合作社是一个集育苗、种植、加工和冷藏运输为一体的冷链物流蔬菜种植基地，提供农业生产资料购买以及农产品销售、加工、运输、贮藏和与农业生产经营有关的技术信息等服务。合作社以发展蔬菜种植为主体，主要种植苦瓜、茄子、豇豆、辣椒、贡菜、羊肚菌、精品水果等，销往重庆、湖南、广东等地。合作社采取"党支部+合作社+基地+农户（建档立卡户）"模式，以蔬菜基地为核心推动产业规模化发展。以合作社蔬菜基地为核心，在周边4 330亩坝区建成1 700亩蔬菜产业基地，带动了更多的农民群众增收致富。合作社强化产业链建设提升产品含金量。延伸生产、包装、经销、运输、保鲜、新产品新技术开发的产业链条，实现商品蔬菜高附加值。农户可通过入股土地、资金、劳动力等，享受普通股、土地股、贫困股、发展股和集体股"五股制"利益分红，引领更多群众参与蔬菜产业发展。

低效作物调减提质，将传统种植低效作物的坡耕地改种商品蔬菜等高效作物，发动群众调减低效作物种植，替代种植的蔬菜（辣椒）、食用菌、茶叶、中药材、花卉、精品水果（蓝莓）果园等主导产业。坚持把坝区和林下作为推动农村产业发展的主阵地，着力推进土地流转、优化产业结构等重点工作落地落实，建设省级样板坝区、省级农业园区。开展林种结构调整，建林下万亩基地、千亩基地、百亩基地，发展林菌、林药、林鸡、林蜂。加速培育龙头企业，缓解农户发展能力不强、抵御风险能力差、拓展市场能力弱等问题，把产销对接作为重要一环，积极探索建立"电商+合作社+农户"新模式，持续深化与阿里、京东等电商平台的合作，推进农产品进学校、进机关、进医院、进企业、进社区、进超市。

榕江县阳光蔬菜种植农民专业合作社，提出"早果菜—水稻—秋冬菜"一年三熟水旱轮作高效种植模式。2021年合作社反租倒包蔬菜种植面积280亩，按"菜—稻—菜"新型种植模式进行生产，其中春季种植番茄、黄瓜、豇豆等早熟蔬菜，夏季种植水稻、黄瓜和豇豆，秋冬季种植莴笋、青菜。2021年，合作社创造总产值达347.59万元，收益210余万元，同比增长16%，利益联结65户农户户均分红3万元不等，带动了社员及利益联结户增收。

二、构建全产业链发展格局

聚焦山地特色农业重点优势产业，分行业明确产业链延伸方向和精准施策，主攻产业链薄弱环节，补齐发展短板，推进种业、种养业、粗加工、精深加工、现代流通等全产业链一体化发展。茶产业重点突破品牌培育、市场拓展、加工升级、基地提质、质量安全、文化添彩等关键环节，坚持以绿茶为主、兼顾红茶等茶类发展方向，着力打造世界高品质绿茶中心、全国茶产业创新发展示范区、全国茶文旅融合发展示范区。特色林业重点突破标准化生产、精深加工等关键环节，聚焦竹、油茶、花椒、皂角、干果、花卉苗木等，建设高标准特色林业种植示范基地和低效林改培示范基地，建成一批特色林业产业示范区，打造一批特色林业精深加工产品。水果产业重点突破标准化生产、产地粗加工和外销市场培育等关键环节，聚焦"4+2+N"优势树种，建设一批精品水果标准园，创建一批"果+"特色乡镇。

食用菌产业重点突破菌种现代化、食用菌流通和销售渠道拓展等关键环节，建立原种和栽培生产基地，打造优质竹荪产业集群和南方高品质夏菇主产区，支持在外销省份的大型农产品批发市场设立档口和开展电商营销。蔬菜产业重点突破集中育苗、标准化规模种植、产地粗加工、冷链物流、外销市场培育等关键环节，实施蔬菜产业提升行动，建设一批大型集约化育苗基地，打造规模化蔬菜生产基地核心示范区，推动更多蔬菜走向粤港澳大湾区、长三角、成、渝等地。牛羊产业重点突破良种繁育、标准化规模养殖、绿色高端品牌打造等关键环节，加大牛羊地方品种遗传资源保护和提纯复壮，健全良种繁育、饲草料供给、屠宰加工、市场营销等体系，加快打造养殖规模大、产品质量好、销售渠道畅的优质牛羊肉供应基地，树立公共品牌。

中药材产业重点突破种子种苗繁育、标准化规模种植、产地粗加工和精深加工等关键环节，筛选推广一批具有地方特色、市场竞争力强的优良品种，建设一批省级区域性良种繁育基地，推进道地药材规模化标准化基地和定制药园建设，建设一批中药材产地粗加工基地，围绕重点环节培育一批省级以上重点龙头企业，打造3~5个具有全国影响力的拳头品种，建成中药材主要产区。生态渔业重点突破良种繁育、标准化生产等关键环节，强化鱼苗繁育基地建设，加快推进生态环保型设施、大水面增殖渔业、稻鱼综合种养、生态环保型冷水鱼养殖及休闲渔业等示范基地建设，推进水产品精深加工、饲料加工、仓储物流及渔业信息化建设，做强"稻花鱼"等品牌。生态家禽重点突破良种繁育、精深加工和外销市场培育等关键环节，建立健全原种场、扩繁场、商品场相配套的育繁推体系，提升家禽产品深加工水平，支持在主流消费城市、大型物流市场设立家禽产品专销区，开拓主流电商平台线上销售渠道。

三、推进林下经济高质量发展

发展林下经济要充分利用有限的林下空间资源，在同一林分中可经营多种林下产业，充分利用林下空间资源，增强林地综合利用率，提高产品产量。根据植物的生长特性，可开展"1+N"林下立体种植模式，如"林下养蜂+地上种植+树干上种植"多种经营，形成以短养长，长、中、短相结合的"林下经济综合立体经营模式"，一定程度上克服了林下经济产业布局较为单一的难题。成立产品加工产业协会，汇聚知名专家，提供营运政策咨询，定期开展技术交流，整合本地小微企业，取长补短，共同打造集育种、生产、研发、采集、加工、销售于一体的全产业链，提高生产效率和品质；加强企业与科研院所的项目合作，突破技术瓶颈，为本地企业提供技术支撑，提高加工产品品质，促进本地种植企业拓宽产业链。引进外地知名企业。提供免费使用厂房、林地租金减免、购置加工配套设备、开通绿色通道等优惠政策，引进对口的深加工龙头企业，带动本地小微企业发展深加工产业，解决产品的精深加工问题，推动产品进入高端市场，促进全县林下经济向产业化发展。结合民族文化发展历史，充分挖掘苗侗文化特色，将品牌特色与苗侗文化有机融合，创建具有本地文化的林下经济特色品牌，提高产品附加值，提升市场竞争力。结合林下经济产品绿色、有机、保健等优势，重点突出森林为种苗的生长提供良好生态环境等特点，打造具有专属优势的特色产品，积极组织开展林下生态产品标志认定，增强产品的品牌效应。明确目标客户的需要，制定精确实在的广告和宣传手册，提升客户对产品的满意度；利用互联网直播平台、展博会等多种渠道进行推广，提升产品知名度，加快实现林下经济向品牌化发展。依托新型职业农民培训等项目，以基层农技人员、专业大户、农民等人群为重点，实行理论授课与基地实践相结合的培训方式，委派专业团队开展各类专业技术培训，提高经营主体的技术水平，助推林下经济高质量发展。

充分整合各大高校和科研院所的人才资源，激励高层次专业人才积极投身到林下经济建设中去，充分发挥专业人才的科研和引领作用，开展定点帮扶，促使林下经济向标准化、规范化发展。实行"引进来"和"走出去"的人才发展战略，制定引进专业人才优惠政策，提高专业技术人才的工资待遇，给予相应的福利，增强引进人才的归属感和责任感；鼓励基层技术人员走出去与同行专家进行交流学习，促进林下经济可持续发展。

围绕全州 3 269 万亩林地、人均 10 亩林地的资源优势，全力发展林业经济，积极推动森林资源优势转化为经济优势。聚焦创建全国林下经济发展示范州，始终把林下经济作为深入推动农村产业发展的重点，坚持"长短结合"，以实施种、养、加、旅"四大工程"为抓手，突出抓好林下食用菌、中药材、养鸡、养蜂四个重点，推动全州林下经济迅速做大做强，推动绿水青山实实在在变成"金山银山"。以提高林业综合效益为目标，摸清调整底数、找准调整对象，紧盯低产低效商品林、公益林扎实推进林种结构调整。优先将用材林采伐迹地用于发展经济林，将低产林改造更新为经济林，将达到采伐年限且条件优越的用材林更新改造为经济林，重点种植油茶、花椒等高效林种。把退化的、效益不高的经济林作为林种调整的重点，采取间伐、补植等方式，补种油茶、核桃等高效树种，培育特色经济林，提高经济效益。

四、探索生态产品价值实现路径

黔东南州着力打造以 12 人特色农业优势产业为重点的生态产品，以创建区域公共品牌"苗侗山珍"助推生态产品价值实现。在自然保护区、风景名胜区、森林公园等的一般控制区，允许在科学规划、不影响生态功能的前提下，合理开发康养、旅游等产业，适当建设相关配套设施；对生活在生态红线区内的居民，允许建设必要的机耕道、产业路、消防通道，允许引入市场主体对闲置的民宿民居进行改造经营。大力推进试点示范，深化雷山县生态产品价值实现机制试点，鼓励剑河、黎平、从江、榕江等县大胆创新，开展生态产品价值核算试点，提炼总结可复制可推广的经验模式。在此基础上，建立覆盖全州 16 个县、市的生态产品总值统计制度，加快建成全州生态产品价值核算制度体系。一是由金融部门牵头，相关金融机构配合，抓紧研究"林业碳票"相关工作，研究林权和碳汇未来收益权作为商业贷款抵押品的可行性，争取在黔东南州设立贵州省生态产品交易中心；支持剑河县加强与中央财经委员会办公室对接汇报，力争在全国CCER碳汇交易市场开放后，剑河县能第一时间进行核证、备案和交易。采取招商方式，引进从事集碳汇造林和经营、自然生态系统保护、CCER项目开发、碳资产管理、碳中和咨询服务等业务的专业公司，对州内符合碳汇项目申报条件的林地进行合作开发。以雷山为试点加快绿色金融改革创新试验区建设，创新绿色金融信贷产品，探索开发生态产品权益、收益与信用相结合的专项金融产品。二是支持绿色保险创新。推进"险资入黔"，引导保险资金支持生态产品价值实现。加大政策性农险推广力度，适时依规提高政策性森林保险保额，在具备条件的市（县）开展农林产品收益保险、绿色产品质量安全保险等金融服务。参照浙江丽水"茶商 E 贷"的做法，争取金融部门支持，围绕黔东南州蓝莓、油茶、茶叶、中药材等收益期长的农特产品，推出专门的信贷产品。争取国家开发银行等政策性银行、国家绿色发展基金的支持，为生态产业快速发展提供优质的综合性金融服务。统筹生态领域转移支付资金，设立市场化产业发展基金，支持源头保护、矿山修复、流域治理等生态产品价值实现工程建设。鼓励国有融资担保机构为符合条件的生态产品经营开发主体提供融资担保服务。三是依托省内、州内人才资源，积极引进专业人才和机构。联合贵州大学、贵州农科院等科研院所，加强对全州生态产品价值实现所涉及的生态产品调查标准、核算参数地方化、价值化制度执行等相关问题进行研究，建立起跨行业、跨区域的生态产品数据库，为生态产品信息普查、价值评估、市场交易提供技术支撑。

盘活生态资源，让林下经济"活"起来。突出比较优势，因地制宜加快以森林旅游为重点的森林景观利用，以天麻等为重点的林下中药材产业，以养蜂、养鸡等为重点的林下养殖产业，以大宗食用菌等为重点的林下食用菌产业，以茶园套种等经济苗木为重点的其他林下经济产业发展，切实做优存量，做大总量，做足林下经济文章。推进生态融合，让康旅发展"立"起来。加快雷公山景区开发建设，积极打造温泉养生小镇，发展壮大以休闲养生、徒步探险、户外体育等为重点的健康产业，着力发展医、养、健、管、食、游等业态，积极开发"森林疗养、森林氧吧、康体运动"等康体养生产品，打造全国知名健康养生基地，促进大健康产业与旅游业深度融合。坚持生态优先，让绿色工业"优"起来。深入实施工业倍增计划和绿色园区建设行动，坚决拒绝污染，坚决杜绝引进高耗能、高污染的企业和项目。大力发展以茶叶等为主的特色食品加工业、以银饰和刺绣为主的旅游商品加工业、以优质山泉水为主的饮品制造业，构建以绿色产业为主导、绿色企业为主体的绿色发展格局。坚持生态产业化、产业生态化的发展思路，纵深推动农村产业发展，大力发展茶、竹、药、菜（菌）、果、生态畜禽等特色产业，推动绿色农产品持续"泉涌"。实行联合经营，由国有企业牵头，林场、合作社、造林大户为主体，形成"国有企业+林场""国有企业+合作社""国有企业+造林大户"的新型森林经营联合体，以木本油料、林下中药材种植、乡土及珍稀树种培育、花卉苗木培育基地及园林工程、大径级材培育、速生工业原料林、国家战略储备林建设等林产项目为主营方向，实现森林经营规模化、集约化发展。按照"林农文旅融合，一二三产联动"全产业发展理念，大力推进"生态+旅游"融合发展。打造集农业生产、农业休闲观光、森林康养及文化旅游于一体的多彩田园。

五、提高粮食单位面积产量

黔东南州在实施水稻育插秧机械化示范中，主要采用了钵盘育秧技术、机械化深旋耕技术、机械化插秧技术、配套大田管理技术、病虫草害综合防治技术和机械化联合收获技术。通过这些技术的有效运用，各生产环节达到了示范技术要求，水稻单位面积产量得到了一定提升，项目增产效果良好。黔东南立足山地多、水稻种植广的实际，围绕稳定粮食种植面积，推行"菜单式+包干式"农业社会化托管服务，提升农业机械化、专业化、集约化、现代化水平，有效解决家庭化耕作劳动力短缺和种粮积极性不高的问题，有力助推了粮食稳产增产和农民稳定增收。让社会化服务组织在播种、育种、育秧、整田、栽秧、插秧、施肥、打药、收割等水稻生产环节做好服务。推行水稻机械化耕地设备，基本上是利用高科技的耕地生产设备，提高了效率，节约了时间。利用好耕地地力补贴惠民政策，利用提高种粮补贴金额等创新耕地地力保护补贴发放方式方法，真正实现"谁种粮补给谁"，提高种粮人的积极性，保障了粮食安全生产；促进了耕地的有效保护，确保了耕地不撂荒、地力不下降，遏制了耕地"非粮化"。通过提高种粮耕地补贴力度，提高农户种粮积极性，使得施秉县、黄平县耕地面积和种粮面积都有所增加。发展机械化种植，必须搭配好水稻品种，同时还要选好秋冬种植作物类型，并选择合适生育期，才能使得"稻+"充分衔接。

水稻种植是我国农业的重要基础。而随着有机农业的发展，各类农产品都开始转变种植方式，使用更加健康安全高效的方式进行农业生产。随着我国经济不断朝着高质量发展，不断提倡产业创新发展，我国杂交水稻行业也进入了高质量发展阶段，行业投资主要用于技术创新、产品研发等方面，短期内行业企业也将加大相关的投资来获得更多的市场竞争力，从而获得更加广阔的市场，因此行业内的投资规模仍将持续扩大，预计投资增速将保持稳定上升。

六、州、县、村统筹推进，齐抓农村产业

强化州级统筹，建立健全州委州政府领导领衔推动农村产业革命联席会议制度，对每个主导产业配一个主抓领导、一个工作专班、一个牵头单位、一套推进方案；州党政主要领导上手，亲自谋划、亲自安排、亲自调度，对工作中的重点任务亲自督办，定期研究解决工作中面临的问题和困难。出台一系列扶持政策，从财政、金融、保险、人才、基础设施等方面，为农村产业的推进提供政策支撑，为各地"甩开膀子"抓农村产业扫除制度障碍。把深入推动农村产业发展作为重要工作，纳入对各级领导班子和领导干部考核评价重要内容，采取"晒比评述"和每季度召开一次林下经济推进会等方式压实责任，对农村产业发展重视不到位、支持不积极、措施不得力、成效不明显的，有关责任人要受末位表态、约谈等处理。

县、市统筹布局，对全州所有县、市辖区坝区、林地等适宜发展农村产业的土地资源进行排查，立足实际，指导制定农村产业规划和年度实施计划。由县、市根据辖区资源情况，结合其他县、市的产业选择，统筹布局所辖各乡镇的产业和项目，因地施策、一乡（镇）一策，对全县各地"种什么""在哪种""怎么种"进行指导、布局和协调，避免产业选择"撞车"。比如，剑河县重点打造食用菌产业，雷山县大力发展茶、竹、药、果等产业，凯里市确立了鸡、猪、鱼、菜、菌五大农业主导产业和鸡、菌、蜂、药四大林下主导产业。统筹资金，坚持按照以县为主、权责对等原则，由县按照当年资金整合总量，优先投向农业产业发展，积极为推动农村产业革命提供资金保障。同时，采取"先建后补"等模式，对群众积极性高的乡镇、村寨，优先安排产业项目、资金，逐步引导各地积极参与到农村产业上来。开展财政资金使用规范专项整治，由州级成立专项巡查组，以县、市为单位，定期开展财政资金使用巡查，确保资金规范、

安全、有效使用，督促落实整改，规范资金的使用。

狠抓农村产权制度改革、农村"三变"改革，以坝区和林地为重点，通过发动群众参与土地流转、盘活国有林场等方式，将土地集中管理，实行统一规划、统一经营、统一管理，激活农村资源资产，提高土地产出率，消除土地撂荒等闲置、浪费耕地资源现象。按照"应退尽退、应调尽调"的原则，引导群众改变传统种植方式，积极调减低效作物，替代种植高效经济作物，确保在有限耕地资源上实现高质量发展。坚持以省 12 个特色优势产业、省州 9 大特色主导产业为主要方向，根据各县、市制定的产业规划布局，结合本地自然资源、产业基础、地理区位、产品优势等因素，因地制宜选择具体的产业发展项目，并落实乡镇主体责任，由乡镇指导村级合作社具体负责推动产业项目的落地实施，切实解决好"种什么""谁来种"的问题。比如，三穗县长吉镇立足"一旱一湿"坝区实际，在旱田发展黄花菜产业，在水田发展茭白产业，助力群众增收致富。坚持把促进农村群众特别是贫困农村群众增收作为农村产业的出发点和落脚点，根据各村群众实际，通过土地入股、以产业项目提供就业岗位等方式，发动群众充分参与到产业发展中，真正把产业扶贫落到实处，把产业红利转变为群众手上的真金白银，确保农民群众充分受益、稳定增收、脱贫致富。

第二节　促进山地特色高效农业融合发展

以市场需求为导向，以现代高效种养基地、现代农业产业园区等为依托，以制度、技术和商业模式创新为动力，延长山地特色农业产业链，拓展山地特色农业功能，加快构建产加销贯通、贸工农一体、一二三产业融合发展的现代山地特色高效农业产业。以农林结合、农牧结合、农渔结合、农林牧渔融合、循环发展为导向，加快推进农业内部各产业之间的交叉融合，形成"以养带种、牧林农复合、草果菜结合、生态循环"的种牧循环共生模式。以"林业—畜牧业、蔬菜、中草药、食用菌、中草药"复合经营模式，推进农业内部交叉融合；突出发展特色农产品加工业，着力提高精深加工能力，彻底改变农产品"原字号、粗加工"状态，积极开发农副产品综合利用，通过延长产业链，增强科技链，提升价值链，推进农业产业链延伸融合。

一、推进现代高效种养基地建设

按照规模化、标准化、集约化发展要求，加快建设一批规模化标准化农业产业基地，夯实山地特色农业产业融合基础，提高特色农业市场竞争力。立足资源禀赋和产业基础，强化低效品种更新换代、产业配套设施建设、绿色高产高效技术推广、全产业链融合发展，全力推进麻江蓝莓、锦屏茶油等国家级特色农产品优势区建设，力争打造特色鲜明、优势聚集、产业融合、历史文化厚重、市场竞争力强的特色农产品优势区。围绕食用菌、精品水果、中药材、牛羊产业等优势特色农产品，争创国家级特色农产品优势区。围绕适合加工的茶叶、刺梨、辣椒、中药材、果蔬、薏仁等特色农产品，按照相对集中连片、适度规模发展的要求，采取"企业+合作社+基地""企业+基地"等模式，推广统一优良品种、统一生产操作规程、统一投入品供应和使用、统一田间管理、统一收获的"五统一"方式，建设一批绿色食品原料标准化生产基地，巩固食品加工原料基础。围绕蔬菜、食用菌、茶叶、精品水果、特色林业、生态畜禽等特色农产品，面向粤港澳大湾区和国际市场需求，按照对接粤港澳大湾区农产品质量标准、备案基地及国际农产品质量安全先进标准的要求，健全与国内外接轨的特色农副产品质量标准体系，切实加强农产品产前、产中、产后的安全标准监管，打造高标准优质农产品生产示范基地及出口农产品示范基地。

以全州424个200亩以上坝区为重点，全力推动农业结构调整。实施"一坝一策"，着力抓好"一坝一策"规划编制，项目化推进坝区产业结构调整工作。调减低效作物，按照"优势产业优先发展，优势品种率先突破"的原则，围绕省委、省政府确定的12大产业，结合州情实际，坚持以调减低效作物为重点，大力发展食用菌、蔬菜、中药材等替代产业，着力在优势产业规模上取得突破，积极构建坝区专业化、精细化、特色化的产业发展格局。围绕坝区产业结构调整，着力推进集约化育苗、水肥一体化、产后分拣、包装、冷链物流、保鲜储藏等配套设施建设，提高农用机械普及度，提升生产、加工能力，延伸产业链。

立足全州2 900多条河流，积极开发利用水资源，因地制宜推广稻鱼综合种养和大水面生态养殖，大力发展以"稻+鱼""稻+鱼+鸭""稻+蛙""稻+蟹""稻+鳅""稻+虾"等多种综合种养模式。锦屏、剑河、天柱等县积极探索湖库大水面养殖和高效循环水养殖，形成了生态渔业绿色发展的先行示范效果。此外，依托天然的江河资源条件，着力开发漂流、温泉等亲水旅游产品，辐射带动江河沿线的村寨就业增收；充分发挥天然矿泉的资源优势，支持和鼓励企业发展桶装水、瓶装水等天然饮用水产业，不断提高水资源利用效益。

二、提高特色农产品粗加工水平

围绕特色农业资源，分层级发展农产品加工业，加快提升加工水平，完善加工体系，着力培育山地特色农产品加工业集群。重点围绕农产品生产基地，按照"减损耗、降成本、提品级"的要求，鼓励和支持农民专业合作社、家庭农场和中小微企业等发展特色农产品产地粗加工，减少产后损失，延长供应时间。加大特色农产品产地粗加工技术的研发、引进和示范推广力度，推动现有设施装备升级改造，提高农产品生鲜入市品级。蔬菜、水果、食用菌、竹笋等生鲜产品，重点发展清洗、分级、预冷、保鲜、包装等仓储设施和商品化处理。牛羊、生猪、家禽和水产品等畜禽渔产品，重点提升屠宰、分级、分割、冷冻粗加工能力。茶叶重点普及杀青、揉捻、干燥、储藏等粗加工设施设备，提升茶叶初制加工机械化、清洁化生产水平，确保在原产地完成毛茶和半成品原料茶制作。中药材聚焦天麻、白及、黄精、石斛、太子参、钩藤等地方特色品种，推进一批中药材产地粗加工示范基地建设，加强净制、分级、切片、蒸煮、烘干、储藏等设施建设和设备更新，制定重点单品中药材产地粗加工技术规程，实现中药材标准化粗加工。坚持综合性和专业性相结合的原则，依托重点产业村（基地）建设一批蔬菜、食用菌、水果、茶叶、中药材等粗加工共享车间。

天柱县永兴油茶种植专业合作社，2013年被评定为州级农业产业化重点龙头企业。2013年合作社成功研发一种油茶林基地规范栽培方法，并申请了发明专利。2014年合作社取得油茶品牌"颐民"商标注册证。合作社2014年被评为国家级农民专业合作社示范社。2016年8月24日，国家知识产权局专利局授予合作社专利证书。合作社以发展油茶产业为主线，以大力发展林下经济为支撑，以"合作社+基地+农户"的经营管理模式，向农户统一提供种苗、无机肥料、农药、栽培管理技术、病虫害统防统治技术等，合作社统一收购、加工、包装、销售，利益链接农户264户。合作社实现了油茶产业规模化生产、标准化管理、商品化处理、品牌化销售及产业化经营。

三、着力培育精深加工产业链

加强高成长企业培育、高效益产品打造和新技术应用，延伸加工产业链、提升价值链。积极适应"大众快销"产品定位，对高成长企业培育单品的生产标准、包装、标注、标识等进行规范和优化，推动标准化生产。不断丰富产品的健康属性、文化属性、功能属性、旅游商品属性，提升产品附加值。鼓励和指导特色农产品加工龙头企业制订转型升级方案，加快培育一批具有国际竞争力的大型农产品加工企业集团，全力推动"专精特新""小巨人"遴选和培育，促进中小型农产品加工企业做优做精。聚焦茶叶、辣椒、中药材、食用菌等高效益产品，引导大中型企业加快生物工程、超临界萃取、分离和纯化、低温真空干燥、检验检测等技术集成应用，有序开发茶多酚、辣椒素、菌菇多糖等高纯提取物，深度开发适销对路的药品、功能食品、特色饮品、保健品、日化用品等。做精食品精深加工业，大力发展特色调味品和风味食品，加强名优传统特色食品资源挖掘，鼓励将其与旅游发展相结合。推动特色农产品加工向园区集中，以山地特色农业资源集中的县（市、区）为重点，建设一批集生产、加工、流通于一体的农产品加工示范园区、加工集聚区加强标准厂房、仓储物流、废污处理等园区基础设施和配套设施建设，补齐公共研发、质量检测、融资担保、电子商务等公共服务。积极发展"中央厨房+冷链配送+物流终端""中央厨房+快餐门店""健康数据+营养配餐+私人定制"等新型加工业态。

四、建设高效率农产品流通体系

统筹规划山地特色农产品市场建设，形成以骨干网络为主、零售市场为辅、产地市场为支撑的市场体系构架。健全农产品市场骨干网络，围绕重要流通节点和优势农产品生产区域，完善一、二、三级农产品批发市场功能，打造一批特色农产品集散中心及物流加工配送中心。引导社会资本建设标准化连锁生鲜门店、社区生鲜零售点，规划建设一批"黔货出山"农特产品展示销售专区。打造产地专业市场和田头市场。依托"一镇一品""一村一品"产地，规划、布局、建设一批田头市场。支持农业产业化龙头企业、大型农产品批发市场、连锁超市、物流企业等建设经济适用的农产品预冷设施，配备节能环保长短途冷链运输车辆，新建改建一批冷链物流集散中心，强化城市社区配送终端冷藏设施建设，提升冷链物流信息化管理水平，做好销地与产地冷链衔接。支持贵州现代物流产业集团、贵州省冷链投资公司等国有大型企业加大公益型冷链设施建设投入，鼓励开展冷链物流第三方服务，提高冷链流通组织化程度和市场集中度。着力提高山地特色农产品流通组织化程度。培育壮大一批农产品流通龙头主体，支持贵州现代物流产业集团、贵州蔬菜集团、贵阳农业农垦集团等龙头企业实现跨区域、供应链一体化发展，引进国内快递物流龙头企业，共同打造特色农产品定制化供应链解决方案。做大做强本地农产品批发龙头企业，支持大型生鲜连锁店、综合超市加快在黔东南布局，鼓励贵州合力超市等本土生鲜超市规模化、连锁化发展。积极组建一批山地特色农产品产销协会，培育农村经纪人队伍和流通大户，鼓励发展农产品批发、运销联合体。

五、发展高品质乡村休闲旅游业

打好山地特色农业旅游牌，打造乡村休闲旅游发展高地。开发山地特色农业多重功能，促进传统农旅产品升级换代。推进"山地特色农业+创意"，推动茶园、菜园、果园等景观化改造，积极融入科技创意元素，建设一批休闲农业精品园区、农业主题公园、田园综合体、农业庄园。推进"山地特色农业+康养"，依托特色林业、生态家禽、生态渔业、中药材等特色农业发展，建设一批"医养结合"疗养基地、康养旅游示范基地，推动药膳餐饮、中医疗养、休闲渔业、森林康养、山地运动、避暑旅居等旅游业态一体化发展。推进"山地特色农业+文化"，扎实推进从江侗乡稻鱼鸭复合系统等农业文化遗产挖掘和保护开发，结合传统村落、民族村寨和非遗等，推动民族文化、红色文化、"三线建设"文化与乡村旅游有机融合，发展乡村特色文娱活动，研发生产融合苗乡侗寨、传统制作工艺等特色文化的农特产品和手工艺品。推进"山地特色农业+工业旅游"，鼓励茶叶、水果、食用菌等加工企业建设"观光工厂"，强化功能分区，完善解说、导览、亲子研学等工业旅游服务。加强乡村休闲旅游点水、电、路、讯、网等设施建设，完善餐饮、住宿、休闲、体验、购物等设施条件。健全乡村休闲旅游公共服务体系，推动智慧旅游平台建设，加强行政指导、经营管理、市场营销等培训。加强山地特色农业旅游整合营销和重点旅游线路整体推介。

六、推进特色优势产业集群发展

积极推行"党支部+合作社+基地+农户"等发展模式，把基层党支部与产业发展、贫困群众紧密连接起来，既能够不断壮大村级集体经济，又能确保带领群众脱贫致富。通过"村社合一"模式，把基层党组织建在扶贫产业链、合作社、基地上，在返乡回村的"能干人"、下乡创业的"实干家"中发展党员，强化基层党组织带动产业发展的能力。全面推广"十户一体"抱团发展模式，在全面总结、试点探索和系统论证的基础上，建立产业发展、卫生管理、治安管理等主体，推动群众实现抱团发展。比如，黎平县龙额古邦村在建立合作社的基础上，采取"十户一体""十户八联"的模式，发动更多群众种植钩藤，让钩藤产业覆盖每一个有意愿、有能力的农户。

坚持企业主导、政府支持、社会参与、市场运作的原则，按照"建设大园区、发展大产业、培育大龙头、深化大合作"的思路，抢抓粤黔东西部协作机遇，高起点、高标准和高水平培育创建一批国家级现代农业产业园、农村产业融合发展示范园、农业现代化示范区和省级现代特色林业产业示范区。推动园区建设与特色农产品优势区建设相结合，通过科技集成、主体集合、产业集群，统筹布局生产、加工、物流、研发、示范、服务等功能，进一步延长产业链、提升价值链，促进产业格局由分散向集中、发展方式由粗放向集约、产业链条由单一向复合转变，推进农村一、二、三产业深度融合。依托资源优势，坚持特色发展，加快"一村一品"示范村镇和农业产业强镇建设。开展融合主体培育提升、紧密型利益联结机制构建、投融资模式创新等探索，总结、提炼、推广一批产业融合发展模式，建设国家农村产业融合发展示范园。促进"生产+加工+科技"一体化发展。支持产业园设立产业技术研究机构、创新创业孵化基地、专家大院等平台，推动一个产业园和一个以上科技团队对接，为每个产业园量身定制差异化金融服务方案。以县为单位，按照农业现代化指标体系要求，提高农业产业体系、生产体系和经营体系现代化水平，强化绿色导向、标准引领和质量安全监管，打造本地区农业现代化建设的样板区和乡村产业兴旺的引领区。

第三节　提升山地特色高效农业科技水平

黔东南深入实施创新驱动发展战略，面向重点农业特色优势产业关键技术瓶颈，围绕农业全产业链部署创新链，把农业科技创新融入山地特色高效农业发展全过程全要素，着力构建产、学、研、用深度融合的现代农业科技支撑体系，全面提升山地特色高效农业科技水平。

一、强化特色农业种质资源创新

制订特色品种中长期育种计划，强化育种技术、优良基因挖掘、育种材料创新等基础性研究，开展核心技术联合攻关，创新选育一批高产、优质、高效的农作物和畜禽新品种。大力推动"换种工程"，加强种子（苗）生产轻简化、机械化、工厂化以及加工贮藏、质量检测、高产高效栽培、病虫害防控、品质测试等相关技术研究。推进南繁科研育种基地、农作物种苗育种创新中心等种业科技研究平台建设，培育一批以特色地方品种开发为主的"专精特"种业企业，促进育繁推一体化发展。聚焦重点特色品种，加快推进集约化商品苗繁育基地建设，建设一批标准化、集约化、现代化的育苗工厂。加快新优品种展示推广基地建设，建成一批新品种展示基地。推进生产主体"看禾选种"，促进"农企对接"。推进种子市场观测点建设，加强种子供需信息的定点监测、定期采集、应急监测与信息发布，确保种子供种安全。

二、加强重点领域科技创新

实施科技赋能强农工程，完善山地特色农业科技创新体系，依托创新链延伸产业链、提升价值链、贯通供应链，走出一条依靠科技进步实现山地特色农业现代化的内涵式发展新路。申报建设国家农业高新技术产业示范区，推动国家农业科技园区扩容提质，优化省级农业科技园区，打造具有影响力的现代山地特色高效农业创新高地。建立山地特色和优势作物病虫害防控研究平台，健全动物防疫和农作物病虫害防治体系，深入实施动植物保护能力提升工程。实施特色农产品精深加工和植物功效成分提取等重大科技项目，加快生物技术集成转化和产业化应用。打造山地特色农业产业技术体系升级版。围绕山地特色农业育种制种、农产品精深加工、冷藏保鲜、山地机械、农业数字化等重点领域，支持科研院所联合产业化龙头企业合作共建重点实验室、技术创新中心、农（林）业科技实验示范基地，开展提质增效技术研发与应用，建立系列化、标准化、高质量的特色产业技术成果包。支持有条件的企业自主建立高水平研发机构，或与农业科研院所、高等院校联合组建高水平研发机构。支持高校、科研院所围绕农业科技前沿方向，加强多学科交叉融合和多技术领域集成创新，重点开展产业关键技术研究与应用示范，突出科技成果转移转化。

天柱县蓝田镇坪寨村种植养殖专业合作社自建社以来，主要种植百香果、羊肚菌、大豆、玉米等粮食作物。合作社利用年轻人熟悉网络的特长，培训专人负责电商平台，"共享果园+果树认领""绿色通道+水果直供"，建立线上线下双向营销，推出百香果、提子、三红蜜柚、沃柑、土鸡土鸭、有机大米等农产品，采取现场采摘体验、认领认购、电商联网"三式"促销。近年来，共吸引游客 5 000 余人次，帮助群众销售精品水果和农特产品 25 吨。通过固定分红、入股股金占比年终利润分红让贫困户脱贫有路子、致富有保障。该项目的实施，充分激发了广大群众的积极性和参与度，改变了项目区农业基础设施薄弱的被动局面，增强了村民科技意识、市场意识和自我发展能力，改变了贫困户的小农经济观念和小规模发展意识，增强了贫困户脱贫致富的信心和决心。该项目既给有志青年提供了创业平台，又为贫困人口提供了就地就业机会，增加了村集体经济和建档立卡贫困户收入，带动全村 20 户建档立卡贫困户脱贫致富。

三、强化科技成果推广应用

健全山地特色农业科技成果转移转化体系，强化科技成果转化激励，打通科研向产业转换"最后一公里"。积极引导和支持龙头企业、农民专业合作社、专业服务组织等开展农业技术推广服务。深化基层农技推广体系改革，实施科技特派员制度，加强农技推广补助项目绩效管理，实现全程全覆盖。构建"专家+农技人员+示范基地+示范主体+辐射带动户"的链式推广服务模式，推动科技人员直接到户、良种良法直接到田，提高山地特色农业主推技术到位率。打造山地特色农业科技成果转化先行区域和优质品种、绿色技术展示窗口。依托各类农业科技创新平台，建设山地特色农业科技成果转移转化示范基地，开展农技指导和培训服务。以示范效果好、辐射带动强的新型经营主体带头人、种养大户、乡土专家等为重点，精准培育一批农业科技示范主体。

第四节　培育山地特色农产品品牌

黔东南实施质量兴农战略、品牌强农战略，发挥山地特色资源优势，以农业标准化为基础，以农产品质量安全为保障，推动品种培优、品质提升、品牌打造和标准化生产，着力培育特色品牌，打造特色农产品"绿色、生态、健康、营养"品牌形象，持续提升山地特色农产品价值和市场竞争力。

一、构建特色农业发展标准体系

坚持以标准保证质量、提高效益，分产业、全链条完善山地特色高效农业发展标准体系，强化标准应用，提高农业全产业链标准化水平。聚焦重点农业特色优势产业，突出抓好产品质量标准，推进农业产地环境、生产过程、产品质量、包装标识等全流程标准化建设。重点针对空缺的标准、没有国家标准或行业标准的特色优势产业领域，制定或修订一批结构合理、协调配套的生产、加工、物流和食品安全地方标准，鼓励社会团体和企业制定高于现有标准的团体标准和企业标准，培育一批具有全国影响力的团体标准、企业标准，推动重点企业与科研机构合作，依托自身产品技术工艺，研究制定领先于行业的产品标准。瞄准粤港澳大湾区"菜篮子"目标市场，加强与粤港澳大湾区标准接轨，坚持先进实用的要求，参考国际标准，创制实施高质量标准，助力"黔货出山"。充分发挥茶叶、辣椒、食用菌等产业全国领先优势，联合国内相关省份、国际组织等，研究推进茶叶、辣椒、食用菌标准国际化。建立健全农业标准化示范推广体系，开展农业标准化示范项目建设，打造一批特色农产品加工和物流标准化示范企业，创建一批农业标准化示范市（县），建成一批农业标准化示范区和绿色食品原料标准化生产基地。加大标准使用监督力度，强化产品明示执行标准，推行产地标识管理、产品条码制度，做到质量有标准、过程有规范、销售有标志、市场有监测。

二、实施特色农业品牌培育行动

推进特色农产品品牌维护和升级，加快构建产品品质优、科技含量高、知名度响亮、地域特色鲜明的现代山地特色农业品牌体系。促进区域公共品牌、企业品牌、产品品牌协同发展，打造山地特色农业品牌。着力提升"麻江蓝莓""施秉太子参"等县级区域公共品牌的影响力，推动小、散、弱的区域公共品牌优化重组，集中打造一批地域特色突出、产品特色鲜明的农产品区域公共品牌。构建"农产品区域公共品牌+农业企业品牌+农产品品牌"的品牌体系，促进企业品牌、农产品品牌与公共品牌共同提升。引导涉农企业树立"品牌兴企"意识，强化企业质量建设，推动"亮欢寨"等企业品牌做大做强，扶持发展一批竞争力强的特色优势企业品牌。鼓励企业认证绿色食品、有机农产品和使用农产品地理标志标识，积极争创"中华老字号""贵州老字号"。采取"行业协会+公共品牌持有者+品牌授权用标主体"等模式，加强区域公共品牌的运营维护，加快形成区域公共品牌良性发展机制。充分利用"中国品牌日""中国农民丰收节"、农交会、辣博会、茶博会、药博会等活动，引导企业利用电商平台等多种模式及"网红带货"等销售方式，加强品牌推介和产品展销，支持各地整合机场、火车站、汽车站、高速服务区、旅游景区等平台资源，建立特色优势农产品购物网点，设置特色农产品品牌宣传广告栏，鼓励有条件的地区创建和完善各类品牌展销中心和体验店。

三、提升农产品质量安全水平

坚持把农产品质量安全作为农业现代化的关键环节，把安全发展贯穿农产品生产全过程，全面提升农产品质量安全保障能力。健全以食用农产品承诺达标合格证制度为核心的产地准出与市场准入衔接机制，加快推进农产品质量安全全面监管，压实农产品生产经营主体农产品质量安全主体责任。利用追溯平台形成农产品质量安全数据中心，数据分析应用能力进一步提升。引导生产经营主体实施农产品质量安全追溯管理，以国家农产品质量安全追溯管理信息平台为基础，实现追溯、监管、执法、检测数据互联互通、便捷共享。把正常从事生产经营活动的食用农产品生产经营企业、合作社、家庭农场全部列入监管主体名录并全部推动进入国家追溯平台。引导入网主体实施生产经营档案电子化管理，指导主体落实《中华人民共和国农产品质量安全法》关于记录生产档案的要求，运用国家追溯平台记录日常生产经营情况。为全方位提升农产品质量安全水平，黔东南州构建了高效监管体系。在日常监管中，实现了入网主体巡查全覆盖，推行网格化管理，明确各个网格责任人，对入网主体实施精准监管。在巡查内容上，重点关注关键环节。强化法规普及，让入网主体熟知并遵守农产品质量安全法规。严格督促落实安全间隔期、休药期制度，确保农产品农兽药残留达标，保障消费者健康。大力推行生产记录制度，要求详细记录种植养殖关键信息，建立用药档案，实现生产过程可追溯。积极试行食用农产品承诺达标合格证制度，增强生产经营者责任意识，提升农产品质量可信度。在监督抽查环节，对各类农业经营主体开展农产品质量安全抽查，抽查后及时公开结果，接受公众监督。充分运用监测结果，组织专家及相关部门分析研判，找出问题根源，为政策制定提供依据，筑牢农业产业安全防线。

四、拓宽农产品销售渠道

一是围绕市场指导生产。通过对州内银田农产品物流园、农贸市场、大型超市、学校等场所需求农产品情况的调查，针对北京、上海、广州、杭州、深圳、重庆等重点目标城市开展农产品市场需求调研，了解市场，并根据市场反馈信息，有针对性地指导农业企业、合作社和种植养殖大户做好种植养殖、加工、分拣、包装、加工、储运和品牌培育等工作，减少农业生产的盲目性。二是围绕生产开拓市场。按照"主导州内市场、抢占州外市场"的目标，摸清农产品底数，做好市场需求分析，加大农产品宣传推介力度，强化农产品定向直通直供直销，通过农产品进机关、学校、医院、企事业单位食堂等方式大力发展订单农业，采取建设500亩以上坝区产品直供直销基地、在省外目标市场设置销售窗口、直播带货等模式不断拓展农产品销售渠道，夯实农产品流通基础设施建设，确保黔东南农产品卖得出、卖得好、不滞销。三是围绕信息推动产销。及时收集农产品市场供求信息，根据对重点农业产业数据调度、采集、分析的研究，及时动态发布农产品供求信息，畅通农产品供求信息渠道，为农业产业发展茬口、产业选择提供信息服务，全力推进农产品促销工作。

贵州黄平农博翔有限责任公司成立于2013年，是一家集种草养牛、饲料加工、屠宰加工、餐饮服务、牛肉深加工、有机肥生产加工销售、仓储物流配送、大型畜牧交易、市场营销、田园综合体开发于一体的农文旅综合性企业。公司与中国农业大学、贵州大学以及省、州、县农业技术部门与单位开展长期合作，为公司的可持续发展及基地建设提供了强有力的技术支持。公司产业基地遍布全县 6 镇 3 乡，建有规模化、标准化养殖基地 5 个，包括吉林牛源储备基地、谷陇育肥管理基地、东坡繁育基地、黄平黄牛品种改良基地、喜牛牧场牛只销售基地，主要养殖西门塔尔、安格斯、黄平黄牛。公司在黄平县内大力推广"能繁母牛家庭牧场养殖模式"，以"公司+合作社+农户+金融+政府"合作机制，发展农户建立家庭牧场，养殖 10~30 头能繁母牛，实施"小规模大群体"养殖富民路径，扩大全县能繁母牛的饲养量，为企业发展建立稳固的牛源基地。公司 2019 年获"有机产业示范创建单位"称号；2020 年成为"国家级现代农业科技示范展示基地"；2023 年获国家农业农村部"畜禽养殖标准化示范场"称号。

贵州雷公山苗侗山珍供应链服务有限公司，组织开展农特产品生产、销售、推广等工作，以市场需求为导向，以东西部协作为契机，以助推农业产业发展和乡村振兴为己任，全面优化农村产业调整，带动农业产业发展；负责实现可本地化生产的农特产品及用品、旅游商品等生产的系统组织与安排，以订单生产模式建立"供应链公司+乡镇合作社+农户"的农特产品供应体系和"供应链公司+旅游商品生产企业"的旅游商品供应体系，带动农业产业发展。通过供应链服务体系运营和"雷公山珍"公共品牌运营，充分发挥旅游业对全县产业发展的带动作用，全力助力乡村振兴。公司积极探索国有企业带动提升村级集体经济发展途径，采取"龙头企业+村党支部+合作社+农户"的经营模式，15 个试点村合作社使用扶持资金参股到雷公山苗侗山珍供应链服务有限公司，由供应链服务有限公司对资金进行统一管理，并按照收益分红的方式，每年保障每个试点村获得不低于 6 万元的收益分红资金。同时，扶持资金优先使用于试点村结合资源优势发展产业，保障村级集体获取长效稳定收益，有效控制资金资源流失。2022 年度，雷公山苗侗山珍供应链服务有限公司共计向 15 个试点村合作社发放收益分红资金 90 万元。贵州雷公山苗侗山珍供应链服务有限公司采取"市场+企业+合作社+农户"的产业发展模式，充分整合公司机关单位食堂配送、营养餐项目、合约食堂等对食材的需求，与村合作社开展帮销合作，由村合作社作为种植养殖产业经纪人，根据公司的市场订单需求，组织群众大力发展辣椒、白菜、萝卜、莴笋等种植和生猪、肉牛、家禽等养殖产业，雷公山苗侗山珍供应链服务有限公司负责进行兜底销售，建立稳定的订单种植养殖合作关系，帮助群众打通销售渠道，提升群众的种植养殖积极性，增加群众生产经营性收入，实现就近就业增收。2022年，雷公山苗侗山珍供应链服务有限公司通过村合作社作为产销对接载体，共向各乡镇群众收购农产品188万元。同时，利用村合作社的生产和组织优势，大大降低了公司到各乡镇收购农产品的人力、物力等成本，实现了互利共赢，三方受益。联合信用社开发供应链金融扶持产品，解决群众急难愁盼问题。雷公山苗侗山珍供应链服务有限公司联合信用社、县乡村振兴局、县民族宗教局推出乡村振兴贷等金融扶持产品，通过整合信用社资金优势和整合财政衔接资金为从事种植养殖产业发展的企业、合作社、个体户、农户等市场主体提供贷款资金、贷款贴息等政策支持，有效解决市场主体生产资金难题，激发了市场主体活力，进一步夯实产业基础。雷公山苗侗山珍供应链服务有限公司通过争取财政衔接资金项目支持，对县域内闲置的养殖小区进行适养化改造，养殖小区改造后资产仍归村集体所有，雷公山苗侗山珍供应链服务有限公司通过向村合作社租赁的方式获得养殖小区的经营权，既有效盘活了闲置、低效资产，又保障了村合作社通过资产运营获得稳定的收益，村合作社获得的收益可用于扶持本村农户发展产业和用于村级社会公益事业支出等乡村建设事业。雷公山苗侗山珍供应链服务有限公司通过收集县域内茶叶生产基地的务工需求，将务工需求反馈至村合作社，由村合作社收集闲置劳动力信息和就业需求，雷公山苗侗山珍供应链服务有限公司匹配劳动力需求，由村合作社负责组织群众进行劳务输出，公司配套提供用餐、往返乘车等服务，带动闲置劳动力到各人茶园进行采茶务工。为进一步降低公司生产经营成本和解决县域内农特产品单品稳定供应能力不足的问题，公司通过与贵阳市供销社进行产品供应合作，充分利用供销系统资源优势和价格优势，进一步降低公司干货、调味品等产品采购成本，有效提升了公司利润空间。

第五节　培育山地特色生态绿色农业

黔东南牢固树立"绿水青山就是金山银山"理念，加强山地特色农业生产环境保护和资源可持续利用，健全绿色低碳循环发展的山地农业体系，发展低碳农业、循环农业、有机农业，彰显生态优势，促进山地特色农业可持续发展。创新山地特色农业发展路径，以市场化引领农业、组织化推动农业、规模化扩展农业、机械化武装农业、数字化赋能农业，提升山地特色农业基础能力和产业链现代化水平。

一、积极发展低碳农业

黔东南推动山地特色农业全产业链低碳治理，逐步减少农业产供销过程中的高碳能源消耗和温室气体排放，促进农业生产低碳化转型。积极开发和推广山地农业固碳技术、土肥低碳技术、高光效和高碳汇植物新品种培育技术、土壤碳汇技术、生物炭碳汇技术等，提升农作物增汇固碳能力。加大山地新型低碳农机推广力度，改造老旧电机、泵等高能耗设备。严格控制近江河、湖泊、水库等水域的养殖容量和密度，开展水产养殖池塘标准化改造。推广高效安全复合饲料，开发减少牲畜肠道发酵甲烷排放技术和减少畜禽粪便甲烷排放技术。提升太阳能、风能、生物质能等可再生能源利用比例。推动农产品加工企业节能减排改造，严控农产品加工园区、企业废气排放，推动农产品精深加工向全组分梯次利用和绿色低碳加工方向发展。推动农产品储运销低碳运行，支持开发现代农产品物流技术、新型绿色包装材料制备技术、农产品物流信息网络技术，鼓励利用农产品和农资低碳储运销设施设备，实现包装、储存、物流环节节能减排。加强对农产品物流协调管理，降低水果、蔬菜等农产品在采摘、运输、储存等流通环节的损耗，推动农产品供应链信息流协调运行，构建低碳循环型农产品物流体系。开发林草增汇技术，增强耕地、林地、草地、湿地等林业生态系统碳汇能力。加强森林碳储量与森林碳汇量现状、变化与潜力评估，查实摸清林业碳汇资源本底。探索推进碳排放权交易，建立健全交易体系，推动以林业碳汇为主的生态产品交易，形成林业碳汇生态补偿机制，开发多种形式的碳中和项目，丰富碳交易产品。

二、创新发展循环农业

黔东南大力发展生态循环农业，努力建设一批现代山地生态循环农业示范区和示范点，积极创建国家农业可持续发展试验示范区。围绕现代生态循环农业发展试点建设，依托国家和省级农业产业园区、优势农产品主产区和农业生产基地，建设一批循环农业发展示范县，实施一批生态循环农业示范项目，培育一批循环农业示范主体，积极开展循环农业共性关键技术研发，突破循环农业技术装备、绿色药肥、高效种植、畜禽粪污循环利用等技术瓶颈，加强技术集成和试验示范，打造循环农业示范样板，引领全省循环农业发展。推进种养循环一体化，集成推广"畜—粪（肥）—果（蔬）"模式，大力发展"稻+""菜—菌—菜"等综合种养和设施化生态循环水养殖。全面开展农林废弃资源循环利用，创新林下种植、林下养殖等林下生态立体循环经营模式。加快推进农业废弃物资源化利用，鼓励农民实行秸秆还田利用。积极发展原料安全评价后的酒糟、粪便、秸秆、食用菌废菌棒、蔬菜尾菜等农业废弃物为原料的商品有机肥。

贵州民投集团组建于 2014 年，是一家集农业、林业、渔业、工程、环保、航运等于一体的大型综合控股集团，系贵州 100 强品牌中第 16 位、贵州省农业企业 50 强中第 3 位、贵州省农产品品牌 50 强之一。截至 2022 年底，民投集团资产规模 50 余亿元，员工 1 000 余人，拥有 30 余家全资及控股公司，构建了育种（苗）、种植（养殖）、生产加工、物流运输、销售一体化的全产业链体系，逐步打造了有一定影响力的民投品牌，形成了多产业多板块齐头并进的战略格局。民投集团获得"省级扶贫龙头企业""黔东南州先进扶贫龙头企业""榕江县脱贫攻坚优秀帮扶企业"等荣誉。

三、发展绿色有机农业

黔东南以实现绿色农产品增值为导向，建设一批产业强、产品精的绿色农业示范基地。推广钢架大棚、玻璃温室、立体栽植、喷灌滴灌等集约化生产技术，推进农业节水、节地、节能。科学合理使用农业投入品，推进化肥农药减量增效。大力推广绿色防控技术，进一步扩大绿色防控面积，减少化学农药使用。普及和深化测土配方施肥，改进施肥方式，鼓励使用有机肥、生物肥料和绿肥种植，加大增施有机肥补贴和有机肥生产企业奖补支持。严格执行国家农用地膜标准，加快普及标准地膜，加强可降解农膜研发推广，推进废旧农膜回收。持续开展畜禽粪污资源化利用整县推进项目，加强规模养殖场粪污处理设施和病死畜禽无害化处理设施建设，促进畜禽养殖排放无害化处理及资源化利用。以畜禽养殖污染治理为重点，统筹种植业污染防治和水产养殖污染治理，整县推进农业面源污染治理，重点开展农田面源污染、畜禽养殖污染、水产养殖污染防治基础设施建设。以粪污就地就近肥料化利用为重点，整县推进畜禽粪污资源化利用，重点开展畜禽粪污收集、贮存、处理、利用等环节基础设施建设。

第六节　健全山地特色高效农业推进机制

黔东南围绕提高特色农产品商品化率，健全山地特色农产品市场体系，优化市场环境，大力推进"黔货出山""黔货出海"。

一、完善"黔货出山"机制，强化企农联结

贵州省按照省内省外、线上线下统筹的原则，健全山地特色农产品销售渠道，持续推进黔货"风行天下"。依托全省农产品流通大数据平台，贵州省整合各级各部门、医院、学校等消费资源，搭建供需交易平台，强化生产信息、销售渠道、订单需求等服务，建立稳定的农产品销售渠道；依托东西部对口协作机制，引导贵州蔬菜集团等大型国有企业在北京、上海、广州、深圳等重点目标市场开设贵州农产品销售档口（专区），积极争取开行贵州通往一二线城市的生鲜特色农产品高速货运专列，支持各市（州）在对口帮扶城市开设分销中心；加强与京东、顺丰等大型流通企业的战略合作，支持流通企业与产地家庭农场、农民专业合作社、龙头企业建立稳定的供销关系。

贵州省加强与全国供销合作总社"扶贫 832"电商平台合作，推进脱贫地区特色农产品线上销售，支持大型电商平台与重点产区、脱贫地区建立长期稳定的农产品供销关系；围绕贵州内陆开放型经济试验区建设，大力发展外向型农业，依托"一带一路"、黔新欧通道、西部陆海新通道，探索拓展港澳、欧洲、中亚、东盟等市场，扩大农产品出口；在茶叶、辣椒、中药材、果蔬等特色优势农产品生产区域，建设一批结构合理、管理规范、示范作用明显的国际标准农产品生产示范区（基地）；优化农产品国际贸易环境，推行出口通关一体化、直通放行、区港互通、高速公路通行等便利化措施，推进出口食品农产品质量安全示范区建设；支持黔东南列入中欧地理标志互认产品名单的麻江蓝莓等特色农产品拓展欧盟市场，依托现有境外销售渠道，鼓励在重点海（境）外市场建立海（境）外仓库。

黔东南通过开展招商引资，推动村级经济组织与辖区内的企业开展股份制合作，依托企业的资金、技术等优势，双方建立良好的制度性利益联

结机制，村级经济组织和群众通过直接入股企业的方式，与企业捆绑发展，实现企业增效、集体经济增长的互利共赢。针对部分村存在无资产、无资金、区位条件差的情况，依托当地致富能人或在外成功人士，鼓励他们建设家乡，利用他们资金多、有技术、懂管理的优势，积极争取与之合作共赢。比如，台江县台盘乡发挥"田专家""土秀才"助力乡村振兴作用，开展林下经济产业技术培训，实现"1户1人1技能"全覆盖。通过龙头企业+合作社+农户模式，让企业、合作社与农户捆绑，企业负责生产加工、包装、销售等环节，合作社为企业提供流转土地、调解矛盾纠纷、发动群众等服务，为群众提供技术指导、农药、运输等服务，切实把发展产业的群众与生产产品的企业联结起来，不仅做活了产业，更让群众实现了增收。

二、整合资源要素，推进适度规模经营

黔东南采取盘活农村集体建设用地、国有林场等方式，切实保障龙头企业、合作社等新型农业经营主体所用生产设施、附属设施和配套设施建设用地。符合国家有关规定的，按农用地管理和"三变"改革创新模式管理，着力破解农业建设用地难题。积极向上争取用水政策和项目资金，向农村产业倾斜，强化农业产业水利配套基础设施建设，积极建设节水农业生产设施，使农业产业向现代化发展，确保旱涝保收。制定积极的农业生产用电政策，凡是纳入省、州农业园区用电、农产品粗加工和农业灌溉用电的，执行农业生产用电价格。

黔东南坚持土地规模化和服务规模化并进，大力推进山地特色农业适度规模经营，全面改善山地特色农业"散、小、弱"发展格局。鼓励创新农村土地流转形式，引导承包农户依法采取转包、出租、借用、互换、转让及入股等方式流转承包地，鼓励农民在自愿前提下采取互换并地方式实现相对集中连片。加强农村产权交易市场建设，强化信息发布、产权交易、法律咨询、权益评估、抵押融资等服务功能。规范土地经营权流转交易，加强流转合同管理，引导流转双方使用合同示范文本。完善工商资本租赁农地监管和风险防范机制，严格准入门槛，确保土地经营权规范有序流转。

黔东南加强农村土地承包经营纠纷调解仲裁体系建设，健全基层农村土地承包调解机制，妥善化解土地承包经营纠纷，有效维护各权利主体的合法权益。加快完善农业社会化服务体系建设，因地制宜鼓励服务组织积极创新服务模式或组织形式，大力发展多层次、多类型的专业化服务。鼓励农民专业合作社带领成员向小农户提供各类生产经营服务。引导龙头企业通过订单方式为小农户或经营主体提供全程服务，推动农资公司、农业科技公司等各类涉农组织向农业社会化服务延伸，充分发挥供销、农垦等服务优势。

蓝田镇是传统农业大镇，坝区产业、林业经济发展基础较好，近年来随着农业产业结构的不断优化调整，逐步形成了坝区产业和林业经济协同发展、双轮驱动的格局。2020年，蓝田镇党委、政府根据镇实际情况，明确了"坚持绿色规模创新，奋力开创坝区产业和林业经济共同发展新局面，把蓝田打造成为产业大镇、果蔬之乡、羊肚菌产业示范区"的总体思路。每年春、秋两季，蓝田镇各村坝区及山间小盆地主要以种植水稻、油菜为主，玉米、马铃薯、红薯等作物种植面积也较大。随着脱贫攻坚战略、乡村振兴战略的实施，众多项目及资金加大投入，在坝区中同时发展应季蔬菜、精品水果、中药材、食用菌、荷花莲子、烤烟和稻田养鱼、龙虾养殖等产业，形成了稻油轮作、稻菌轮作、稻菜轮作、菜菜轮作等多种产业发展模式。同时，人们利用林地大力发展油茶产业和林下养鸡、林下中药材等产业，全镇新老油茶林面积接近5 000亩，建成了黄家千亩油茶基地、坪寨千亩油茶基地。

蓝田镇利用蓝田坝区良好条件，大力推进稻菌轮作，着力建设羊肚菌产业示范区。为此，镇上引进了贵州发鑫农业科技发展有限公司，实施千亩羊肚菌项目，利用坝区土壤酸碱度适中与偏酸性的特点，实施稻菌循环轮作，采取"公司+合作社+农户"模式，总投资1 000万元，其中公司自筹600万元、财政扶贫资金投入400万元，利益联结贫困户400户。2020年冬季实施羊肚菌种植1 000亩，经测算，亩产平均达到250千克，总产值约3 000万元。2021年，为扩大种植规模、减少运输成本、强化示范带动效应，该公司在蓝田镇建设菌种制种厂，实现菌种和营养袋加工生产本地化，并吸纳县供销社、湖南商会、部分合作社和农户参与种植，共计落实连片种植面积1 200亩。2022年，采取"村企共建、飞地造血、自主经营、家庭农场"四种模式种植1 200亩羊肚菌，新建大棚3 800余座，产值达3 600万元以上，村集体经济收入增长100万元以上，稳定带动300余名劳动力就近就业，发放务工工资200万元，发放土地流转资金40余万元。菌种制种、种植基地、冷库储存、烘烤厂房、产销对接等要素均已具备,初步构建起羊肚菌全产业链。公司以蓝田羊肚菌全产业链为支撑和源头,建立起覆盖全县乃至周边地区的产业带。

三、整合资金项目,培育新型农业经营主体

黔东南建立了多元投入机制,整合使用财政、发改、国土资源、水利、农业农村等政策性资金和绿色产业投资基金,从打造主导产业、培育"一县一业"、农业园区建设、培育农业市场主体等方面,支持特色优势产业发展,引导资金向主产区、优势产区、特色产区集聚,项目化推进农业产业发展。积极整合用好各金融机构针对各产业需求开发政府增信e贷、香猪e贷、椒农e贷等产品,满足产业发展信贷需求。州级财政每年安排专项经费,从农业龙头企业贷款贴息、品牌建设、农业保险等方面,支持农村产业革命。州上成立了农业产业扶持基金,统筹抓好基金和财政专项资金、涉农资金等相关资金的协同使用,每年安排一定比例投入到农业产业发展上。

黔东南突出农业龙头企业引领,强化家庭农场基础地位,发挥农民专业合作社服务功能,积极建设一批以规模经营为依托、以利益联结为纽带的一体化农业经营组织联盟,引导农民专业合作社、家庭农场以相互入股、订单合作等多种方式与农业龙头企业组建农业产业化联合体;鼓励产业化联合体强化供应链管理,制定农产品生产、服务和加工标准,示范引导家庭农场和农民专业合作社从事标准化生产;鼓励家庭农场对小农户提供技术指导、产品销售等生产服务,领办农民专业合作社;提升农民专业合作社规范化水平,指导农民专业合作社制定符合自身特点的章程,依法建立健全组织机构,加强档案、财务管理和内部审计监督,依法建立成员账户,实行社务公开;增强农民专业合作社服务带动能力,鼓励农民专业合作社利用当地资源,带动成员规模化发展优势特色产业,培育农业品牌。

黔东南鼓励农民专业合作社延伸产业链条,拓宽服务领域,重点支持合作社参与县乡冷链物流设施建设,发展直销直供、农产品电商等新业态;鼓励同业或产业密切关联的农民专业合作社兼并重组、做大做强;抓好农民专业合作社质量提升整县推进试点,开展农民专业合作社示范社创建;加大招商引资力度,优化营商环境,完善落实农业产业发展扶持政

策，加快引进一批带动能力强、科技含量高、产业链条全、管理水平高、经济效益好的全国知名龙头企业；支持和引导龙头企业强强联合、同业整合、兼并重组，建立大型农业企业集团，加快打造一批行业竞争力强、知名度高的"领头雁"企业；分类制定涉农国有平台公司改革转型方案，采取实体转型、整合重组、转让退出等方式，稳妥有序推动市场化转型。

四、提升山地特色农业机械化水平

黔东南围绕解决"有机难用"问题，选择合适地区因地制宜开展宜机化改造试点，优先在集中连片规模化经营、具有示范效应的高标准农田建设区域选点布局；制定并出台"宜机化"整治技术规范和技术标准，扩大土地"宜机化"改造面积，提升改造质量；引导社会资本加大对农用地"宜机化"改造投入力度，完善农业产业重点区域和重点基地路网，实现机耕道与乡村公路衔接连通；健全山地农机装备创新体系，积极招商引资知名农机企业，构建山地农业装备产业技术创新的研制与试验，针对坡地、梯田、林区等不同地形，研制及引进小型智能化、多功能、组合式农机具，推动新型传感器、农业机器人等新装备研发应用；推进机械装备与养殖技术相融合，引导主要畜种全程机械化养殖场建设，鼓励企业开展养殖装备自动化和数字化改造升级；开展国家级设施农业和规模养殖全程机械化示范区创建，加强农机新装备新技术推广应用；发展农机社会化服务，扩大农机监理人员培训规模；建立山地农业机械化推广专班，组建省山地农机专家技术顾问组，全力开展农业机械化推广工作；加快茶叶、辣椒、蔬菜、中药材、水果等特色作物宜机化品种的选育推广，积极推进茶菜果药等特色作物农机农艺融合示范基地建设，促进农机与水、肥、种、药等相互协调，不断改进农机性能和适用范围，加快农机新机具、新技术推广应用，推进品种、栽培农艺和装备融合。

五、整合技术力量，加强农业企业数字化改造提升

黔东南组织州、县、乡（镇）三级科技特派员等技术人才蹲点农业园区、集中连片主导产业带、规模养殖场、农民专业合作社，采取驻点包片的方式，积极开展旱作节水、标准化种养、病虫害防控等技术服务，开展市场信息、生产技术、产品销售等全过程指导，确保产业技术服务全覆盖，地块技术指导全覆盖；整合州、县、乡（镇）三级驻村、包村、包户帮扶干部的力量，定期不定期深入产业基地，帮助及时解决和协调产业项目推进过程中遇到的困难和问题，确保产业项目加快推进，迅速落地见效；整合人社、扶贫、教育等部门的培训资源，对专业大户、家庭农场、农民专业合作社骨干及建档立卡脱贫脱困户开展全员培训；加强与省内外高等农业院校、职业院校合作，在重点主导产业上建立定向培养关系，加快对现有基层干部、农技人员的培训，不断提升服务"三农"的能力。

黔东南加快推进区块链、大数据、云计算、物联网等在农业领域中的推广应用，加强农业企业数字化改造提升，促进现代信息技术与农业深度融合发展；建立适应农产品网络销售的供应链、运营服务和支撑保障体系，促进农产品产销顺畅衔接、优质优价；支持以"一码贵州"平台为核心，推动多彩宝、农业云、黔菜网等平台数据互联互通，整合从生产基地到销售终端农产品流通全流程数据，打造集产销对接、便利消费和数据赋能于一体的平台载体；推动天猫（淘宝）、京东、拼多多、苏宁易购等大型电商平台落户电子商务进农村综合示范县，探索建立线上线下融合的新型批销市场，广泛开展社交电商、网络直播等线上宣传推广活动；完善"农户+合作社（龙头企业）+电商平台企业"利益联结机制，统筹产品、标准、物流、品牌、服务和资金，实现电商与当地产业资源精准对接，打造"一县一业"农特电商产品；建立健全"云仓+服务中心+站点+基地+农户"的一体化运营模式，形成"乡村集货、云仓集单、数据互通、统仓共配"的电商供应链体系。

黔东南努力推进农村电子商务公共服务中心建设，健全县、乡（镇）、村三级农产品电商服务体系，引进专业电商服务商构建网货开发、产品研发、网商孵化中心，面向小农户和新型农业经营主体有针对性地提供电商培训、加工包装、物流仓储、网店运营、商标注册、营销推广、小额信贷等服务；完善县、乡（镇）、村三级电商物流配送网络，加强乡镇运输服务站建设，积极推进"快递进村"工作，推动中心城市电商产业园与快递物流园融合发展；建设"一带一路"跨境电子商务平台，完善和提升农业信息化服务，构建覆盖生产、经营、管理、服务等环节的山地特色高效农业大数据体系。

六、全面盘活坝、林、水，发挥资源优势

黔东南努力探索资源有效利用发展模式，支持村集体领办、创办各类

专业合作社，按照入社自愿、退社自由、利益共享、风险共担的原则，鼓励和引导村集体和农户成员以土地等资源折股入社，发展农业适度规模经营、加工、服务和乡村旅游等项目，推动村集体经济稳定增长；探索资产经营发展模式，对村集体闲置的房屋、厂房和废弃公共服务场所等各类资产，通过依法改造、发包租赁、承包经营、入股联营等多种方式进行盘活，获取资产最大收益；探索物业收益发展模式，鼓励有一定区位优势的村集体利用集体建设用地或村留用地，兴建农贸市场、仓储设施、标准厂房、旅游服务房屋及设施等，通过集体统一经营或租赁经营方式获得收益；探索基金发展模式，以县级统筹为主，通过设立专项扶持基金，以无息贷款方式和保值增值的原则用于支持村集体经济发展，主要用于扶持发展壮大村集体经济所实施的产业发展；大力发展农村特色产业，因村制宜，围绕当地特色产业，联合农民专业合作社，采取"公司+基地+农户"的模式，在带动农民致富的同时，使村级集体经济不断"造血"，探索"三社联建"模式，整合政策扶持资金、供销平台等资源，实现农业增质增效。

第十三章 深化三社联建改革以带动农村经济发展

农民专业合作社是中国经济"最基层的细胞组织"之一，在组织带动农村经济发展、促进农民就业增收方面有积极作用。富有生命力和竞争力的合作社是农业产业高质量发展的微观基础。以家庭承包经营为基础、统分结合的双层经营体制，是我国农村的基本经营制度。在具体操作中，虽然"分"得较为彻底，调动了农民的积极性，但"统"得不够，跟不上现代农业发展需要的问题也逐渐显现出来。实践表明，一家一户分散经营，不可能实现农业现代化，必须把农民组织起来，走合作发展的路子。新世纪伊始，浙江瑞安等地逐渐成立了一批农民专业合作社，为分散的农户提供各类社会化服务，一定程度上缓解了"统""分"之间的矛盾，为各地农业合作社的发展树立了标杆。

2021年农民日报社《2021中国新型农业经营主体发展分析报告》统计显示，至2020年底，我国依法登记注册的合作社总数达到225.1万家，是十年前的5.9倍，已连续四年总体数量稳定在220万家以上。合作社在促进农业产业发展、推动农业适度规模经营、提升农业综合效益和竞争力、促进农民脱贫增收等方面发挥了重要作用，但合作社发展还面临着地区发展不平衡、融资难、管理不规范等问题。2021年贵州省农业现代化推进大会的资料显示，贵州省新型农业经营主体仍处于小、散、弱阶段，国家级龙头企业只有35家，与周边省份相比差距明显，2019年底甄别出了3.06万个"空壳社"，年收入在5万元以下的合作社占了近一半。学术界研究也认为，合作社发展仍面临"小、散、弱"的现实困境（孔祥智 等，2018；任大鹏、肖荣荣，2020；崔玉泉 等，2020；邵科，2021），严重制约了农业农村现代化建设进程。为了突破单个合作社"小、散、弱"的发展困境，有学者提出通过"社社联合"促进合作社的功能发挥和高质量发展（苑鹏，2008；周振 等，2014；崔宝玉、孙迪，2018；穆娜娜、孔祥智，2019），但是没有深入探讨"社社联合"的实现路径及增效机制，且忽略了合作社资源禀赋的异质性。

第一节　黔东南三社联建发展历程

一、提出"三位一体"宏伟构想

长期以来，农业生产零碎化制约要素投入，难以实现规模化、标准化，难以实现要素的有效融合。2006年1月，习近平同志在浙江省委农村工作会议上首次正式提出农民专业合作社、供销合作社、信用合作社"三位一体"①。同年12月，习近平同志亲自在瑞安市召开全省现场会进行经验总结和推广，将综合合作拓展表述为"三重合作功能的一体化、三类合作组织的一体化、三级合作体系的一体化"②。由此，生产、供销、信用"三位一体"综合合作理论基本确立，并在实践中日益发挥出巨大的指导作用。2017年的中央一号文件，首次提出"积极发展生产、供销、信用'三位一体'综合合作"。2017年6月，中央农村工作领导小组办公室提出，要因地制宜探索多种多样的"三位一体"综合合作基本实现形式。

二、从"三变"改革到"三社联建"

为破解合作社发展面临的"小、散、弱"现实困境，精准聚焦合作社发展问题。2013年12月30日，贵州省政府常务会议提出，探索农民专业合作社、农村信用合作社、供销合作社"三社合一"。2014年，贵州省积极探索农村"资源变资产、资金变股金、农民变股东"之"三变"改革。2015年6月，贵州省政府常务会议要求，总结推广六盘水"三变"改革的成功经验，统筹推进专业合作社规范发展。2016年，贵州省农村信用社与贵州省供销社签订战略合作协议，探索供销社、农村信用社两大行业系统整合资源，实现强强联合。2020年7月，习近平总书记在吉林省考察调研

---

① 陈林. 习近平农村市场化与农民组织化理论及其实践：统筹推进农村"三变"和"三位一体"综合合作改革 [J]. 南京农业大学学报（社会科学版），2018，18（2）：1-11，157.

② 邓元连. 从三个方面持续发力 推进乡村全面振兴 [J]. 新湘评论，2024（13）：41-42.

时要求，鼓励全国各地因地制宜发展合作社，探索更多专业合作社发展的路子。

"三变"改革为贵州省"三位一体"三社联建改革奠定了良好的基础。如果说"三变"即"资源变资产、资金变股金、农民变股东"，主旨在于盘活，那么"联建"，即农民专业合作社、供销社、信用社的"三社联建"，主旨则在于聚力。"变"本身不是目的，而是为了聚沙成塔。从"三变"改革到"三社联建"，这在逻辑上是一个必然的过程，在实践中亦将逐步展开。

三、三社联建改革探索

榕江县立足发展需要，坚持问题导向和目标导向，探索形成农村信用社（农村商业银行）、农民专业合作社、供销社"三社联建"改革模式，积极推动农民专业合作社规范提升。三社联建是构建生产、销售、信用"三位一体"新型农村合作经济体系的生动实践和深化创新，是生产力和生产关系辩证统一的高度契合，是农村各种生产要素的深度融合。长期以来，合作社普遍存在"产业效益研判能力弱、财务管理不规范"等突出问题，其中财务记账混乱、收支留痕不足、产业方向不明晰的现象尤为严重，财务管理不规范、经济效益低下的问题严重制约了农民专业合作社健康发展。为切实解决好合作社发展过程中存在的突出问题，2020年，榕江县聚焦合作社规范提升，利用农村信用社（农村商业银行）工作人员市场信息灵敏、财务管理专业、网点遍布乡村的优势，成功探索出一条农村信用社（农村商业银行）+农民专业合作社"社社联建"的破题路径。农村信用社（农村商业银行）为合作社配备"产业指导员"和"财务指导员"，帮助合作社建立财务制度、规范收支记账和把脉产业发展方向，在推动合作社规范提升的过程中吸存放贷、扩大业务，推动两者实现互利共赢。2020年，"社社联建"机制入编《2020年中国金融扶贫及创新年鉴》，获评"2020年中国金融扶贫及创新优秀案例"。2021年5月12日，贵州省委领导在全省农业现代化推进大会上要求总结推广榕江县"社社联建"模式。

榕江县为进一步提高产业规模化水平，着力降低农资采购成本、保障农资质量，拓宽农产品销售渠道，2021年初，巧借供销社改革之机，立足供销社"农资+销售"资源优势，引入供销服务端，深化探索农村信用社

（农村商业银行）、农民专业合作社、供销社三社联建模式，在农村信用社（农村商业银行）向合作社选派"两员"的基础上，由供销社为合作社选派"农资指导员"和"销售指导员"，为合作社规范提升、健康发展再添活力，形成"三社四员"良性互动、共赢发展的新局面。至此，三社联建改革模式正式形成。2021年，三社联建工作被列入中国扶贫发展中心定点观测项目重要亮点成果，获国家乡村振兴局主要领导肯定性批示。2022年，榕江县印发《榕江县2022年"三社联建"工作要点》，进一步深化"产业指导员"工作性质，由县农业农村局建立农业产业技术指导专家库（包含农业系统技术人才及社会科技人才），组建县、乡两级技术指导员团队，促使农民专业合作社产业技术水平得到提升。

"三社联建"是"三位一体"综合合作的积极成果。三社联建模式的实质是榕江县基于对市场经济一般规律的深刻认识和尊重，其作用在于充分发挥政府引导职能，打通农村生产力微观单元壁垒，推动市场要素有效流动，不断激活农村微观经济活力。三社联建的关键是发挥"三社"的服务优势，引导农村信用社和供销社更好地服务"三农"，将"三社"优势通过"联建"方式形成利益共同体，实现互利共赢。既不能简单地将"三社联建"解释为由合作社解决农业生产发展问题，由供销社解决农资供应和农产品销售问题，由农村信用社解决财务和融资问题，也不能简单地理解为就是成立一个三社联建工作小组，提供综合服务，而是要以促进合作社高质量发展、增加农民收入为核心，以"农村信用社+合作社"和"供销社+合作社"双线共进为推进模式，以产业指导、财务指导、农资指导、销售指导"四员指导"为主要内容，将生产、信用、供销三大功能集合于一体，实现标准化生产、规模化经营、社会化服务、政策性支持、产业化集聚等多项功能一体推进的综合改革。

第二节　黔东南三社联建改革成效

三社联建改革，对全面推进乡村振兴，进一步深化农村信用社、供销社、合作社综合改革，更好践行为农服务宗旨，都具有十分重要而深远的意义。

一、完善农业生产关系，创新农村经营管理

三社联建是农业农村经济发展的重大理论和制度创新。一是打造新型经济体系。三社联建由农村信用社选派"产业指导员"和"财务指导员"，由供销社选派"农资指导员"和"销售指导员"，形成"三社四员"新型经济体系。二是提升农业生产效率。三社联建聚焦合作社发展实际，深入解决财务记账混乱、收支留痕不足、产业方向不明、经济效益低下、农资成本高昂、销售渠道狭窄等问题，以"农村信用社+合作社"和"供销社+合作社"共同推进，推动一、二、三产业紧密联动。三社联建改革初步成效显现，各级媒体纷纷刊登稿件，三社联建相关经验信息、新闻稿件在《中国经济时报》《中国农村信用合作报》《工作情况交流》、中国金融新闻网、多彩贵州网等刊登。三是实现三方互利共赢。三社联建在推动合作社规范提升的过程中，信用社吸存放贷、扩大业务，供销社践行为农服务、深化综合改革，推动三者实现互利共赢。

雷山县"三社一司"多种模式助力农户增收致富。由茗聚园合作社组织农户统一种植、管理、采摘，云尖公司以略高于市场价进行收购，年底再依据每户当年提供的茶青量进行二次分红。目前，雷山县云尖公司已经与西江镇、郎德镇、望丰乡和方祥乡等多地合作社开展联建，充分调动农户积极性，带动当地农户增收致富。通过与桥港人家农业开发专业合作社签订协议，县供应链服务有限公司以5年间每年3万元的合同把合作社空置的养殖场及蔬菜大棚租赁下来，创造性地推出了养殖场"空流转"模式，即所有权仍归属合作社所有，公司以租赁的方式把合作社空置的场地、产业基地承包下来，结合村情发展产业，给合作社带来资金分红，盘活合作社闲置资源。采用"公司+合作社+农户+基地"的发展模式，公司与多家合作社签订"订单式"合同，统一提供麻种、统一技术指导、统一保价收购；采取"合作社+农村信用社+供销社+公司"的新模式，合作社同龙头公司开展联建合作，在党建指导、技术培训、盘活资产、产销对接、金融服务等方面给予帮助，形成地区完整产业链，年经营收入、盈利能力、利益联结带动方面均大幅提升，实现公司与合作社互利共赢的局面，农民通过分红及务工增收创富，农村实现提档升级。

二、激活农村生产要素，提高资源配置效率

三社联建通过组织形态、生产经营、利益联结、管理体制和运行机制

上的科学有效融合，把农村现有的生产、供销、信用三大要素融合起来，充分调动了农民的积极性和创造性，共同推动农业农村现代化。一是指导产业发展方向。产业指导员帮助 278 家合作社完成产业分析，其中帮助 34 家合作社找出亏损的核心环节，切实促进合作社可持续发展；帮助 28 家合作社进行市场风险评估，并引导其中 11 家合作社进行转产；帮助全县 278 家合作社确定了产业发展方向，围绕省、州谋划的重点产业和县特色优势产业选择发展产业的合作社占比达 71.9%。二是建立健全财务制度。财务指导员帮助全县 278 家合作社建立财务制度，牵头培育合作社财务人员 278 人，规范流水记账 264 家，协调农村信用社新增合作社对公账户 63 家，农村信用社吸收合作社存款 2 184 万元，发放产业贷款 3 821 万元。三是节省农资采购成本。农资指导员为榕江县 11 个乡镇 34 家合作社协调供应肥料和饲料 2 037.96 吨，交易额达 407.58 万元；帮助合作社减少农资采购资金 40.49 万元，节省 10% 左右农资采购成本。四是畅通产品销售渠道。销售指导员帮助 15 家合作社获得百香果、油茶、蔬菜、瓜果、生猪、鸡等产前订单，交易额达 300 余万元。2021 年以来，销售指导员发布销售信息 140 余次，帮助合作社完成销售板蓝根苗 1 200 余万株、青菜约 15 吨、百香果约 13 吨、冻菌约 2 吨、瑶鸡约 3 200 羽，帮助合作社实现交易额 162.1 万元。

黎平天益茶叶合作社主要生产茶叶，品种有龙井、白茶、铁观音、黄金芽、龙井长叶等。三社联建之前，合作社负责人欧帮根曾多次带领工人前往福建、浙江等省份进行学习和观摩，但管理比较粗放、没有专业知识做支撑、合作社账务管理比较混乱，资金来龙去脉理不清等种种原因，导致合作社发展无起色，成本高，效益低。三社联建后，合作社得到当地乡党委和政府高度重视和大力支持，供销社、信用社及合作社紧密互动。信用社运用信息灵活、网点遍布乡村和财务管理专业上的优势，委派财务指导员全力支持合作社开展工作，合作社的管理制度已上墙，通过信用社多次委派专业会计工作人员到现场进行财务指导，引导该合作社学会基本的账务处理、账本记载、凭证保管、进出账单填写、支票填写的要素等。三社联建之后，合作社先后在信用社获得信贷支持累计发放贷款金额 198 万元，贷款余额 68 万元。该合作社种植的茶叶面积约 700 亩；年产量销售价值 350 万元，利润 150 万元；有效激发了合作社负责人的创业积极性和责任感，目前已在福建省厦门市开设了一个茶叶销售门店，将黎平县的茶叶推介出省。合作社每年安排合作社人员到省外及省、州、县各地开展观摩和技能培训 1 次，加快合作社本土人才的培养，实现本土人才"破土而出"。通过三社联建合作机制，不断强化茶叶深加工能力，提升茶叶产品科技含量，丰富茶叶产品形态，增加产品附加值。合作社打造自身品牌并通过多渠道宣传提升品牌的认知度。目前该合作社在贵州省开设了 4 个茶叶销售门店，在福建省开设了一个茶叶销售门店，并通过多种方式进行宣传，茶叶已经销售到韩国、日本、俄罗斯等国。

三、密切农民利益联结，促进农民持续增收

为农服务既是三社联建的宗旨，也是三社联建的价值所在。一是实现农业生产降本增效。整合生产要素，发挥规模效应，提高农民组织化程度。三社联建强化农业产业链上的资源共享和协同发展，形成规模效应，从而实现农业产业发展的降本增效。二是推动农业产业发展，促进生产成果的转化，实现产业融合发展，实现就地就近实现就业。三是促进农民持续增收。通过金融创新，将生产要素纳入体系，进一步提高联建的效率。三社联建构建了与农民合作的利益共同体，不断提高农业生产效率和农产品附加价值。截至 2022 年 3 月底，榕江县合作社年产值 11 023.95 万元，利益联结户 14 755 户，带动 35 357 人就业。

从江县皮林蔬菜生产农民专业合作社产业以种植蔬菜、百香果为主。三社联建之前，即 2018 年、2019 年，合作社在村党支部书记石万荣的带动下，自费流转土地 100 亩种植豇豆，并带领合作社成员到沿海开发区广州等地考察市场和学习茄子、花菜种植技术，带领合作社种植茄子，当年就产生了一定的经济效益。起初规模小，种植分散不成片，投入的劳动成本大，所购肥料、农药、地膜、农机等农资资金成本高，时间成本高，管理比较粗放，合作社账务管理比较混乱，资金来龙去脉理不清，合作社股东总是因为资金账务不平而闹矛盾，导致合作社发展无起色，成本高效益低。三社联建后，合作社得到当地乡党委和政府高度重视和大力支持，供销社、信用社及合作社紧密互动，先后在信用联社洛香分社获得信贷支持累计发放贷款金额 60 万元，贷款余额 40 万元。该合作社种植的花菜等面积约 700 亩；百香果面积 650 亩，年产量销售价值 600 余万元，利润 60 余万元；有效激发合作社成员创业积极性，合作社积极筹划工作计划，以产业亮点来带动周边村寨发展种植蔬菜和百香果 10 000 亩，实现脱贫脱困户在家就业也能获得收入。2022 年以来，皮林蔬菜农民专业合作社协助带动

12 个村集体经济、177 余户群众开展百香果种植，整合村级耕地面积 2 000 余亩，收入 400 余万元，切实实现了"一带多"致富局面。

第三节　黔东南三社联建的主要做法

三社联建改革坚持以服务"三农"为出发点和落脚点，以产业链条为纽带，聚焦合作社规范提升，构建新型农村集体经济组织生产关系，推动农村信用社、合作社、供销社共建共享共赢。

一、先建立"专班"，后开展"专项"工作

社社联建探索阶段：为确保按时高质量打赢脱贫攻坚战，聚焦产业扶贫和产业结构调整，规范农民专业合作社管理，畅通农民专业合作社融资渠道，发挥农民专业合作社在脱贫攻坚中的作用，2020 年，榕江县探索"社社联建"改革，成立"社社联建"工作领导小组，由县四大班子主要领导任组长，县直有关工作部门和各乡镇党委主要负责同志为成员，领导小组下设"社社联建"工作专班在县农业农村局。明确 19 个乡镇"一把手"负责本乡镇"社社（行）联建"工作。成立综合协调、工作推进和理论研究 3 个专班，将农业、财政、林业、金融、扶贫、宣传等 12 个部门纳入专班，形成一体指挥、分兵部署、体系联动工作格局，同时从贵州大学经济管理学院、贵州日报社、黔东南州委党校、凯里学院协调 5 位同志充实理论专班力量，坚持理论与实践相结合，注重理论先行，边探索边总结边指导，着力提升工作科学化水平。充分发挥理论专班作用，系统收集整理农业农村相关重要政策内容，精心编制《榕江县"社社（行）联建"工作学习手册》，把握正确政策方向。

三社联建模式初步形成阶段：引入供销服务端后榕江县优化组织领导机构，成立由县委、县政府主要负责同志任双组长的三社联建工作领导小组，明确分管农业农村工作的县委和政府分管领导领衔推动，组建工作推进专班、理论研究专班和工作督查专班，领导小组办公室设在县社社联建服务中心，统筹推动各项工作。乡镇参照成立机构，形成县乡一体、高效推动工作格局。

三社联建大力推广阶段：《榕江县 2022 年"三社联建"工作要点》明

确由县委常委、县政府常务副县长为组长，分管农业副县长任副组长，各责任单位为成员的三社联建推广工作领导小组，领导小组下设工作专班，办公室设在县委改革办公室。工作专班具体负责全县三社联建各项工作任务，调度工作推进情况，统筹协调农业农村局、信用社、供销社，乡镇和合作社之间的对接，实现县乡一体、分步推进工作思路，确保信息畅通，沟通顺畅，工作推动有序。进一步深化"产业指导员"工作性质，由县农业农村局建立农业产业技术指导专家库（包含农业系统技术人才及社会科技人才），组建县、乡两级技术指导员团队，实现农民专业合作社产业技术水平得到提升。进一步细化财务分类指导，按农民专业合作社有专业会计和无专业会计进行分类，有专业会计的按需指导农民专业合作社经营管理人员理解财务报表并指导会计规范记账，无专业会计的按照收支流水账标准培养农民专业合作社记账员开展记账。

榕江县联社三社联建专班建设情况：成立了以理事长为组长的三社联建工作小组，组建了三社联建工作课题调研专班，制定了产业指导员、财务指导员考核方案，明确"两员"的工作内容和考核标准。工作对接由联社农村业务部对接县级三社联建办公室，各网点对接乡镇一级三社联建工作相关办公室。工作落实由县联社部门将三社联建领导小组的工作指示及要求进行细化与分工，由各网点设置的"财务指导员""产业指导员"负责对相关工作指示及要求进行落实。

供销社三社联建专班建设情况：为了深入推进三社联建工作，榕江县供销社成立工作领导小组，采用1+2+6+6（县社党委书记任组长+县供销社主任、副主任任副组长+6名片区联络员+6名片区农资指导员和销售指导员）形式，理顺指挥体系，明确工作职责，按季做好全县农资和农产品预销售摸底调查，适时将结果反馈至工作专班，做好农产品经济主体的农资和农产品销售服务。

二、先找准问题，再精准发力

榕江县坚持推动农民专业合作社规范提升的总体目标，把各类有利资源向农民专业合作社高质量发展倾斜，有效整合生产、供销、信用信息，通过政府主导、部门协作，共同推动农民专业合作社实现产业科学、信用优良、销售顺畅、运转健康。聚焦农民专业合作社发展"产业选择不科学""财务管理不规范""农资采购成本高""销售渠道狭窄"四大核心难题精准发力。

充分发挥榕江县信用社和供销社两个农村基层部门的职能。一是信用社培养产业宣传员、财务指导员，补齐合作社管理短板。发挥信用社工作人员市场信息灵敏、财务管理专业、网点遍布乡村的优势，围绕"优势互补、协作共建、合作双赢"，以提高农民专业合作社规范化水平和服务带动能力为重点，让合作社"产业说得清、选得准，资金筹得到、用得好，账务理得清、信得过"。榕江县"社社（行）联建"工作领导小组办公室将各级产业政策梳理提炼汇编，以通俗易懂的语言讲清产业选择依据、发展形势、经营管理、财务管理等内容，科学编印《榕江县"社社（行）联建"产业指导员、财务指导员培训教材》1 000份，精心开展以会代训、集中培训、指导员"一对一"培训，实现乡镇相关干部、信用社"两员"和合作社社员培训全覆盖，促进农民专业合作社健全规章制度，完善运行机制，增强发展后劲。此外，榕江县信用社充分发挥农村金融主力军的作用，通过低息贷款方式对合作社进行资金支持。二是供销社培养农资指导员和销售指导员，补齐合作社的市场短板。重点培养"农资指导员"和"销售指导员"，积极调动供销系统资源，提供农资供应和农产品销售渠道。"农资指导员"要定期不定期收集辖区内合作社的农资需求情况，包括种子、肥料、农药、地膜、农机等农用物资，统一汇总到县供销社，由县供销社在保障农资质量的前提下统一询价，充分尊重合作社购买意愿，以订单的形式开展团购并分发到各合作社，实现合作社农资采购资金成本和时间成本降低，并提供质量保障。"销售指导员"要定期不定期收集合作社的预计销售产品信息，及时汇总到县供销社，由县供销社发挥县销售专班职能，针对合作社需求，寻找真实有效的采购信息并及时发布，以提供合作社更多的选择。榕江县供销社集合现有的销售渠道以及"6+3"产业专班的销售渠道，按"6+3"产业分类精心制作《榕江县"三社联建"销售渠道信息手册》，以便县供销社6片区督导员、指导员为各农民专业合作社搞好产销对接服务。榕江农村信用社与供销社已与384家合作社和基层经营主体实现联建，呈现出良好的耦合效应。

三、先订立保障制度，后兑现考核机制

实施"社社联建"到"三社联建"工作以来，榕江县先后出台了《榕江县"社社联建"（试点）实施方案》《榕江县"社社（行）联建"

第二阶段工作实施方案》《榕江县"社社（行）联建"巩固提升工作实施意见》《榕江县联社"社社（行）联建"考核实施方案》《榕江县"三社联建"工作实施方案》督促各部门履职尽责，保障"社社联建"工作顺利实施，为"三社联建"提供强有力的制度保障。

在试点阶段，榕江县制定了《榕江县"社社（行）联建"合作协议》，按照"乡镇协调、信用社服务、合作社参与"模式开展联建，将联建的基本内容和工作责任细化，明确乡镇、合作社、信用社三方权责利关系；组织19个乡镇人民政府、278个农民专业合作社、22个农村信用社网点共同签订联建协议，按照三方协议中明确的工作任务、工作责任、完成情况进行细化量化，严格考核。启动问责机制，督促履职尽责，保障"社社联建"工作顺利实施。

《榕江县联社"社社（行）联建"考核实施方案》要求，从县财政、县信用社各拨出100万元整合用于工作经费和考核奖励，把各片区产业和财务指导员、参与联建的合作社、各乡镇人民政府作为考核对象。"社社（行）联建"工作纳入县委、县政府重点工作和脱贫攻坚督查考核范围，动态建立"社社（行）联建"工作台账，坚持"每日一调度、三天一研判、一周一小结、一月一推进"，确保工作抓紧抓细抓实。

2021年出台的《榕江县"三社联建"工作实施方案》按照"县级领导总抓，部门领导具体抓"的工作思路，明确县直相关部门专人专职抓工作推进，健全考核体系，压实工作责任，形成工作合力。榕江县适时组织召开部门联席会和工作调度会，建立工作联席会议制度，细化各联席单位职责，各乡镇比照建立统筹机制。加强督促检查强化落实，三社联建工作实行"每天一调度，每周一报告"的制度，确保各项工作有序推进。把三社联建工作常态化，持续性定期性推动，通过定期调度，分析三社联建各部门工作中存在的问题和困难，强化协调调度，全力以赴做好合作社的服务工作，推动三社联建工作向纵深发展。

榕江县在推进三社联建改革探索过程中，坚持把三社联建改革作为"一把手"工程，县级党政主要领导研究部署，乡镇党政主要负责同志督促推进，并组建工作专班，从农业农村股、金融办、信用社、供销社等单位抽调人员，专人专职抓推进，先后出台方案及配套措施，全县上下短时间全面铺开改革工作，为全面推动农民专业合作社组织创新创造了优越的制度和政策环境。

四、合作联建的典型案例，谱写乡村振兴新篇章

台江县方召镇巫梭村振兴股份经济专业合作社，是一家以集体土地、资产管理和经营、房屋租赁、农业种植与养殖、农机管理和经营、培训、建筑施工、农产品加工、旅游开发等为主要业务的股份制专业合作社。2021 年度，该专业合作社生产菌棒 56 万棒，出售 56 万棒，收入 30 万元；出售食用菌 6.25 万斤（1 千克＝2 斤），收入 25 万元；出售蜂蜜 2 000 斤，收入 10 万元；出售黑毛猪 150 头，收入 7.2 万元。2021 年收入总额 72 万元，实现纯利润 38 万元。通过对合作社及股东授信，累计投放信贷资金 50 万元，实现了台江县方召镇巫梭村振兴股份经济专业合作社利润 40 万元，利润较 2017 年成立时翻了近 5 倍，从最初的生产菌棒到现在多方位发展，合作社的食用菌、茶叶、养蜂等产能不断扩大，同时通过与贵州方兴科技发展有限公司合作，解决了农特产品加工成品的销路，充分发挥了"中枢神经"的作用。通过三社联建，台江信用联社组织财务会计部和方召信用社得力骨干，专门成立会计辅导组指导台江县方召镇巫梭村振兴股份经济专业合作社财务管理。联建以来，会计辅导组共对巫梭村集体经济专业合作社、巫梭村振兴股份经济专业合作社进行了两期财务指导，合作社从"不知道怎么记账""不知道怎么填写支票"到"每天正确记账""算清结余资金"的规范，实现有效财务管理，巫梭村集体账务实现了规范化。通过三社联建，台江信用联社申请信合基金 50 万元，用于改善巫梭村的村容村貌，先后建设了文化活动广场、文化活动室、文化宣传栏、社会主义核心价值观、农信文化走廊，提升了巫梭村影响力。合作社的稳健发展离不开强有力的金融支撑，通过三社联建，台江信用联社打造了巫梭村"政务型黔农村村通"，为巫梭村的金融服务畅通了渠道，巫梭村的村民足不出户就可以办理各类金融服务，有效节约了村民办理金融服务的费用支出成本。2021 年底，巫梭村"政务型黔农村村通"共为 1 027 人次办理了小额取现、转账汇款、社保缴费、医保缴费等金融服务，现场接受 323 人次金融服务咨询，为村民节省路费 30 000 余元，切实打通了农村普惠金融服务的"最后一公里"。三社联建让合作社财务管理更规范，产业选择更精准，农特产品销售渠道更宽广，三社联建初见成效，一幅乡村振兴的美丽画卷正在徐徐展开。

岑巩县新昶种植养殖专业合作社现有大棚 222 个、香葱 20 亩、豇豆

40 亩、黄瓜 20 亩、大棚香菇 39 个大棚，种植食用菌 130 万棒，现又种植木耳 30 万棒。合作社组织成员和农户开展蔬菜和食用菌种植技术服务、农作物病虫害防治，引导社员和周边农户大力发展，新建冷库一座、烘烤房三间、食用菌菌种培植基地一处。引进先进食用菌和蔬菜产业。水尾信用社作为属地金融服务网点，明确了专职产业指导员和财务指导员。在金融服务上，强化金融服务的深度、广度和力度，开展金融纾困，解决资金难点，增强发展信心。在财务辅导上，聚焦合作社财务制度规范、记账管理规范、档案管理规范、成本效益分析和资产负债结构优化，帮助合作社建立财务制度、会计账簿和培育财务能手，定期开展财务会计辅导和成本效益分析，进一步巩固提升合作社建设成果，助推合作社经营和财务管理水平大提升。岑巩县新昶种植养殖专业合作社累计获得岑巩农信联社信贷支持 184 万元，助推产业发展驶入"快车道"。明确由镇人民政府镇长兼新场村驻村领导，每周在新场村开展合作社党建工作指导和产业培训，镇党委书记多次到合作社实地指导。

榕江泰如种植养殖农民专业合作社主要经营中药材种植产业。2021年，合作社自己培育板蓝根苗 1 000 余万株。除了合作社自用部分的板蓝根苗之外，全体合作社成员都在积极寻找销售市场，可是一直找不到合适的买家。合作社负责人想到了三社联建，及时联系了片区销售指导员，指导员向供销社领导汇报后，及时到点了解情况，与合作社负责人了解产品数量以及销售价格。了解后及时在农产品交流平台发布销售信息，有几家商家主动与合作社负责人联系并销售了一部分板蓝根苗。余下的通过供销社与县里的青于蓝公司对接，由供销社组织青于蓝公司总经理与合作社负责人当面详谈。实现对接后，青于蓝公司全部订购，减少了农产品销售的中间销售成本。

台江县台盘乡棉花村供销社紧密围绕产业发展核心，依据县乡产业发展规划以及本村实际情况，积极探索"供销社+村'两委'+电商+专业合作社（农户）"的创新发展模式。借助"村社共建"契机，广泛联合农业企业、合作社、家庭农场以及专业大户等新型经营主体，将其吸纳为社员，带领农户开展多元化经营，充分整合各方资源，提升产业发展活力。合作社自成立之初，便与村"两委"紧密协作，致力于实现基层供销合作社在农业生产经营与农村生活服务领域的全面覆盖。通过搭建为农服务平台，为周边专业合作社、种植养殖大户提供精准的产业发展信息，同时拓展产品销售渠道，共同组建生产经营合作团队，全力打造一支以服务"三农"为宗旨的专业队伍。在市场开拓方面，棉花村供销社积极探寻新路径，坚持以市场需求为导向寻找优质货源。他们通过抱团发展的方式，拓宽市场渠道，推动各合作社共同发展，实现互利共赢。在致富带头人的培养与项目运作上，采取致富带头人先行投资的模式，项目建设过半后，合作社再注资入股。随着项目的持续推进，产业和合作社不断发展壮大，合作社将部分资金投入到致富带头人实施的新项目中，一部分作为流动资金，进一步推动村级经济发展，同时拿出部分收益惠及脱贫户，提升脱贫户收入水平。为巩固拓展脱贫攻坚成果，棉花村供销社以"党建+社建""村社共建"为依托，构建了"村党支部+村供销社+村合作社+脱贫户"的发展模式，大力推动农村"三变"改革，即"资源变资产、资金变股金、社员变股东"，确保脱贫户持续提升生活质量，为乡村振兴筑牢坚实基础。

第四节　黔东南三社联建的经验与启示

各乡镇（街道）精准派驻"党建指导员"，补齐了合作社的政策短板；农业农村部门精准选配"产业指导员"，补齐了合作社的技术短板；农村信用社精准选配"财务指导员""产业指导员"，补齐了合作社的资金短板；供销合作社精准选配"销售指导员"，补齐了合作社的市场短板，三社联建模式促进了合作社的高质量发展。

一、选配党建指导员，给予合作社政策支持

聚焦合作社在发展上存在政策了解不清、利益联结不密等难题，由各乡镇（街道）派驻党建指导员，指导和帮助合作社建立党组织，宣传党的方针政策，密切利益联结，调动各方面的积极性和创造性。如雷山县采取"合作社+农村信用社+供销社+公司"的"三社一司"新模式，已有30多家合作社同5家龙头公司开展联建合作，实现了公司与合作社互利共赢。榕江县富强种植养殖农民专业合作社，以党建指导协助带动5个村集体经济、170余户群众开展罗汉果种植，实现了"一带多"致富局面。麻江县水城村种植养殖合作社，由村党支部书记兼任村合作社理事长，强化党建指导。

贵州有牛复古农业专业合作社，镇党建工作站、乡村振兴工作站等相关技术人员负责技术指导，负责规范化结构体系，成立"牛耕部落"党支部，以党支部为领导核心，用好各项惠农政策，结合"新媒体"着力打造有机农业产业、田园休闲旅游产业为基础的"牛耕部落"农旅品牌。榕江县两汪乡实践探索出了一条以"党支部+公司+合作社+基地+贫困户"的产业规模化抱团发展新模式，通过乡镇成立榕江县两汪乡尖尖冒壹乐生态发展有限公司负责加工、运营和销售。公司管理强化公司姓"公"，实行村"两委"成员、合作社理事监事与公司董事经理交叉任职，最大化让利于村集体、让利于群众。合作社按"622"比例分红，即60%的利润分给5万元入股的社员，20%的利润覆盖全乡所有贫困户，20%利润留下壮大合作社经济，重点发展白茶产业，鼓励贫困户入股合作社并在合作社基地务工。

台江县方召镇巫梭村振兴股份经济专业合作社，三社联建之前，合作社党建管理不够规范、党员凝聚力、先锋模范作用发挥不明显。在三社联建后，明确了党建指导员，加强了在党建业务方面的指导，特别在中央组织部、省委组织部、州委组织部、县委组织部和乡党建办的帮扶下，通过争取扶贫项目资金和社会帮扶资金400余万元用于筹建菌棒生产加工、搭建食用菌大棚65个、电商物流集散中心等生产种植基地，并配套建立了冷库、管理房、生产便道等基础设施建设。采取"党支部+合作社+基地+农户"的模式，充分发挥党支部在合作社发展中的作用，带动党员群众积极投身合作社产业发展。在利率方面，信用社针对合作社融资，专门出台了"合作贷"专属信贷产品，并给予利率优惠最高300个基点，同时政府出台评审制度，对联建合作社开通贷款绿色通道，并由县担保公司提供担保，县财政专项资金按5%贴息率给予项目贷款贴息。合作社采取"党支部+合作社+基地+农户"的模式，积极动员农户以土地流转、投工投劳等方式入股合作社。在生产过程中，长期安排本村115户农户就业，户均增收1 500元左右，实现群众在家就业，就近也能获得收入，有效助推巫梭村巩固拓展脱贫成效。以中国农科院、省农业农村厅、省农科院、佛山市农业农村局等部门专业技术人员帮扶为契机，紧盯合作社及农民技术短板，实施农业企业家培育和高素质农民培训工程，为合作社产业振兴提供科技人才支撑，解决群众务工1 000余人次，协助带动巫梭村村集体经济、200余户群众开展稻鱼养殖，整合村级耕地面积200亩，切实实现了"一带多"致富局面。

二、选配产业指导员，理清合作社发展思路

聚焦合作社在产业选择上存在思路不清、市场把握不准等难题，由农业农村部门选配产业指导员，帮助合作社理清发展思路、选准主导产业。帮助合作社梳理产业脉络、分析市场风险、找准发展重点。

一是梳理产业脉络。过去，许多合作社未因地制宜，选择符合自身发展实际的产业，盲目跟随周边市（县）合作社的产业来发展，产业选择不准确，导致合作社生产经营失败。产业指导员结合合作社的基础设施投入、原材料采购成本、日常管理成本、销售收入等要素，对合作社经营产业全流程进行产业分析，形成产业分析报告，让合作社清晰知道哪些产业值得继续发展，哪些环节可以进一步节约成本，什么地方投入过大等。

二是分析市场风险。结合当前市场行情和政策法规等要素进行市场风险评估。比如在疫情期间，针对部分保鲜期短的农产品销路受阻而损坏，竹鼠、蓝孔雀等养殖项目被国家列入禁养名录，种桑养蚕产业因技术水平参差不齐导致产量和质量存在很大的不可控性等风险，产业指导员结合合作社基础设施条件和产业技术能力，引导合作社转向风险率低、市场行情优的产业。

三是找准发展重点。产业只有做到规模化、市场化和组织化，才能够延长产业链。产量小则难以进入工业化产品加工，附加值得不到提升。因此，对于产业发展良好的合作社，鼓励和支持其继续发展当前产业；对于发展思路不清晰的合作社，积极进行分类指导，引导合作社向省、州重点打造产业和全县特色优势产业转型，以确保技术、管控、采摘、加工、销售等环节和要素得到相关部门保障，获得更多政策支持。

三、选配财务指导员，强化合作社资金管理

聚焦合作社财务管理混乱、财务人才缺乏等难题，2022 年，榕江县印发《榕江县 2022 年"三社联建"工作要点》，进一步细化财务分类指导，按农民专业合作社有专业会计和无专业会计进行分类，有专业会计的按需指导农民专业合作社经营管理人员理解财务报表并指导会计规范记账，无专业会计的按照收支流水账标准培养农民专业合作社记账员开展记账。农村信用社选派财务管理专业的乡镇农信分社财会人员担任财务指导员，帮助合作社强化成本核算、规范财务管理等工作。

一是建立财务制度。收支不清、盈亏不明容易造成社员之间相互猜疑、互不信任等内部矛盾。财务指导员帮助合作社建立财务制度，指导合作社充分发挥理事会、社员代表大会对财务的审议职能及监事会对财务的监管职责，促进合作社更加规范发展，进而防止合作社内部出现收支不清、盈亏不明造成的社员之间相互猜疑、互不信任等情况出现。

二是培育财务能手。财务指导员在全县各片区对合作社财务人员开展集中培训，发放财务培训教材，让合作社深入理解财务的重要性和记账流程。对没有聘请专业会计的合作社，选定合作社文化水平较高的1名成员为财务人员进行培育，由财务指导员"一对一"上门开展指导，从整理票据到登记入账，手把手指导合作社完成基础性流水账，优先解决合作社账务混乱这一基本问题；通过微信、QQ、电话等通信工具进行远程辅导，随时解答合作社在记账过程中遇到的难题，并形成长效指导机制。

三是拓展财务服务。通过各片区分别集中培训，让合作社初步理解财务的重要性和记账流程。财务指导员积极协调农村信用社为合作社提供资金代发服务，有效节省合作社工资、分红等发放时间。财务指导员协调农村信用社新增合作社对公账户，吸收合作社存款。

四、选配产业指导员，破解合作社融资瓶颈

聚焦合作社抵押物缺乏、"融资难""融资贵"等难题，农村信用社选派乡镇农信分社信贷人员担任产业指导员，扩大融资范围、畅通融资渠道、创新信贷产品，充分响应国家助农惠农政策，帮助合作社解决融资难题。

一是扩大授信范围。农村信用社以问题导向建立联建台账，对登记注册的农民专业合作社进行全面摸底，针对产业分类、发展规模、所在地区、社员构成、经营状况、存在的困难等方面进行深入排查，准确掌握各类合作社发展现状。根据农民专业合作社运行状况，将其分为A、B、C、D四类，在授信贷款上坚持风险可控原则，有针对性地对A、B、C类优质农民专业合作社进行授信，扩大融资范围，由盲目授信变为针对授信。同时，促使D类合作社（空壳社、僵尸社等）被淘汰。

二是畅通融资渠道。信用社在对全县合作社全面走访摸排的基础上，提出"宽进严出"的融资政策，有效化解合作社"融资"和"风险"的突出矛盾。根据合作社的多个维度分析，按产业类型划分为基础型、成长

型、成熟型，进行分层分类管理，并进行综合授信。对有贷款需求的合作社，关联客户经理提前介入，帮助合作社做好产业分析，合理测算融资需求，降低合作社盲目融资造成的经营风险。同时，贷款资金"闭环式"运行，发放贷款后，由管片客户经理参与合作社供销环节，并委派财务指导员做好账务指导，确保回款资金到位，避免出现用信风险。并且根据对合作社的综合授信情况，与农业、供销、就业、担保等部门合作，提供"订单、产品"质押、"其他担保"等多元化的金融服务，有效降低贷款风险。

三是创新信贷产品。农村信用社的深度参与，使其更加了解合作社产业发展的风险构成和未来前景，传统意义上的合作社找农村信用社融资，已经转变为农村信用社主动向合作社贷款，加强了合作社产业发展的金融支持。根据不同需求，产业指导员协调农村信用社创新信贷产品，提供"支农再贷款""农户小额信用贷款""复工战疫贷"等信贷产品，最低年利率仅 5.5%，有力地解决了合作社发展资金难题。2022 年 1 月至 2022 年 9 月末，农村信用社累计向全州联建合作社、合作社法人及其社员发放产业贷款 5.97 亿余元，有效解决了合作社"融资难"问题。

五、选配销售指导员，补齐合作社供销短板

聚焦合作社农资采购成本高、产品销路不畅等难题，供销社选配销售指导员，摸排合作社农资需求、统一农资订购、对接销售平台，帮助合作社实现供销有保障。

一是摸排农资需求。销售指导员借助供销社在农村流通领域具有的传统优势，按季度定期对全县合作社开展农资需求摸排，采集肥料、地膜、种苗、农药、农机等生产物资的产品型号和需求数量，形成全县合作社农资需求台账，实现全网超前谋划，为统一采购农资提供信息。

二是统一农资订购。销售指导员通过走访了解，选定口碑好、质量优、资质全的农资企业合作，按照"低价团购"的市场经营理念，遵循合作社自愿购买的市场原则，以县为集体单元，向全县合作社开展集体订单统购征集，对参与统购的合作社及时供货并配送到基地，在从采购端节约合作社生产成本的同时，保障全县农资储备。

三是拓宽销售渠道。在实施种植和养殖项目前，销售指导员通过线上洽谈、意向合作，线下考察、落实签约，为合作社牵线搭桥，助力合作社与客户签订农产品购销合同，保证农产品回收。同时，建立"农产品供销信息发布群"，提前将采购信息告知合作社，让合作社根据自身农产品情况进行选择。还积极协调对接广东省佛山市帮扶单位、省供销系统、贵阳供销集团等线上线下销售平台，根据全县农产品预售台账，计划性收集省内外农产品采购信息，切实为合作社增加更多销售渠道，有效防止农产品出现大量滞销。

2022 年 1 月至 2022 年 9 月末，全州累计帮助合作社采购化肥、农膜等农资 1.95 万吨，为合作社节约采购资金 181.55 万元；发布采购、销售信息 795 条，组织产销对接会 98 场次，通过农村信用社"黔农云"、供销社"832、供销 e 家"和"一码贵州、黔货出山"等平台，线上及线下帮助合作社实现农产品销售 2 425 吨，实现销售金额 4 104 万元。

第五节　黔东南三社联建改革建议

三社联建充分发挥生产、供销、信用的合力，在增加经济效益的同时显现社会效益，其工作成效在《黔东南日报》头版头条刊登、在黔东南电视台播出，相关经验做法在《学习强国》《贵州日报》《中国农村金融》《动静贵州》《天眼新闻》等各级各类新闻媒体宣传推广。

一、推进三社联建延续，将农业现代化进行到底

推动农村产业发展，实现农业现代化，确保产业兴旺是一个系统工程，不可能毕其功于一役。必须始终坚持"一张图纸画到底"，坚持以黔东南农业园区、200 亩以上坝区和 3 000 多万亩林地资源为推动农村产业革命的主阵地，一届接着一届干，决不因领导人的更替而随意改变，破坏三社联建政策的连续性和稳定性。必须根据市场导向，突出地域特色，因地制宜对农村产业进行全域布局，建立健全三社联建发展规划实施的严格激励约束机制，以实打实、硬碰硬的工作成效，推动形成三社联建一级抓一级、层层抓落实的工作格局。必须坚持稳扎稳打，分步推进，对三社联建实现既定目标制定明确的时间表、线路图，驰而不息、久久为功，让农村产业的蓝图越来越宏阔壮美。打造三社联建品牌，增强合作社内生动力。

积极向省上汇报，争取省上出台政策支持创建三社联建品牌，打造三社联建区域公共品牌、三社联建农产品品牌、三社联建合作社品牌，促进

生态农产品产业化，提升三社联建农产品标准化水平和产品附加值；鼓励同业或产业密切关联的农民专业合作社在自愿前提下，通过兼并、合并等方式进行组织重构和资源整合，壮大一批竞争力强的农民专业合作社；支持农民专业合作社依法自愿组建联合社，扩大合作规模，增强市场竞争力和抗风险能力。

施行金融扶持政策，助推农业产业发展壮大。联合信用社、乡村振兴局、民族宗教局等部门继续加大对市场主体的金融扶持力度，通过给予贷款资金、贷款贴息等方式助力市场主体不断做大做强，提升市场主体联农带农能力，带动更多群众发展产业增收，为助力乡村振兴建设事业贡献更大的力量。如雷山供应链公司，发挥村合作社资源优势，共建农业产业基地，根据公司主营业务对农特产品原料的需求，围绕生猪、肉牛、家禽养殖和辣椒、小葱等蔬菜种植等带动群众增收效果明显的产业，与村合作社共谋产业发展工作，布局产业基地，大力发展"一村一品"产业；利用公司市场销售渠道，为村合作社打开销售市场，破解产业发展瓶颈，让农村产业活起来。深化与供销社合作，利用优势资源助推公司经营提质增效。在与供销社建立的"买进来"采购合作基础上，拓展"卖出去"的业务合作，充分利用供销社的线上线下销售渠道资源，搭建产销衔接桥梁纽带，推动雷山优质生态产品走出雷山、走向全国各地，实现农特产品有产有销、助农增收，助力乡村振兴。

二、加大发展要素保障，夯实产业发展基础支撑

争取省级层面出台扶持政策，将三社联建发展工作纳入涉农贴息补助政策范围，鼓励和支持农村信用社加大涉农信贷投放规模。组织州农业农村局、州供销社、州商务局、州乡村振兴局、省联社黔东南审计中心加快修改完善《关于加快推进黔东南州"三社联建"助力乡村振兴的实施意见（2023—2025）》。推动农村信用社普及和落实三社联建专属低息便利信贷产品，对合作社（包含法人及社员）建档评级授信覆盖面达 100%。加大信贷支持力度，与省农业信贷担保公司探索"乡村振兴产业贷"担保模式，切实帮助解决合作社融资需求。加强企业集团化建设，引导企业建立有较强市场竞争力的农业产业联盟或企业集团，鼓励在农村产业和合作社集中地区进行合作社联合和重组，支持农村产业专业合作社独立或联合其他生产经营组织兴办加工、流通服务业。

加快产业链条建设，积极引导加工企业向前端延伸，带动农户建设农产品原料基地，把现有农业园区建成农产品精深加工的高端平台，通过"生产基地+加工企业+商超销售"等产销模式，着力推进农产品精深加工，提高农村产业的附加值。狠抓创新型产品开发建设，根据多样化、优质化的市场需求，推动农业发展与休闲、旅游、文化、教育、科普、养生养老等产业深度融合，开发农村产业新品种、新产品，发展系列创意性的农村产业新业态，以创意产品开发市场、巩固市场、扩大市场。四是狠抓品牌建设。在加快把"苗侗山珍"区域品牌打好打响的基础上，争创一批全省性全国性甚至国际性的黔东南农产品著名商标和驰名商标。五是加大基础配套设施建设。州、县两级财政把农村产业发展资金纳入每年财政预算，加强对农田、水利、交通、滴灌等基础设施建设和农业科技推广、农产品开发等方面的投入，加快完善冷链物流、烘储加工中心等配套设施，切实保障农村产业发展。

三、完善农村物流体系，拓宽农产品销售渠道

用好"网络销售通道"，健全电子商务进农村服务网络，加快完善农村快递物流体系，切实发挥现有的县、乡（镇）、村三级电商服务网络作用，加快配备市场监测人员和经纪人，通过建设"产地直供""产地直发"电商基地，打通农村农产品产、运、销的网络渠道，打造黔东南州农产品网上集散地。推进基层农村物流配送网络整合，降低农产品上行成本；对于三社联建示范合作社，加快农产品产地冷藏保鲜设施建设，从源头加快解决农产品出村进城"最初一公里"问题；以三社联建示范合作社或镇村为中心，建设农产品集配中心，打通服务农民生产生活"最后一公里"。

各市（县）供销和商务部门密切协作，建立供销与商务联动互补机制，搭建覆盖全州的供销综合服务平台，依托"832平台""一码贵州""黔货出山""黔农云商城"等电商平台和农超、农批、农校结合等方式，全面帮助"三社联建"合作社拓宽销售渠道。打通市场直达村和农户的"最后一公里"。加强农产品城乡直通建设，开展农产品市场直达村、直达户试点，推动农产品产地与市场精准高效对接。针对黔东南农产品供应不足等情况，积极组建全州统一的产销联盟，统一将本地优质农产品推广到市场，统一开展品牌推广、宣传、销售，借助联盟订单和服务合作提升农产品供给水平。

四、打破行政区划限制，提高产业规模化水平

建立以园区为单元的市（县）连州（市）、乡（镇）连乡（镇）、村连村、户连户的区域性农村产业基地和产业带，通过强村带弱村、强村联强村、片区同建设、企业建联盟等方式，推动实现农村产业连片化推进和产业化发展，大幅度增加农产品供给规模。实行家庭联产承包责任制后，分到每家每户的土地普遍是小块、分散的土地，即使是在坝区，也被各家各户的土地田坎分隔，形成了大面积的破碎土地。在开展土地流转后，部分农民群众对土地十分眷恋，不愿意挖掉田坎，导致坝区仍无法进行规模化经营。必须用细致的工作引导群众越过这道心中的"田坎"，引导每家每户把作为田土边界的田坎挖掉，整成一块块大面积的规范土地，促进规模化经营。

五、建立健全产业机制，防范化解发展风险

强化农村产业风险预警机制，完善农村产业风险评估体系，建立农村产业风险预警机制，制定农村产业自然灾害、市场等风险应急预案，及时发布风险预警信息，提高应对产业风险的能力。构建风险共担机制，鼓励农户、企业和农民专业合作组织组建风险防范共同体，建立农村产业风险防范网络，不能让农户只受益不担险，提高农户参与产业发展的积极性。建立农产品质量安全风险防范机制，严格按照国家关于农业生产标准和质量的要求，抓好标准化生产、技术服务指导研发及成果转化等工作，建立和完善从田地到餐桌的农产品质量安全追溯体系，用明确的标准、严格的条件来保证黔东南农产品内在优良品质稳定，不断提升黔东南农产品的市场信誉度。完善农村产业保费补贴制度，推动农村产业保险从农业生产环节向产业链上下游的加工、存储、流通、贸易直到终端消费等各个环节延伸，实现农业保险对农村产业的全覆盖，提升特色优势产业产品应对突发性、不可预知或不可抵御的自然灾害与市场风险能力。

参考文献

［1］安永军. 县域经济发展与农民城市化的区域差异［J］. 华南农业大学学报（社会科学版），2024，23（2）：33-41.

［2］鲍梅杰. 产城融合助推县域经济高质量发展研究［D］. 南昌：江西财经大学，2021.

［3］鲍曙光. 农业领域政府和社会资本合作是否推动了县域农业经济发展?：基于多期倍差法的经验证据［J］. 中国农村经济，2022（1）：61-75.

［4］曹菲，聂颖. 产业融合、农业产业结构升级与农民收入增长：基于海南省县域面板数据的经验分析［J］. 农业经济问题，2021（8）：28-41.

［5］陈冬仿. 以县域为单元统筹推进农村共同富裕［J］. 河南师范大学学报（哲学社会科学版），2023，50（3）：63-68.

［6］陈磊，姜海，田双清. 县域城乡融合发展与农村土地制度改革：理论逻辑与实现路径［J］. 中国土地科学，2022（9）：20-28.

［7］程晶晶，夏永祥. 基于新发展理念的我国省域经济高质量发展水平测度与比较［J］. 工业技术经济，2021（6）：153 160.

［8］戴祥玉，詹国辉. 原深度贫困地区的自适应创新发展路径［J］. 华南农业大学学报（社会科学版），2023（2）：15-25.

［9］丁任重，许渤胤，张航. 城市群能带动区域经济增长吗?：基于7个国家级城市群的实证分析［J］. 经济地理，2021（5）：37-45.

［10］杜明军. 河南省县域经济高质量发展的支撑因素探究［J］. 中原工学院学报，2020（5）：1-14.

［11］杜仕菊，石浩. 坚持系统观念是对马克思主义科学方法论的创新性发展［J］. 马克思主义理论学科研究，2022（12）：48-57.

［12］杜志雄. 坚持城乡融合，推动县域经济高质量发展［J］. 农业经济与管理，2022（6）：1-4.

［13］范毅，王筇旭，张晓旭. 推动县域经济高质量发展的思路与建议

[J]. 宏观经济管理, 2020 (9): 60-62, 88.

[14] 方创琳, 赵文杰. 新型城镇化及城乡融合发展促进中国式现代化建设 [J]. 经济地理, 2023 (1), 10-16.

[15] 方杏村, 夏静静. 数字经济、新型城镇化与共同富裕: 基于长三角41个城市的经验证据 [J]. 重庆理工大学学报 (社会科学), 2023 (6): 42-56.

[16] 方迎风. 中国县域经济发展差距的异质性与动力机制分析 [J]. 河南社会科学, 2022 (9): 46-55.

[17] 方圆. 吉林省县域经济发展水平测度研究 [D]. 长春: 吉林大学, 2022.

[18] 费孝通. 费孝通论小城镇建设 [M]. 北京: 群言出版社, 2000.

[19] 费孝通. 中国城乡发展的道路 [M]. 上海: 上海人民出版社, 2016.

[20] 高波. 金融助推四川省县域经济高质量发展思考 [J]. 当代县域经济, 2022 (8): 84-87.

[21] 高帆, 张天帷. 全面推进乡村振兴: 基于中国特色城乡连续体框架的探究 [J]. 经济学家, 2023 (7): 108-117.

[22] 高强, 薛洲. 以县域城乡融合发展引领乡村振兴: 战略举措和路径选择 [J]. 经济纵横, 2022 (12): 17-24.

[23] 龚锋, 邓龙真. 人口老龄化、跨区域人口流动与县域经济增长 [J]. 中南财经政法大学学报, 2022 (1): 147-160.

[24] 贵州黔东南: "村超" 带火 "超经济" [J]. 中国经济周刊, 2023 (13): 66-67.

[25] 郭爱君. "双循环" 格局下县域经济发展的新思路 [J]. 人民论坛, 2021 (2): 34-37.

[26] 郭阳, 范和生. 县域乡村振兴的内在逻辑、实践张力与路径选择 [J]. 云南社会科学, 2023 (4): 150-159.

[27] 国家统计局. 中国县域统计年鉴 [M]. 北京: 中国统计出版社, 2021.

[28] 贺雪峰. 大城市的 "脚" 还是乡村的 "脑"?: 中西部县域经济与县域城镇化的逻辑 [J]. 社会科学辑刊, 2022 (5): 55-62.

[29] 贺雪峰. 区域差异与中国城市化的未来 [J]. 北京工业大学学报

（社会科学版），2022（5）：67-74.

[30] 洪炜杰，罗必良. 县域经济发展：中心城市的虹吸或溢出效应：兼论广东县域经济发展滞后的原因 [J]. 学术研究，2023（11）：98-106，178.

[31] 黄雨婷，潘建伟. 电商下乡促进了县域经济增长吗？[J]. 北京工商大学学报（社会科学版），2022（3）：48-59，126.

[32] 黄振华. 县域、县城与乡村振兴 [J]. 理论与改革，2022（4）：156-165，168.

[33] 黄征学，潘彪. 破解县域"不经济"的密码 [J]. 中国发展观察，2022（4）：94-98.

[34] 黄祖辉，宋文豪，叶春辉，等. 政府支持农民工返乡创业的县域经济增长效应：基于返乡创业试点政策的考察 [J]. 中国农村经济，2022（1）：24-43.

[35] 金三林，张海阳，孙昊，等. 大力推动县域城镇化进程 助力大中小城市和小城镇协调发展 [J]. 农业经济问题，2022（10）：53-59.

[36] 靳小怡，刘诗奇，杜海峰，等. 新型城镇化研究的关键问题：农业转移人口的家庭功能与可持续发展 [J]. 西安交通大学学报（社会科学版），2023（4）：23-35.

[37] 孔祥智，何欣玮. 乡村振兴背景下县域新型城镇化的战略指向与路径选择 [J]. 新疆师范大学学报（哲学社会科学版），2022（6）：72-83.

[38] 赖勇，林少涛，黄光庆，等. 快速城镇化背景下生态系统服务价值时空变化及空间特征研究：以潮州市潮安区为例 [J]. 生态科学，2023（4）：18-28.

[39] 雷明. 县域经济高质量发展的理念遵循与机制保障 [J]. 国家治理，2024（5）：9-15.

[40] 李建. 奋力谱写中国式现代化黔东南实践新篇章 [J]. 当代贵州，2024（2）：16.

[41] 李泉. 中国县域经济发展40年：经验与启示 [J]. 石河子大学学报（哲学社会科学版），2019（1）：74-84.

[42] 李太淼，李展. 推进乡村振兴需要正确认识和处理的若干重要关系问题 [J]. 河南社会科学，2022（12）：86-93.

[43] 李中建，王志华. 我国县域经济韧性的实践检验 [J]. 中国流通

经济，2024，38（4）：90-101.

[44] 林李月，朱宇，柯文前. 城镇化中后期中国人口迁移流动形式的转变及政策应对 [J]. 地理科学进展，2020（12）：2054-2067.

[45] 林嵩，谷承应，斯晓夫，等. 县域创业活动、农民增收与共同富裕：基于中国县级数据的实证研究 [J]. 经济研究，2023，58（3）：40-58.

[46] 林挺进，宣超. 中国新型城镇化发展报告 [M]. 北京：北京大学出版社，2015.

[47] 刘国斌，韩宇婷. 新时代县域经济实现高质量发展的思路与对策 [J]. 税务与经济，2019（6）：55-61.

[48] 刘国斌，祁伯洋. 县域城镇数智化与信息化融合发展研究 [J]. 情报科学，2022（3）：21-26.

[49] 刘丽娟. 县域城镇化的区域差异及高质量发展路径 [J]. 北京工业大学学报（社会科学版），2023（5）：65-76.

[50] 刘琳. 基于产业结构理论的欠发达地区产业结构优化研究 [J]. 学术论坛，2016（8）：58-62.

[51] 刘宁，张洪烈，王琳琳. 中国县域产业重叠测度与影响因素研究 [J]. 统计与信息论坛，2023，38（6）：52-63.

[52] 刘守英. 准确理解县域作为城乡融合的载体 [J]. 乡村振兴，2022（6）：49-50.

[53] 刘威，徐明琨. "城乡"作为一个治理单元：城乡共治的理论争辩与中国实践 [J]. 学习与探索，2022（11）：49-59.

[54] 刘鑫，韩青. 数字普惠金融对县域经济增长的影响：基于传统金融和产业结构升级视角 [J]. 中国流通经济，2023，37（4）：107-115.

[55] 刘彦随，杨忍，林元城. 中国县域城镇化格局演化与优化路径 [J]. 地理学报，2022（12）：2937-2953.

[56] 刘彦随. 中国新时代城乡融合与乡村振兴 [J]. 地理学报，2018（4）：637-650.

[57] 刘杨，孔辉. 山东沿海县域经济发展模式研究 [J]. 营销界，2020（25）：115-116.

[58] 刘易斯. 二元经济论 [M]. 施炜，等译. 北京：北京经济学院出版社，1989.

[59] 刘遵峰，吴红霞. 县域经济高质量发展水平测度及空间差异研

究：以河北省为例 [J]. 经济论坛，2021 (8)：133-141.

[60] 柳卸林，王宁，吉晓慧，等. 中心城市的虹吸效应与区域协调发展 [J]. 中国软科学，2022 (4)：76-86.

[61] 陆进锋，仝德，龙嘉骞，等. 县域城乡融合发展与宅基地制度改革：理论逻辑及实现路径 [J]. 自然资源学报，2023，38 (8)：2135-2147.

[62] 陆娅楠. 县城发展，活力涌动潜力足 [N]. 人民日报，2022-06-08 (001).

[63] 罗必良，耿鹏鹏. 理解县域内的城乡融合发展 [J]. 南京农业大学学报（社会科学版），2023 (1)：16-28.

[64] 罗必良，洪炜杰. 城镇化路径选择：福利维度的考察 [J]. 农业经济问题，2021 (9)：5-17.

[65] 吕风勇，邹琳华. 中国县域经济发展报告 [M]. 广州：广东经济出版社，2016.

[66] 吕风勇. 中国县域经济发展报告 [M]. 北京：中国社会科学出版社，2022.

[67] 马光川，林聚任. 空间视域下县域城乡融合发展与乡村振兴：以国家城乡融合发展试验区莱西市为例 [J]. 南京农业大学学报（社会科学版），2023 (1)：42-49.

[68] 马静涵. 东北县域经济发展水平的时空演变及其影响因素研究 [D]. 大连：辽宁师范大学，2021.

[69] 马丽君，敖烨. 数字经济对旅游业高质量发展的影响及空间溢出效应 [J]. 地理科学进展，2023 (12)：2296-2308.

[70] 明雷，杨萍，杨胜刚. 经济高质量发展背景下县域金融竞争力促进了经济增长吗？[J]. 投资研究，2019 (11)：31-47.

[71] 欧阳引. 县域经济高质量发展路径探讨 [J]. 当代县域经济，2022 (4)：38-39.

[72] 潘彪，黄征学，党丽娟. 县域经济高质量发展的差异化路径：基于经济—人口—资源环境三维分类框架 [J]. 中国软科学，2024 (1)：110-119.

[73] 潘启娣. 数字普惠金融促进县域经济发展的作用机制研究 [J]. 新金融，2023 (2)：46-55.

[74] 彭岚，刘实根，葛正灿，等. 对绿色金融促进县域经济发展的思

考：基于江西省新干县的实践 [J]. 金融与经济, 2019 (2): 93-96.

[75] 彭青. 推进以县城为重要载体新型城镇化的对策探讨 [J]. 理论探讨, 2023 (2): 161-168.

[76] 钱丽, 魏圆圆, 肖仁桥. 营商环境对中国省域经济高质量发展的非线性影响: 双元创新的调节效应[J]. 科技进步与对策, 2022(8): 39-47.

[77] 屈娜. 贵州县域经济高质量发展对策 [J]. 当代县域经济, 2022 (6): 62-64.

[78] 仇叶. 危机响应中经济恢复的地方差异性及其影响: 以地方政府协同困境为中心的分析 [J]. 公共管理学报, 2021 (1): 66-76, 170.

[79] 仇叶. 县域发展何以陷入"房地产化" [J]. 文化纵横, 2023 (2): 112-120.

[80] 仇叶. 以区域分工为核心的中国式县域城镇化道路 [J]. 中国特色社会主义研究, 2023 (6): 38-47.

[81] 任英健, 杨建新, 张重, 等. 中国县域城镇化: 人口与土地空间匹配差异及影响因素 [J]. 中国土地科学, 2023, 37 (12): 92-103.

[82] 盛丹阳, 段成荣, 吕利丹, 等. 1990 年以来我国县域人口的变动趋势与发展挑战 [J]. 中国农业大学学报 (社会科学版), 2024, 41 (2): 29-48.

[83] 石亚兵. 中国式县域教育高质量发展: 理论逻辑与推进路径 [J]. 中州学刊, 2023 (6): 97-105.

[84] 斯丽娟, 曹昊煜. 县域经济推动高质量乡村振兴: 历史演进、双重逻辑与实现路径 [J]. 武汉大学学报 (哲学社会科学版), 2022 (5): 165-174.

[85] 宋菲菲, 宋亚平. 县域经济的内涵、特征和高质量发展: 以湖北为例 [J]. 湖北社会科学, 2020 (2): 74-80.

[86] 宋蕾. 县域生态产品价值实现的优化路径 [J]. 人民论坛, 2022 (14): 72-74.

[87] 宋业平. 中国县制 [M]. 北京: 中国社会科学出版社, 2013.

[88] 苏冬, 王红帅, 徐高峰. 规划协同与地方发展路径转型: 基于"多规合一"县域试点的经济效应检验 [J]. 城市问题, 2022 (11): 24-33.

[89] 苏红键. 中国特色的县域城镇化: 以城乡两栖促城乡融合 [J]. 甘肃社会科学, 2023 (4): 200-208.

[90] 孙杰远. 县域教育高质量发展之困局与突破 [J]. 教育发展研究, 2023 (2): 3.

[91] 孙久文, 唐泽地, 孙铮, 等. 新发展格局与中国县域经济 [M]. 北京: 中国人民大学出版社, 2021.

[92] 孙久文, 王邹, 蒋治. 中国式现代化视域下的区域协调发展 [J]. 北京行政学院学报, 2023 (3): 1-10.

[93] 孙久文, 邢晓旭. 中国式现代化下县域经济高质量发展的理论与实践 [J]. 齐鲁学刊, 2024 (1): 111-121.

[94] 谭静. 发挥县域消费在经济恢复中的拉动作用 [J]. 财政科学, 2023 (7): 85-93.

[95] 谭明方. 县域社会"高质量发展"问题的理论探析: 基于社会学的视角 [J]. 社会科学研究, 2022 (6): 66-82.

[96] 唐皇凤. 作风建设永远在路上: 党的十八大以来作风建设成就 [J]. 中国党政干部论坛, 2022 (5): 28-32.

[97] 田雪原. 中国式现代化视域下县域经济发展的几个全局性问题 [J]. 烟台大学学报 (哲学社会科学版), 2023, 36 (6): 51-59.

[98] 佟伟铭, 郭加新, 徐维祥, 等. 县域视角下乡村发展要素转型对共同富裕的影响研究: 以浙江省为例 [J]. 地理研究, 2023 (6): 1577-1597.

[99] 童晶. 以县城城镇化推动县域经济高质量发展 [J]. 当代县域经济, 2022 (10): 12 17.

[100] 童倩. 安徽省县域经济高质量发展影响因素研究 [D]. 合肥: 安徽工程大学, 2022.

[101] 涂圣伟. 产业融合促进农民共同富裕: 作用机理与政策选择 [J]. 南京农业大学学报 (社会科学版), 2022 (1): 23-31.

[102] 完世伟, 汤凯. 新基建促进县域经济高质量发展的机制与路径研究 [J]. 区域经济评论, 2020 (5): 69-75.

[103] 王呈祥, 庞泽华, 刘传明, 等. 典型县域农户城镇购房的村际差异及驱动因素: 以江苏省涟水县为例 [J]. 经济地理, 2022 (10): 158-168.

[104] 王定祥, 冉希美. 农村数字化、人力资本与农村产业融合发展: 基于中国省域面板数据的经验证据 [J]. 重庆大学学报 (社会科学版), 2022 (2): 1-14.

[105] 王蔷，丁延武，郭晓鸣. 我国县域经济高质量发展的指标体系构建 [J]. 软科学，2021 (1)：115-119, 133.

[106] 王瑞婷. 云南县域高质量发展水平评价及空间效应研究 [D]. 昆明：云南财经大学，2021.

[107] 王文彬. 以县域经济高质量发展助推城乡融合 [J]. 当代县域经济，2023 (5)：19-20.

[108] 王振华，孙学涛，李萌萌，等. 中国县域经济的高质量发展：基于结构红利视角 [J]. 软科学，2019 (8)：68-72.

[109] 韦欣，徐佳. 基层治理改革与县域经济发展：基于乡镇合并改革的经验证据 [J]. 经济科学，2024 (1)：85-103.

[110] 魏后凯，叶兴庆，杜志雄，等. 加快构建新发展格局，着力推动农业农村高质量发展：权威专家深度解读党的二十大精神 [J]. 中国农村经济，2022 (12)：2-34.

[111] 吴柏钧，潘春阳. 中国城镇化的经验与理论研究 [M]. 上海：上海人民出版社，2015.

[112] 吴楚豪，周颖. 区域分工、经济周期联动性与经济增长极建设：国内价值链分工的视角 [J]. 南方经济，2023 (5)：64-83.

[113] 吴传清，孟晓倩. 虹吸还是溢出？："强省会"战略的经济增长极效应分析 [J]. 安徽大学学报（哲学社会科学版），2022 (1)：124-136.

[114] 吴娟，陈建成. 林下经济与农业高质量发展：耦合逻辑与实现路径 [J]. 西北农林科技大学学报（社会科学版），2022 (4)：153-160.

[115] 吴利学. 产业结构、生产率与经济增长 [J]. 产业经济评论，2021 (6)：14-30.

[116] 吴业苗. 县域经济发展：双重驱动与"三农"底色：兼论"县域经济发展有限" [J]. 兰州学刊，2023 (7)：134-143.

[117] 夏支平，战湘凝. 优化县域治理 全力推进乡村振兴 [J]. 中国行政管理，2023 (4)：155-157.

[118] 人民论坛专题调研组. 县域高质量发展与高水平治理的汤阴探索 [J]. 人民论坛，2020 (16)：104-106.

[119] 徐维祥，王敏吉，郑金辉，等. 长江经济带城镇化与绿色化耦合协调的时空演化特征及驱动因素 [J]. 长江流域资源与环境，2023 (8)：1561-1572.

［120］许伟. 农村产业融合与县域经济增长：基于农村产业融合发展试点政策的经验证据［J］. 世界农业，2023（7）：98-111.

［121］杨发祥，郭科. 县域视角下乡村振兴的理论框架及行动方略［J］. 西北农林科技大学学报（社会科学版），2022（5）：31-41.

［122］杨平. 县域经济高质量发展的浏阳经验［J］. 中国农村科技，2021（11）：20-23.

［123］杨显明，宋欣怡，加壮壮. 青海省县域城镇化质量测度及时空演变分析［J］. 西北师范大学学报（自然科学版），2023（3）：100-108.

［124］姚毓春，夏宇. 县域城镇化推动：中国式现代化建设的内在机理与实现路径［J］. 农业经济问题，2024（2）：60-71.

［125］叶欠，李翔宇，刘春雨，等. 我国县域常住人口发展趋势［J］. 宏观经济管理，2021（11）：33-48.

［126］叶兴庆. 以提高乡村振兴的包容性促进农民农村共同富裕［J］. 中国农村经济，2022（2）：2-14.

［127］叶振宇. 以产业转型升级激发县域经济活力［J］. 人民论坛，2023（20）：55-59.

［128］应奎，黄小丽，丁金宏. 贵州县域综合经济密度时空特征及影响因素研究［J］. 长江流域资源与环境，2024，33（1）：27-39.

［129］袁保瑚，李继伟. 新发展格局下山东省县域经济高质量发展路径研究［J］. 山东社会科学，2021（8）：115-123.

［130］袁梦，杨华. 农民县域城镇化的实践逻辑与社会风险［J］. 城市问题，2022（7）：24-32.

［131］约瑟夫·熊彼特. 经济发展理论［M］. 王永胜，译. 上海：立信会计出版社，2017.

［132］张春玲，杜丽娟，马靖森. 县域新型城镇化质量评价研究：以河北省为例［J］. 河北经贸大学学报，2019（1）：102-108.

［133］张凤林. 全面推进乡村振兴背景下县域经济高质量发展研究［J］. 理论探讨，2022（3）：167-172.

［134］张侠，高文武. 经济高质量发展的测评与差异性分析［J］. 经济问题探索，2020（4）：1-12.

［135］张兴祥，史九领，洪永森. 中国式县域现代化的"晋江经验"［J］. 中国经济问题，2023（2）：6-22.

［136］张旭，魏福丽，袁旭梅．县域科技创新与经济高质量发展耦合协调评价［J］．统计与决策，2021（20）：120-124．

［137］张学良，周泽林，汤新云．推动我国县域经济高质量发展的几个理论问题［J］．财贸研究，2023（6）：1-8．

［138］张振，李志刚，胡璇．城市群产业集聚、空间溢出与区域经济韧性［J］．华东经济管理，2021（8）：59-68．

［139］张志勇．深刻认识县中振兴的战略格局意义［J］．中小学管理，2022（2）：1．

［140］赵永平，熊帅．市场化、产业集聚与新型城镇化质量［J］．统计与信息论坛，2022（1）：13-21．

［141］郑瑜晗，龙花楼．中国城乡融合发展测度评价及其时空格局［J］．地理学报，2023（8）：1869-1887．

［142］中办国办印发《关于推进以县城为重要载体的城镇化建设的意见》［N］．人民日报，2022-05-07（001）．

［143］中共中央、国务院关于学习运用"千村示范、万村整治"工程经验有力有效推进乡村全面振兴的意见［N］．人民日报，2024-02-04（001）．

［144］中共中央、国务院关于做好二〇二三年全面推进乡村振兴重点工作的意见［N］．人民日报，2023-02-14（001）．

［145］中华人民共和国2022年国民经济和社会发展统计公报［J］．中国统计，2023（3）：12-29．

［146］周德，戚佳玲，钟文钰．城乡融合评价研究综述：内涵辨识、理论认知与体系重构［J］．自然资源学报，2021（10）：2634-2651．

［147］周民良，刘希兰．加快构筑区域协调发展新格局的战略思考［J］．甘肃社会科学，2023（2）：184-195．

［148］朱战辉．欠发达地区县域城镇化对农民家庭生计的影响机制研究［J］．华中农业大学学报（社会科学版），2021（6）：146-154，193．

［149］邹宇．乡镇经济高质量发展路径建议［J］．当代县域经济，2022（7）：76-78．